Collection folio junior en poésie

dirigée par
Jean-Olivier Héron
et Pierre Marchand

Cet ouvrage est d'abord un **dictionnaire**.
Vous y trouverez les poètes
présentés par ordre **alphabétique**.
Leur **vie** et leurs principales **œuvres**.
Mais il est aussi une **anthologie poétique** :
chaque **biographie** est
– presque dans tous les cas –
suivie d'un poème ou extrait de poème.
Il est également une **histoire de la poésie** :
les grands moments de la littérature poétique
sont rédigés sous forme de rubriques
très détaillées.
Certains épisodes historiques reliés
aux mouvements littéraires y figurent aussi,
dont la liste se trouve en fin de volume.

Jacques Charpentreau
et Georges Jean

dictionnaire des poètes et de la poésie

Gallimard

Permanence et diversité de la poésie française

La poésie française a une longue histoire qui commence avec l'apparition d'une langue différente du latin, vers le IXe siècle : le roman, qui deviendra le français.

Car la poésie est inséparable de la langue. C'est un art, ou une forme d'expression, qui cherche à évoquer et à transmettre aux autres les sentiments qu'un homme peut éprouver, les méditations qu'il poursuit dans la solitude, par le seul moyen de son langage. Dans la poésie, les mots de tous les jours, « en un certain ordre assemblés », ont un pouvoir nouveau, par leur sens et tout ce qu'ils peuvent représenter dans l'imagination de chacun, mais également par leurs sonorités, les rapports de ces sonorités entre elles, la multiplicité des rythmes qui en résultent, ainsi que par les comparaisons et les images qui « donnent à voir » autre chose que ce que les mots disent. Seule de tous les arts, la poésie utilise un matériau banal et commun à tout le monde : la langue. Le poète dispose ainsi du fabuleux privilège de toucher et d'émouvoir, à partir de la parole quotidienne. C'est sans doute pour cette raison que les anciens croyaient que les dieux parlaient par la voix du poète ! Et dans la Bible comme dans d'autres textes évoquant la création du monde, il est dit « qu'au commencement était la Parole ». Et c'est également ce qui fait écrire à Paul Éluard, un poète de notre siècle chantant la liberté perdue pendant la nuit de l'Occupation :

Et par le pouvoir d'un mot
Je recommence ma vie...

Cet art est pratiqué dans notre langue au moins depuis le plus ancien poème connu en langue « vulgaire » (par opposition au latin), *La Cantilène de sainte Eulalie* (IXe siècle). Dès les premiers textes se met en place le système prosodique du français commandé par la langue elle-même : la « mesure » des vers repose sur la répétition du même nombre de syllabes. Chaque vers se termine par une syllabe dont la sonorité fait écho avec la syllabe finale d'un des vers suivants selon des dispositions très variées. Au début, cette répétition de sonorité ne portait que sur une voyelle : on la nommait l'assonance.

Puis on appela « rime » cette marque dont les jeux infinis constituent un des éléments du rythme poétique. Celui-ci repose également sur la répartition des accents (allongement de certaines syllabes), les pauses, et les multiples échos sonores des mots entre eux.

Ce système, qui a évolué tout au long de notre histoire, a été remis en cause avec l'apparition du « vers libre » à la fin du XIXe siècle, et plus fortement encore au XXe siècle, où de nombreux poètes ont voulu briser la rigidité de ces contraintes. Mais il faut reconnaître que le système « traditionnel » de notre prosodie poétique se trouve à l'arrière-plan d'une quantité de poèmes contemporains sans rime, ni mesure régulières et fixes (ainsi chez Éluard, Prévert, etc.). Et l'œuvre d'Aragon, comme celle de Raymond Queneau, montrent que ce système peut encore donner des chefs-d'œuvre. Mais il faut également dire que la versification, si parfaite soit-elle, n'est pas forcément la poésie, et que parfois, rarement sans doute, certaines proses poétiques méritent le nom de poèmes.

À la permanence relative du système de versification, s'ajoute la permanence des thèmes abordés par notre poésie. Mais la très grande diversité des poètes conduit à constater que chaque voix est unique dans la manière d'exprimer ces thèmes communs.

Toute la poésie française est en germe dans la poésie du Moyen Âge, bien que la langue, très différente de la nôtre, soit un obstacle à notre plaisir. Notre poésie est formée par les apports divers des dix siècles d'histoire qui ont suivi *La Cantilène de sainte Eulalie*. Un poète d'aujourd'hui a derrière lui ces richesses infinies et ce formidable arrière-plan. Les plus novateurs ne sauraient l'oublier, car toutes ces voix sont encore vivantes et constituent une commune culture.

Le patrimoine poétique français a donc, dès le Moyen Âge, constitué un trésor très divers, et a été marqué par des cheminements d'une grande variété, et sur lesquels les poètes se sont de tout temps engagés. C'est ainsi que l'un des premiers grands poèmes de notre pays, *La Chanson de Roland*, une épopée, ou chanson de geste, a constitué une espèce de modèle, pour Ronsard au XVIe siècle, Voltaire au XVIIIe (qui n'ont pas très bien réussi dans ce genre), alors que Hugo dans *La Légende des siècles* atteignait au chef-d'œuvre.

Le Moyen Âge est également l'époque où déjà se croisent les richesses poétiques du Midi et du Nord (avec les « troubadours » et les « trouvères », ceux qui « trouvent »), avec les influences celtiques des « romans bretons » (Les Romans de la Table Ronde). C'est l'époque où les raffinements des « poètes de cour », et des grands seigneurs poètes, rivalisent avec la truculence « réaliste » des fabliaux populaires, les fracas des chants guerriers et la délicatesse de la poésie féminine, de Béatrice de Die à Marie de France, sans oublier Christine de Pisan, la toute première à revendiquer les « droits de la femme ».

Parmi les lignes de force qui traversent toute notre poésie et naissent au cœur du Moyen Âge, on peut noter la grande poésie religieuse (vies de *Saint Léger* et de *Saint Alexis*, par exemple, aux Xᵉ et XIᵉ siècles). Cette poésie, flamboyante chez Agrippa d'Aubigné, méditative chez Du Bartas et Sponde au XVIᵉ siècle, tragique chez Racine, glorieuse chez Corneille au XVIIᵉ siècle, douloureuse chez Verlaine ou Germain Nouveau au XIXᵉ siècle, connaît au XXᵉ siècle le piétinement de pèlerin de Péguy, les grandes orgues de Claudel, et, plus près de nous, la sensualité de P. J. Jouve, le lyrisme véhément de Pierre Emmanuel, le mysticisme d'un Patrice de La Tour du Pin et d'un Jean-Claude Renard.

De même, le merveilleux des légendes et des premiers contes de fées, le fantastique des Romans de la Table Ronde, se poursuivent et se prolongent chez les « baroques » du début du XVIIᵉ siècle comme Saint-Amant et Théophile, dans les visions du dernier Hugo, ou de Gérard de Nerval, et chez nos contemporains, que ce soit dans la poésie, très secrète dans sa simplicité, de Jules Supervielle, ou dans les images fulgurantes, convulsives et inattendues des poètes surréalistes.

Dès ses débuts, la poésie française est une poésie de satire, qui récuse le conformisme, l'intolérance, et s'attaque au ridicule. Des « Fabliaux » à Prévert passent l'ironie et l'humour qui s'attaquent à l'égoïsme et aux ridicules. Des *Chansons de croisades*, aux *Châtiments*, de *La Jeune Captive* d'André Chénier aux poèmes de la Résistance, s'exprime, ainsi que dans d'innombrables autres chants, la révolte de l'homme contre la servitude, pour la liberté, contre le racisme et la torture.

On constate également que dans la poésie française se rencontrent ceux qui aiment la perfection formelle, le langage équilibré, ceux qui, de Malherbe aux Parnassiens, et à certains poètes contemporains, cherchent à dire le moins pour exprimer le plus, et ceux pour lesquels les mots sont les éléments majeurs du jeu, de la fantaisie, et ceci dès les « fatrasies médiévales », jusqu'à Prévert, Boris Vian, Queneau et quelques autres.

Certaines recherches, certains raffinements, qui ont connu dans la poésie « courtoise » du Moyen Âge et le mouvement « précieux » au début du XVIIe siècle des développements parfois excessifs, constituent cependant une constante très singulière de la poésie française et on retrouve ces subtilités de l'expression et des sentiments chez un Mallarmé, un Éluard, et souvent chez quelques très jeunes auteurs, malgré la langue parfois rude qu'ils emploient.

Mais il faudrait également évoquer la permanence des grands thèmes, des méditations, inspirées par le sentiment de la nature, l'inévitable écoulement du temps, la fraternité des hommes, et la mort. Mais c'est sans doute l'amour, mêlé d'ailleurs à tous les thèmes ici évoqués, qui reste le thème privilégié de notre poésie. La poésie française est le domaine très attachant de l'effusion lyrique par laquelle les sentiments les plus intimes atteignent le cœur et la sensibilité de chacun. Et ceci sur les tons les plus divers : c'est la fraîcheur souvent grave de la poésie de la Renaissance et de la Pléiade relayée par la grande poésie élégiaque du romantisme ; et les délicates musiques symbolistes ; c'est Ronsard et Du Bellay, Hugo, Musset, Verlaine et, plus près de nous, Jammes, Bonnefoy, etc.

Il semble que jusqu'au XXe siècle et malgré des différences parfois radicales, la poésie française se soit exprimée en une sorte de « chant profond » dont la musicalité n'est jamais réductible au sens, et qui, grâce à l'harmonie intériorisée du vers français, enchante au même degré le poète et son lecteur.

Sans doute beaucoup de poètes au cours du XXe siècle ont-ils eu la volonté de rompre avec cette continuité. Les dadaïstes, puis les surréalistes et diverses tendances plus contemporaines ont tenté de refuser l'effusion, le lyrisme, la transparence. En fait, ces changements sont plus spectaculaires parce que plus proches de nous, mais sans cesse au cours de l'histoire la tradition a été bouleversée. Et il est curieux de constater que la « modernité poétique » a contribué à raviver de très vieilles tendances, celles qui dès le Moyen Âge faisaient que la poésie était aussi le domaine de l'absurde, du cocasse, du jeu de mots, de l'insolite, de la violence, de la crudité parfois, et même de la gratuité où tout sens disparaît et où les lettres seules et les sons font leur musique (mouvement « lettriste » dans les années 1960).

Ce que l'époque contemporaine a apporté en revanche, c'est très naturellement, et parce que le visage du monde change, une poésie tournée vers « toute la terre » chez Larbaud, Cendrars, Morand par exemple ; c'est un lyrisme « cosmique » chez un Saint-John Perse ou un Victor Segalen. Il semble d'autre part que de Baudelaire à Rimbaud et à Mallarmé, la poésie a dans une certaine mesure relayé la philosophie (mais déjà Vigny !...) ou, plus exactement, qu'elle a été très souvent et de plus en plus comme chez Valéry, René Char, Ponge, Frénaud, etc., une réflexion sur elle-même, sur les pouvoirs du langage, sur la possibilité qu'il avait d'interroger, comme dit Prévert, « les choses qui sont derrière les choses ».

Et si nous avons, dans ce dictionnaire, accordé à la poésie du passé toute la place qui lui revient, nous avons également voulu accueillir la poésie contemporaine et ses voix multiples, contradictoires parfois, destinées à durer, et parfois incertaines.

Grâce à l'école, la poésie contemporaine s'offre de plus en plus à de jeunes lecteurs. Nombre d'enseignants, maintenant, de l'École Maternelle au Lycée, convient leurs élèves à pratiquer la poésie par le dire et par le faire. Car dire des poèmes est une nécessité et tenter d'en écrire est la voie la plus sûre pour les bien saisir, et parfois la persévérance créatrice d'un enfant et d'un adolescent en fait un poète. Mais, comme le disait Pierre Reverdy, celui qui lit un poème de tout son être est déjà un poète ! Et nous comprenons que si « la poésie d'aujourd'hui » est faite pour « les enfants de maintenant », celle du passé est également pour eux, car on y fait de passionnantes rencontres qui aident à mieux comprendre que la poésie n'a en vérité pas d'âge, si elle a une histoire.

Ce dictionnaire n'a pas d'autre ambition que de faciliter et parfois provoquer des découvertes ; chaque poète est présenté dans l'essentiel de sa vie ; ses œuvres principales sont évoquées et quelques exemples donneront, nous l'espérons, envie de les découvrir plus loin et plus complètement. Car notre but n'était pas de « tout » dire, mais de donner à tous des « désirs de poésie ».

Pour rester dans des limites raisonnables, il nous a fallu faire un choix (souvent douloureux). À quelques exceptions près nous avons réservé cet ouvrage aux poètes français (bien que nous n'ayons pu nous résoudre à passer sous silence certains poètes de la francophonie qui, comme on sait, dépasse largement nos frontières).

Notre choix dépend évidemment de l'importance du poète, de sa renommée, de son influence... Mais il dépend également de notre goût personnel, notamment en ce qui concerne les contemporains et nous avons parfaitement conscience d'avoir cité des noms peu connus mais que l'un ou l'autre nous aimions, et certainement d'avoir oublié des poètes qui compteront demain. Dans un sens, ce jugement est également œuvre de critique, et à ce titre nos choix font partie de nos jugements, que l'on a parfaitement le droit de contester sur tel ou tel point.

Et d'ailleurs, comment pourrions-nous prétendre être exhaustifs ? À toutes les époques, les poètes ont été nombreux. À la nôtre encore plus ! Des milliers de plaquettes, dans des conditions pourtant difficiles, sont publiées chaque année. Malgré toute notre attention, nous ne pouvions prétendre, sans vantardise, avoir tout lu.

Ce dictionnaire veut surtout inciter à la lecture. À ce plaisir sans limite qu'est la fréquentation intime d'un poème, d'un poète, d'une œuvre. Les renseignements que nous apportons sur chaque écrivain sont certes utiles ; mais plus nécessaire est l'envie que nous voudrions donner au plus grand nombre de se plonger dans ce fleuve puissant de la poésie française qui, pour reprendre une image très ancienne, est toujours le même fleuve et jamais la même eau.

Jacques Charpentreau, Georges Jean.

Polymnie, muse de la Poésie lyrique

Calliope, muse de la Poésie héroïque

Projet d'un Palais sociétaire dédié à l'humanité, par Charles Fourier

Abbaye (groupe de l')

Ce groupe, fondé en 1906 par de jeunes intellectuels, ne fut pas une école littéraire ordinaire puisqu'ils voulurent vivre de façon communautaire, à Créteil, près de Paris. Cette tentative se situe dans la tradition des utopistes du XIXe siècle (Fourier, Cabet), et elle annonce le renouveau communautaire (Mounier, 1932).

Le groupe de l'Abbaye comprenait des écrivains et poètes comme René Arcos, Georges Duhamel, Alexandre Mercereau, Charles Vildrac, etc., le peintre Gleizes, le musicien Doyen ; ils comptaient vivre en imprimant des livres.

Sans avoir de doctrine littéraire, ce « groupe fraternel d'artistes » se trouvait réuni par un projet commun généreux d'association du travail intellectuel et du travail manuel (un peu à la façon de certains ordres religieux). Les *Notes sur la technique poétique* de Georges Duhamel et Charles Vildrac (1909) prônèrent une évolution assouplissant les règles traditionnelles de la versification et témoignèrent de l'éloignement du symbolisme.

L'expérience de vie communautaire prit fin en 1908, mais les tendances poétiques du groupe de l'Abbaye se retrouvent alors dans l'*unanimisme* de Jules Romains.

Groupe de l'Abbaye

A

Adam de la Halle dit aussi Adam le bossu ou Adam d'Arras
(Arras, vers 1240
mort sans doute à Naples vers 1288).

Ce trouvère était à la fois poète et musicien. Il fit ses études musicales à Paris, puis il suivit en Italie le comte d'Artois Robert II, nommé Régent du Royaume de Sicile. Son *Jeu de la Feuillée* (représenté à Arras en 1262) et son *Jeu de Robin et Marion* (représenté à Naples en 1282) sont souvent considérés comme les premiers « opéras-comiques » français. Dans *Robin et Marion*, qui met en scène des paysans et un chevalier, on trouve la célèbre chanson :

Robin m'aime, Robin m'a ;
Robin m'a demandée, il m'aura.

Adam de la Halle

Aicard Jean
(Toulon 1848 – Paris 1921).

C'est sa Provence natale qui inspira à Jean Aicard un roman resté célèbre, *Maurin des Maures* (1907). Ses œuvres théâtrales et ses recueils de poèmes lui avaient valu une renommée qui le conduisit à l'Académie française (1909). Mais ses attendrissements nous semblent mièvres aujourd'hui et ses vers plus moralisateurs que poétiques (*Poèmes de Provence*, 1874 ; *La Chanson de l'enfant*, 1876).

...
Les enfants sont un jour trop grands pour les berceaux ;
Les fleurs sont éphémères ;
Et dans les nids d'antan, il n'y a plus d'oiseaux...
C'est le souci des mères !

La Chanson de l'enfant. Fischbacher, 1876

A

Alain-Fournier (Henri, Alban, Fournier dit)

La Chapelle d'Anguillon, 1886—Tué en 1914.

On connaît surtout Alain Fournier par son roman *Le Grand Meaulnes* (1913). Mais avant son roman, Alain Fournier avait écrit des poèmes réunis et publiés en 1924 par Jacques Rivière, beau-frère du poète, sous le titre *Miracles.*

Ces poèmes révèlent, comme *Le Grand Meaulnes* la nostalgie du « domaine merveilleux » et perdu de l'enfance. Et le ton et la voix de leur auteur est d'une singulière et mélancolique intensité.

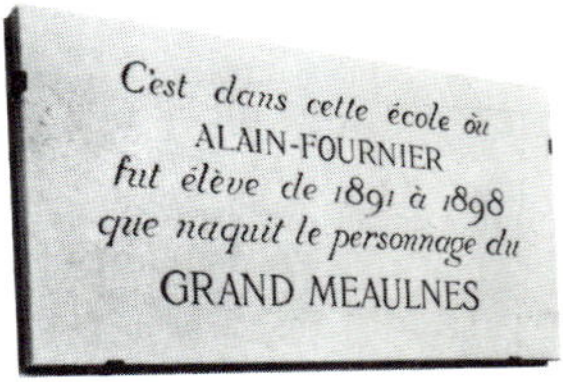

... Il bruine
dans les allées
qui ont mouillé
vos chevilles fines.
Il bruine dans les marronniers
confus et sombres
et sur les bancs où, cet été, à l'ombre,
avec l'été
Vous vous seriez assise, blonde !

Il bruine sur la maison et sur la grille et dans
les ifs de l'entrée
que, pour la dernière fois
peut-être je regarde en songeant à mi-voix
peut-être pour la dernière fois :

Elle est très loin... Où est-elle... son
front pensif
appuyé à quelle croisée ?

À la tombée de la nuit,
Je vais fermer, aux fenêtres d'ici,
les volets qui battent et se mouillent
et j'irai sur la pelouse
rentrer le jeu de croquet qui se mouille...

Miracles. Gallimard, 1924

tion typographique des lettres sur la page pour susciter l'émotion poétique.

À la déclaration de la guerre, en 1914, Guillaume Apollinaire qui n'est pas mobilisable, se fait naturaliser, s'engage, et fait la guerre avec un étonnant plaisir (« *Ah Dieu ! que la guerre est jolie* »). Blessé à la tête en 1916, trépané, il revient à Paris où il meurt d'une grippe infectieuse le 9 novembre 1918. Ses poèmes inédits vont être publiés en des recueils posthumes (*Il y a,* 1925 ; *Ombre de mon amour,* 1947 ; *Le Guetteur mélancolique,* 1952 ; etc.).

Comme tous les grands créateurs, il achève une période en la portant à son plus haut point de perfection et il ouvre de nouvelles perspectives. De la tradition, il a le sens de l'harmonie poétique, du rythme chantant, de la rime recherchée ; mais il a aussi le goût de l'innovation, de l'image insolite, de l'électricité des mots, du langage parlé, des merveilles de la technique. Il écrivit également des romans et des contes (*L'Hérésiarque et Cie,* 1910), des chroniques (*Le Flâneur des deux rives,* 1918), des pièces de théâtre (*Les Mamelles de Tirésias,* 1917).

LE PONT MIRABEAU

Sous le pont Mirabeau coule la Seine
Et nos amours
Faut-il qu'il m'en souvienne
La joie venait toujours après la peine

Vienne la nuit sonne l'heure
Les jours s'en vont je demeure

Les mains dans les mains restons face à face
Tandis que sous
Le pont de nos bras passe
Des éternels regards l'onde si lasse

Vienne la nuit sonne l'heure
Les jours s'en vont je demeure...

Alcools. Gallimard, 1920.

A

Apollinaire, par G. de Chirico

Illustration de Braque pour un poème d'Apollinaire

Guillaume Apollinaire et les peintres cubistes

Guillaume Apollinaire s'intéressait à la peinture et il consacra dès 1905, dans *La Plume*, un long article à Picasso. Il rédigea des articles de critique d'art dans les journaux et revues (*Je dis tout, La Phalange, le Petit Bleu, les Soirées de Paris, L'Intransigeant*) et il préfaça des catalogues d'expositions (Braque en 1908, Robert Delaunay en 1912).

En mars 1913, il publia un ouvrage de critique artistique : *Les Peintres cubistes, méditations esthétiques.* Il y défendait en peinture le modernisme qu'il illustrait en poésie.

Le mot *cubisme* avait d'abord été péjoratif. Un critique, Louis Vauxcelles, avait écrit en 1908, à propos d'un tableau de Georges Braque (1882-1963), que le peintre réduisait tout à des cubes. Sa peinture et celle de son ami Pablo Picasso (1881-1973) décomposent et recomposent avec complexité les objets, les visages et les corps en formes géométriques, suppriment l'espace et amènent la réalité au bord de l'abstraction. Ils utilisent parfois directement (en les recollant sur la toile) des fragments de journaux, de papier, des copies diverses, etc.

Le livre d'Apollinaire réunit des études sur Picasso, Braque, Metzinger, Gleizes, Gris, Marie Laurencin, Picabia, Marcel Duchamp, Duchamp-Villon, etc.

Les cubistes avaient exposé en 1911 au XXVIIe salon des Indépendants à Paris, puis au Salon d'automne. Le scandale avait été considérable : ... « leur nouveauté qui est le retour à la sauvagerie, à la barbarie primitives »... (Gabriel Mourey, *Le Journal*) ; ... « c'est le chant du cygne de l'impuissance prétentieuse et de l'ignorance satisfaite »... (*id.*).

Aujourd'hui, nous savons que le choix de Guillaume Apollinaire était bon.

Illustration de Braque pour le poème d'Apollinaire « Si je mourais là-bas »

Aragon Louis
(Paris 1897 — 1982.)

Ce ne fut qu'en 1917, à 20 ans, que Louis Aragon apprit de la bouche de sa mère qu'il était son fils — et non son jeune frère comme on le lui avait fait croire jusqu'ici. Son père était Louis Andrieux, préfet de police, député, qui ne pouvait le reconnaître et qui inventa ce nom à sa naissance, en lui donnant ses propres initiales.

En 1917, Louis Aragon, mobilisé, était médecin auxiliaire au Val-de-Grâce où il rencontra André Breton avant de partir pour le front, où il fut décoré. Après la guerre, avec Breton et Soupault, il fonda la revue *Littérature* (1919), puis, avec Tristan Tzara, participa au mouvement Dada (1920) avant d'être l'un des créateurs du surréalisme (à partir de 1923). Louis Aragon explore alors l'inconscient, pratique l'écriture automatique (*Feu de joie,* 1920), privilégie l'image (*Une vague de rêves,* 1924).

Il se tourna vers l'engagement politique et rompit avec André Breton en 1931, puis adhéra au Parti communiste en 1936, écrivant le poème *Front rouge* qui lui valut des poursuites pour incitation au meurtre du Président du Conseil, Léon Blum. Mais par ses poèmes et ses romans (*Les Cloches de Bâle,* 1934 ; *Les Beaux Quartiers,* 1936) il est alors un écrivain reconnu. La guerre de 1939-1945 l'amena à devenir le grand poète national de la résistance à l'occupation allemande et au nazisme avec *Le Crève-Cœur* (1941), *Les Yeux d'Elsa* (1942), *Le Musée Grévin* (publié en 1943 sous le pseudonyme de François-la-Colère), des recueils contenant ses plus beaux et ses plus célèbres poèmes.

A

Elsa et Aragon,
par Boris Taslitski

A

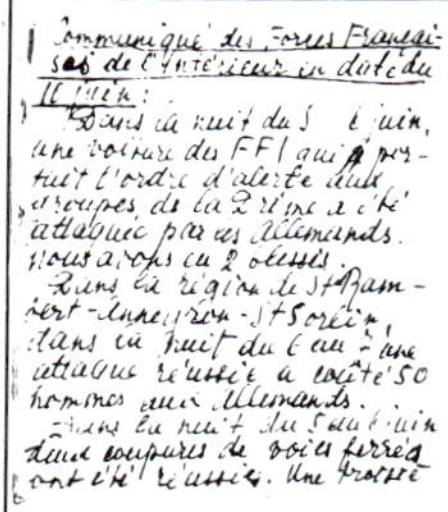
Communiqué des Forces Françaises de l'Intérieur en date du 11 juin :
Dans la nuit du 5 6 juin, une voiture des FFI qui portait l'ordre d'alerte aux groupes de la 2e zone a été attaquée par les Allemands. Nous avons eu 2 blessés.
Dans la région de St Rambert-Ambérieu-St Sorlin, dans la nuit du 6 au 7 une attaque réussie a coûté 50 hommes aux Allemands.
Dans la nuit du 5 au 6 juin deux coupures de voies ferrées ont été réussies. Une troisième

Elsa.

Après la guerre, il exerça une grande influence politique et littéraire (il fut directeur des *Lettres françaises* jusqu'à son sabordage en 1972), poussant un moment la poésie vers le jdanovisme et le « réalisme socialiste » à la façon soviétique, influence qui ne fut pas des plus heureuses. Mais il fut aussi à ce moment le poète de l'amour pour Elsa (sa femme, Elsa Kagan, dite Elsa Triolet, 1896-1970) : *Elsa* (1959), *Le Fou d'Elsa* (1963). Beaucoup de ses poèmes mis en chanson par Georges Brassens, Jean Ferrat, Léo Ferré, etc., ont contribué à sa célébrité. La poésie de Louis Aragon est passée de l'impertinence de ses premiers recueils à la reprise de la versification traditionnelle pendant la guerre, mais en gardant une grande richesse d'images, un ton très direct et en utilisant une éblouissante virtuosité technique. Dans la tradition de Victor Hugo, sa poésie est chant, rythme, incantation.

LES YEUX D'ELSA

Tes yeux sont si profonds qu'en me penchant pour boire
J'ai vu tous les soleils y venir se mirer
S'y jeter à mourir tous les désespérés
Tes yeux sont si profonds que j'y perds la mémoire

À l'ombre des oiseaux c'est l'océan troublé
Puis le beau temps soudain se lève et tes yeux changent
L'été taille la nue au tablier des anges
Le ciel n'est jamais bleu comme il l'est sur les blés

Les vents chassent en vain les chagrins de l'azur
Tes yeux plus clairs que lui lorsqu'une larme y luit
Tes yeux rendent jaloux le ciel après la pluie
Le verre n'est jamais si bleu qu'à sa brisure

...

Il advint qu'un beau soir l'univers se brisa
Sur des récifs que les naufrageurs enflammèrent
Moi je voyais briller au-dessus de la mer
Les yeux d'Elsa les yeux d'Elsa les yeux d'Elsa

Les Yeux d'Elsa, Seghers, 1942.

LA DRÔME EN ARMES

N°1 — 10 JUIN 1944

Soldats sans uniforme ! milice patriotique !

NOUVELLES DU SECOND FRONT

La poésie de la Résistance

De 1940 à 1944-1945, les Allemands occupèrent la France avant d'être vaincus par les armées alliées (États-Unis, Grande-Bretagne, U.R.S.S., France libre).

Pendant l'occupation, la résistance à l'occupant nazi regroupa des Français courageux, de toutes conditions. La poésie clandestine retrouva la tradition du refus de l'oppression, dans la lignée d'Agrippa Aubigné (*Les Tragiques,* 1616), de Ronsard (*Les Discours,* 1562), ou encore de Victor Hugo (*Les Châtiments,* 1853).

En zone sud (non occupée jusqu'en 1942), en Algérie (jusqu'au débarquement allié de 1942) des poètes rusent avec le gouvernement collaborateur de Pétain (*Confluences,* de René Tavernier ; *Fontaine* de Max-Pol Fouchet ; *Les Cahiers du Sud,* de Jean Ballard, etc.).

En zone nord, puis en zone sud après 1942, des poèmes et des recueils circulent clandestinement, ronéotés ou imprimés tant bien que mal, comme *Le Musée Grévin* d'Aragon.

Le groupe surréaliste *La Main à plume* édite clandestinement *Poésie et Vérité* de Paul Éluard (1942). Les Éditions de Minuit, créées clandestinement en 1942, publient les *Sonnets composés au secret* de Jean Noir (Jean Cassou) avec une préface de François-la-Colère (Aragon).

Parmi les poètes de la Résistance, on trouve aussi bien le jeune catholique Pierre Emmanuel (*Jours de colère,* 1942), que le jeune communiste Rouben Melik (sous le pseudonyme de Musset), Guillevic, Ponge, Tardieu, Vildrac, etc., regroupés dans l'ouvrage collectif *L'Honneur des poètes* (v. Éluard).

Certains poètes ont lutté les armes à la main, comme René Char, ou encore Jean Prévost et Benjamin Fondane qui furent tués. Car les poètes payèrent leur tribut à la guerre : Saint-Pol Roux dès 1940, Max Jacob victime de la haine raciste des nazis, Robert Desnos mort en déportation, etc. D'autres furent déportés mais revinrent, comme Jean Cayrol.

Le poète Pierre Seghers qui fut un courageux éditeur clandestin de la poésie a consacré un remarquable ouvrage à cette période : *La Résistance et ses poètes* (Seghers, 1974).

A

Arp Jean
(Strasbourg 1887 — Paris 1966).

Réfugié en Suisse à Zürich dès 1914, pendant la Première Guerre mondiale, il y rencontra les peintres Klee et Kandinsky, il y fonda le cabaret *Voltaire* avec l'écrivain Tristan Tzara. Lui-même se consacra à la fois aux arts plastiques et à la poésie. Il vint à Paris en 1926 et il participa au dadaïsme, puis au surréalisme.

Ses poèmes sont une suite d'images insolites et, surtout dans les premiers recueils, de phrases incohérentes, mais ils sont pleins d'images, d'associations d'idées, où cet insolite rejoint la fantaisie (*Des taches dans le vide,* 1937 ; *Sciures de gammes,* 1938 ; *Poèmes sans prénoms,* 1941 ; *Souffle,* 1950 ; *Soleil recerclé,* 1966 ; etc.). Ses poèmes et autres textes ont été rassemblés dans *Jours effeuillés* (1966). Il a également écrit des poèmes en allemand.

le corps des baisers ne se réveillera jamais
il n'était jamais réel
la mer des ailes berce cette larme
la cloche parle avec la tête
et les doigts nous conduisent à travers les champs de l'air
vers les nids des yeux
là où se fondent les noms

Composition dadaïste, par Jean Arp

Artaud Antonin
(Marseille 1896 — Ivry-sur-Seine 1948).

Il fut en mauvaise santé dès son enfance (méningite, violents maux de tête) et, en 1915, il commença une longue suite de séjours en diverses maisons de santé.

Arrivé à Paris en 1920, il devint acteur (théâtre et cinéma) et il publia ses premiers recueils poétiques (*Tric-Trac du ciel,* 1923 ; *L'Ombilic des limbes,* 1925 ; *Le Pèse-Nerfs,* 1927). Il faisait alors partie du groupe surréaliste, mais il s'en sépara bientôt.

Prose et poèmes mélangés, ses écrits étranges, violents, sont le reflet d'une personnalité malade. Après des voyages au Mexique et en Irlande (1936), on dut l'interner près de Paris. En 1943, à l'instigation d'amis fidèles, le docteur Ferdière parvint à le faire venir à l'hôpital de Rodez où il le soigna efficacement, contint son délire, l'incita de nouveau à écrire. Malheureusement, Antonin Artaud revint à Paris en 1946 et ne continua pas à bénéficier des mêmes soins. Il mourut d'un cancer à l'asile d'Ivry.

Il est également l'auteur de plusieurs pièces (*Les Cenci,* 1935) et d'intéressantes réflexions sur le théâtre (*Le Théâtre et son Double,* 1938).

Sa poésie, pleine de bruit, de fureur, d'obscénités et d'insultes est une suite de cris parfois déchirants.

Autoportrait

Mais quoi donc à la fin, toi le fou ?
Moi ?
Cette langue entre quatre gencives,
Cette viande entre deux genoux,
Ce morceau de trou
Pour les fous.

Œuvres complètes, Gallimard.

A

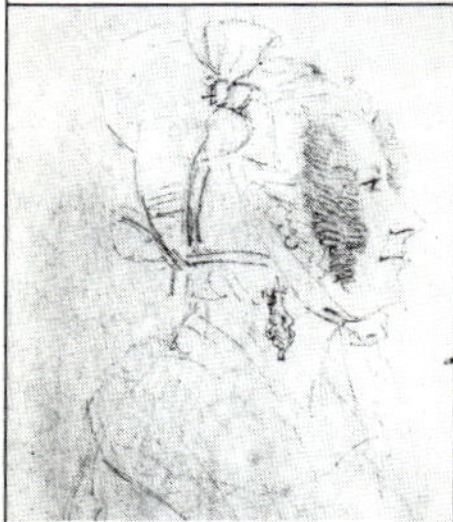

Marie Nodier

Arvers Félix
(Joigny 1806 — Paris 1850).

Ses poèmes ont été publiés dans le recueil *Mes heures perdues* (1833), mais il ne doit sa célébrité qu'à un sonnet qu'il composa pour la fille de Charles Nodier, Marie. Ce fameux « sonnet d'Arvers » accompagne des poèmes plus robustes dans une tonalité parfois revendicatrice.

Mon âme a son secret, ma vie a son mystère,
Un amour éternel en un moment conçu :
Le mal est sans espoir, aussi j'ai dû le taire,
Et celle qui l'a fait n'en a jamais rien su.

Hélas ! j'aurai passé près d'elle inaperçu,
Toujours à ses côtés, et pourtant solitaire.
Et j'aurai jusqu'au bout fait mon temps sur la terre,
N'osant rien demander et n'ayant rien reçu.

Pour elle, quoique Dieu l'ait faite douce et tendre,
Elle suit son chemin, distraite et sans entendre
Ce murmure d'amour élevé sur ses pas.

À l'austère devoir, pieusement fidèle,
Elle dira, lisant ces vers tout remplis d'elle :
« Quelle est donc cette femme ? » et ne comprendra pas.

Aubigné Théodore Agrippa d'
(Saint-Maury, près de Pons, 1552 — Genève 1630).

Élevé dans la religion réformée, Agrippa d'Aubigné fit d'excellentes études à Paris, à Genève, à Lyon. À dix ans, il assista aux massacres qui suivirent la conjuration d'Amboise, et son père lui fit jurer de venger les exécutés. Il se battit toute sa vie pour la cause protestante, par la plume et par l'épée.

Il échappa au massacre de la Saint-Barthélemy (1572). Réfugié au château de Talcy pour y soigner une blessure après une agression, il s'éprit de Diane Salvatti et composa pour elle des *Odes*, des *Stances*, des sonnets (l'*Hécatombe à Diane*) d'une grande force poétique. Mais le mariage ne put avoir lieu : elle était catholique.

Il reprit les armes et lutta aux côtés d'Henri de Navarre jusqu'à son entrée à Paris. Il fut douze fois blessé. En 1577, il commença un poème vengeur, puissant, visionnaire : *Les Tragiques* (publié en 1616).

Il reprocha à Henri IV sa conversion au catholicisme, mais l'Édit de Nantes mit heureusement fin aux guerres de Religion. Agrippa d'Aubigné était alors gouverneur de Maillezais. Mais après la mort d'Henri IV (1610), devant l'intransigeance de Richelieu, il dut se réfugier à Genève où il mourut après dix ans d'exil, très affecté par la conversion d'un de ses deux fils au catholicisme. Sa petite-fille, Madame de Maintenon, poussa plus tard Louis XIV à reprendre les persécutions contre les protestants et elle contribua à la révocation de l'Édit de Nantes (1685).

Les *Tragiques* sont un très long poème en alexandrins regroupés en sept livres où s'expriment avec force la fureur d'Agrippa d'Aubigné devant les perversions de la cour d'Henri III, les massacres et les misères, sa foi passionnée, sa haine des persécuteurs — et l'espérance en Dieu. Un souffle puissant soulève cette épopée où se trouve le célèbre vers *« Une rose d'automne est plus qu'une*

La Saint-Barthélemy

LES
TRAGIQVES

DONNEZ AV PVBLIC PAR
le larcin de Promethee

AV DEZERT,
PAR L. B. D. D.

M. DC. XVI.

autre exquise » qui s'applique aux martyrs : *« Vous avez éjoui l'automne de l'Église ».* L'ouvrage s'achève par l'évocation de la récompense, le bonheur des élus.

Je veux peindre la France une mère affligée
Qui est entre ses bras de deux enfants chargée.
Le plus fort, orgueilleux, empoigne les deux bouts
Des tétins nourriciers ; puis, à force de coups
D'ongles, de poings, de pieds, il brise le partage
Dont nature donnait à son besson l'usage...

Les Tragiques. Misères.

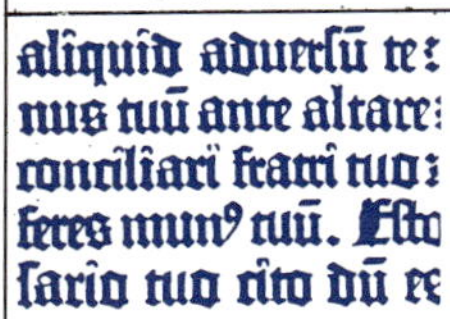
aliquid aduersū te:
nus tuū ante altare:
conciliari fratri tuo:
feres munꝰ tuū. Esto
sario tuo cito dū re

Bible de Gutenberg
Psaume de David

La poésie religieuse au XVIe siècle

Dans la deuxième partie du XVIe siècle, de 1559 à 1598, une guerre civile déchira la France entre catholiques et protestants, pour des raisons religieuses et politiques. De nombreux livres furent alors consacrés à la théologie, à la prédication, à la controverse.

La poésie refléta ces prises de position. Agrippa d'Aubigné est considéré comme le plus grand poète du parti protestant, Pierre de Ronsard représentant le parti catholique.

Mais ils ne furent pas seuls à illustrer la poésie religieuse. La *Bible*, récemment traduite en français, devint une source d'inspiration pour du Bartas. Marot adapta en français cinquante *Psaumes* de David avec un succès considérable chez les protestants — et chez les catholiques de la cour de François Ier. La paraphrase des *Psaumes* devint un genre très riche jusqu'à Malherbe.

La poésie religieuse de cette époque apparaît dans les œuvres de Jean-Baptiste Chassignet (1578-1635), Jean de La Ceppède (1550-1622), Lazare de Selve (? ?), Jean de Sponde (1557-1595) qui traitent en vers de problèmes religieux, du péché, de la grâce, de la mort et de l'Évangile.

A

Psautier de Citeaux, XIIIe siècle (détails).

Aucassin et Nicolette
(XIIIe siècle).

Cette jolie « chantefable » raconte en langue d'oc les amours contrariées de deux jeunes gens, Aucassin, fils du riche comte de Beaucaire, et Nicolette, la pauvre captive achetée à des Sarrasins. Elle mélange la prose du récit et de gracieuses chansons dont nous possédons les mélodies. Chacune de ces laisses est bâtie sur une même assonance. L'auteur est resté inconnu.

MAINTENANT ON CHANTE

Étoilette, je te vois,
Que la lune tire à soi.
Nicolette est avec toi,
Ma petite amie aux cheveux blonds.
Je crois que Dieu a voulu l'avoir
Pour que la lumière du soir
Soit plus belle grâce à elle...

Traduction

Audiberti Jacques
(Antibes 1899 — Paris 1965).

Après avoir été greffier à Antibes, Jacques Audiberti vint à Paris en 1924, commença une carrière de journaliste et publia son premier recueil, *L'Empire et la Trappe* (1930). Ses publications dans diverses revues firent connaître sa poésie. Il reçut le prix Mallarmé (1935). Il abandonna le journalisme en 1940 et il se consacra à la littérature. Il devint

B

Mots que j'aime.
Sombre gemme.
Stratagème
du Néant ?
Ombre blême
en moi-même
du suprême
Maintenant.

Toujours. Gallimard, 1943.

Bachelard, par Lapoujade, dessin sur parchemin

alors un écrivain dramatique qui rencontra le succès avec *Quoat-Quoat* (1946), *Le mal court* (1947), etc.

Célèbre grâce à son théâtre étrange, baroque, humoristique, il fut aussi romancier et poète avec *Race des hommes* (1937), *Des tonnes de semences* (1941), *Toujours* (1943), *Remparts* (1953), etc. Utilisant la versification traditionnelle avec une grande richesse verbale, il écrivit des ouvrages très divers, en marge des grands courants de l'époque, dont les thèmes essentiels sont l'amour, l'angoisse, la mort — et la fascination du langage.

Bachelard Gaston

(Bar-sur-Aube 1884 — Paris 1962).

On pourrait s'étonner de trouver un philosophe parmi les poètes !

Mais les poètes lui doivent tant, et les poètes contemporains en particulier, qu'il est normal de le rencontrer parmi eux.

Et surtout, Bachelard dans ses livres sur l'imagination a écrit, sans s'en douter peut-être, de merveilleux poèmes en prose.

LE GRENIER

« Et puis le grenier est le règne de la vie sèche, d'une vie qui se conserve en séchant. Voici le tilleul qui se fane crissant sous la main, et voilà les raisins pendus au cercle d'un tonneau, merveilleux lustre où les grappes ont de si claires lumières... Avec tous les fruits le grenier est un monde de l'automne, un monde d'octobre, le plus suspendu de tous les mois... »

La Terre et les rêveries de la volonté. José Corti.

B

Baïf Jean-Antoine de
(Venise 1532 — 1589).

Il était le fils naturel de Lazare de Baïf, ambassadeur de France à Venise (et poète lui-même). Il fit de bonnes études au Collège de Coqueret, à Paris, où il connut Ronsard. Il fut l'un des membres fondateurs de la Brigade qui devint bientôt la Pléiade.

Jean-Antoine de Baïf commença par publier des *Amours* de *Méline* (1552) et de *Francine* (1555), puis un poème didactique, *Les Météores* (1567) et des poésies amusantes, *Le Passe-Temps* (1573), ainsi que des comédies et des tragédies.

Mais il fut surtout un remarquable novateur qui expérimenta diverses techniques et s'intéressa au langage lui-même.

Il écrivit un *Traité de la prononciation française* (qui est perdu) et il tenta de contribuer à la simplification de l'orthographe (déjà !), en essayant de la rendre phonétique. Il entreprit d'instaurer dans la versification française le « vers mesuré », c'est-à-dire un système qui tiendrait compte de la longueur et de l'accentuation des syllabes. La versification métrique est impossible en français, mais Baïf a écrit des chefs-d'œuvre (*Étrénes de poézie francoeze an vers mezurés,* 1574 ; *Psaumes ; Chansonnettes*).

LA BELLE ARONDE*

Babillarde, qui toujours viens
Le sommeil et songe troubler
Qui me fait heureux et content,
Babillarde aronde, tais-toi...

* *La Belle hirondelle.* Extrait d'une chansonnette en vers mesurés. Le modèle suivi est le trochaïque dimètre catalectique, soit trois trochées et demi, le 3e étant un dactyle : — U | — U | — UU | —

ETRENES
DE POEZIE FRANSOEZE
AN VERS MEZURES.

AU ROE.

A LA REINE MERE.
AU ROE DE POLONE.
A MONSEINEUR DUK D'ALANSON.
A MONSEINEUR LE GRAND PRIEUR.
A MONSEINEUR DE NEVERS.
E AUTRES.

LES BEZONES E JOURS D'EZIODE.
LES VERS DORES DE PITAGORAS.
ANSENEMANS DE FAUKILIDES.
ANSENEMANS DE NAUMAÇE AUS FILES A MARIER.

Par Jan Antoene de Baïf, Segretere de la Çanbre du Roe.

B

Avec Thibaut de Courville, il fonde *L'Académie de poésie et de musique* sous le patronage de Charles IX (1570) pour unir les deux arts. Il utilisa dans ce but un vers de quinze syllabes, dit « vers baïfin », « *Pour le joindre au luth sonné d'une moins contrainte cadence* », estimant que les vers longs étaient plus faciles à mettre en musique.

Concert au XVIe *siècle*

Baïf et l'Académie de poésie et de musique

Jean-Antoine de Baïf, comme la plupart des poètes de la Pléiade, était extrêmement intéressé par les rapports entre la poésie et la musique. Avec le musicien Thibaut de Courville, il fonda en 1567 une académie qui avait pour but principal de faire se rencontrer musiciens et poètes. Le roi Charles IX apporta son soutien à l'entreprise, malgré l'opposition du Parlement de Paris qui estimait que cette académie risquait de corrompre et amollir la jeunesse.

L'académie organisa des concerts où l'on interprétait les œuvres de ses membres. Malgré la mort de Charles IX (1574), l'académie continua et devint l'Académie du Palais (elle se réunissait au Louvre), sous la direction de Guy du Faur de Pibrac. L'académie fit encore publier en 1576 par Le Roy et Ballard des poèmes mesurés de Baïf, mis en musique par Jacques Mauduit — puis elle disparut.

Cette tentative originale correspond à une époque où la chanson française fut particulièrement brillante, grâce à l'alliance des plus grands poètes et des meilleurs musiciens.

B

Banville Théodore Faullin de (Moulins 1823 – Paris 1891).

Il vint à Paris pour terminer ses études — et il y publia son premier recueil à 19 ans, *Les Cariatides* (1842), en rencontrant immédiatement la faveur du public qu'il retrouva avec *Les Stalactites* (1846). Romantique par l'enthousiasme, déjà parnassienne par la perfection formelle, sa poésie impose sa virtuosité dans *Les Odes funambulesques* (1857) que Victor Hugo considère comme « un des monuments lyriques du siècle ».

Rimes inattendues, enjambements, habiles parodies, rythmes variés, bouffonneries, formes originales ou anciennes, Banville apparaît comme un maître de la versification dans ce livre où il chercha « une nouvelle langue comique versifiée ». Mais il n'est pas qu'un acrobate du vers, il est aussi un poète attentif à la vie quotidienne, au progrès, aux difficultés de l'artiste dans une société bourgeoise « qui n'a d'autre culte que celui de la pièce de cent sous » (*Les Exilés*, 1867 ; *Occidentales*, 1869 ; *Rondels*, 1875 ; *Rimes dorées*, 1878 ; *Sonnailles et clochettes*, 1890 ; etc.).

Il est également l'auteur d'un remarquable *Petit traité de versification française* (1872) et de plusieurs pièces de théâtre (*Gringoire*, 1866).

LE THÉ

Miss Ellen, versez-moi le Thé
Dans la belle tasse chinoise,
Où des poissons d'or cherchent noise
Au monstre d'or épouvanté.

J'aime la folle cruauté
Des chimères qu'on apprivoise :
Miss Ellen, versez-moi le Thé
Dans la belle tasse chinoise...

Rondels. 1875.

B

Barbier Henri Auguste
(Paris 1805 — Nice 1882).

Ce poète romantique a écrit plusieurs recueils (*Il Pianto*, 1882 ; *Lazare*, 1833 ; *Chants civils et religieux*, 1841 ; *Rimes héroïques*, 1843, *Nouvelles satires*, 1865 ; etc.). Mais son recueil le plus célèbre est celui des *Iambes* (1831) ; son poème le plus fameux est *La Cavale* où il dénonce la dictature napoléonienne en alternant alexandrins et octosyllabes.

LA CAVALE

Ô Corse à cheveux plats, que la France était belle,
Au grand soleil de Messidor !
C'était une cavale indomptable et rebelle,
Sans frein d'acier ni rênes d'or ;
Une jument sauvage à la croupe rustique,
Fumante encor du sang des rois,
Mais fière, et d'un pied libre heurtant le sol antique,
Libre pour la première fois.

...

Iambes. L'Idole III.

Bartas (Guillaume de Salluste, seigneur du)
Montfort, près d'Auch, 1544 — mort des suites de la bataille d'Ivry, 1590.

Comme Agrippa d'Aubigné, du Bartas fut un défenseur de la religion calviniste par l'épée et par la plume. Il appartint à l'armée d'Henri de Navarre qui lui confia également plusieurs missions à l'étranger.

La Bible inspira ce calviniste fervent, auteur d'une épopée dramatique (*Judith*, 1573) et de recueils poétiques (*Uranie, le Triomphe de la foi, Les Neuf Muses*) dont certains eurent une célébrité considérable : *La Première Semaine* (1578) qui eut plus de trente éditions en six ans et plusieurs traductions fut suivie par *La Seconde Semaine* (1584). Dans ces *semaines*, il entreprit l'histoire religieuse du monde en une langue foisonnante et même exubérante, plus admirée par les poètes étrangers (Le Tasse, Goethe) que par les Français des générations suivantes qui reprochent à ces œuvres leur outrance.

LE DÉLUGE

...
Tandis la sainte Nef sur l'échine azurée
Du superbe océan naviguait assurée,
Bien que sans mât, sans rame, et loin, loin de tout port,
Car l'Éternel était son pilote et son nord.
...

La Semaine, ou Création du monde. Second jour.

Basselin, ou Vasselin, ou Bachelin Olivier
(XVe siècle).

On sait peu de chose de ce poète et chansonnier dont l'existence fut même mise en doute (mais elle est attestée par une lettre de Guillaume Crétin en 1515). Il aurait été foulon de drap à Vire, à un endroit appelé Les Vaux. C'est pourquoi ses chansons furent appelées des *Vaux-de-Vire,* d'où une tradition fait dériver *Vaul de ville,* puis *vaudeville.* Il serait mort en 1450 à la bataille de Formigny.

Ses chansons à boire se trouvent dans le *Manuscrit de Bayeux* (1514), publié par Jean le Houx (1576). Mais il a aussi écrit des chansons politiques.

Et cuidez-vous que je me joue
Et que je voulsisse aller
En Engleterre demourer ?
Ils ont une longue coue !

Entre vous, gens de village
Qui aymez le Roy Françoys
Prenez chascun bon courage
Pour combattre les Engloys !...

Médaille commémorative de la bataille de Formigny

B

Bataille Georges

(Billom, Puy-de-Dôme, 1897 — Orléans 1962).

Ancien élève de l'École des chartes, Georges Bataille a mené une carrière de bibliothécaire qu'il acheva à Orléans. Il dirigea la revue *Documents* et il fonda la revue *Critique.*

Sans avoir véritablement participé au mouvement surréaliste, il en fut assez proche pour être l'un des signataires du pamphlet *Un cadavre,* rédigé par Ribemont-Dessaignes et dirigé contre André Breton (1930).

Romancier et essayiste, Georges Bataille est l'auteur d'une œuvre étrange, souvent morbide. Il a été fasciné par l'érotisme, l'expérience mystique, la mort, le néant. Son livre *La Haine de la poésie* (1947), repris en 1962 dans *L'Impossible,* renferme des textes ayant la forme habituelle de la poésie. On a publié en édition posthume *L'Archangélique et autres poèmes.*

> *le néant n'est que moi-même*
> *l'univers n'est que ma tombe*
> *le soleil n'est que ma mort*
>
> L'Archangélique, Mercure de France, 1967.

Bataille Henry

(Nîmes 1872 — Malmaison 1922).

Il commença par écrire une féerie lyrique avec Robert d'Humières, *La Belle au Bois dormant* (1894), puis il mena une brillante carrière d'auteur dramatique. Ses pièces s'orientèrent peu à peu vers le théâtre d'idées, montrant les violences des passions dans un cadre moderne. Sa poésie a commencé avec *La Chambre blanche* (1895) qui restituait le charme nostalgique de l'enfance, pleine d'une délicatesse qui ne tombait pas dans la mièvrerie. *Le Beau Voyage* (1904) est son meilleur ouvrage. Il publia encore *La Divine Tragédie* (1916) et *La Quadrature de l'amour* (1919).

LES SOUVENIRS

Les souvenirs, ce sont des chambres sans serrure,
Des chambres vides où l'on n'ose plus entrer,
Parce que de vieux parents jadis y moururent.
On vit dans la maison où sont ces chambres closes.
On sait qu'elles sont là comme à leur habitude,
Et c'est la chambre bleue, et c'est la chambre rose...
La maison se remplit ainsi de solitude.
...

La Chambre blanche. Mercure de France. 1895.

Bauchau Henry
(né à Malines, Belgique, 1913).

Il a vécu successivement en Belgique, en France, en Suisse. Il s'interroge sur le mal, la souffrance, en des poèmes qui s'inspirent des forces puissantes qui nous ont façonnés dès l'enfance. Sa poésie, largement scandée, marque l'inquiétude du temps qui passe (*Géologie*, 1958 ; *L'Escalier bleu*, 1964 ; *La Pierre sans chagrin*, 1966 ; *La Dogarra*, 1967 ; *Célébration*, 1972).

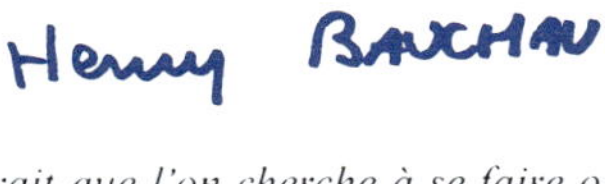

...
On dirait que l'on cherche à se faire oublier,
Mais de qui ? On dirait que nous sommes coupables.
Peut-être existons-nous pour quelqu'un.
Mais pour qui ?
...

Géologie. Gallimard. 1958.

Allégorie sur la brièveté des choses

B

Baudelaire, par Nadar

Autoportrait

Baudelaire Charles Pierre
(Paris 1821 — 1867).

Charles Baudelaire avait six ans quand mourut son père, ancien prêtre défroqué sous la Révolution, homme cultivé, amateur de peinture. Sa mère se remaria bientôt avec le commandant Aupick (plus tard général, puis ambassadeur et sénateur) et l'incompréhension fut totale entre le beau-père et Charles qui eut une enfance et une adolescence malheureuses. Il entreprit des études de droit — et afin de l'arracher à la bohème du Quartier latin, sa famille l'embarqua à Bordeaux en 1841 pour un long voyage vers les Indes. Il s'arrêta à la Réunion et revint à Paris enrichi de sensations et d'images exotiques.

Il mena dès lors une vie de dandy, fit des dettes qui entraînèrent la nomination d'un conseil judiciaire (1844). Il participa à la révolution de 1848, et ses poèmes commencèrent à paraître dans divers journaux et revues.

C'est l'époque où il s'intéresse à la peinture (*Les Salons*, à partir de 1845), où il traduit les *Histoires extraordinaires* et les poèmes de l'écrivain américain E.-A. Poe (à partir de 1856), où il fait connaître les œuvres du chansonnier ouvrier Pierre Dupont. Il est alors lié avec Jeanne Duval, *La Vénus noire*, il est amoureux de Mme Sabatier, il fréquente les écrivains, il a la haine du bourgeois.

Enfin, en 1857, il fit paraître son recueil des *Fleurs du mal*, un mois après la mort du général Aupick. Baudelaire et l'éditeur sont immédiatement condamnés pour délit d'outrage à la morale publique. Il dut retirer six poèmes de son livre (ce jugement ne fut cassé qu'en 1949).

B

Malade, il prit, puis il abusa de l'opium et du haschisch. Pour fuir ses créanciers, il se réfugia en Belgique en 1864. C'est là qu'il eut une attaque d'apoplexie en 1866. Il fut ramené à Paris, hémiplégique, aphasique, et il mourut un an plus tard, alors que de jeunes poètes comme Verlaine, Catulle Mendès, Mallarmé, saluaient son génie. Depuis, il a été reconnu comme l'un des inspirateurs majeurs de la poésie moderne.

« Dans ce livre atroce, j'ai mis toute ma pensée, tout mon cœur, toute ma religion (travestie), toute ma haine », écrivit Baudelaire en parlant des *Fleurs du mal.* C'est un ouvrage qui touche le lecteur par la force et la sincérité des sentiments, amour, souffrance, désespoir, hantise de la mort, lutte du bien et du mal, de la réalité et de l'idéal, incurable mélancolie et rédemption de l'art.

Baudelaire est également l'auteur de *Petits poèmes en prose* et d'essais d'une pénétrante intelligence sur l'art, la musique, la littérature, etc.

Autoportrait

HARMONIE DU SOIR

Voici venir les temps où vibrant sur sa tige
Chaque fleur s'évapore ainsi qu'un encensoir,
Les sons et les parfums tournent dans l'air du soir,
Valse mélancolique et langoureux vertige !

Chaque fleur s'évapore ainsi qu'un encensoir ;
Le violon frémit comme un cœur qu'on afflige ;
Valse mélancolique et langoureux vertige !
Le ciel est triste et beau comme un grand reposoir.

Le violon frémit comme un cœur qu'on afflige,
Un cœur tendre, qui hait le néant vaste et noir !
Le ciel est triste et beau comme un grand reposoir ;
Le soleil s'est noyé dans son sang qui se fige...

Les Fleurs du mal, 1857.

Charles Baudelaire, critique d'art

Charles Baudelaire s'intéressa toujours à la peinture. Ses *Salons de 1845* et *de 1846* sont ses premières publications (mis à part quelques articles). Il écrivit sur l'*Exposition universelle de 1855, sur les Beaux-Arts*, sur le *Salon de 1859*, les caricaturistes, les aquafortistes, etc. Il consacra plusieurs articles à Eugène Delacroix, à Constantin Guys, « peintre de la modernité ».

Dès 1845, il place Delacroix en tête du romantisme, faisant un parallèle avec Victor Hugo (qui « était naturellement académicien avant de naître »). Si Delacroix était déjà connu (et reconnu), Baudelaire a eu le mérite d'attirer l'attention sur Daumier, Courbet, Fromentin, Manet, etc., tout en refusant l'art conventionnel, celui d'Horace Vernet, par exemple (« un militaire qui fait de la peinture ») ; il a « redécouvert » Goya, Hogarth, etc.

Son *Salon de 1845* n'est guère qu'un catalogue commenté ; mais ensuite, Baudelaire se livre à de véritables études d'art, s'interrogeant sur la critique, le romantisme, la couleur, le paysage, etc., en une réflexion extrêmement perspicace. Ses jugements ne manquent pas d'intérêt :

Delacroix : « Le peintre le plus original des temps anciens et des temps modernes » (1845).

Ingres : « Un homme doué de hautes qualités, un amateur éloquent de la beauté, mais dénué de ce tempérament énergique qui fait la fatalité du génie » (1855).

Courbet : « Un jeune peintre dont les débuts remarquables se sont produits récemment avec l'allure d'une insurrection » (1855).

Hommage à Eugène Delacroix, *par Fantin-Latour (en bas, à dr. : Baudelaire)*

B

Béalu Marcel
(né à Selles-sur-Cher, 1908).

Autodidacte, ayant pratiqué plusieurs métiers, Marcel Béalu est devenu libraire à Paris. Il a écrit des poèmes en prose et des récits fantastiques. Il a réuni ses poèmes antérieurs dans *L'Air de vie* (1957), *D'où part le regard* (1973) et *Poèmes 1960-1980* (1981).

LE SOUVENIR DE GRÈCE

...
La statue de trois mille ans
Qu'on retrouva sous la mer
Elle sourit au musée
À tous les peuples du monde...

La Poésie comme elle s'écrit. Ed. ouvrières, 1979.

Marcel Béalu

Béarn Pierre
(né à Bucarest, 1902).

Ancien ouvrier mécanicien, ancien marin, instructeur à l'école des mousses à Brest, critique d'art, critique gastronomique, libraire, bouquiniste, il est aussi le fondateur du *Mandat des poètes* en 1950. Editeur et rédacteur unique de la revue de *la Passerelle,* Pierre Béarn est partout où la poésie est à l'ordre du jour. Son œuvre (romans, poèmes, essais) est abondante. Ses poèmes (*Couleurs d'usine,* 1951, *Couleurs de cendre,* 1952, *Couleurs d'ébène, Dialogue de mon amour, Couleurs éparses,* etc.) touchent à tous les genres, de la fable au poème lyrique.

Est-ce mardi ? ou bien jeudi ? pas samedi
mon compagnon, car on croquerait l'orpheline
un jour où tu joues l'affranchi
pour six journées que lentement on assassine...

Prisonnier de la vie ne vous attardez pas
à rêvasser au futur labeur des machines...

Couleurs d'usine Seghers, 1951.

B

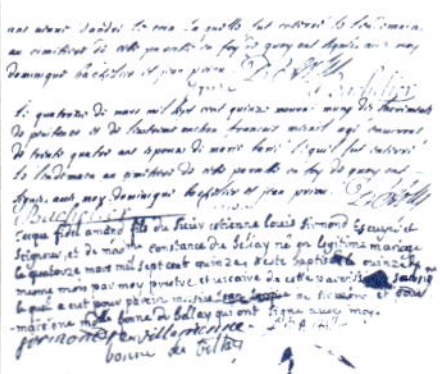

Acte de baptême de Joachim Du Bellay

Béatrice de Die

(XIIe siècle).

On a gardé cinq poèmes inspirés à la comtesse de Die par son amour malheureux pour Raimbaut d'Orange.

Bécousse Raoul

(né à Saint-Jean-des-Vignes, 1920).

Il est l'auteur d'une vingtaine de recueils (*Septembre m'a comblé*, 1947 ; *La parole est aux collines*, 1957 ; *Sept fois le jour*, 1978 ; etc.) à l'inspiration généreuse, parfois religieuse, qui lui ont valu plusieurs prix littéraires. Dans *Que n'ai-je une machine à coudre* (1977) il évoque son enfance lyonnaise, quand « *les terrains vagues des banlieues/grouillaient déjà de poésie* ».

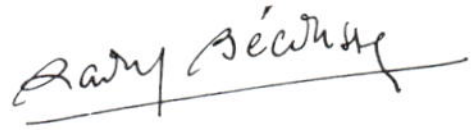

Bellay Joachim du

(Liré 1522 — 1560).

Orphelin de bonne heure, du Bellay dut renoncer à la carrière des armes à cause d'une mauvaise santé. Il partit étudier le droit à Poitiers où le hasard lui fit rencontrer Ronsard dans une hôtellerie (1547). Il le suivit à Paris, fréquenta au Collège le Coqueret les cours de Dorat et publia un recueil de sonnets pétrarquistes, *L'Olive* (1549).

La Brigade, qui réunissait les jeunes poètes du Collège, lui confia le soin de rédiger un manifeste : *La Défense et Illustration de la langue française* (1549) qui annonça le début de la grande poésie de la Renaissance — en se réclamant de l'antiquité. Les poètes de la Pléiade allaient superbement illustrer ces propos.

Mais du Bellay, atteint de surdité (comme Ronsard), tomba gravement malade. À 25 ans, il écrivit la *Complainte du désespéré* publiée dans *Divers poèmes* (1552) :

Mes os, mes nerfs et mes veines,
Témoins secrets de mes peines,
Et mille soucis cuisants,
Avancent de ma vieillesse
Le triste hiver, qui me blesse
Devant l'été de mes ans.

Son cousin, le cardinal Jean du Bellay, envoyé du roi Henri II auprès du pape Jules III, emmena alors Joachim à Rome, comme intendant (1553). Il y rencontra les restes de la civilisation antique qui l'enthousiasmèrent, mais son travail l'ennuyait, l'immoralité de la société romaine le déçut, il eut la nostalgie de son pays natal, et il revint en France (1557) où il publia plusieurs recueils en 1558 : *Les Antiquités de Rome, Divers Jeux rustiques, Les Regrets.*

Il vécut à la cour d'Henri II puis de François II, mais il souffrit de difficultés financières et de maladie. Il mourut à 37 ans — en écrivant un poème.

Ses premiers poèmes inspirés par Pétrarque (*L'Olive*) montrent plus d'habileté que de profondeur. Mais avec la maladie, le voyage, la souffrance, du Bellay atteint la plus haute poésie qui le mène, dans *Les Antiquités*, à méditer sur les civilisations passées, cet empire romain *« dépouillé par la barbare main »*, à exprimer sa nostalgie de son *« petit Liré »*, dans *Les Regrets*, sa crainte de perdre l'inspiration (*« Et les Muses de moi, comme étranges, s'enfuient »*), son indignation devant les courtisans, *« Ces vieux singes de cour, qui ne savent rien faire »*... Il a surtout utilisé le sonnet dans une construction savante qui n'excluait ni l'émotion ni le pittoresque, ni la satire.

B

D'UN VANNEUR DE BLÉ AUX VENTS

À vous, troupe legère,
Qui d'aile passagère
Par le monde volez,
Et d'un sifflant murmure
L'ombrageuse verdure
Doucement ébranlez,

J'offre ces violettes,
Ces lis et ces fleurettes
Et ces roses ici,
Ces vermeillettes roses
Tout fraîchement écloses
Et ces œillets aussi...

Divers Jeux rustiques. 1558.

B

Belleau Rémy
(Nogent-le-Rotrou 1528 — 1577).

Il fut l'un des sept poètes de la Pléiade — car il avait suivi les cours du fameux humaniste Dorat, principal du Collège de Coqueret à Paris. Ce fut là qu'il rencontra Ronsard dont il devint le meilleur ami aux dires de celui-ci (« Ronsard et Belleau n'étaient qu'un »). Il fut précepteur des fils de Rémy de Lorraine, marquis d'Elbeuf dont il suivit la cavalerie en Italie (1557). C'est l'année où il publie ses *Petites inventions* qui sont, dans le goût du temps, des descriptions d'animaux et d'objets. Dans *La Bergerie de Rémy Belleau* (1565) se trouvent de charmantes chansons qui n'ont rien perdu de leur grâce.

AVRIL

Avril, l'honneur et des bois
Et des mois ;
Avril, la douce espérance
Des fruits qui, sous le coton
Du bouton,
Nourrissent leur jeune enfance.
...

La seconde partie des *Bergeries* parut en 1572.

Ce fut un poète aimable, charmant, voluptueux — et cependant très curieux. Ses *Amours et nouveaux échanges des pierres précieuses, vertus et propriétés d'icelles* (1566) reprennent la tradition des *Lapidaires* du Moyen Âge en une constante invention unissant la science (de l'époque) et la poésie.

Il fut également l'auteur de nombreuses traductions en vers français de la Bible (notamment des extraits du *Cantique des Cantiques*, de *l'Ecclésiaste*) et de diverses œuvres grecques dont les *Odes anacréontiques* (1556).

Chant d'amour, XVe siècle

Bens Jacques
(né à Codolive, Bouches-du-Rhône, 1931).

Membre de l'Oulipo (OUvroir de LIttérature POtentielle, fondé en 1960 par des poètes réunis autour de Raymond Queneau), Jacques Bens a obtenu le prix Fénéon avec *Chanson vécue* (1958). Attiré par les jeux et règles poétiques qui correspondent aux mystères du langage, il a établi une nouvelle disposition des quatorze vers du sonnet qu'il utilise avec beaucoup d'humour (*41 Sonnets irrationnels*, 1965), mais il refuse la poésie « hermétique et sophistiquée ». Il sait atteindre l'émotion (*Petites Prophéties populaires*, 1967 ; *Le Retour au pays*, 1968 ; *Onzains incertains*, 1978).

groupe de l'Oulipo en 1975

Benserade Isaac de
(Paris 1613 — 1691).

D'abord auteur de tragédies (*Cléopâtre*, 1635), Isaac de Benserade devint un spécialiste du ballet, et il fut ainsi bien en cour. Ses vers de ballet (*Cassandre, La Nuit, Le Triomphe de l'Amour*) lui valurent une réputation considérable, puisqu'on le considérait alors comme l'égal de Corneille. Ses *Œuvres légères* nous paraissent aujourd'hui bien faibles et ses petites fables bien pauvres à côté de celles de La Fontaine.

Isaac de Benserade, par Edelinck

B

Un chariot traîné par six chevaux fougueux,
Roulait sur un chemin aride et sablonneux.
Une mouche était là, présomptueuse et fière,
Qui dit en bourdonnant : Que je fais de poussière !

Son sonnet de *Job* fut opposé au sonnet de Voiture sur *Uranie.* La querelle des *Jobelins* et des *Uranistes* divisa la cour et la ville en 1649-1650.

Béranger Pierre Jean de (Paris 1780 — 1857).

Élevé à Paris par un grand-père tailleur, puis à Péronne par une tante aubergiste, Béranger eut une enfance et une adolescence populaires, avant de revenir à Paris travailler dans le cabinet d'affaires de son père. Après la faillite de ce dernier, il fut expéditionnaire au ministère de l'Instruction publique (jusqu'en 1831).

Il commença par écrire une comédie satirique, un opéra-comique *(La Vieille Femme et le Jeune Mari)*, des poèmes épiques (*Clovis, Le Déluge,* etc.) mais la censure de Napoléon Ier interdit la publication de son recueil.

C'est alors qu'une chanson, *Le Roi d'Yvetot,* le rend célèbre en 1813 ; il y fait l'apologie de la sagesse pacifique : *« Il était un roi d'Yvetot / Peu connu dans l'histoire, / Se levant tard, se couchant tôt, / Dormant fort bien sans gloire »...*

Il publia son premier recueil en 1815 : *Chansons morales et autres.* Ses textes se chantaient sur des airs connus. Sa popularité devint prodigieuse. Libéral sous la Restauration, condamné pour outrage au roi, à la morale, aux mœurs, il passa trois mois en prison (1821), y retourna en 1828 : ce fut la gloire. Les recueils se

Le Roi d'Yvetot

B

succédèrent (1821, 1825, 1828, 1833). On dit que ses chansons avaient préparé la Révolution de 1830. Il fut élu député malgré lui en 1848 et il dut présenter sa démission deux fois pour qu'elle fût acceptée. Il chantait l'amour, la liberté, le nationalisme — et les succès de l'Empire... Victor Hugo, Chateaubriand, Stendhal l'admiraient. Lamartine l'appelait « le ménétrier national ». Ses textes nous paraissent faibles quand ils n'ont pas le soutien de la musique.

Bérimont (André Leclerc, dit Luc)
né à Magnac-sur-Touvre, 1915.

Sa famille est originaire des Ardennes, mais elle se réfugia en Charente, lors de la Première Guerre mondiale, et c'est là que naquit Luc Bérimont dont la poésie est à la fois marquée par la douceur des pays de l'Ouest et par la rudesse des Ardennes.

Ses premiers poèmes, composés aux armées en 1940, se placent dans la tradition d'Apollinaire : *Épinal, me voici.* Après la défaite, il est, avec René Guy Cadou et Jean Bouhier, l'un des cofondateurs de « L'École de Rochefort-sur-Loire » qui marqua un retour à la poésie simple mais imagée, inspirée par un vif sentiment de la nature. Ce fut l'époque où il commença une carrière de producteur radiophonique qu'il n'abandonna jamais, homme de communication par la parole autant que par l'écrit, au service de la poésie et de la chanson.

Ses romans et ses recueils de poèmes lui valurent de nombreux prix (prix Apollinaire, 1959 ; grand prix des gens de Lettres, 1967).

Sa poésie est gonflée d'images somptueuses dans une langue riche, baroque,

Le Grand Viager, par Fernand Léger

B

d'un grand lyrisme proche de la nature (*Le Grand Viager,* 1954 ; *L'Herbe à tonnerre,* 1958 ; *Un feu vivant,* 1968 ; *L'Évidence même,* 1971). Il a écrit pour les enfants *Comptines pour les enfants d'ici et les canards sauvages* (1974) et *L'Esprit d'enfance* (1980).

RÉMOULEUR

Septembre avait l'ardeur d'un chien roux dans les vignes
Une flamme tremblait au bord de la maison
Maintenant, c'est le vent qui dévale les combes
Les arbres calcinés qui rongent les gazons.

La pluie pieds nus, la pluie rôdeuse d'avant l'aube
Marche sur les hangars et les troupeaux transis,
La fenêtre capture un vol d'oiseaux sauvages
Qui rament des forêts de bronze dans l'air gris.

Il ne restera rien que le pain, que la neige
Que le layon gelé dans le bas du coteau ;
Le ciel des quatre vents vire, comme un manège
Et l'hiver, sur les grès, aiguise ses couteaux.

Le Grand Viager. Debresse. 1954.

Bernard de Ventadour, miniature du XIIIe *siècle*

Bernard ou Bernart **de Ventadour**

(né en 1148 — ?).

Ce célèbre troubadour était d'origine populaire : sa mère s'occupait du four à pain du château de Ventadour, dans le Limousin, où son père était archer. Le châtelain se serait intéressé au jeune Bernard et l'aurait fait instruire, mais le jeune homme se serait intéressé à la châtelaine — et il aurait été chassé du château. Il se réfugia auprès d'Aliénor d'Aquitaine, puis auprès du comte de Toulouse et il se retira dans l'abbaye de Dalon.

On a gardé quarante-cinq chansons de Bernard de Ventadour (dont dix-neuf notées). Il fut considéré comme le meilleur poète de l'amour courtois, ainsi qu'il l'affirmait lui-même :

Point n'est merveille si je chante
Mieux que les autres chanteurs
Car plus va mon cœur vers amour.

B

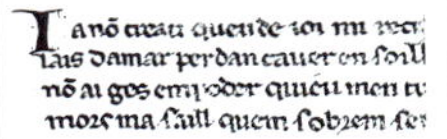

Bernis François Joachim de Pierre de (Saint-Marcel, Ardèche, 1715 — Rome 1794).

L'abbé de Bernis écrivit d'abord de petits vers tendres et galants dont le badinage était si fleuri que son ami Voltaire, après lecture de ses *Saisons,* le surnomma « Babet la bouquetière ». Mais il sut se mettre sous la protection de Mme de Pompadour qu'il flatta. Grâce à sa protectrice, il entra à l'Académie française, puis devint ambassadeur à Venise, ministre des Affaires étrangères (1756-1758), cardinal et ambassadeur à Rome (1768-1791). Le cardinal de Bernis regretta les vers légers de sa jeunesse et se tourna vers une poésie plus austère dans *La Religion vengée, Les Épîtres sur l'Indépendance, sur l'amour de la Patrie, à mes dieux pénates,* où se trouvent quelques réussites qui laissent cependant apparaître le poète comme moins important que le politique.

Censeur de ma chère paresse
Pourquoi viens-tu me réveiller
Au sein de l'aimable mollesse
Où j'aime tant à sommeiller ?
Laisse-moi, philosophe austère,
Goûter voluptueusement
Le doux plaisir de ne rien faire
Et de penser tranquillement...

B

Statue d'André Berry à Quinsac

Béroul
(XIIe siècle)

Auteur de *Tristan et Yseut,* long roman de quatre mille cinq cents vers qui raconte les aventures de deux célèbres amants. Cette histoire est restée le symbole de la passion amoureuse.

Berry André
(né à Bordeaux, 1902).

Grand voyageur, André Berry s'est fait une biographie imaginaire qui le fait descendre de Pic de la Mirandole, de l'empereur Constantin et de Vénus.

...

Crâne portant la bosse d'écriture
Comme sur Crau pitonne Montmajour :
André Berry dont telle est la peinture,
André Berry vous requiert tous d'amour...

Portrait de l'auteur par lui-même. Le Trésor des lais. 1949. Julliard.

Ses aventures ont parfois inspiré ses recueils (*Lais de Gascogne et d'Artois,* 1925 ; *Chantefable de Murielle et d'Alain,* 1930 ; *Le Pot-pourri,* 1940-1943 ; *Songe d'un païen moderne,* 1951).

Il reçut le premier Grand Prix de poésie de l'Académie française et eut le privilège d'inaugurer sa statue à Quinsac.

Une partie de sa poésie se réclame de la tradition du Moyen Âge (*Trésor des lais,* 1949), chantant l'amour et le vin dans des tonalités archaïques. Il exalte son terroir de Gascogne dans les quinze mille vers des *Esprits de Garonne* (1941-1943), se fait poète ésotérique dans *Les Poèmes involontaires* (1949) et les *Sonnets surréels* (1957). Poésie variée, parfois truculente, parfois lyrique, en dehors des écoles de son temps.

B

Bertrand de Born
(né entre 1137 et 1140 – mort entre 1208 et 1215).

Ce troubadour était seigneur d'Hautefort, en Périgord, et il fut un guerrier redoutable, aimant et chantant les guerres. Mais ses aventures amoureuses furent aussi nombreuses. Il fut l'ami du jeune roi Plantagenêt dont la mort lui inspira un chant funèbre :

Roi des courtois et des preux empereurs
Seriez seigneur si vous aviez vécu ;
Car jeune roi on vous donnait pour nom
Et guide et pair des jeunes vous étiez

Il se retira à l'abbaye cistercienne de Dalon. Il nous laissa quarante-cinq poèmes dont une chanson notée.

Bertrand de Born

Bertrand (Jacques Louis Napoléon, dit Aloysius)
Ceva, Piémont, Italie, 1807 – Paris 1841.

Son père était lieutenant de gendarmerie, et le jeune Louis Bertrand suivit avec sa famille les déplacements du militaire, de Ceva à Spolète (1812), puis à Mont-de-Marsan (1814), enfin à Dijon (1815) où il fit ses études et où il se fixa.

C'est là qu'il commença d'écrire ses « bambochades » (dont certaines furent reprises dans le recueil *Gaspard de la nuit*) et créa ainsi de façon magistrale un genre nouveau : le poème en prose. *Poème,* car il s'agit bien d'un texte où s'exprime une vision poétique qui utilise l'image et le rythme s'il refuse l'aide de la rime et du nombre.

Louis Bertrand, connu plus tard sous le prénom d'Aloysius qu'il avait pourtant peu employé, fut journaliste à Dijon où il participa à la fondation d'un jour-

Frontispice pour Gaspard de la nuit

Illustration de Gaspard de la nuit, *par A. Seguin (détail)*

nal républicain, *Le Patriote de la Côte-d'Or* (1831), puis il s'installa définitivement à Paris (1833) où il essaya vainement de faire jouer des œuvres dramatiques et de faire imprimer son recueil de cinquante-deux poèmes en prose.

Il avait fréquenté les écrivains romantiques lors d'un premier séjour à Paris, en 1828. Mais il a cessé toute relation avec eux : miséreux, malade, il souffre de tuberculose et entre à l'hôpital de la Pitié en 1838, puis à l'hôpital Saint-Antoine. Malgré une rémission, il est obligé d'entrer à l'hôpital Necker où il meurt sans voir la publication de son livre. *Gaspard de la nuit* ne fut publié qu'en 1842.

Considérés aujourd'hui comme des chefs-d'œuvre d'un genre dont s'inspirèrent notamment Baudelaire, Rimbaud et Max Jacob, ses poèmes en prose sont de petits tableaux d'une atmosphère très romantique.

SCARBO

— « Que tu meures absous ou damné, — marmottait Scarbo cette nuit à mon oreille, — tu auras pour linceul une toile d'araignée, et j'ensevelirai l'araignée avec toi ! »

— « Oh ! que du moins j'aie pour linceul, — lui répondais-je, les yeux rouges d'avoir tant pleuré, — une feuille de tremble dans laquelle me bercera l'haleine du lac. »

— « Non ! — ricanait le nain railleur, — tu serais la pâture de l'escarbot qui chasse, le soir, aux moucherons aveuglés par le soleil couchant ! »...

Tête hagarde dans une balle, *par Odilon Redon*

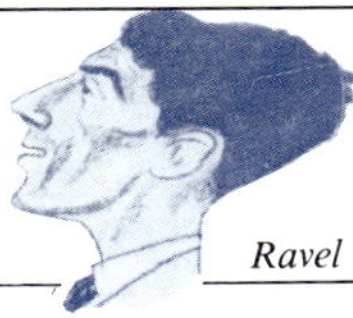

Ravel

Gaspard de la nuit et Maurice Ravel

En 1908, Maurice Ravel (1875-1937) compose sous le titre *Gaspard de la nuit* une suite de trois pièces illustrant trois poèmes en prose du recueil d'Aloysius Bertrand : *Ondine, Le Gibet, Scarbo.* Sans être à proprement parler de la « musique à programme », chacune des pièces de la suite recrée musicalement l'atmosphère du poème.

Ondine met en scène l'appel séducteur d'une ondine (créature de forme humaine habitant les eaux) essayant d'attirer l'auteur dans son palais au sein des ondes. La musique est fluide, arpégée, légère.

Le Gibet est un poème d'angoisse et de nuit qui a inspiré à Ravel d'implacables et mystérieux accords enchaînés, comme le glas de cette « cloche qui tinte aux murs d'une ville sous l'horizon », avec un sinistre pendu « que rougit le soleil couchant ».

Scarbo, c'est un nain maléfique qui suscite des cauchemars ; deux poèmes lui sont consacrés par Aloysius Bertrand. Ravel a composé un scherzo à 3/8 qui est l'une des pages les plus difficiles à exécuter de toute la littérature pianistique. Ravel l'avait voulu ainsi (on dit qu'il désirait dépasser les difficultés techniques d'*Islamey* de Balakirev). Mais le résultat musical est admirable.

Billet de décès de Th. de Bèze (détail)

Bèze Théodore de
(Vézelay 1519 – 1605).

Disciple, puis successeur de Calvin à Genève, il fut l'un des poètes protestants du XVIe siècle. Oubliant ses *Poésies lascives* (1548), il écrivit sa tragédie *Abraham sacrifiant* (1550), des satires et une traduction des *Psaumes.*

B

Biga Daniel
(né à Nice, 1940)

Ce poète, auteur des *Oiseaux Mohicans,* 1969, de *Kilroy was here,* 1972, d'*Octobre,* 1973, est très représentatif de ce que l'on nomme parfois « le nouveau réalisme » : une violence « convulsive » en face du monde moderne ; une révolte qui éclate dans la manière « survoltée » d'user du langage, de tous les langages. Mais il arrive que la détresse et l'angoisse s'entendent derrière ces cris :

« Quelquefois j'ai l'impression que j'irai un
peu plus loin
plus loin par exemple que ces textes
le vécu précède le raconté
l'acte précède la pensée
souvent je crois que j'irai plus loin
par exemple jusqu'aux origines
le vivre est antérieur à la parole
l'être au faire et au paraître

oui je sais que j'irai beaucoup plus loin
par exemple jusqu'au
silence

Esquisses pour un aménagement du rivage de l'amour total. Saint-Germain-des-Prés. 1975.

Blanchard Maurice
(Montdidier 1890 — 1960)

Après une adolescence laborieuse (il fut apprenti-serrurier dès l'âge de douze ans), Maurice Blanchard éprouva « une boulimie de toutes les connaissances » et il devint ingénieur naval, pilote pendant la guerre de 1914, puis il construisit des machines.

Il publia son premier recueil sous le pseudonyme d'Erskine Gohst, *Les lys qui pourrissent* (1929). Puis ce furent *Malebroge* (1934), *Solidité de la chair*

(1935), *Les Barricades mystérieuses* (1937), *C'est la fête et vous n'en savez rien* (1939), *La Hauteur des murs* (1947), *Le Pain, la lumière* (1955), etc.

Sans appartenir au mouvement, il avait reçu l'influence du surréalisme : dans ses textes (souvent des poèmes en prose), les images insolites foisonnent, des trouvailles s'imposent, une grande force décapante soulève cette poésie dont certaines œuvres ne parurent qu'en édition posthume (*Débuter après la mort*, 1977).

Machine, tournez vite, *par Picabia, 1916 (détail)*

...

L'étrange pouvoir de la parole conduisait le navire. Et moi, cloué au fronton des chouettes, je planais sur les eaux soulevées, seul ennemi d'une vaste présence.

...

Les Pelouses fendues d'Aphrodite. La Hauteur des murs, 1947. G.L.M.

Bodel d'Arras Jean ou Jehan
(XIIIe siècle)

Héraut d'armes et trouvère, il suivit Saint Louis à la croisade. Atteint de la lèpre, il écrivit son *Congé*, c'est-à-dire son adieu au monde pour se préparer à mourir. Il fut l'auteur d'un drame liturgique (miracle), *Le Jeu de saint Nicolas*, et d'un poème épique, de 8 079 vers, *La Chanson des Saisnes*, c'est-à-dire des Saxons (qui sont étrangement musulmans) ; cette épopée est pleine d'inventions et d'aventures.

Louis IX

...

Saint sépulcre, aidez-nous ! Allons, amis, courage !
Sarrasins et païens accourent pleins de rage ;
Voyez leur fer briller : mon cœur bondit de joie.
Qu'aujourd'hui la prouesse au grand jour se déploie.

...

Le Jeu de saint Nicolas.

B

Boileau (Nicolas dit Despréaux)
Paris 1636 — 1711.

Il était le quinzième des seize enfants que son père, Gilles Boileau, un greffier au Parlement, eut de deux mariages. Sa mère mourut alors qu'il avait deux ans, il eut une enfance maladive. Il fit des études pour être avocat, mais il se tourna vers la littérature grâce à son petit héritage à la mort de son père (1557).

C'est alors qu'il se lia d'amitié avec Molière, La Fontaine, Racine. Ses premières œuvres publiées furent *les Satires* I à VII (1666), puis VIII et IX (1668). En des alexandrins pittoresques, il attaquait les mauvais poètes, les bourgeois ridicules, les embarras de Paris (comme Juvénal avait critiqué ceux de Rome) :

En quelque endroit que j'aille, il faut fendre la presse
D'un peuple d'importuns qui fourmillent sans cesse.

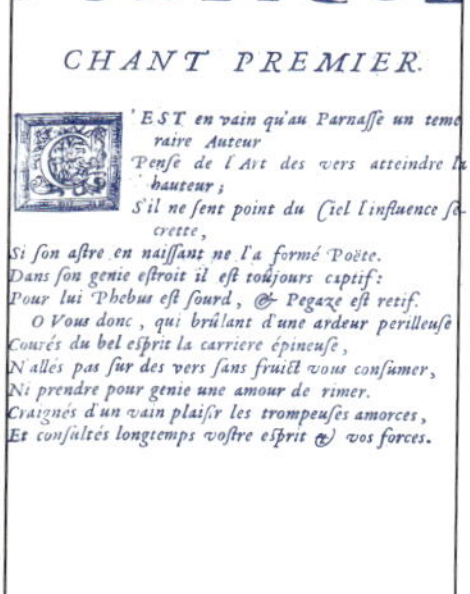

L'ART
POËTIQUE
CHANT PREMIER.

C'EST en vain qu'au Parnasse un temeraire Auteur
Pense de l'Art des vers atteindre la hauteur ;
S'il ne sent point du Ciel l'influence secrette,
Si son astre en naissant ne l'a formé Poëte.
Dans son genie estroit il est toujours captif :
Pour lui Phebus est sourd, & Pegaze est retif.
O Vous donc, qui brûlant d'une ardeur perilleuse
Courés du bel esprit la carriere épineuse,
N'allés pas sur des vers sans fruict vous consumer,
Ni prendre pour genie une amour de rimer.
Craignés d'un vain plaisir les trompeuses amorces,
Et consultés longtemps vostre esprit & vos forces.

Prenant de l'assurance, il publia un *Art poétique* en 1674 et des *Épîtres* (1674 à 1677). *L'Art poétique,* c'est l'art littéraire classique exposé clairement en alexandrins, à la lumière des grandes œuvres de l'époque : la raison, la vérité, le naturel, en suivant les leçons des anciens, car pour lui la vérité et le bon goût sont absolus. Mais ce n'est pas une doctrine figée : *« Le secret est d'abord de plaire et de toucher. »*

Dès lors, Boileau fut un écrivain officiel, nommé historiographe du roi en 1677 (avec Racine), membre de l'Académie française en 1684. Il continua à publier ses œuvres dont l'amusante épopée du *Lutrin,* poème héroï-comique (1674-1683).

Dans la querelle des Anciens et des Modernes (1687) il prit partie pour les premiers. Il mena une polémique contre les jésuites, ce qui le fit suspecter de jansénisme et empêcha la publication de sa dernière satire.

Boileau avait émis des jugements sévères et injustes sur la poésie d'avant Malherbe. Son œuvre souffrit elle-même d'une méconnaissance, car on n'y voyait que froideur, dogmatisme, théorie. Or il y a dans ses écrits toute une part de polémique et de satire qui leur donne une grande vivacité :

« Il a tort, dira l'un ; pourquoi faut-il qu'il nomme ?
Attaquer Chapelain ? Ah ! c'est un si bon homme !
Balzac en fait l'éloge en cent endroits divers.
Il est vrai, s'il m'eût cru, qu'il n'eût point fait de vers.
Il se tue à rimer : que n'écrit-il en prose ? »
Voilà ce que j'ai dit. Et que dis-je autre chose ?
...

Satire IX.

Ses jugements sur la littérature de son époque ont été ratifiés par la postérité (*« En vain contre le Cid un ministre se ligue ; / Tout Paris pour Chimène a les yeux de Rodrigue »*) et l'exposé de sa doctrine classique est plein de sagesse littéraire (*« La rime est une esclave et ne doit qu'obéir »*), rarement de poésie, c'est vrai, encore que l'*Épître* sur son *jardin d'Auteuil* laisse entrevoir une âme sensible. Au fond, ce qu'il exigeait, c'est que tous les écrivains eussent du génie. Louable souhait.

Le Triomphe de Boileau, *frontispice 1729, pour* Les Œuvres de Boileau

ÉPIGRAMME POUR METTRE AU BAS D'UNE MÉCHANTE GRAVURE QU'ON A FAITE DE MOI

Du poète Boileau tu vois ici l'image.
« Quoi ! c'est là, diras-tu, ce critique achevé ?
D'où vient le noir chagrin qu'on lit sur son visage ? »
C'est de se voir si mal gravé.

B

Bonnefoy Yves
(né à Tours, 1923)

Après une formation de mathématicien et de philosophe, Yves Bonnefoy voyage en Méditerranée et en Amérique, puis il étudie l'histoire des formes et des moments de la poésie. Il est professeur au Collège de France depuis 1981.

Son recueil *Du Mouvement et de l'immobilité de Douve* (1953) attire l'attention par l'étrangeté de son titre, le mystère de ses textes, l'attirail baroque des objets et de l'espace, et les références philosophiques qui permettent de nombreuses exégèses. Dans une forme tantôt libérée, tantôt proche de la versification traditionnelle, Yves Bonnefoy a poursuivi cette quête de l'unité de l'être, de la vie, de la mort, dans *Hier régnant désert* (1958), *Anti-Platon* (1962), *Pierre écrite* (1965), *L'Ordalie* (1975), *Dans le leurre du seuil* (1975), *Poèmes* (1978). Malgré les prestiges de quelques images, c'est plus en philosophe qu'en poète qu'Yves Bonnefoy poursuit cette méditation.

Que saisir sinon qui s'échappe,
Que voir sinon qui s'obscurcit,
Que désirer sinon qui meurt,
Sinon qui parle et qui déchire ?

Parole proche de moi
Que chercher sinon ton silence,
Quelle lueur sinon profonde,
Ta conscience ensevelie

Parole jetée matérielle
Sur l'origine et la nuit ?

Tableau de Bern Luini

Du mouvement et de l'immobilité de Douve.
Le Mercure de France. 1953.

Borel (Pierre Borel d'Hauterive, dit Pétrus)
Lyon 1809 — Mostaganem, Algérie, 1859.

Il fit partie des « Boussingots », ces jeunes gens qui, après 1830, se voulaient révolutionnaires par haine du bourgeois. Il se surnommait « le Lycanthrope », c'est-à-dire l'homme-loup, par opposition à l'homme-chien qui s'avilissait à obéir : « J'ai besoin d'une somme énorme de liberté. »

Cette revendication se retrouva dans son recueil *Rhapsodies* (1832), puis *Madame Putiphar* (1839) où se mélangent une vigueur vengeresse, un humour grinçant, une attirance morbide pour le burlesque macabre.

Ce farouche républicain, marié, partit en Algérie comme « inspecteur de la colonisation » (1846), devint maire de Blad-Touaria, essayant de soulager la misère des pauvres — et il mourut d'une insolation, n'ayant pas voulu porter de chapeau par respect pour l'œuvre de la nature. On lui doit une traduction de *Robinson Crusoë* (1836).

MISÈRE

...
Travaille ! on ne croit plus aux futures merveilles. —
Travaille !... Eh ! le besoin qui me hurle aux oreilles,
Étouffant tout penser qui se dresse en mon sein !
Aux accords de mon luth que répondre ?... j'ai faim !

Rhapsodies.

B

La Bataille d'Hernani, *1830*

Les Bousingots et les Jeune-France

Aux alentours de 1830, les Bousingots étaient de jeunes écrivains se réclamant de théories révolutionnaires, se préoccupant plus de politique que les Jeune-France. Ceux-ci furent de la « Bataille d'*Hernani* » qui imposa Victor Hugo comme chef de l'école romantique. La distinction entre les deux groupes n'est pas toujours nette, malgré les études que Théophile Gautier, Sainte-Beuve Francis Dumont leur ont consacrées. Gérard de Nerval, Théophile Gautier, Jules Vallès, Léon Clopet, Alphonse Brot, etc., ont participé à ces groupes de jeunes gens qui, après la révolution de 1830, s'opposèrent à Louis-Philippe en une révolte que les surréalistes apprécièrent, un siècle plus tard.

On trouve notamment dans les Bousingots d'après 1830, à côté de Pétrus Borel, Édouard Ourliac (1813-1848), Arsène Houssaye (1815-1896), Jules Lefèvre-Deumier (1789-1857), Auguste Maquet (1813-1888) qui fut un collaborateur d'Alexandre Dumas.

Si l'expression *Jeune-France* est claire, l'étymologie de *Bousingot* l'est beaucoup moins. On évoque les mots anglais *boozing, to booze* (prononcer « bousing », « bouse »), s'enivrer, par extension la maison où l'on boit ; ou un chapeau de matelot ; ou encore la *bouse* (de vache) et le *bousin* de l'argot (du bruit). L'orthographe du mot elle-même n'était pas fixée à l'époque, et Théophile Gautier voulait qu'on écrive *bouzingo.*

Borne Alain

(Saint-Pont, Allier, 1915 — Montélimar 1962).

Il quitta l'Allier, puis l'Ardèche, pour suivre sa famille à Montélimar. Il avait sept ans et devait y vivre jusqu'à sa mort.

Il fit des études de droit, publia ses premiers vers dans la revue *Le Goéland,* et son premier recueil (*Cicatrices de son-*

ges, 1939) qui lui valut le prix Saint-Pol Roux. Il devint avocat la même année.

Après sa démobilisation, en relation avec des écrivains résistants comme Pierre Seghers, il continua d'écrire : *Terre de l'été* (1946), *Poèmes à Lislei* (1947), *L'Eau fine* (1948).

Il mena dès lors la vie studieuse d'un avocat de province, mais il voyagea aussi et fit des conférences sur la poésie. Après la mort de sa mère (1961), sa vie devint plus désordonnée, plus anxieuse. Il mourut dans un accident de voiture sur la nationale 7.

Sa poésie, influencée par le surréalisme, semble porter une blessure secrète en une sensibilité exacerbée (*Orties,* 1953 ; *Encore,* 1959). Certains recueils ont paru après sa mort (*La nuit me parle de toi,* 1964 ; *Le plus doux poignard,* 1971).

B

MORT D'UN POÈTE

Mon Dieu comme il fait silence ici
On dirait que les sources ont tari
Que les cœurs ont perdu leur vie
et les feuilles le secret des nids.
...
Vois comme est triste la prairie
depuis qu'il n'est plus là pour la chanter
vois comme les joncs sont durs au bout du pré
comme l'aube est pressée d'abandonner
les sources.

Neige et 20 poèmes. Seghers, 1941.

Parler pour ses propres oreilles
pour que du cœur au cœur
l'amour brûle le circuit
Inédit
Alain Borne

Borneilh Giraut de
Voir Giraut de Borneilh

Bosco Henri
(Avignon 1888 — Nice 1976).

Après avoir été professeur, il se consacra à la littérature et il devint un romancier célèbre (*L'Âne culotte*, 1937 ; *Le*

Mas Théotime, 1945 ; etc.). Ses romans baignent dans une atmosphère mystérieuse rattachée aux anciens mythes ; on y perçoit une communion avec la nature, avec les éléments, qui suscite une poésie diffuse.

Il a publié plusieurs recueils de poèmes s'inspirant, comme ses romans, de la Provence : *Églogues de la mer*, 1928 ; *Noëls et Chansons de Lourmarin*, 1929 ; *Bucoliques de Provence*, 1944 ; *Le Roseau et la Source*, 1949. Ses vers sont tantôt de facture classique, tantôt de forme libre, mais toujours rythmés et souvent rimés.

LE GOLFE DU LION

Le golfe du Lion
est piqué tout entier de balancelles roses
qui traînent des filets immenses ou qui posent
çà et là des nasses de fond.
C'est le printemps, la mer est tendre,
elle monte, elle va s'étendre
jusqu'aux îles du Rhône où vivent les taureaux,
puis sous les amandiers, les mûriers et les figues,
jusqu'à l'étang de Berre où le bleu de ses eaux
bat la colline des Martigues.

Bucoliques de Provence. Revue Fontaine, 1944.

Bosquet (Anatole Bisk, dit Alain)
né à Odessa en 1919.

Il naquit au milieu de la guerre civile en Ukraine. Sa famille s'exila en Bulgarie (1920-1925), puis à Bruxelles où il fit ses études et où il devint citoyen belge, sous le nom d'Anatole Bisque.

La Belgique envahie (1940), il rejoignit l'armée belge à Montpellier, fut incorporé dans l'armée française — et partit pour les États-Unis en décembre 1941. Il y rencontra André Breton, commença à écrire (*L'Image impardonnable*, 1942) et s'engagea dans l'armée des

États-Unis — ce qui lui valut la citoyenneté américaine. Il débarqua en France en 1944 et finit la guerre dans les ruines de Berlin comme interprète et officier de liaison au Conseil du contrôle quadripartite de l'Allemagne. Il avait alors vingt-cinq ans. Il resta marqué par ces expériences.

Fonctionnaire du ministère français de la Guerre puis des Affaires étrangères (1946-1951), de retour à Paris, il publia son premier roman, *La Grande Éclipse* (1951). Il reçut le prix Guillaume Apollinaire pour *Langue morte* (1952).

Il va devenir un critique avisé de la littérature contemporaine et il se consacre à l'écriture. Son œuvre poétique se développe avec les *Testaments* (1957, 1959, 1967), *Cent notes pour une solitude* (1970), *Le Livre du doute et de la grâce* (1977), *Le cheval applaudit* (1977).

Dans la tradition du surréalisme, sa poésie est traversée d'images fulgurantes, ou se fait méditation sur le mal, la douleur, l'inquiétude, ou bien encore devient satirique (*Sonnets pour une fin de siècle*, 1980).

Le plus important dans la vie,
mon garçon,
c'est l'air pour respirer,
c'est l'eau pure pour boire,
c'est le lait pour se nourrir,
c'est le temps pour bien le remplir.
Mon garçon, parfois
l'air s'appelle liberté,
l'eau pure est synonyme d'amitié,
le lait est pour tous ceux qu'on aime,
la terre est un devoir,
le temps est une conscience.

Poèmes pour un enfant lointain. Le cheval applaudit. Éd. ouvrières, 1977.

B

Berlin, après 1944

Eau-forte de Asturias pour Communs.

Bouchet André du
(né à Paris, 1924).

Des phrases, des mots sur la page, beaucoup de blanc — ainsi se présentent les textes d'André du Bouchet. « Poèmes » qui semblent s'effriter sur le papier. Refusant l'aide des techniques poétiques traditionnelles, cette poésie intellectuelle évoque la sécheresse de la terre et le vide de l'air (*Airs*, 1951, puis 1971 ; *Le Moteur blanc*, 1956 ; *Dans la chaleur vacante*, 1961 ; *Laisses*, 1979).

Cette poésie doit se lire autant que dans le texte, dans les espaces blancs de la page.

« Je suis dans les champs
comme une goutte d'eau
sur le fer rouge

lui-même s'éclipse

les pierres s'ouvrent

comme une pile d'assiettes
que l'on tient
dans ses bras

quand le soir souffle

je reste
avec ces assiettes blanches et froides

comme si je tenais la terre
elle-même

dans mes bras

Le Moteur blanc. GLM.

Bouchor Maurice
(Paris 1855 — 1929).

Après des recueils légers (*Chansons joyeuses*, 1874), ou pleins d'une poésie largement évocatrice de la nature (*Poèmes de l'amour et de la mer*, 1876), Maurice Bouchor se tourna vers des poèmes à prétention philosophique plus pesants où la vertu moralisante remplaça la poésie (*Les Symboles*, 1888 ; *Poème de la vie humaine*, 1902-1906, etc.). Il eut le mérite de vouloir faciliter la rencontre du peuple et de la poésie.

Boujut Pierre
(né à Jarnac, 1913).

Fait prisonnier en 1940, Pierre Boujut connut l'expérience de la guerre et des camps. Un grand sens de la fraternité et un profond pacifisme s'expriment dans ses poèmes (*Sang libre*, 1947 ; *Le Poète majeur*, 1951 ; *Les Mots sauvés*, 1967). Dirigeant une entreprise de tonnellerie, il créa et il anima jusqu'en 1982 la revue *La Tour de feu* qui regroupait très librement des poètes refusant le snobisme littéraire.

Dans sa poésie, bien rythmée, généreuse, s'entend un optimisme lucide (*Conseils aux poètes*, 1964 ; *Les Poèmes de l'imbécile heureux*, 1977).

C'est un échange que ma vie
C'est un vaisseau que ma patrie.
Quand je m'installe en poésie
tous les rivages sont amis
et mon sillage me relie
de la minute à l'infini
du paysage au paradis.

La vie sans recours. 1958.

Bousquet Joë
(Narbonne 1897 — Carcassonne 1950).

Fils d'un médecin, Joë Bousquet mena une vie dissipée et facile avant de s'engager en devançant l'appel, en 1916, dans un régiment disciplinaire. Au front, il fit preuve d'un très grand courage qui lui valut de nombreuses décorations. Il fut grièvement blessé à Vailly, le 27 mai

B

1918 : la moëlle épinière sectionnée, paralysé des deux jambes à 20 ans, il le demeura jusqu'à sa mort trente ans plus tard. C'est dans sa chambre de Carcassonne qu'il va alors entreprendre son œuvre littéraire. Durant toute sa vie de grabataire, il reçut de nombreuses visites, il fut en correspondance avec les écrivains et les peintres de son époque, et il écrivit.

On peut estimer que son œuvre tout entière baigne dans une atmosphère poétique surréelle où le rêve, le fantastique, le symbolisme éclairent l'écriture : « la poésie est la langue maternelle de ce que nous sommes sans le savoir », écrivit Joë Bousquet.

Il a publié un recueil de poèmes, *La Connaissance du soir* (1945) qui regroupe des poèmes en prose, des poèmes libres ou rimés.

Puisse en l'attente qu'il endure
Mon cœur las de vivre à demi
Mourir d'entendre le murmure
Qui tient ce qu'il aime endormi

La Connaissance du soir. Gallimard, 1947.

Suez

Brauquier Louis
(Marseille 1900 — 1976).

Capitaine au long-cours, Louis Brauquier a chanté les voyages, l'exotisme et la mer en des poèmes d'une facture très classique (*Et l'au-delà de Suez*, 1922 ; *Le Bar d'escale*, 1926 ; *Eau douce pour navires*, 1931 ; *Le Pilote*, 1935 ; *Liberté des mers* et *Écrit à Shangaï*, 1950 ; *Feux d'épaves*, 1970 ; *Hivernage*, 1978). Sa poésie est ensoleillée, elle mène vers les mers du Sud. De belles et riches descriptions exotiques se doublent souvent de la nostalgie propre aux voyages et, parfois, d'une inquiétude qui touche le lecteur.

Dans le sommeil la mort intervient par le rêve ;
Pour quel appareillage et quel étrange port
L'Île chassant sur ses ancres emmène-t-elle
Le cadavre éveillé du Pilote-Major ?

Le Pilote, cahiers de Barbarie, Tunis, 1935.

Breton André
(Tinchebray, Orne, 1896 — Paris 1966).

André Breton en 1917

D'abord élevé à Saint-Brieuc par son grand-père paternel, il avait quatre ans quand sa famille vint à Pantin, près de Paris. Il fut élève du collège Chaptal (1906-1912) puis commença des études de médecine. Il rencontra Paul Valéry qui fut d'abord pour lui un maître.

Pendant la guerre 1914-1918, il fut affecté au Service de santé de Nantes où il rencontra Jacques Vaché dont l'influence fut déterminante, puis au centre psychiatrique de Saint-Dizier. De retour à Paris, il rencontra Louis Aragon au Val-de-Grâce, fréquenta Apollinaire, et publia son premier recueil, *Mont-de-Piété* (1919), puis fonda avec Aragon et Soupault la revue *Littérature*.

Dès lors, commença une aventure littéraire considérable qui devait bouleverser toute la poésie et l'art du XXe siècle.

En 1920, Tristan Tzara arriva à Paris. Breton participa aux activités « dada » avec ses amis. Il publia *Les Champs magnétiques*, en collaboration avec Soupault, premiers textes d'écriture automatique. Mais le groupe rompit bientôt avec Tzara, suspect de complaisance littéraire, et fut alors fondé le surréalisme dont André Breton écrivit le *Manifeste* (1924), sitôt après son recueil *Clair de terre* (1923). Autour de lui, Aragon, Soupault, Desnos, Eluard, Ernst, Péret, Pi-

Couverture illustrée par Magritte.

B

Frontispice pour Clair de Terre, *par Picasso, 1923.*

cabia, etc., participèrent à ce mouvement qui voulut être une révolution totale. André Breton fut de toutes les manifestations, les scandales, les excommunications. Il s'inscrivit au Parti communiste (1927) puis en démissionna pour sauvegarder sa totale liberté. Il rompit avec Aragon.

Il publia *Nadja* (1928), *Le Second Manifeste du surréalisme* (1930), *Les Vases communiquants* (1932), etc. ; il commença la lutte contre le fascisme dès 1934.

Marié une première fois en 1934 (avec Jacqueline Lamba), il voyagea en Europe et en Amérique, où il rencontra Trotsky et où il séjourna à nouveau pendant la guerre de 1941 à 1945 : le Mexique, Haïti, les Indiens sont alors ses thèmes d'inspiration. Il se remaria en 1943 avec Elisa.

Arcane 17 (1945) marqua le début d'un vif intérêt pour l'ésotérisme et l'utopie (*Ode à Charles Fourrier*, 1967 ; *La Lampe dans l'horloge*, 1949).

André Breton continua son engagement révolutionnaire et mondialiste, ses combats en faveur du surréalisme et de la liberté des peuples, en Hongrie ou en Algérie.

L'importance de son action fut considérable, tout comme celle de son œuvre théorique : le surréalisme a largement débordé la poésie et la peinture pour atteindre jusqu'à la vie quotidienne. Il inspire aujourd'hui l'enseignement de la poésie dans les écoles (d'une façon, il est vrai, souvent assez édulcorée).

Son œuvre poétique porte son originalité jusque dans ses titres (*Poisson soluble*, 1924 ; *Le Revolver à cheveux blancs*, 1932 ; *L'air de l'eau*, 1934). Ses poèmes étincellent d'associations d'idées, ils se gonflent d'un lyrisme parfois superbe, ouvrant largement les vannes à un esprit libéré, à jamais rebelle à toute soumission.

Et puis il a écrit un *dictionnaire* en collaboration avec Paul Eluard : celui du *Surréalisme* (1938).

LA COURTE ÉCHELLE

À Matta

Passe un nuagenouillé
Devant les mots qui sont la lune
(Les cornes de la girafenêtre)
J'ai demandé du cafélin
... Non pas de croissantos-dumont
Ce qui était espacétoine
Se fait muscadenas
Pour l'action toute neuve
Voici le vitrier sur le volet
Dans la langue totémique Mattatoucantharide
Mattalismancenillier

Extrait de Mot à Mante. Poèmes 1940-1943, Gallimard.

Breton Jean
(né à Avignon, 1930).

Jean Breton commença par animer à Avignon la revue poétique *Les Hommes sans épaules* et il publia ses premiers recueils (*T'aimer pour t'aimer*, 1952 ; *Mission des yeux*, 1952 ; *À même la terre*, 1953).

Il vint à Paris en 1954 où il fut journaliste, producteur d'émissions de poésie et libraire. Dans *Chair et Soleil* (1960) il reprit divers recueils antérieurs.

Avec Serge Brindeau, il publia *Poésie pour vivre* (1964), « manifeste de l'homme ordinaire » qui plaidait contre l'hermétisme pour une poésie ouverte sur notre temps.

Sa poésie est directe, ardente, alliant l'érotisme à la révolte contre les oppressions. Elle est traversée d'images violen-

B

tes (*Dire non*, 1964 ; *L'Été des corps*, 1966 ; *La Beauté pour réponse*, 1972 ; *Je dis adieu et je reste*, 1973).

Avec son frère Michel, il a créé en 1966 une maison d'édition.

...J'étais pressé
Je voulais brûler tous mes muscles
et pousser le Temps devant moi
comme un meuble
...

Chair et soleil. La Table ronde, 1960.

Butor Michel
(né à Mons-en-Bareuil, 1926).

Philosophe, écrivain célèbre, il est l'auteur de romans (*La Modification*, etc.), d'essais (*Répertoire*, etc.), de récits-poèmes comme *Mobile, Description de San Marco, 6810 Litres d'eau par seconde*, d'évocations de ses voyages et de ce qu'il appelle le « génie du lieu ». Ses poèmes publiés dans *Travaux d'approche* et dans la série des *Illustrations* ont été réunis et publiés en 1972 dans une collection de poche.

La poésie de Michel Butor est une tentative pour « écrire le monde » dans la diversité insaisissable de ses aspects. Et pour lui la poésie est comme l'univers quelque chose qui le dépasse. Il dit à son sujet : « La poésie est une affaire trop compliquée en moi pour que je puisse en définir bruyamment les grandes lignes, une affaire que je n'aurai jamais fini de débrouiller. Elle vient sans cesse malgré moi. *Je fais tout ce qu'elle peut* pour qu'elle continue à venir malgré moi... »

les lauriers les orangers les chevreuils
les orages et les feuilles qui tombent au vent
nous mélangeons les saisons et les latitudes
sans qu'une seule
des vagues de la mer
change de place

Travaux d'approche. Gallimard.

Cadou René Guy
(Sainte-Reine-de-Bretagne, 1920 – Louisfert, 1951).

René Guy Cadou,
par Roger Toulouse

Fils d'instituteur, René Guy Cadou est né et a grandi dans une « maison d'école » qui marqua sa petite enfance. Sa famille s'installa en 1930 à Nantes où il fit ses études, et où sa mère mourut alors qu'il avait douze ans.

Il publia ses premiers vers à dix-sept ans : *Les Brancardiers de l'aube* : puis ce furent *Forges du vent* (1938) et *Années-lumières* (1940). Il était alors en correspondance avec Max Jacob, Pierre Reverdy, qui l'encouragèrent. Pour gagner sa vie, il triait le courrier au bureau-gare de Nantes (1939).

Après la mort de son père, il fut mobilisé (juin 1940) puis réformé après la défaite. Il devint instituteur à Mauves-sur-Loire (Loire-Atlantique).

C'est alors qu'autour de Jean Bouhier, à Rochefort-sur-Loire, René Guy Cadou et quelques amis formèrent le groupe des « Amis de Rochefort » (Béalu, Becker, Bérimont, Follain, Jegoudez, Manoll, Rousselot, etc.) créant une école (« buissonnière ») qui affirmait les retrouvailles de la poésie et de la nature.

Errant de poste en poste, il subit les bombardements de Nantes (1943), le siège de 1944 ; puis il écrivit *Pleine poitrine* (1946). Après la guerre, il fut nommé instituteur à Louisfert et la même année (1946) il épouse Hélène à qui il consacra son plus beau recueil, celui qui assura sa renommée : *Hélène ou le règne végétal*. Mais ce livre ne parut qu'après sa mort, en 1952-1953.

La publication de ses *Œuvres complètes* (1977) permit de prendre la pleine mesure d'un écrivain qui a réuni l'enfan-

C

rené guy cadou

ce et la poésie en un émerveillement devant l'éternelle jeunesse du monde : une sensibilité très vive, une parole directe, des images étonnantes et justes, la nature sans cesse présente avec l'amour, une langue d'une apparente simplicité, la poésie de Cadou, si moderne, retrouve toujours l'harmonieuse cadence de la tradition.

CELUI QUI ENTRE PAR HASARD

Celui qui entre par hasard dans la demeure d'un poète
Ne sait pas que les meubles ont pouvoir sur lui
Que chaque nœud du bois renferme davantage
De cris d'oiseaux que tout le cœur de la forêt
Il suffit qu'une lampe pose son cou de femme
A la tombée du soir contre un angle verni
Pour délivrer soudain mille peuples d'abeilles
Et l'odeur de pain frais des cerisiers fleuris
Car tel est le bonheur de cette solitude
Qu'une caresse toute plate de la main
Redonne à ces grands meubles noirs et taciturnes
La légèreté d'un arbre dans le matin

Hélène ou le Règne végétal. Seghers, 1952.

L'École de Rochefort-sur-Loire et le sentiment de la nature

Ce nom a été donné à un groupe de poètes que l'amitié réunit entre 1941 et 1945 autour de Jean Bouhier qui les recevait chez lui, avec sa femme Colette, à Rochefort-sur-Loire (Maine-et-Loire) : Marcel Béalu, Lucien Becker, Luc Bérimont, René Guy Cadou, Jean Follain, Michel Manoll, Jean Rousselot, etc.

Ils ne formaient pas une chapelle littéraire et ils se refusaient à définir des règles. Cette école de Rochefort était surtout une « école buissonnière ». Comme le disait René Guy Cadou : « L'École de Rochefort n'est pas une école, tout au plus une cour de récréation. Ne cherchez pas les marbres et les syntaxes derrière sa façade, les lignes difficiles au bord du tableau noir. L'écolier siffle les mains dans les poches, le dos tourné au professeur. » Mais ce groupe d'amis a assuré, dans la poésie moderne, après le surréalisme, la permanence du sentiment de la nature :

« La poésie s'est mise à bouger dans le sens des feuilles ; (...) participant aux saisons de l'homme et à celles de la terre, elle a pris un caractère éminemment végétal, un caractère de liberté unique ». (René Guy Cadou.)

Ce retour à la nature n'était d'ailleurs pas une fuite devant l'engagement puisque certains de ces poètes participaient, par ailleurs, à la Résistance contre l'occupant allemand. En outre, ces poètes ont reçu plus ou moins fortement l'influence du surréalisme, même s'ils s'en détournent.

L'École de Rochefort publia une revue *(Les Cahiers de Rochefort)* et elle édita divers recueils de poèmes dans la collection *Les Amis de Rochefort* où parurent notamment des livres de René Guy Cadou *(Bruit du cœur ; Lilas du soir ; Grand élan ; Les Visages de solitude ; Usage interne),* de Luc Bérimont *(Épinal, me voici ! Malisette ; La Huche à pain),* de Jean Bouhier *(Dompter le fleuve),* de Michel Manoll *(Louisfert-en-Poésie),* de Jean Rousselot *(Refaire la nuit),* etc.

Ces quelques noms et titres permettent de mesurer l'importance de ce groupe poétique pour la poésie du XXe siècle. Il s'inscrit dans une tradition poétique — celle du sentiment de la nature — qui part de la Pléiade, se poursuit au début du XVIIe siècle (avec Théophile de Viau, Saint-Amand, Tristan l'Hermite), s'estompe ensuite pour apparaître de façon différente et artificielle à nos yeux au XVIIIe siècle (Abbé Delille, Saint-Lambert, Fontanes, Ecouchard-Lebrun), pour revenir en force dans la poésie romantique. Plus près de nous, l'École de Rochefort, héritière de Francis Jammes, s'est poursuivie dans les œuvres de Maurice Fombeure, Pierre Menanteau, Frédéric Kiesel, Lucienne Desnoues, Paul Chaulot, Marc Alyn, etc., tous fortement attachés à une nature dont on peut se demander si elle n'est pas fondamentalement à la naissance de tout sentiment poétique.

Les poètes de l'École de Rochefort. De gauche à droite : Cadou, Bouhier, Chaulot, Rousselot. Au premier plan : Manoll, Béalu. Dessins de Roger Toulouse

C

Cadou Hélène
(née à Guérande)

Épouse de René Guy Cadou, Hélène lui inspira ses beaux poèmes d'amour (*Hélène ou le règne végétal,* 1953). Elle a publié le *Bonheur du jour* (1956) et *Cantate des nuits intérieures* (1958).

...

Je sais que tu m'as inventée
Que je suis née de ton regard
Toi qui donnais lumière aux arbres
Mais depuis que tu m'as quittée
Pour un sommeil qui te dévore
Je m'applique à te redonner
Dans le nid tremblant de mes mains
Une part de jour assez douce
Pour t'obliger à vivre encore.

Le Bonheur du jour. Seghers, 1956.

Francis Carco,
par Geoffroy

Carco (François Carcopino-Tusoli, dit Francis)
Nouméa 1886 — Paris 1958.

Au hasard des affectations de son père qui était inspecteur des Domaines, Francis Carco naquit en Nouvelle-Calédonie, vécut en diverses villes de France, avant de se fixer à Paris où ses premiers vers furent publiés en 1910 (*Instincts*). Il fit partie de l'école des Fantaisistes (avec Tristan Derème, Jean Pellerin, Léon Vérane, etc.) et commença une carrière littéraire féconde qui l'amena au succès grâce à des romans mettant en scène le milieu frelaté des souteneurs et des prostituées (*Jésus-La-Caille,* 1914).

Il publia de nombreux volumes de poèmes dont *La Bohème et mon cœur* (1912) est resté le modèle (*Chansons aigres-douces,* 1913 ; *Romance de Paris,*

1953) : un petit lyrisme un peu canaille, des amours rapides et nostalgiques, des vers habiles mais plus proches de la chanson que de la poésie — et ce sont d'ailleurs les textes mis en musique par Larmanjat qui obtinrent le plus grand succès populaire vers 1935 (*Le Doux Caboulot, Chanson tendre,* etc.).

Le doux caboulot
Fleuri sous les branches
Est tous les dimanches
Plein de populo.
...

C

Carême Maurice
(Wavre 1899 — Bruxelles 1978).

Fils d'un peintre en bâtiment, il fut sensible dès son enfance au grand appel de la nature qui entourait la petite ville belge de Wavre, dans le Brabant. Après l'École normale, il devint instituteur à Anderlecht où il enseigna d'abord en flamand.

À partir de *63 Illustrations pour le jeu de l'oie* (1925), la poésie prit de plus en plus d'importance dans sa vie ; il publia de nombreux recueils (*Chansons pour Caprine,* 1930 ; *Reflets d'Hélices,* 1932 ; *Mère,* 1935) et à 43 ans il décida d'abandonner l'enseignement pour se consacrer à l'écriture. Mais l'enseignement lui avait permis d'affirmer l'alliance de la poésie et de l'enfance. Il fut l'un des premiers à recueillir des poèmes d'enfants (*Poèmes de Gosses,* 1933) et ses propres textes furent adoptés par les enfants, si bien qu'il devint un poète très populaire (*La Lanterne magique,* 1947 ; *Petites Légendes,* 1949 ; *Volière,* 1953 ; *Le Voleur d'étincelles,* 1956 ; *L'Oiseleur,* 1959).

Mais on aurait tort d'enfermer sa poé-

C

sie seulement dans ces poèmes charmants. Maurice Carême fut aussi un poète grave, atteint par la douleur de la mort (*La Voix du silence,* 1951), s'interrogeant sur la destinée humaine (*Heure de Grâce,* 1957, *Dans la main de Dieu,* 1979) et sa poésie, parfois tragique, atteint une indéniable grandeur (*Complaintes,* 1975).

Cependant il a laissé l'image d'un poète plein de sagesse et du bonheur d'être lu : il a donné le témoignage qu'il n'y a pas que des poètes maudits (*Au clair de la lune,* 1977).

LE CHAT ET LE SOLEIL

Le chat ouvrit les yeux,
Le soleil y entra.
Le chat ferma les yeux,
Le soleil y resta.

Voilà pourquoi le soir,
Quand le chat se réveille,
J'aperçois dans le noir
Deux morceaux de soleil.

L'arlequin. 1970.
Fondation M. Carême.

Cassou Jean
(né à Deusto, près de Bilbao, 1897).

Né en Espagne d'un père français et d'une mère espagnole, Jean Cassou a toujours gardé le plus vif intérêt pour l'hispanisme. Il devint conservateur des Musées nationaux mais il mena très tôt le combat pour la liberté contre le fascisme, inséparable du combat culturel, publiant *Pour la poésie* en 1935 et participant aux efforts du gouvernement du Front populaire en 1936.

Résistant à l'occupation allemande dès 1940, il est arrêté par la police pétainiste. Emprisonné, il compose en les apprenant par cœur, faute de papier, des poèmes publiés clandestinement (1944) sous le pseudonyme de Jean Noir : *Trente-trois Sonnets composés au secret,* présentés par François-la-Colère (Louis Aragon). Ce livre est un des chefs-d'œuvre de la poésie de la Résistance.

À la Libération, il est nommé commissaire de la République à Toulouse, puis conservateur en chef du Musée national d'Art moderne dont il fit un modèle, grâce à sa compétence et à son jugement exact sur les artistes contemporains.

Il poursuivit son œuvre poétique en publiant des textes écrits pendant la guerre (*La Rose et le Vin,* 1952), puis *La Folie d'Amadis* (1950), *Suite* (1951), *Ballades* (1956), etc. Son *Œuvre lyrique* complète a été publiée en édition bilingue (1971). Il est également romancier.

Sa poésie, nourrie d'une culture encyclopédique, où le romantisme allemand côtoie la littérature espagnole, renvoie aux interrogations essentielles (la mort, l'âme, la destinée, la liberté) en des textes d'une mystérieuse beauté qui rappelle parfois Nerval.

Bois cette tasse de ténèbres, et puis dors.
Nous prendrons ta misère ainsi qu'une couronne
et nous la porterons aux jardins de la mort.
Alors toi, comme un somnambule qui frissonne,

te glissant par la porte où ne passe personne,
tu t'en iras cueillir le myrte aux rameaux d'or.
Son éclat et celui de la rouge anémone,
dans la nuit rajeunie, te guideront aux bords

de la vraie vie et du pur accomplissement.
Là les songes sont sûrs, terribles et puissants.
Par le bleu matinal d'un éternel demain

ils viendront tous à ta rencontre, âme guérie,
et tu reconnaîtras, se tenant par la main,
tes grandes sœurs : Amour, Liberté, Poésie.

Trente-trois Sonnets composés au secret.
7e Sonnet. Ed. de Minuit, 1944.

Jean Cassou au Musée d'Art moderne

Les achats d'œuvres d'art par les pouvoirs publics au XIXe et au début du XXe siècle avaient privilégié les artistes « officiels » (les « pompiers ») et dédaigné les artistes vraiment créateurs dont les œuvres durent ensuite être rachetées fort cher à des collectionneurs plus avisés que l'État.

Dès 1937, Jean Cassou, au Musée du Luxembourg (Art moderne français), prépare le Musée national d'Art moderne. Il en prend la direction, au Palais de Tokyo à Paris, après la guerre. Il déclare vouloir « constituer un panorama de la création moderne après l'Impressionnisme, installé, lui, au Jeu de Paume ». Il y parvient admirablement.

Le Musée national d'Art moderne, rénové, fut inauguré le 9 juin 1947. Georges Salles, directeur des Musées de France, déclara « qu'à la date de ce jour cessait le divorce entre l'État et le génie ».

Les achats dont Jean Cassou fut responsable lui furent facilités par sa parfaite connaissance de l'art moderne et par son amitié avec de grands artistes auxquels il s'adressa directement, comme Pablo Picasso (1881-973), Georges Braque (1882-1963), Henri Matisse (1869-1954), par exemple.

Il put ainsi obtenir pour son musée l'extraordinaire ensemble des œuvres de la donation Georges Rouault (1871-1958), un des trésors actuels de nos musées ; reconstituer très fidèlement l'atelier du sculpteur Constantin Brancusi (1876-1957) avec le célèbre *Phoque* ; consacrer une salle entière à Antoine Pevsner (1884-1962) qu'il fit naturaliser français ; faire entrer de grandes œuvres de Robert Delaunay (1885-1941), Zadkine (1890-1967), Jacques Villon (1875-1963), Fernand Léger (1881-1955), Franck Kupka (1871-1957), Rousseau (1884-1910), etc.

Il organisa de prestigieuses expositions comme celles des œuvres de Chagall (1947), Léger, Matisse (1949), etc.

Il le dit lui-même : « Il fallait pour notre musée rattraper un retard et faire en un an ce qui aurait dû être fait en quarante ans. »

Le Musée national d'Art moderne put donc enfin présenter

des œuvres nombreuses et représentatives des grands mouvements plastiques du XXe siècle comme *le fauvisme* (vers 1905), *le cubisme* (vers 1911), *le simultanéisme* (vers 1918), *le surréalisme* (vers 1925), *l'École de Paris* entre les deux guerres, *l'abstraction lyrique* (vers 1950), etc. Jean Cassou et ses collaborateurs surent enfin ouvrir ce musée à la création contemporaine en accueillant avec une grande sûreté de jugement les meilleurs jeunes peintres de l'époque, comme Nicolas de Staël (1914-1955), Manessier (né en 1911), Bazaine (né en 1904), Soulages (né en 1919), etc.

Après le départ de Jean Cassou, ce Musée national d'Art moderne fut dirigé par Bernard Dorival et par Jean Leymarie qui continuèrent son œuvre. Malheureusement, le président de la République Georges Pompidou décida souverainement de transférer la plus grande partie des collections au nouveau Centre Beaubourg, (inauguré en 1977 et appelé centre Pompidou), que Jean Cassou a pu comparer à un « impérieux Luna-Park ». D'autres orientations artistiques s'y sont développées que Jean Cassou considère comme « d'effrontées impostures » : « Le pop-art et l'hyperréalisme qui, sous leurs tapageuses gambades, ne sont que du kitsch. »

Par comparaison, on mesure le rôle éminent qu'a pu jouer un poète dans la constitution des collections artistiques de l'État au milieu du XXe siècle.

Cayrol Jean
(né à Bordeaux, 1911).

Son enfance et son adolescence se passèrent à Bordeaux. Se tournant de bonne heure vers la poésie, Jean Cayrol reçut des encouragements de Joseph Delteil, Jules Supervielle, Francis Jammes, après la publication de son premier recueil, *Ce n'est pas la mer* (1935). Puis il publia les *Poèmes du pasteur Grimm* (1936) ; *L'Âge d'or* (1939), etc. Il fut aussi l'animateur d'une petite revue, *Les Cahiers du Fleuve.*

Mobilisé dans la marine, libéré après la défaite, il participa à la Résistance. Il fut arrêté en 1942, et, après un séjour à Fresnes, il fut déporté à Mathausen avec son frère qui y mourut.

Après la terrible épreuve des camps, Jean Cayrol publia des recueils aux résonances religieuses, *Poèmes de la nuit et du brouillard* (1945), puis *La Couronne du chrétien* (1949) et *Le Charnier natal* (1950), tout en commençant une œuvre romanesque importante (*Je vivrai l'amour des autres*, 1947).

Il se tourna un moment vers le cinéma avec Alain Resnais (*Muriel,* 1964), avec Claude Durand (*Le Coup de grâce,* 1965). Il fit alors de nombreux voyages à travers le monde tout en continuant ses publications poétiques (*Les mots sont aussi des demeures*, 1952 ; *Pour tous les temps,* 1955).

En 1969, il publia *Poésie-Journal* qui donnait une forme poétique aux événements vécus en 1968. Suivirent les tomes II et III (1977 et 1980) : « Cette poésie publique est mon journal intime. » C'est une entreprise originale et souvent réussie.

Penche-toi ma nuit
au-dessus du monde,
pour qui va répondre
change-toi d'habit.

Penche-toi ma nuit,
l'herbe a noirci sur les talus,
nous n'avons plus qu'un arbre élu
et le vent foncé des taillis.

Penche-toi ma nuit
au-dessus du jour :
tu règnes en épi.
...

Pour tous les temps. Le Seuil, 1955.

Têtes astroïdes, *par Odilon Redon*

Les heures de nuit, *par H. Lévy*

C

Cendrars (Frédéric Sauser dit Blaise)
La Chaux-de-Fonds, Suisse, 1887 – Paris, 1961.

Blaise Cendrars est né à La Chaux-de-Fonds, dans le Jura suisse, mais dans une biographie imaginaire, il s'est fait naître à Paris (comme l'indiquent plusieurs dictionnaires). Pendant son enfance, il suivit sa famille en Égypte, en Italie, en Angleterre. Puis les Sauser revinrent à Neuchâtel en 1897. Il séjourna à Saint-Pétersbourg avec H. Leuba, courtier en horlogerie (1905-1907) ; il y retourna en 1911 avant de partir pour New York (1911-1912).

De retour à Paris, il publia *Les Pâques à New York* (1912), puis *La Prose du Transsibérien et de la Petite Jehanne de France* (1913) qui marquait le début de la poésie moderne concurremment avec *Alcools* d'Apollinaire.

À la déclaration de guerre, il s'engagea dans la Légion étrangère et perdit son bras droit (1915). Il dirigea les Éditions de la Sirène (1918) et publia *Dix-neuf Poèmes élastiques*, puis *Kodak*, *Feuilles de route* (1924).

Il est désormais un poète célèbre. Il se tourne avec succès vers le roman (*L'Or*, 1925 ; *Moravagine*, 1926 ; etc.) et il voyage beaucoup.

Ses *Poésies complètes* parurent en 1944 alors qu'il s'était installé dans le Midi de la France. Il revint à Paris en 1949 où il fut frappé d'hémiplégie (1956). Plusieurs récompenses littéraires honorent son œuvre (Grand Prix littéraire de la Ville de Paris, 1961).

L'importance historique de l'œuvre de Blaise Cendrars est évidente : texte fourmillant d'images audacieuses avant même le surréalisme, rupture de la ver-

Cendrars, par Modigliani

sification traditionnelle, goût de l'étrange et de l'exotique. C'est une œuvre qui s'arrête avec le premier quart du XXe siècle.

En ce temps-là j'étais en mon adolescence
J'avais à peine seize ans et je ne me souvenais déjà plus de mon enfance
J'étais à seize mille lieues du lieu de ma naissance
J'étais à Moscou, dans la ville des mille et trois clochers et des sept gares
Et je n'avais pas assez des sept gares et des mille et trois tours
Car mon adolescence était alors si ardente et si folle
Que mon cœur, tour à tour, brûlait comme le temple d'Éphèse ou
comme la Place Rouge de Moscou
Quand le soleil se couche.
Et mes yeux éclairaient des voies anciennes
Et j'étais déjà si mauvais poète
Que je ne savais pas aller jusqu'au bout.
...

La Prose du Transsibérien et de la Petite Jehanne de France.
Horizons nouveaux, 1913. Du monde entier, Denoël, 1947.

Train, Vitesse, Vapeur, *par Turner*

Le simultanéisme et l'orphisme

En 1913, le texte de Blaise Cendrars *La Prose du Transsibérien et de la Petite Jeanne de France* est publié par les Éditions des Hommes nouveaux à Paris, avec des « couleurs simultanées de Mme Delaunay-Terck ».

Le « livre » se présente sous forme d'une longue bande pliée dont on donne les dimensions : 0,10 × 0,30 × 2 mètres. Le tirage atteint « la hauteur de la Tour Eiffel », puisqu'il comprend 150 exemplaires numérotés et signés.

Robert Delaunay (1885-1941) et sa femme Sonia Terck (1885-1979) sont deux peintres qui ont été amenés à décomposer et à recomposer les formes sur la toile par les couleurs et par la lumière. Guillaume Apollinaire avait créé le terme d'*orphisme* pour cet « éclatement du cubisme ».

Dans sa série des *Tour Eiffel* (vers 1911), Robert Delaunay montre des représentations disloquées et simultanées (d'où le simultanéisme) de la célèbre tour, en des tons très colorés.

Dans la série des *Fenêtres* (1910 à 1912), les « contrastes simultanés » des couleurs suggèrent l'espace et la forme. Avec les *Formes circulaires* (à partir de 1912), il approche l'abstraction. Il décore sur ce principe le Palais de l'air à l'Exposition universelle de Paris, en 1937.

Sonia Delaunay illustra de cette façon le livre de Blaise Cendrars. Elle fut elle-même un peintre de talent, plus volontiers intéressée par l'illustration et les arts décoratifs et appliqués (livres, tissus, boîtes, reliures, etc.).

La ville de Paris, *par Delaunay*

Césaire Aimé
(né à Lorrain, Martinique, 1912).

Fils d'un petit fonctionnaire à Basse-Pointe, Aimé Césaire a d'abord suivi les cours du lycée de Fort-de-France, puis il est venu à Paris suivre les cours de l'École normale supérieure. Il participa à la revue *Légitime défense* où dès 1932 se retrouvaient communistes et antillais.

Dans son *Cahier d'un retour au pays natal* (1939) il confronta la culture blan-

C

Fort-de-France

che reçue à Paris et sa négritude. Il fonda la revue *Tropiques* (1940) et il unit alors poésie et combat politique, se considérant comme un Africain déporté.

Sa carrière politique le mena à la mairie de Fort-de-France, puis à la députation. Il a été inscrit au Parti communiste pendant 14 ans, mais il le quitta en 1957. Il devint alors président du Parti progressiste martiniquais.

Sans abandonner la poésie (*Les Armes miraculeuses,* 1946 ; *Soleil cou coupé,* 1948 ; *Ferrements,* 1960 ; *Cadastre,* 1961), il se tourna vers le théâtre avec *La Tragédie du roi Christophe* (1964) et *Une Saison au Congo* (1965).

André Breton avait salué son premier recueil (« Et c'est un Noir, celui qui nous guide aujourd'hui dans l'inexploré »...) car la poésie d'Aimé Césaire unit un surréalisme étincelant et une somptuosité verbale, dans une révolte et une revendication de liberté exprimées sur le mode lyrique.

CAHIER D'UN RETOUR AU PAYS NATAL

Ô lumière amicale
Ô fraîche source de la lumière
ceux qui n'ont inventé ni la poudre ni la boussole
ceux qui n'ont jamais su dompter la vapeur ni l'électricité
ceux qui n'ont exploré ni les mers ni le ciel
mais ceux sans qui la terre ne serait pas la terre
gibbosité d'autant plus bienfaisante que la terre déserte davantage la terre
Silo où se préserve et mûrit ce que la terre a de plus terre
ma négritude n'est pas une pierre, sa surdité ruée contre la clameur du jour
ma négritude n'est pas une taie d'eau morte sur l'œil mort de la terre
ma négritude n'est ni une tour ni une cathédrale
elle plonge dans la chair rouge du sol
elle plonge dans la chair ardente du ciel
elle troue l'accablement opaque de sa droite patience.
...

Cahier d'un retour au pays natal, Gallimard, 1939.

Chabaneix Philippe

(né à bord de l'*Australien*, en rade d'Albany, Australie, 1898 — Paris 1982).

Son père était médecin colonial à Nouméa et Philippe Chabaneix y vécut jusqu'à 4 ans, puis ses parents occupèrent différents postes en France et à l'étranger avant qu'il suive les cours du lycée de La Rochelle de 1911 à 1917, date de sa mobilisation. Ses parents, eux-mêmes poètes, avaient publié en 1905 sous le pseudonyme nervalien de Jacques et Marie Nervat un recueil intitulé *Les Rêves unis.* Mais sa mère mourut alors qu'il avait onze ans. Le lycéen Philippe Chabaneix avait déjà créé des revues de poésie (*L'Effort des jeunes,* 1915 ; *Le Bel Espoir,* 1916).

Après la guerre, il se fixa à Paris où il fut commis, puis libraire (*Au balcon,* rue Mazarine) jusqu'à sa mort. Mais il publia plusieurs recueils à partir de 1922 (*Les Tendres Amis*). Il appartient discrètement à l'école *fantaisiste* et dès *Le Bouquet d'Ophélie* (1928) sa poésie se révèle mélodieuse, très simple, infiniment nostalgique et tendre, d'une légèreté envoûtante, d'une grâce charmante (*À l'amour, à l'amitié,* 1929 ; *Comme le feu,* 1935 ; *Les Nocturnes,* 1950 ; *La Rose et l'Asphodèle,* 1964 ; *Romances du temps qui fut,* 1981, etc.). Il reçut le Grand Prix littéraire de la Ville de Paris en 1949.

Philippe Chabaneix,
par S. de Bièvre

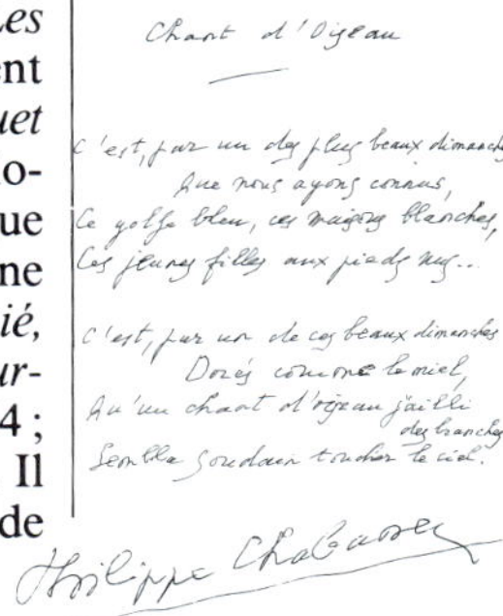

Chant d'Oiseau

C'est, par un des plus beaux dimanches
Que nous ayons connus,
Ce golfe bleu, ces maisons blanches,
Ces jeunes filles aux pieds nus...

C'est, par un de ces beaux dimanches
Dorés comme le miel,
Qu'un chant d'oiseau jailli des branches
Sembla soudain toucher le ciel.

Philippe Chabaneix

ÉCRIT SUR L'ONDE

Jeunes filles en fleur, quand le bruit de vos pas
N'accompagnera plus mon destin solitaire,
Ah ! n'allez pas me croire où je ne serai pas :
Dans une tombe étroite et vaine sous la terre ;

Mais cherchez-moi dans l'ombre attirante des bois,
Dans le chant des oiseaux, dans les nuits de Provence,
Dans l'odeur des jasmins et dans la douce voix
D'un enfant qui ressemble à l'Amour et qui danse.

Aux sources de la nuit. Caractères, 1955.

C

Chadourne Louis
(Brive-la-Gaillarde, 1890-1924).

Frère du célèbre romancier Marc Chadourne (1895-1975), Louis écrivit lui-même des romans sur les thèmes du voyage et de l'aventure (*Le Maître du navire,* 1919 ; *le Pot au noir,* 1923).

Son recueil *Accords* fut publié en 1928, après sa mort. De forme très libre, ses poèmes ont une inspiration généreuse et émouvante.

COMMÉMORATION D'UN MORT DE PRINTEMPS

Ô nuit
première nuit après la bataille
Je me suis couché sur la terre,
mâchant de la terre,
et tout fumant d'une ivresse mauvaise.
Des arbres me nourrissaient.

Ils dorment,
au creux des bois, au flanc des collines,
sous les vagues épaisses de la nuit.

Ils dorment,
repus de la même fatigue et saouls de la même fumée
et la mer profonde des souvenirs les roule dans les mêmes plis.
...

Accords. Gallimard, 1928.

La Chanson

Il convient aujourd'hui de distinguer nettement un *poème* d'une *chanson.* Le poème est un texte originellement écrit pour être dit ou pour être lu à voix parlée sans autre support ; la chanson résulte de l'alliance indissoluble d'un texte et d'une mélodie, chacun perdant son intérêt l'un sans l'autre.

Il n'en a pas toujours été ainsi.

Le premier texte littéraire considéré comme écrit en langue française est une chanson, *La Cantilène de Sainte Eulalie* (IXe siècle) :

Buona pulcella fut Eulalia,
Bel avret corps, bellezour anima.
...

Les *Chansons de geste,* ces longs textes assonancés, étaient probablement cantilés par les jongleurs en s'accompagnant d'un instrument de musique, vielle ou rebec. La littérature courtoise (à partir de la fin du XIIe siècle) apporte un style différent : troubadours et trouvères chantent l'amour de façon savante, aussi bien dans les textes que dans les mélodies (dont beaucoup nous sont connues). Au XIVe siècle, un Guillaume de Machaut est aussi bien poète que musicien ; formes poétiques et formes musicales se confondent : lais, virelais, rondeaux, ballades, etc. Ces poèmes à « forme fixe » dépendent étroitement de la musique.

Poésie, musique, chansons vont prendre peu à peu leur indépendance. De leur côté la chanson populaire et la chanson savante se séparent.

Mais la Pléiade (XVIe siècle) affirme encore l'alliance de la poésie et de la musique. Ronsard destinait ses poèmes à la mise en musique « car la Poésie sans les instruments ou sans la grâce d'une seule ou plusieurs voix n'est nullement agréable », dit-il dans son *Art poétique.* Les musiciens ne se sont pas privés de mettre en chansons les œuvres de la Pléiade. Baïf invente lui-même un vers de quinze syllabes plus facile à mettre en musique.

Je veux donner aux Français un vers de plus libre accordance
Pour le joindre au luth sonné d'une moins contrainte cadence.

Jean Antoine de Baïf.

En 1567, Baïf fonde avec Thibaut de Courville une académie de poésie et de musique patronnée par Charles IX, où collaborent musiciens et poètes. Elle fonctionne jusqu'à la fin du siècle. La musique a même quelque influence dans le triomphe du sonnet, poème à forme fixe.

La grande poésie du XVIIe siècle tente peu les musiciens qui se tournent vers l'opéra et les motets. Mais les chansons galantes mettent en musique des textes légers tandis que la chanson populaire suit son propre développement (jusqu'à devenir ce que nous appelons « le folklore »), et que la chanson satirique s'épanouit suivant les événements : on a gardé par exemple plus de six mille mazarinades (chansons écrites contre Mazarin) sans compter celles qui furent perdues.

La chanson littéraire connaît un renouveau important, à partir de 1731, avec l'instauration de la Société chansonnière du *Caveau* (Piron, Collé, Crébillon fils, etc.) qui fut suivi par *Le Caveau Moderne* au XIXe siècle, de 1806 à 1826 (Gouffé, Brazier, Capelle, Piis, Desaugiers, Béranger, etc.), puis par *Les Enfants du Caveau* jusqu'en 1939 (que fréquentèrent cinq membres de l'Académie française), imités par de nombreuses Sociétés de Caveaux provinciaux. Ces chansonniers écrivent leurs textes sur des timbres (des airs) préexistants, réunis par Capelle dans *La Clé du Caveau,* gros ouvrage qui propose encore aujourd'hui deux mille trois cent cinquante airs notés différents. Ils soumettent donc par avance la poésie à la forme musicale.

Aux XVIIIe et XIXe siècles, la *romance* est un genre musical et littéraire fécond qui suscite des chefs-d'œuvre comme *Plaisir d'amour* (Florian-Martini), *L'Hospitalité* (Fabre d'Églantine-Victor Simon), ou encore *Le Montagnard émigré* que Chateaubriand écrivit sur un timbre populaire. *Le Lac* de Lamartine est lui-même transformé en romance par Niedermeyer.

Malheureusement, les musiciens classiques français s'éloignèrent de la chanson. Au lieu de reconstituer une unité artistique entre la poésie, l'influence de la chanson populaire et la musique classique, comme le font les lieder de Schubert, la *mélodie* française prend le poème comme un prétexte à raffinement exagéré (parfois à contresens) et se sépare complètement de la chanson avec Duparc ou Debussy. La « musique » et l'harmonie propres à un vers de Verlaine disparaissent totalement au profit d'autre chose.

Depuis la fin du XIXe siècle, la chanson populaire est devenue un genre autonome où le meilleur voisine avec le pire. Mais bien des poètes continuent alors à s'intéresser à la chanson en participant au Club des Hydropathes ou, à partir de

1892, aux Soirées de la Plume que fréquentaient Moréas (leur animateur), Verlaine, Yann-Nibor, Le Cardonnel, Stuart Merrill, Fourest, etc.

Un intérêt pour la poésie est également manifesté par les mélodistes contemporains et beaucoup, las des médiocrités versifiées des paroliers, se tournent à nouveau vers la poésie. Charles Trenet interprète (en jazz) *La Chanson d'automne* sous le titre *Verlaine* en 1941. Puis Georges Brassens à partir de 1952 met en chansons de nombreux textes de Paul Fort, Francis Jammes, Louis Aragon, Théodore de Banville, Corneille, Hugo, Richepin, Verlaine, Villon, etc., bientôt suivi par beaucoup d'autres compositeurs-interprètes comme Léo Ferré, Jean Ferrat, Jacques Douai, James Ollivier... Les poèmes de Jacques Prévert trouvent une audience considérable en tant que chansons grâce à Joseph Kosma. Ainsi, la « chanson littéraire » a popularisé de nombreux poèmes du livre malgré la diffusion par les moyens de masse de médiocres rengaines aux paroles sans intérêt, et malgré l'invasion majoritaire des ondes par des œuvrettes étrangères.

Cependant, malgré ces réussites, la poésie du livre reste un genre différent par les thèmes, par le style, par le mode de lecture, la rupture de langage et la diversité de la facture. Comme le reconnaissait Georges Brassens : « La chanson ne peut pas tout dire. »

La chanson française continue à être un art très prolifique (on en fabrique environ trente-cinq mille nouvelles chaque année). Comme Beaumarchais l'a remarqué : « En France, tout finit par des chansons. » En tout cas, c'est ainsi que la poésie française a commencé.

Chansons de geste

Après une chanson écrite au IXe siècle (*Cantilène de sainte Eulalie*) et quelques vies de saints du Xe siècle (*Vie de saint Léger*), notre littérature telle qu'elle nous est parvenue commence avec les chansons de geste à partir du XIe siècle. Écrites en vers, elles marquent donc aussi le début de la poésie.

Ce sont des *épopées*, c'est-à-dire qu'elles racontent de grandes actions héroïques (du latin *gesta*, choses faites), ayant un point de départ historique réel, mais enjolivé, amplifié, avec des personnages devenus surhumains, et des interventions surnaturelles. Ainsi, *La Chanson de Roland* rapportet-elle au XIIe siècle des événements du VIIIe siècle, qui, quatre cent ans plus tard, sont devenus des exploits extraordinaires pour plaire à un auditoire composé de seigneurs guerriers, barons et croisés : à la fin de la bataille, trois survivants tiennent tête à quarante mille ennemis. Mais on y voit aussi le courage, l'amour du pays, la douceur de l'amitié entre Roland et Olivier :

Sire cumpaign, tant mar fustes hardiz !
Ensemble avum estet et anz e dis,
Nem fesis mal ne jo nel te forsfis.
Quant tu es mor, dulur est que jo vif.

(« Sire compagnon, tu fus vaillant pour ta perte !
Ensemble nous avons été et des ans et des jours,
Jamais tu ne me fis de mal, et jamais je ne t'en fis.
Maintenant que tu es mort, c'est douleur que je vive. »)

Chanson de Roland.

Ces premières *Chansons de geste*, composées par des *trouvères*, étaient écrites en vers (décasyllabes) regroupés en *laisses* (ou longues strophes) sur la même *assonance* (identité de la dernière voyelle accentuée mais pas de la consonne). Elles étaient récitées par un *jongleur* s'accompagnant à la vielle ou au rebec, sans doute déclamées, peut-être cantilées (ou simplement le dernier vers de la laisse). C'étaient des chanteurs ou récitants professionnels : les *joglers* (du latin *joculare*, c'est-à-dire bouffons, rieurs, plaisantins).

Cette déclamation avait lieu dans la grande salle du château, mais aussi à l'occasion de rassemblements populaires (foire, place publique, pèlerinage) pour des gens qui ne savaient pas lire. Le caractère oral explique sans doute les répétitions nombreuses (très monotones pour nous), la reprise des mêmes événements en des termes identiques pour se faire bien comprendre de l'auditoire.

On a gardé une centaine de chansons de geste. Mais on ignore leur origine malgré les travaux et hypothèses des érudits : les uns penchent pour l'amplification de chants populaires primitifs proches des événements relatés ; les autres pour une création plus tardive, sans doute à partir de récits de moines en des abbayes sur le chemin des grands pèlerinages ; d'autres encore insistent à juste titre sur l'habileté littéraire de ces textes qui n'ont pu être écrits que par des poètes de grand talent.

À partir du XIIIe siècle, certaines chansons de geste deviennent de véritables romans destinés à la lecture (par les seigneurs). Elles sont alors de plus en plus développées et les vers se diversifient : on utilise l'alexandrin ou l'octosyllabe, les rimes vont remplacer les assonances. Au XVe siècle, on en arrive à raconter l'histoire en prose et la partie merveilleuse est de plus en plus étendue, l'amour tient une place de plus en plus importante. Malgré le développement à la même époque de la littérature courtoise dont les thèmes sont différents, ces grandes histoires guerrières des *Chansons de geste* vont garder leur succès dans leur version en prose et, après l'aristocratie, elles intéressent encore un public populaire aux XVIIe et XVIIIe siècles, sous forme de livres, imprimés par les Oudot de Troyes (1600-1863) dans la *Bibliothèque bleue*. C'est sous cette forme qu'elles furent redécouvertes par les romantiques au XIXe siècle.

Les *chansons de geste* furent regroupées d'après leurs thèmes par *cycles* (on dit aussi par *gestes*) ; on eut ainsi *La Geste du Roi* (Charlemagne), *La Geste de Garin de Monglane, La Geste de Doon de Mayence*, chacun de ces cycles étant divisé en plusieurs parties.

N'eut que trois gestes en France la garnie :
Du roi de France est la plus Seignorie,
Et l'autre après, bien est droit que gel die,
Est de Doon à la barbe florie.
...
La tierce geste qui molt fist a proisier
Fu de Garin de Monglane le fier.

Girard de Vienne.

Concert, miniature du XIVe siècle

C

Chapelain Jean

(Paris 1595 – 1664).

Auteur de quelques *Odes*, Chapelain était un poète aimable, fort bien en Cour, que Richelieu fit entrer à l'Académie pour laquelle il fut chargé de rédiger *Les Sentiments de l'Académie sur le Cid* (1638). Il fut également chargé par Colbert de dresser la liste des écrivains devant bénéficier des pensions officielles et il le fit avec honnêteté (1662).

Il travailla pendant vingt ans à son grand poème épique, *La Pucelle*, dont l'annonce lui valut beaucoup de sympathie. Il publia les 12 premiers chants en 1656 – et il fut la cible de sarcasmes, de pamphlets, d'épigrammes, venant en particulier de Boileau, qui raille « *ses vers sans force et sans grâces, / Montés sur deux grands mots comme sur deux échasses* »...

Chapelain, par Nanteuil.

Illustration de La Pucelle, *par A. Bosse*

Char René
(né à L'Isle-sur-Sorgue, 1907)

Son père, propriétaire d'une plâtrerie et maire de la ville, mourut quand René Char avait neuf ans. Il mena ses études au lycée d'Avignon, à l'école de commerce de Marseille et il fit paraître ses premiers poèmes, *Les Cloches sur le cœur* (1928), qu'il renia en partie par la suite. Il édita la revue *Méridien* (1929). Son recueil *Arsenal* (1929) attira l'attention de Paul Eluard.

René Char vint alors à Paris et il fit partie du groupe surréaliste où il se montra très actif, participant aux manifestations publiques et publiant *Ralentir travaux* en collaboration avec André Breton et Paul Eluard (1930). Mais c'est *Le Marteau sans maître* (1934) qui marqua son originalité la plus forte.

Il s'éloigna alors des surréalistes, tout comme il démissionna de son poste d'administrateur de la Société anonyme des Plâtrières du Vaucluse pour se consacrer à la poésie avec *Moulin premier* (1936), *Placard pour un chemin des écoliers* (1937), etc.

Mais il ne se désintéressa pas du monde. Après la défaite de 1940, René Char fut l'un des premiers résistants. Sous le pseudonyme de capitaine Alexandre, il dirigea la résistance des Basses-Alpes, les armes à la main. À la Libération, il publia les poèmes écrits pendant la guerre, *Feuillets d'Hypnos* (1946), *Fureur et Mystère* (1948). L'alliance de ces deux mots caractérise bien cette poésie où la fureur sacrée du poète et de l'homme libre résistant à l'oppression s'unit au mystère de toute poésie.

Écrits en une langue superbe d'une densité parfaite (alors que tant de soi-

C

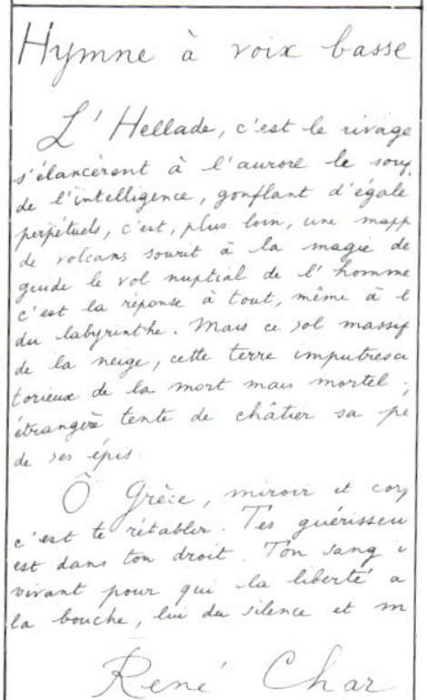
Hymne à voix basse

L'Hellade, c'est le rivage
s'élancèrent à l'aurore le song
de l'intelligence, gonflant d'égale
perpétuelle, c'est, plus loin, une mapp
de volcans sourit à la magie de
guide le vol nuptial de l'homme
c'est la réponse à tout, même à l
du labyrinthe. Mais ce sol massif
de la neige, cette terre imputrescu
torieuse de la mort mais mortel ;
étrangère tentée de châtier sa pe
de ses épis.

Ô Grèce, miroir et coq
c'est te rétablir. Tes guérisseu
est dans ton droit. Ton sang i
vivant pour qui la liberté a
la bouche, lui du silence et m

René Char

disants « lyriques » du vers ne sont que des bavards), les textes de René Char n'utilisent que très rarement les prestiges de la rime ou du compte régulier des syllabes — mais le rythme, l'image, l'alliance des mots : la poésie y apparaît comme une haute exigence humaine dont le mystère n'est ni hermétique ni ésotérique mais lutte pour la vie, la nature, la beauté. Elle prend volontiers le tour de l'aphorisme, de la maxime — de la sagesse. C'est sans doute pourquoi cette poésie difficile apparaît de plus en plus essentielle (*Les Matinaux*, 1950 ; *Le Soleil des eaux*, 1951 ; *La Parole en archipel*, 1962 ; *Le Nu perdu*, 1971 ; *Fenêtres dormantes et porte sur le toit*, 1979).

EFFACEMENT DU PEUPLIER

L'ouragan dégarnit les bois.
J'endors, moi, la foudre aux yeux tendres.
Laissez le grand vent où je tremble
S'unir à la terre où je crois.

Son souffle affile ma vigie.
Qu'il est trouble le creux du leurre
De la source aux couches salies !

Une clé sera ma demeure
Feinte d'un feu que le cœur certifie ;
Et l'air qui la tint dans ses serres.

Le Nu perdu. Gallimard. 1971.

Charles d'Orléans
(1394 — Amboise 1465).

Il n'a jamais régné, mais il fut petit-fils, neveu, cousin et père de rois. Après une enfance et une adolescence dans un milieu lettré (ses parents, Louis de France, duc d'Orléans, et Valentine de Milan, recevaient artistes et écrivains), sa vie fut malheureuse.

Il vit sa femme mourir, son frère assassiné par les Bourguignons (1407) et devint chef du parti des Armagnacs à treize ans. Il fut fait prisonnier par les Anglais à la bataille d'Azincourt, en 1415. Il avait dix neuf ans. Il fut emmené captif en Angleterre et y resta vingt-cinq ans.

C'est là qu'il écrivit des poèmes souvent teintés d'une mélancolie fort compréhensible. Il revint en France en 1440 et s'installa dans son château de Blois où il s'entoura des poètes de son temps. Remarié avec Marie de Clèves, il fut le père du futur Louix XII.

Ses *Chansons*, *Rondeaux*, *Ballades* ont gardé un charme, une grâce, une vivacité qui séduisent encore malgré une langue vieillie.

LE PRINTEMPS

Le Temps a laissé son manteau
De vent, de froidure et de pluie,
Et s'est vêtu de broderie
De soleil luisant, clair et beau.

Il n'y a bête ni oiseau
Qu'en son jargon ne chante ou crie :
« Le Temps a laissé son manteau
De vent, de froidure et de pluie. »

Rivière, fontaine et ruisseau
Portent en livrée jolie
Gouttes d'argent d'orfèvrerie ;
Chacun s'habille de nouveau :
Le temps a laissé son manteau.

C

Charles d'Orléans
et Marie de Clèves,
tapisserie, 1450

Charles d'Orléans,
manuscrit français

C

Charpier Jacques
(né à Avignon, 1926).

Poète du monde méditerranéen, Jacques Charpier a d'abord été professeur de philosophie avant de travailler dans l'édition. Ses amples poèmes chantent la beauté du monde (*Paysage du Salut*, 1946 ; *Mythologies du vent*, 1955 ; *Le Fer et le Laurier*, 1960 ; *Les Deux aurores*, 1959). Il fait appel également à l'histoire, aux légendes, aux religions anciennes. La parole cherche le secret du monde. *« Nous sommes infiniment proches de la bouche des Pythies ! » (Mythologies du Vent).*

LE PRINTEMPS

Dans une vieille maison à l'orée du printemps
Quand le soir cueille entre ses doigts de vapeur
La dernière rosée de la terre,
Et que tous les printemps de la création pèsent
sur la masse indolente des feuilles,
Quand le mur a choisi pour s'écrouler la pierre
où furent gravées les initiales du vent.
Quand l'alchimie des solitudes révèle au jour mourant
l'âpre croissance du quotidien vers l'éternel,
Sola vient se pencher sur mes poèmes.

Paysages du salut. Fontaine, 1946.

Chartier Alain
(Bayeux, vers 1390 — entre 1430 et 1440).

Fils d'un bourgeois de Bayeux, il fut chassé de la ville par l'invasion anglaise (1417), puis de Paris par les Bourguignons (1418). Il devint secrétaire du dauphin (le futur Charles VII) et chanoine à Paris.

Il est resté célèbre pour son *Quadrilogue invectif* (1422), œuvre de prose où la France s'adresse à ses trois enfants, la Noblesse, le Clergé et le Peuple. Son éloquence lui valut un tel succès qu'en 1436 la dauphine Marguerite d'Ecosse, le trouvant endormi sur un banc, donna publiquement un baiser au dormeur en disant : « Je n'ai pas baisé l'homme, mais la précieuse bouche de laquelle sont issus tant de bons mots et vertueuses paroles ».

Son œuvre poétique comprend *Le Livre des quatre-dames* (sur la bataille d'Azincourt), *Le Débat du réveille-matin, Le Lay de Plaisance, Le Débat des deux fortunés d'amour,* divers *Ballades* et *Rondeaux,* et la célèbre *Belle dame sans Mercy* (1424).

CHANSON

La bonne volonté que j'ai
D'aimer votre belle beauté,
Avec espoir de loyauté,
Me font tenir vers vous plus vrai.
...

Chanson XXI. Extrait.

C

Manuscrit des Œuvres d'A. Chartier, XVe siècle (détail)

Chateaubriand François René de (Saint-Malo, 1768 — Paris 1848).

Dernier né d'une famille de dix enfants (six vécurent), il passa sa jeunesse au bord de la mer à Saint-Malo, puis au château de Combourg. Sous-lieutenant dans l'armée, il assista aux débuts de la Révolution à Paris. Il fit un voyage en Amérique (1791), revint à Paris, se maria et partit s'engager dans l'armée des Princes. Blessé, il passa en Grande-Bretagne (1793) où il eut une vie très difficile.

De retour en France (1800), son livre *Le Génie du Christianisme* le rendit célèbre (1802) et lui valut l'intérêt de Napoléon. Secrétaire d'ambassade à Rome, ministre plénipotentiaire dans le Valais, il démissionna après l'exécution du duc d'Enghien (1804), puis fit de grands voyages. Ses ouvrages se multiplient

Chateaubriand, par Gabriel

C

(*Les Aventures du dernier Abencérage,* 1807 ; *Les Martyrs,* 1808) et il commence à rédiger ses mémoires.

À la Restauration (1815) il participe à l'action politique, pair de France, ambassadeur à Berlin, à Londres, représentant la France au Congrès de Vérone (1822), ministre des Affaires étrangères (1823), ambassadeur à nouveau.

Après la Révolution de 1830, il se consacre à la littérature. Il rédige *Les Mémoires d'Outre-Tombe* (qui ne devaient paraître qu'après sa mort).

Son style est si parfait, son harmonie et son équilibre si heureux que sa prose est un modèle de musicalité. Il a écrit de parfaits « poèmes en prose » sans en revendiquer le titre ni même le genre. Il est resté à cet égard le plus grand prosateur français.

Mais dans une œuvre très abondante, on trouve aussi des poèmes proprement dits publiés en 1828 : *Tableaux de la nature* et *Poésies diverses.* Sa romance du *Montagnard émigré,* écrite sur un air ancien entendu en 1805 en Auvergne, est restée justement célèbre.

Chateaubriand à l'enterrement de Girodet, par Delécluze, 1824

LE MONTAGNARD ÉMIGRÉ

Combien j'ai douce souvenance
Du joli lieu de ma naissance
Ma sœur, qu'ils étaient beaux, les jours
De France
Ô mon pays, sois mes amours
Toujours.

Te souvient-il que notre mère,
Au foyer de notre chaumière,
Nous pressait sur son cœur joyeux
Ma chère ;
Et nous baisions ses blancs cheveux
Tous deux...

Le Dernier des Abencérages. 1807.

Combourg

Chaulot Paul

(Lanty, Haute-Marne, 1914 — 1969)

Il mena une carrière de fonctionnaire au ministère de l'Intérieur tout en publiant de nombreux recueils de poèmes (*Le Disque incolore,* 1933), surtout après la guerre, où il dénonce les injustices et les misères du monde. (*À main armée,* 1946 ; *Contre-terre,* 1949 ; *Risques,* 1951 ; *La Ville à témoin,* 1952 ; *Jours de béton,* 1954). Sa poésie se fait plus dense, plus elliptique, pour forcer le mystère des êtres et des choses (*L'Herbe de chaque escale,* 1956 ; *Naissante préhistoire,* 1963).

DIRE

Je ne me cherche pas où brillent
Les feux extrêmes du langage,
Signaux des fêtes somptueuses
Que d'autres donnent dans leurs mots.

Les miens glissent sans laisser de trace
Autour de leur propre miracle.
Les miens, la fraîcheur d'un outil
En est l'escorte redoutable.

L'herbe de chaque escale. Seghers, 1956.

Chazal Malcolm de

(Vacoas, île Maurice, 1902 — 1981)

Malcolm de Chazal, par Rog

Il descendait « d'une famille forézienne fixée dans l'île Maurice depuis cent soixante-quinze ans » dont l'ancêtre fut un disciple de Swedenborg, et la tradition ésotérique semble bien avoir marqué son œuvre. Il fut ingénieur sucrier, puis fonctionnaire de l'administration du téléphone et de l'électricité de l'île Maurice, auteur de traités d'économie politique.

En 1948, son recueil *Sens plastique* (1947) fut connu en France et ce fut une révélation. En des textes très courts (le

La pierre
N'entend
Son cœur battre
Que dans la pluie.

Sens magique.

Chaque
Oiseau
A la couleur
De son cri.

Sens magique. 1957.

C

plus souvent une phrase de quelques mots, avec un ou deux mots par ligne), il établissait des analogies plus fulgurantes, plus insolites, plus évidentes que celles des surréalistes. André Breton salua tout de suite cette œuvre dont la poésie ne vient pas d'un habile agencement des mots, mais de la vision même du monde : « Ma poésie est dans le côté spirituel des mots, et non pas dans leur côté physique ou dans leur sonorité. » (*La Vie filtrée,* 1949 ; *Sens magique,* 1957 ; *La bouche ne s'endort jamais,* 1951 ; *Poèmes,* 1968).

L'espace
Fit
Un faux pas
Et forma
Le trou

Poèmes.

L'ombre
Est l'écho
De la lumière

Poèmes. Pauvert, 1968.

Chedid Andrée
(née au Caire, 1920)

Égyptienne d'origine libanaise, naturalisée française, elle publie son premier recueil en 1949 : *Textes pour une figure.* Puis suivent divers *Textes, Pour un poème* (1950), *Pour le vivant* (1953), *Pour la terre aimée* (1955). Elle est l'auteur d'une œuvre abondante, pièces de théâtre, romans, recueils de poèmes. Pour elle, la poésie n'est pas qu'un habile agencement de mots : « Si la poésie n'a pas bouleversé notre vie, c'est qu'elle ne nous est rien. » (*Terre et Poésie* 1956 ; *Contre-chant,* 1968 ; *Visage premier* 1952 ; *Cavernes et Soleils,* 1979).

andrée chedid

LA VIE EN ROSE

La graine
sereine

suppose que la rose
est enclose
dans sa gaine.

La poésie comme elle s'écrit. Ed. ouvrières, 1979.

Chénier André-Marie
(Constantinople 1762 — Paris 1794).

Son père était un diplomate français à Constantinople où André Chénier naquit d'une mère qu'il crut grecque (bien qu'elle fût hispano-italienne et catholique romaine) et qui lui donna le goût de l'antiquité. Il vint en France à trois ans. Après ses études il fit un bref séjour dans l'armée (1782), voyagea en Italie et en Suisse (1783), revint à Paris où il fut un jeune poète à la mode, devint secrétaire d'ambassade à Londres (1787-1790) et revint à Paris où il se lança dans l'action politique.

Partisan de la liberté, il dénonça les excès de la Révolution, publia des articles anti-jacobins et engagea une violente polémique avec son frère Marie-Joseph Chénier. Il participa à la défense de Louis XVI, puis dut se cacher à Versailles. Arrêté par hasard, jeté en prison (son frère Sauveur venait d'être arrêté à Beauvais, son frère Marie-Joseph était traqué par les robespierristes), il fut condamné comme « ennemi du peuple » malgré les interventions de son père et il fut guillotiné à trente-deux ans, deux jours avant la chute de Robespierre. Sur la charrette qui le menait à l'échafaud, il a récité la première scène d'*Andromaque* avec son ami le poète Rouchet. On dit qu'il se frappa le front en déclarant : « Mourir ? J'avais pourtant quelque chose là ! »

Il est aujourd'hui considéré comme le plus grand poète du XVIIIe siècle. Mais il avait peu publié de son vivant. Ses manuscrits sont passés de main en main et ils n'ont été publiés de façon complète qu'en 1862.

Influencée par l'antiquité grecque, la

C

Auprès d'André Chénier avant que de descendre,
J'élèverai la tombe où manquera sa cendre,
Mais où vivront du moins et son doux souvenir
Et sa gloire et ses vers dictés pour l'avenir.

(M-J. DE CHÉNIER, *Disc. sur la Calomnie.*)

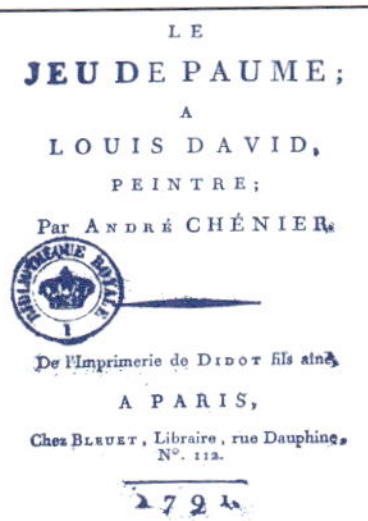
LE
JEU DE PAUME ;
A
LOUIS DAVID,
PEINTRE ;
Par ANDRÉ CHÉNIER.
De l'Imprimerie de DIDOT fils aîné.
A PARIS,
Chez BLEUET, Libraire, rue Dauphine, N°. 112.
1791.

poésie de Chénier a en même temps un ton d'effusion lyrique personnel très moderne : « *sur des pensers nouveaux, faisons des vers antiques* ». Parmi ses plus beaux poèmes, ceux qui sont nés de circonstances — la prison, l'attente de la mort — sont souvent les plus touchants, comme *La Jeune Captive* et divers *Écrits à Saint-Lazare.*

Comme un dernier rayon, comme un dernier zéphyre
Animent la fin d'un beau jour,
Au pied de l'échafaud j'essaye encor ma lyre.
Peut-être est-ce bientôt mon tour.
Peut-être avant que l'heure en cercle promenée
Ait posé sur l'émail brillant,
Dans les soixante pas où sa route est bornée
Son pied sonore et vigilant ;
Le sommeil du tombeau pressera ma paupière.
Avant que de ses deux moitiés
Ce vers que je commence ait atteint la dernière,
Peut-être en ces murs effrayés
Le messager de mort, noir recruteur des ombres,
Escorté d'infâmes soldats,
Ébranlant de mon nom les longs corridors sombres
Où seul, dans la foule à grands pas,
J'erre, aiguisant ces dards persécuteurs du crime,
Du juste trop faibles soutiens,
Sur mes lèvres soudain va suspendre la rime...

Iambes.

La Duchesse de Fleury
(La Jeune Captive)

Ayant le sens de la langue et de l'harmonie du vers, André Chénier annonce Lamartine et le grand lyrisme des romantiques, et il chante l'amour à Fanny (Madame de Bonneuil) avec émotion. Ses *Bucoliques*, ses *Odes*, ses *Élégies* sont loin de la mièvrerie de ses prédécesseurs. On trouve en outre dans ses vers un grand enthousiasme pour les conquêtes du progrès qui renouvellent la poésie scientifique ; il loue Torricelli, Newton, Kepler et Galilée en alexandrins dans son poème l'*Invention* dont l'épigraphe est *Audendum est* (« il faut oser »). Il fut encore un poète satirique d'une force peu commune dénonçant par exemple dans son *Hymne sur les Suisses de Chateauvieux* ces révoltés « *qui n'ont égorgé que très peu de nos frères/Et volé que très peu d'argent* ».

Chénier Marie-Joseph
(Constantinople 1764 — Paris 1811)

Jusqu'à la Révolution, il eut une vie assez semblable à celle de son frère cadet, André Chénier, mais il fut un poète médiocre.

Il écrivit de nombreuses pièces de théâtre (*Edgar*, 1785) dont certaines eurent du succès grâce aux thèses qu'elles illustraient : refus du fanatisme religieux (*Charles IX*, 1789), défense de la tolérance (*Jean Calas*, 1791), de la liberté (*Fénelon* (1793), mais Robespierre fit interdire *Timoléon* (1794).

Sa production poétique fut abondante et de peu de valeur littéraire (*Ode sur la mort de Mirabeau*, 1791 ; *Hymne pour la Fédération*, 1792 ; etc.). *Le Chant du départ*, resté célèbre grâce à la musique de Méhul (1794), donne une idée du style grandiloquent de cette époque exceptionnelle :

La République nous appelle
Sachons vaincre ou sachons périr,
Un Français doit vivre pour elle,
Pour elle un Français doit mourir...

Représentation de Charles IX *au Français*

Lancé dans l'action politique, il mena une polémique publique avec son frère André et on reprocha à Marie-Joseph de ne pas l'avoir sauvé. En réalité, il ne le pouvait pas, étant lui-même recherché par Robespierre. Mais son indignation devant cette accusation suscita ses meilleurs vers dans l'*Épître sur la calomnie* où il évoque son frère :

Là, tu verras souvent près de ton mausolée
Tes frères gémissants, ta mère désolée,
Quelques amis des arts, un peu d'ombre et des fleurs ;
Et ton jeune laurier grandira sous mes pleurs.

Chennevière (Léon Débille, dit Georges)
Paris, 1884 — 1927.

Il fut le co-auteur (avec Jules Romains, qu'il avait rencontré au lycée Condorcet) d'un *Petit traité de versification* (1923) qui précisa la prosodie de l'unanimisme : vers blancs, assonance plutôt que rime, hiatus accepté, élision de l'e muet.

Ses poèmes respectent ces règles simples, en un rythme bien marqué, au service d'une inspiration généreuse (*Le Printemps*, 1910 ; *L'Appel au monde*, 1919 ; *Ode à Jaurès*, 1920 ; *Pamir*, 1926). Il est l'auteur d'œuvres de récitation chorale (*Chœur pour toutes les fêtes*, 1921 ; *Chant du midi*, 1923). Ses *Œuvres poétiques* complètes furent publiées après sa mort.

...
Et le matin est si net.
Qu'on voit battre à petits coups,
Sous un voile de sommeil
Le cœur délicat du monde.

Extrait d'Aube d'été. Œuvres poétiques, Gallimard.

Perceval

Chrétien de Troyes
(1135 ? — 1190 ?)

On sait peu de chose de la vie de ce romancier-poète. Il aurait fait un voyage en Angleterre, il vécut à la cour de Marie de Champagne, fille du Roi Louis VII et d'Aliénor d'Aquitaine, dans une société raffinée. Il commença par s'inspirer de l'antiquité (adaptation des *Métamorphoses* et de *L'Art d'aimer* d'Ovide) puis des légendes bretonnes.

On le considère comme le premier auteur de « romans » (histoires écrites en langue romane « vulgaire ». Mais ces histoires étaient écrites en vers. On a gardé cinq romans composés en octosyllabes : *Erec et Enide* (vers 1160) raconte en sept mille vers le conflit de l'amour et de l'aventure ; *Cligès*, roman d'amour exotique ; *Lancelot ou le conte de la charrette* (vers 1177) appartient au cycle breton, comme *Yvain ou le Chevalier au lion* et *Perceval ou le Conte du Graal*, de dix mille vers. Il mélange la réalité, le merveilleux, le rêve et le social avec, parfois, une tonalité étrangement moderne.

COMPLAINTE DES TISSEUSES DE SOIE

Toujours draps de soie tisserons :
Jamais n'en serons mieux vêtues.
Toujours serons pauvres et nues
Et toujours faim et soif aurons ;
Jamais tant gagner ne saurons
Que mieux en ayons à manger.
Du pain avons à grand danger,
Au matin peu et au soir moins :
Jamais de l'œuvre de nos mains
N'aura chacune pour son vivre
Que quatre deniers de la livre.
Et de ce ne pouvons-nous pas
Assez avoir viande et draps...

Et nous sommes en grand poverte :
S'enrichit de notre deserte
Celui pour qui nous travaillons.
Des nuits grand-partie nous veillons
Et tout le jour, pour y gagner ;
On nous menace a maheignier
Nos membres, quand nous reposons,
Et pour ce reposer n'osons.

Le Chevalier au lion. Traduction.

Sceau des tisserands

C

Christine de Pisan
(Venise 1363 – 1431).

Fille de l'astrologue et médecin italien Thomas de Pisan (Pizani) appelé à la cour de Charles V, elle vint à Paris à cinq ans ; on la maria à quinze ans à Etienne Castel, gentilhomme picard et notaire royal qui mourut en 1389. Elle se trouva veuve à vingt-cinq ans avec trois enfants et sa mère à charge. Elle écrivit alors pour gagner sa vie et pour son plaisir.

Elle composa des œuvres nombreuses, petites pièces charmantes (ballades, complaintes, rondeaux, etc.) ou longs poèmes comme *Le Chemin de longue étude*, six mille vers (1402) ou *Mutation de fortune*, vingt-trois mille vers (1403) qui est une œuvre encyclopédique. Elle participa aux débats de son temps sur l'amour courtois, les rapports des sexes, la condition féminine. C'est sans doute pourquoi l'un de ses derniers poèmes fut consacré à une femme de grande importance : *Dittié à la louange de Jeanne d'Arc.*

Elle écrivit également de nombreux ouvrages en prose comme *Le Livre des faits et bonnes mœurs du sage roi Charles V* (1404-1405), des traités de morale et de politique, une autobiographie (*La Vision de Christine*) et des ouvrages entreprenant la défense des femmes, comme *La Cité des Dames*.

Christine de Pisan offre ses Poésies à Isabeau de Bavière (détail)

C'est douce chose que mariage
— Je le pourrais par moi prouver.
Pour qui a mari bon et sage
Comme Dieu me l'a fait trouver.
Loué soit celui qui sauver
Me le veuille car son soutien,
Chaque jour je l'ai éprouvé,
Et certes, le doux m'aime bien.
...

Clancier Georges Emmanuel.
(né à Limoges, Haute-Vienne, 1914)

Après avoir participé à la Résistance pendant l'occupation allemande, G.-E. Clancier devint secrétaire général des comités de programmes de la Radiodiffusion et Télévision française tout en commençant de publier ses premiers recueils (*Le Temps des héros*, 1943 ; *Le Paysan céleste*, 1944). Sa poésie est généreuse, fraternelle, d'une forme très libre (*Une voix*, 1956 ; *Évidences*, 1960 ; *Terre de mémoire*, 1965 ; *Oscillante parole*, 1978). Il est aussi un romancier célèbre (*Le Pain noir*, 1964).

....
Mère je te chante avec de simples mots
Toi qui fus simple et grave et qui es morte,
Je chante la bergère de sept ans que tu fus
Perdue dans l'herbe haute de tes rêves,
La servante menue serve par la misère
....

Poèmes du Pain noir. Terres de mémoire. Laffont, 1965.

Classicisme (le)

C'est un ensemble d'œuvres littéraires et artistiques qui, pendant le règne de Louis XIV, au XVIIe siècle, répondent aux mêmes exigences d'ordre et de régularité. Elles furent qualifiées de *classiques* par référence à l'antiquité gréco-romaine dont elles réclamaient la caution. Mais le classicisme français donne à son tour l'exemple d'un art achevé et pouvant devenir un modèle.

Le classicisme a été précédé par une période de formation qui occupa la première partie du siècle (1600-1660) avec la littérature baroque et précieuse (Théophile de Viau, Saint-Amand, etc.) sous les règnes d'Henri IV, de Louis XIII et de Louis XIV encore jeune, mais aussi avec la création de l'Académie française (1635), les exigences de Malherbe, le triomphe de Corneille.

À partir de 1661, début du règne personnel de Louis XIV, alors que la France impose sa suprématie militaire en Europe,

Les écuries de Ledoux à Versailles

que le roi qui vit à Versailles impose ses goûts à la noblesse et à la bourgeoisie tout en créant diverses *académies* artistiques, la *littérature classique* se constitue en référence aux œuvres de Pascal, Racine, Molière, La Fontaine et surtout Boileau dont l'*Art poétique* (1674) est la théorie du classicisme littéraire : outre l'admiration et l'imitation des anciens, le classicisme se réclame de la raison, de l'ordre, de la régularité, prônant un art impersonnel respectueux des règles de bienséance qui, sans être vraiment un code, doivent être respectées pour plaire, pour toucher « l'honnête homme », lecteur ou auditeur idéal. Les écrivains utilisent une langue épurée par Malherbe, codifiée par l'Académie et les grammairiens.

...
Il est certains esprits dont les sombres pensées
Sont d'un nuage épais toujours embarrassées ;
Le jour de la raison ne le saurait percer.
Avant donc que d'écrire apprenez à penser.
Selon que notre idée est plus ou moins obscure,
L'expression la suit, ou moins nette, ou plus pure.
Ce que l'on conçoit bien s'énonce clairement
Et les mots pour le dire arrivent aisément.
...

Boileau, Art poétique. Chant I, 1674.

La fin du règne de Louix XIV est moins heureuse, après la Révocation de l'Édit de Nantes (1685) et des revers militaires. Le classicisme tend à être battu en brèche comme le montre la querelle des Anciens et des Modernes.

Ces caractéristiques générales du classicisme littéraire se retrouvent en architecture (Versailles reste le modèle de cet ordre classique), en peinture (avec Poussin, par exemple), en musique (avec Lulli puis Couperin). Le tout forme un ensemble culturel cohérent où le christianisme prend sa place.

La poésie classique répond à ces caractéristiques générales, c'est-à-dire qu'on n'y trouve ni l'effusion lyrique à laquelle le romantisme du XIXe siècle nous a habitués, ni la fraîcheur gracieuse de la Renaissance, ni l'aimable exubérance du Moyen Âge.

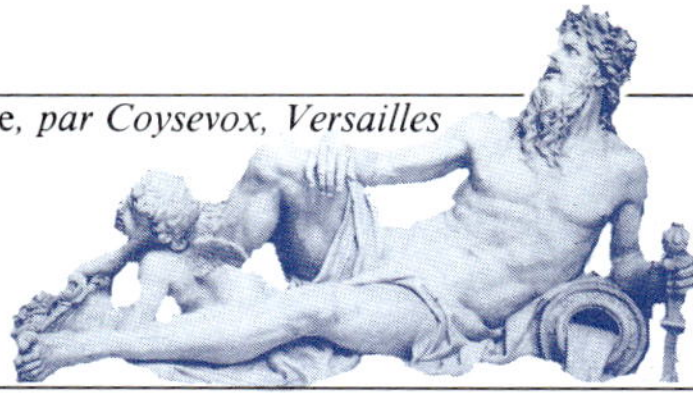

La Garonne, *par Coysevox, Versailles*

C

Les grandes tragédies de Racine présentent cependant de fines analyses psychologiques et la passion éclate dans des passages d'une poésie souvent suggestive. Même Malherbe, qui se veut si exigeant quant à la forme, a pu atteindre l'émotion dans certaines œuvres (*Paraphrase du Psaume CXLV*) ; mais c'est plus une peinture de l'émotion que l'émotion elle-même. Pour Boileau l'art littéraire était avant tout une imitation de la nature humaine : il fallait représenter l'homme dans sa vérité en atteignant le beau absolu.

Bien entendu, règles et théories sont une chose, le talent en est une autre et il n'a pas manqué aux grands écrivains classiques pour émouvoir le lecteur ou l'auditeur, en utilisant une versification très stricte.

....
Songe, songe Céphise, à cette nuit cruelle
Qui fut pour tout un peuple une nuit éternelle.
Figure-toi Pyrrhus, les yeux étincelants,
Entrant à la lueur de nos palais brûlants,
Sur tous mes frères morts se faisant un passage,
Et de sang tout couvert échauffant le carnage.
Songe aux cris des vainqueurs, songe aux cris des mourants,
Dans la flamme étouffés, sous le fer expirants.
...

Racine, Andromaque. III, 8.

Le terme de « classique » appliqué à la versification signifie aujourd'hui un respect des règles traditionnelles, celles d'une époque où La Fontaine passait pour écrire en vers « libres » parce qu'il mélangeait parfois les mètres : guère de licences, interdiction des hiatus, stricte alternance des rimes féminines et masculines, coupes régulières (à l'hémistiche dans les alexandrins), rimes riches, refus de faire rimer des mots d'une même famille, strophes codifiées. Bien que la technique de versification ait considérablement évolué depuis le XVIIe siècle, de nombreux poètes ont utilisé juqu'à nos jours ce cadre traditionnel, en l'assouplissant parfois, mais en conservant l'essentiel, car il correspond tout à fait à l'esprit même de la versification de la langue française, qui repose sur le nombre

de syllabes (la mesure), la place des temps forts (le rythme) et le rapport des sonorités (assonances, rimes, allitérations).

Mais il faut reconnaître que pour notre goût d'aujourd'hui, la poésie pré-classique, celle de Maynard, Racan, Mathurin Régnier, Théophile de Viau, Saint-Amand, et même celle des précieux, a bien du charme alors que le classicisme a beaucoup de noblesse.

L'art classique en France

L'architecture

Elle est symbolisée par le château de Versailles dû aux architectes Le Vau, et surtout Jules-Hardouin Mansart (1646-1708) qui agrandit le château primitif (Galerie des glaces) et lui donna son aspect actuel. On lui doit également le Grand Trianon, les places Vendôme et des Victoires à Paris. Le parc de Versailles et les jardins sont de Le Nôtre (1613-1700).

L'architecture de la façade sur le parc s'inspire de l'antiquité, avec sa régularité, ses colonnes et ses pilastres. Les jardins « à la française » ont la même rigueur : symétrie et géométrie.

La colonnade du Louvre, à Paris, (1667), est probablement de Claude Perrault (1613-1688) ; elle a les mêmes caractéristiques.

C'est l'époque où on construit des coupoles sous l'influence de l'architecture italienne (chapelle des Invalides, église de la Sorbonne, Val-de-Grâce, Institut, etc).

La sculpture :

Le parc de Versailles est peuplé de statues de marbre dans les allées, de bronze dans les bassins. L'antiquité fournit alors souvent les sujets imposés par Le Brun à François Girardon (1628-1715) et à de nombreux artistes comme Antoine Coysevox (1640-1720) dont les célèbres *Chevaux de Marly* sont aujourd'hui place de la Concorde, à Paris, aux Tuileries.

La peinture :

Elle trouve naturellement sa place dans les appartements de Versailles et dans les palais (plafonds, murs, dessus de portes, etc.) ainsi que dans les églises. Elle a la même grandeur austère et noble.

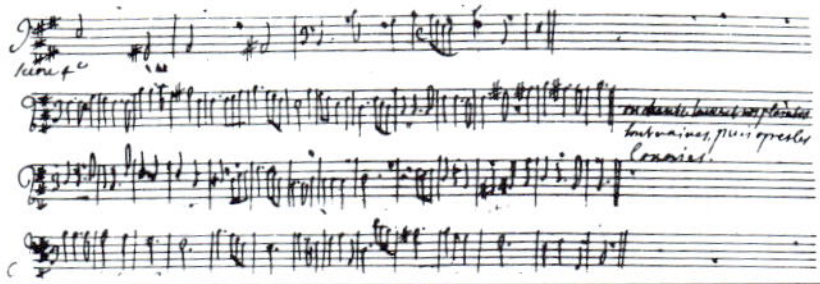

Lulli

Après les chefs-d'œuvre des frères Le Nain (Antoine et Louis, morts en 1648 ; Mathieu, mort en 1677), le classicisme en peinture précède le classicisme littéraire avec l'œuvre de Nicolas Poussin (1594-1665) : tableaux mythologiques, scènes historiques ont une grandeur et une construction impeccable où se retrouve l'influence italienne (*Les Bergers d'Arcadie*).

Claude Gellée, dit Claude Lorrain (ou Le Lorrain) (1600-1662) est également un des grands peintres classiques, dans ses ports au soleil couchant, par sa manière comme par ses sujets (*Débarquement de Cléopâtre à Tarse*).

Philippe de Champaigne (1602-1674) dans ses admirables œuvres religieuses correspond à l'austérité du jansénisme (*La Mère Agnès et sœur Catherine*).

Dans la deuxième partie du classicisme, la peinture est dirigée par Charles Le Brun (ou Lebrun) (1619-1690), chargé de la décoration de Versailles, recteur de l'Académie de peinture, directeur de la Manufacture des Gobelins et de l'École française de Rome.

Par la suite, Pierre Mignard (1612-1695), successeur de Le Brun, décorateur de la coupole du Val-de-Grâce, devint le portraitiste à la mode — et son talent étant tout différent, le classicisme pictural devenant plus maniéré, tourna à la « mignardise ».

La musique :

Elle fut, un moment, entièrement sous la coupe de Jean-Baptiste Lulli (1632-1687), un italien nommé « surintendant de la musique » par Louis XIV : il avait le monopole de l'opéra. Il collabora avec Molière, et surtout avec Quinault (1635-1688) pour créer une musique théâtrale française différente de la musique italienne. Son successeur en ce genre fut Campra (1660-1744) dont l'opéra-ballet *L'Europe galante* (1697) eut un grand succès. Cette musique est un art de divertissement.

Au même moment, vivait Marc-Antoine Charpentier (1634-1704) dont les œuvres religieuses nous paraissent aujourd'hui d'une très grande valeur, tout comme celles de Michel Richard de La Lande (1657-1726).

Le plus grand musicien de cette époque n'apparaît qu'à la fin

Rameau

L'ACADEMIE ROYALE
DE MUSIQUE
DONNERA aujourd'hui Mardi 26 Janvier 1779,
CASTOR ET POLLUX,
Tragédie en cinq Actes.

du classicisme, c'est François Couperin (1668-1733), auteur de nombreuses pièces de clavecin, de messes, de *Concerts royaux,* etc.

Mais ce qu'on appelle « *le Classicisme* » en musique semble étrangement décalé dans le temps, puisque c'est la musique du XVIIIe siècle, celle qui va de Jean-Sébastien Bach aux débuts de l'œuvre de Beethoven, en passant par Mozart et Haydn. En France, c'est l'œuvre de l'un de nos plus grands musiciens, Jean-Philippe Rameau (1683-1764).

Le théâtre :

Le Cid de Pierre Corneille (1606-1684) annonce en 1636 un renouveau du théâtre. Mais les « règles » du genre ne triomphent qu'après 1640, avec les œuvres de Molière (1622-1673) et de Racine (1639-1699).

Claudel Paul

(Villeneuve-sur-Fère, Aisne, 1868 — Paris 1955).

D'éducation chrétienne, puis ayant perdu la foi, il la retrouva à la suite de ce qu'il appela une « illumination » à Notre-Dame, dans la nuit de Noël, 1886. A la même époque, l'œuvre de Rimbaud lui procura un choc considérable. Ce furent, avec un enracinement terrien, ses sources principales d'inspiration.

Reçu premier au concours des Affaires étrangères, il commença une carrière diplomatique, d'abord consul à New York, puis à Boston, en Chine, en Autriche, en Allemagne, en Italie, ensuite ministre à Rio de Janeiro, à Copenhague, à Tokyo, puis ambassadeur à Washington et enfin à Bruxelles où s'acheva sa carrière en 1935.

Il avait commencé de bonne heure à

écrire des drames (*Tête d'or,* 1889 ; *La Ville,* 1890) et des poèmes comme *Le Sombre Mai* (1887). Il publia un *Art poétique* en 1907 et ses *Cinq Grandes Odes* (1908) marquent ses véritables débuts poétiques dans la forme qu'il n'abandonna plus : de grands versets sans repères fixes, que l'on retrouve aussi souvent dans son théâtre.

Dès lors, Paul Claudel développa une œuvre poétique féconde (*La Chemin de Croix,* 1911 ; *Corona benignitatis anni dei,* 1915 ; *L'Homme et son désir,* 1917 ; *La Messe là-bas,* 1919 ; *Verlaine,* 1922 ; *Cent phrases pour éventail,* 1929 ; *Toi, qui es-tu,* 1936 ; *Visages radieux,* 1947, etc.) et une production théâtrale baroque, foisonnante, dont le chef-d'œuvre reste *L'Annonce faite à Marie* (1912).

Le succès ne vint qu'assez tard et l'œuvre de Paul Claudel fut contestée par les uns qui n'y voyaient qu'emphase et lourdeur, et portée aux nues par les autres qui reconnaissaient en lui un grand poète baroque, le prodigieux artisan du verbe qu'il demeure.

C

Poème autographe de Claudel

...

Les mots que j'emploie,
Ce sont les mots de tous les jours, et ce ne sont point les mêmes !
Vous ne trouverez point de rimes dans mes vers ni aucun sortilège. Ce sont vos phrases mêmes. Pas aucune de vos phrases que je ne sache reprendre !

La Muse qui est la Grâce. Cinq Grandes Odes, Gallimard, 1911.

C

Cocteau Jean
(Maisons-Lafitte, 1889 — Milly-la-Forêt, 1963).

Né dans une famille aisée, Jean Cocteau fréquentait les salons à la mode quand il fit paraître ses premiers recueils, désavoués par la suite : *La Lampe d'Aladin, Le Prince frivole* (1910). Il collabora avec la troupe des Ballets russes de Diaghilev (*La Danse de Sophocle*, 1912) et fonda avec François Bernouard la revue *Schéhérazade*.

Mobilisé comme infirmier à la déclaration de guerre, il fut réformé, revint à Paris, écrivit l'argument des ballets *Parade* (avec Picasso et Erik Satie, 1917) et *Le Bœuf sur le toit* (avec Dufy et Darius Milhaud, 1920) ; il s'affirma comme un des tenants de l'avant-garde.

Il commença ainsi sa véritable carrière artistique où la poésie tint une si grande place qu'il regroupa toutes ses œuvres sous les titres de *Poésie de romans, Poésie artistique, Poésie de théâtre, Poésie graphique, Poésie cinématographique* — et *Poésie*. C'est dire qu'en étant romancier ou dessinateur, auteur dramatique ou critique, il se voulait poète. Il le fut, puisqu'il réussit dans tous ces genres à imposer sa vision du monde : un fantastique surréaliste apprivoisé, où se retrouve dans l'amour et la mort toute une mythologie personnelle, avec des anges, des boules de neige, des transformations féeriques... Allant de paradoxe en brillantes jongleries, il se définissait ainsi : « Je suis un mensonge qui dit toujours la vérité.»

Diaghilev lui avait dit : « Étonne-moi ». Il le fit en côtoyant le surréalisme (mais les surréalistes ne l'aimaient pas), et sans cesse le scandale.

Il publia de nombreux recueils de poèmes : *Le Cap de Bonne-Espérance* (1919) après un voyage en avion avec Roland Garros, *Poésies* (1920), *Vocabulaire* (1922), *Plain-Chant* (1923), *Opéra* (1927), *Allégories* (1941), *Le Chiffre 7* (1952), *Clair-Obscur* (1954), *Le Requiem* (1962). Ses textes retrouvèrent la forme classique, le chant et l'harmonie de la poésie française traditionnelle, et ils se firent peu à peu plus profonds et plus émouvants avec l'âge.

Ses romans (*Le Potomak*, 1919 ; *Les Enfants terribles*, 1929 ; etc.), ses films (*Le Sang d'un poète*, 1933 ; *L'Éternel Retour*, 1943 ; *La Belle et la Bête*, 1946 ; etc.), ses drames (*La Machine infernale*, 1934 ; *Renaud et Armide*, 1943), lui valurent une très grande célébrité et cet enfant terrible de la poésie finit évidemment par devenir membre de l'Académie française (1955).

Autoportrait

Muses qui ne songez à plaire ou à déplaire
Je sens que vous partez sans même dire adieu.
Voici votre matin et son coq de colère
De votre rendez-vous je ne suis plus le lieu.

Je n'ose pas me plaindre, ô maîtresses ingrates ;
Vous êtes sans oreilles et je perdrais mon cri.
L'une à l'autre nouant la corde de vos nattes,
Vous partirez, laissant quelque chose d'écrit.

C'est ce que vous voulez. Allez, je me résigne,
Et si je dois mourir, reparaissez avant.
L'encre dont je me sers est le sang bleu d'un cygne,
Qui meurt quand il le faut pour être plus vivant.

Du sommeil hivernal, enchantement étrange,
Muses, je dormirai, fidèle à vos décrets.
Votre travail fini, c'est fini. J'entends l'ange
La porte refermer sur vos grands corps distraits.

Que me laissez-vous donc ? Amour, tu me pardonnes,
Ce qui reste, c'est toi : l'agnelet du troupeau.
Viens vite, embrasse-moi, broute-moi ces couronnes
Arrache ce laurier qui me coupe la peau.

Plain-Chant. Stock, 1923.

C

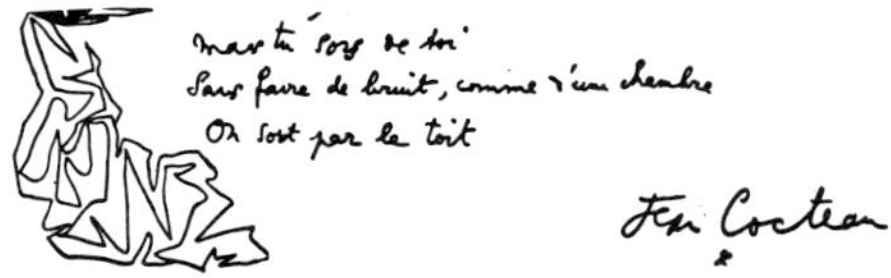

Jean Cocteau et les musiciens, des Ballets russes au groupe des Six

Jean Cocteau a collaboré avec divers musiciens en écrivant des arguments de ballets : *Parade*, avec Erik Satie, décors de Picasso (1919) ; *Le Bœuf sur le toit*, avec Darius Milhaud, décors de Dufy (1920) ; *Les Biches*, avec Darius Milhaud et Francis Poulenc (1924) ; *Les Fâcheux*, avec Louis Laloy et Georges Auric (1924). Il a également écrit des oratorios comme *Antigone*, musique d'Arthur Honegger (1927), *Œdipus-rex*, texte traduit en latin par Jean Daniélou, musique d'Igor Stravinsky (1926 ; révisé en 1948). *La Voix humaine* a été mise en musique par Francis Poulenc (1958).

Jean Cocteau a publié en 1918 des études sur la musique (*Le Coq et l'Arlequin*).

Mais c'est à l'occasion du ballet *Les Mariés de la Tour Eiffel* que ses rapports avec la musique de son époque sont les plus étroits. Ce ballet-divertissement est monté par les Ballets suédois de Rolf de Maré au Théâtre des Champs-Élysées à Paris. Les décors sont d'Irène Lagut, les costumes de Jean Hugo. La musique est écrite par des amis de Jean Cocteau, réunis plus par l'amitié que par une esthétique commune dans les années 1918-1921. Le journal *Comoedia* les avait baptisés *Le Groupe des six* : Germaine Taillefer (née en 1892), Georges Auric (né en 1899), Louis Durey (1888-1970), Arthur Honegger (1892-1955), Darius Milhaud (1892-1974), Francis Poulenc (1899-1963).

Nous savons aujourd'hui que le choix de Jean Cocteau était le bon. Ces musiciens sont bien parmi les plus importants de notre siècle. Les unissait un même esprit « moderne » (et une certaine admiration plus ou moins solide pour Erik Satie). Bien que ce groupe d'amis ne formât pas une « école », si l'on essaye de caractériser leur musique, malgré la présence d'un compositeur suisse (Honegger), on peut estimer qu'elle est essentiellement « française » par ses qualités de clarté, de mélodie, de vivacité, de variété, en dehors des modes de la musique informelle dont les thuriféraires ont essayé d'occulter, durant quelques années, cette musique sachant être tour à tour agréable et profonde.

Parmi les nombreux films de Jean Cocteau, la musique du *Sang du poète* (1931) et celle de l'*Éternel retour* (1944) sont de Georges Auric.

C'est à cette époque (la veille de 14) que j'ai compris (mal) que j'ai plutôt éprouvé, le sentiment irrésistible d'une mission – sans savoir laquelle – Et maintenant que la mission est accomplie, je n'en sais pas davantage.

Jean Cocteau au centre du Groupe des Six

C

Colin Muset ou Collin
(XIIIe siècle).

Ce trouvère champenois était également un jongleur c'est-à-dire un interprète. Il s'accompagnait de la vielle à archet. Ses poèmes sont en général gais, et ils laissent apparaître un bon vivant (*Sas pris sui d'une amorette ; En mai quand le rossignolet...*). Il aimait plaisanter sur son nom (*muser*, c'est perdre son temps ; *muse* ou *musette*, instrument de musique ou chanson). Il a raconté ses démêlés avec sa femme suivant qu'il rentrait à la maison avec ou sans argent. Cependant, son chef-d'œuvre est un poème où il reproche à un seigneur de ne pas l'avoir payé :

Sire comte, j'ai viellé
Devant vous en votre hôtel.
Et ne m'avez rien doné
Ni mes gages acquitté
C'est vilainie.

Par la foi que je dois à Sainte Marie
Je ne vous suivrai plus
Mon aumonière est mal garnie
Et ma bourse mal remplie.
...

Episode de la guerre des Albigeois (détail)

Conon ou Quesnes ou Quesne de **Béthune**
(né à Béthune vers 1155, mort en Orient en 1219 ou 1220).

Fils de Robert V le Roux, Conon de Béthune participa à la troisième croisade, tout d'abord en écrivant des chansons de propagande qui incitaient des chevaliers à se croiser, puis il lui fallut bien suivre à son tour le roi Philippe-Auguste. Il revint en France quand le roi abandonna la croisade, et des poètes reprochèrent durement cet abandon à Conon (« Honni soit-il, lui et ses prêches »).

Mais il repartit à la quatrième croisade, celle de la prise de Constantinople (1204) et Villehardoin, dans ses *Chroniques*, rendit hommage au guerrier qui resta jusqu'à sa mort à Constantinople au service de l'Empire d'Orient.

Il nous a laissé quatorze chansons d'amour ou de croisade. Dans l'une, il dit « *mon mérite (doit) être grand / Car personne ne quitte la France plus doulamment que moi* ».

Si rage et délire
Et détresse d'aimer
M'ont fait dire folie
Et d'amour mal parler,
Nul ne m'en doit blâmer
Elle a tort fausse amie :
Amour, que j'ai servie
Ne me sais où fier
...

Coppée (Francis Édouard Joachim, dit François)
Paris 1842 – 1908.

Après une enfance maladive, il devint employé de ministère, puis bibliothécaire au Sénat, puis archiviste du Théâtre-Français. Sa pièce *Le Passant* (1869) le rendit célèbre. Il publia de nombreux recueils de vers d'une facture parnassienne et atteignit, grâce à son théâtre et à ses poèmes, une célébrité considérable qui nous paraît exagérée aujourd'hui.

Ses poèmes prosaïques souffrent d'un attendrissement mièvre et souvent ridicule (*Le Reliquaire,* 1866 ; *Les Intimités,* 1868 ; *Poèmes modernes,* 1869 ; *Promenades et Intérieurs,* 1872 ; *Les Humbles,* 1872 ; *Le Cahier rouge,* 1874 ; *Récits et Elégies,* 1878 ; *Contes en vers,* 1881 ; *Arrière-Saison,* 1886). Sa poésie n'est pas à la hauteur de ses bons sentiments ; elle s'est souvent exprimée en dizains. Mais il a fort bien réussi quelques poèmes et ce petit employé devenu académicien (1884), resté modeste et attentif aux humbles, mérite tout de même de n'être pas oublié. Et puis la hargne des poètes malins a été trop vive contre lui pour n'être pas suspecte de jalousie envers un poète populaire qui a eu du succès.

Champêtres et lointains quartiers, je vous préfère
Sans doute par les nuits d'été, quand l'atmosphère
S'emplit de l'odeur forte et tiède des jardins.
Mais j'aime aussi vos bals en plein vent, d'où, soudain,
S'échappent des éclats de rire à pleine bouche
Les polkas, le hoquet des cruchons qu'on débouche,
Les gros verres trinquant sur les tables de bois,
Et du vent fugitif dans les ramures noires,
Le grincement rythmé des lourdes balançoires.

Promenades et intérieurs. Lemerre, 1872.

Corbière (Édouard Joachim, dit Tristan)
Morlaix, 1845 — 1875.

Son père, Édouard Corbière (1793-1875), journaliste et marin, était aussi un romancier à succès *(Le Négrier)*. Le jeune Tristan eut une enfance heureuse, mais il souffrit dès l'adolescence de rhumatismes et de tuberculose qui le forcèrent à abandonner ses études. Fixé à Roscoff à partir de 1863, il faisait de nombreuses sorties en mer sur son cotre *(Le Négrier)*, fréquentait les peintres parisiens en vacances, vivant à sa guise mais toujours malade.

Des amours malheureuses accentuèrent ses difficultés et il commença d'écrire les poèmes de ses *Amours jaunes* (1871). Il vint alors à Paris et son recueil fut publié à ses frais (1873) dans l'indifférence générale. Gravement malade, il fut ramené par sa mère à Morlaix où il mourut en mars 1875, à trente ans, avant son père mort la même année en septembre, à quatre-vingt-deux ans.

En 1884, Verlaine, dans ses *Poètes maudits*, rendit enfin justice à Tristan Corbière et, depuis, son recueil les

Amours jaunes est considéré comme un chef-d'œuvre. Le livre est dédié à son père (« À l'auteur du *Négrier* ». T.C.) dont on constate l'omniprésence.

Ce sont des poèmes où le ton burlesque ou bourru cache souvent une émotion profonde dont le masque d'humour indique la pudeur. Mais on y trouve aussi une très grande liberté d'écriture dans des vers qui renferment des dialogues, des exclamations, des questions, des jurons, une satire grinçante, de l'indignation, une vigueur peu commune quand le marin qu'il fut répond à *Oceano Nox* de Victor Hugo par un prosaïsme voulu. Il sut aussi écrire avec une émotion mélodieuse un *Rondel* pour après sa mort.

Tristan et son père (bas-relief)

RONDEL

Il fait noir, enfant, voleur d'étincelles !
Il n'est plus de nuits, il n'est plus de jours ;
Dors... en attendant venir toutes celles
Qui disaient : Jamais ! Qui disaient : Toujours !

Entends-tu leurs pas ?... Ils ne sont pas lourds :
Oh ! les pieds légers ! — l'Amour a des ailes...
Il fait noir, enfant, voleur d'étincelles !

Entends-tu leurs voix ?... Les caveaux sont sourds.
Dors : il pèse peu, ton faix d'immortelles ;
Ils ne viendront pas, tes amis les ours,
Jeter leur pavé sur tes demoiselles...
Il fait noir, enfant, voleur d'étincelles.

Rondel pour après. Les Amours jaunes, 1873.

Corneille Pierre
(Rouen 1606 — Paris 1684).

Il était l'aîné de sept enfants, fils d'une famille bourgeoise, et fut élevé à Petit-Couronne. Il fit ses études à Rouen où il devint avocat (1624), mais il ne plaida pas ; puis il acheta une charge de magistrat. Il débuta au théâtre avec une comédie, *Mélite* (1629), puis, sous la direction de Richelieu, il fit partie un moment de

C

La Place Royale sous Louis XIII, gravure du XVII*e siècle*

Maison natale de Corneille à Rouen

la société des cinq auteurs qui composait des pièces pour le cardinal. Il fit jouer de nombreuses comédies de grande qualité d'intrigue, de légèreté, de finesse, comme *La Veuve*, (1621), *La Galerie du Palais* (1633), *La Place Royale* (1634). Mais c'est une tragi-comédie, *Le Cid* (1636), qui provoqua son triomphe. Il fit alors représenter ses grandes tragédies (*Horace*, 1640 ; *Cinna*, 1640 ; *Polyeucte*, 1643 ; *Rodogune*, 1644 ; etc.). Mais il fut peu à peu remplacé dans la faveur du public par Jean Racine, de plus de trente ans son cadet, et son œuvre connut une éclipse ; il eut cependant la joie de voir Louis XIV faire jouer à nouveau ses pièces à Versailles.

Ses tragédies sont écrites en vers, mais elles sont plus intéressantes pour les caractères et les conflits que par le sentiment poétique. Les discours sont soulevés par une éloquence qui peut toucher. Cependant, certains monologues sont de véritables poèmes, comme *Les Stances* du Cid, ou de Polyeucte, et certaines scènes d'amour atteignent l'émotion.

Par ailleurs, Pierre Corneille a traduit ou adapté en vers français des œuvres religieuses et des prières, comme l'*Imitation de Jésus-Christ* (1651-1656), L'*Office de la Sainte Vierge*, les *Vêpres et Complies du dimanche et tous les Hymnes du Bréviaire romain* (1670). Dans ces vers se retrouve le grand souffle du dramaturge. Il aurait également participé au recueil précieux de *La Guirlande de Julie* (1641-1642). Il est aussi l'auteur de diverses autres œuvres poétiques qui ne manquent pas de charme. C'est ainsi qu'il écrivit à l'actrice du Parc des *Stances à la Marquise* que Tristan Bernard compléta d'un irrespectueux quatrain et que Georges Brassens mit en chanson :

Marquise, si mon visage
A quelques traits un peu vieux,
Souvenez-vous qu'à mon âge
Vous ne vaudrez guère mieux.

...

Il serait dommage que ses tragédies fissent oublier ses comédies qui gardent leur vivacité. *L'Illusion comique* (1636) montre qu'il était capable d'une imagination toute moderne. Plus tard, sa collaboration avec Molière pour *Psyché* (1671) prouve que l'écrivain vieillissant avait su garder la fraîcheur de son talent.

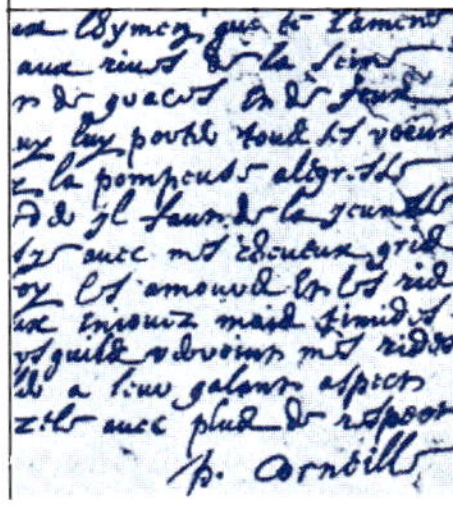
P. Corneille

Parle, parle, Seigneur, ton serviteur écoute,
Je dis ton serviteur, car enfin je le suis,
Je le suis, je veux l'être, et marcher dans ta route
Et les jours et les nuits.

Remplis-moi d'un esprit qui me fasse comprendre
Ce qu'ordonnent de moi tes saintes volontés
Et réduis mes désirs au seul désir d'entendre
Tes hautes vérités.

Imitation de Jésus-Christ. 1651-1656.

Cotin Abbé Charles
(Paris, 1604-1682).

Attaqué violemment par Boileau, ridiculisé par Molière dans *Les Femmes Savantes* sous le nom de Tricotin qui devint *Trissotin*, l'abbé Cotin écrivait de petits vers galants sans importance mais non sans habileté.

Par contre, ses vers plus « sérieux » correspondent mieux à ses fonctions de prédicateur et d'aumônier du roi. Car il fut aussi un érudit qui traduisit Jérémie, qui écrivit des *Odes* et des *Hymnes*. Polémiste de talent, il répondit aux satires de Boileau-Despréaux (qu'il appelait Desvipéraux) dans *La Satire des satires* (1666) et *La Critique désintéressée des*

Les femmes savantes

C

satires du temps (1667). Il fut membre de l'Académie française.

VICTOIRE AMOUREUSE

Philis s'est rendue à ma foi
Qu'eût-elle fait pour sa défense ?
Nous n'étions que nous trois : Elle, l'Amour et Moi,
Et l'Amour fut d'intelligence.

Recueil Sercy. 1661.

Crevel René
(Paris 1900-1935).

Il n'écrivit presque pas de poèmes, mais son influence fut considérable sur le surréalisme, puisqu'il fut l'initiateur des sommeils hypnotiques (1922). Né dans une famille bourgeoise, il souffrit du suicide de son père qui se pendit (1914).

Participant au dadaïsme, puis au surréalisme, il fut de tous les scandales du groupe et l'un de ceux qui vécurent fortement le surréalisme avec sincérité. Son premier livre fut un roman, *Détours* (1924). Il commença à souffrir de tuberculose ; les drogues détruisirent sa santé, il dut séjourner à plusieurs reprises en sanatorium. Il publia des livres qui étaient l'expression directe de son enthousiasme et de sa révolte : *Mon corps et moi* (1925), *La Mort difficile* (1927) et parfois de violents pamphlets *(Êtes-vous fous ?* 1929 ; *Les Pieds dans le plat*, 1933). Il tenta de concilier l'appartenance au Parti communiste avec la fidélité au surréalisme. Il se suicida en 1935.

...
Un oiseau dans ton cerveau.
Cet oiseau sans voix,
Cet oiseau qui n'a pas volé,
Cet oiseau qui n'a pas chanté
Apte au seul frisson de l'inutilité...

Détours. Gallimard, 1924.

Cros (Hortensius Émile Charles, dit Charles)
Fabrezan, Aude, 1842 – Paris 1888.

Son père, instituteur à Narbonne, démissionna pour protester contre le coup d'État de Napoléon Bonaparte et vint enseigner librement à Joigny puis à Paris (1850). Il se chargea de l'instruction de son fils qui n'alla pas au lycée et qui réussit son baccalauréat à seize ans.

Dès lors, ses connaissances encyclopédiques et sa curiosité inlassable lui permirent de se tourner aussi bien vers les sciences que vers les lettres. Il fut inventeur, mais ne poursuivit jamais le développement ni l'application de ses inventions : télégraphe automatique (1867), photographie des couleurs (1869 et 1877), principe du phonographe (1877).

Parallèlement, il fréquentait le salon de Nina de Villard (qui fut le grand amour de sa vie) et les écrivains du Cercle des Zutistes. Généreux, il hébergea même Rimbaud (1871). Il publia son recueil *Le Coffret de santal* en 1873.

Ayant rompu avec Nina de Villard, il épousa Marie Hjardemaal ; son fils Charles devait lui-même être poète (1879-1956).

Charles Cros était un bon vivant, légèrement porté sur l'alcool à la fin de sa vie, un peu bohème, fréquentant les chansonniers des Hydropathes, puis du Chat noir, où il disait ses monologues. Il fut surtout un poète plein de fantaisie et parfois d'une étrangeté toute moderne, d'un humour froid ou provocateur, comme dans le célèbre *Hareng saur* :

Caricature parue dans la revue L'Hydropathe

...
J'ai composé cette histoire, — simple, simple, simple,
Pour mettre en fureur les gens — graves, graves, graves,
Et amuser les enfants — petits, petits, petits.

Le Coffret de Santal. Paris, Lemerre, 1873.

C

On trouve aussi dans ce *Coffret* d'exquises chansons, d'insolites rengaines, des pochades pour faire rire, des poèmes pour faire rêver et pour chanter l'amour. Un recueil posthume, *Le Collier de griffes*, parut en 1908.

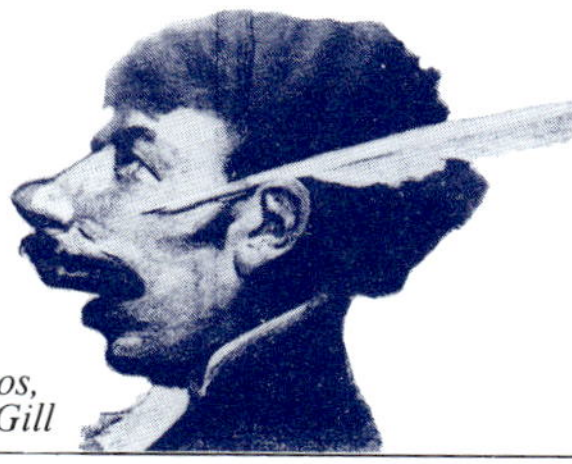

Charles Cros, par André Gill

Charles Cros, inventeur de l'enregistrement

Le 16 avril 1877, Charles Cros dépose une lettre cachetée à l'Académie des sciences de Paris. L'enveloppe contient un texte intitulé *Procédé d'enregistrement et de reproduction des phénomènes perçus par l'ouïe.* Malheureusement, un Américain non moins génial, Thomas Edison (1847-1931), prend en juillet de la même année un brevet pour son phonographe, alors qu'on n'a pas encore décacheté la lettre de Charles Cros.

Elle va l'être. À la demande de Charles Cros, l'Académie des Sciences ouvre cette lettre et le texte est publié dans les *Comptes-rendus de l'Académie*, séance du 3 décembre 1877.

Mais Edison réalisa le premier un appareil d'enregistrement et de reproduction. Il est à jamais « l'inventeur du phonographe ».

La lecture des deux pages déposées par Charles Cros le 16 avril 1877 montre clairement, même à un profane, qu'il a bien inventé le principe de l'enregistrement et de la reproduction. Tout y est : la membrane vibrante, une pointe reposant sur la surface d'un disque ou d'un cylindre, puis le cheminement inverse passant (par l'intermédiaire de la photographie) de la spirale à la membrane pour reproduire le son. Il ne restait plus qu'un détail que signalait Charles Cros : « Je m'occupe actuellement d'en trouver la réalisation pratique. »

Charles Cros prouve en tout cas qu'on aurait tort de considérer les poètes et les inventeurs comme deux espèces différentes. Les doigts de Charles Cros « sont ceux d'un inventeur perpétuel » (André Breton).

C

Cuttat Jean
(né à Porrentruy, Suisse, 1916).

Poète suisse de langue française, Jean Cuttat, depuis *Le Sang léger* (1940), est l'auteur d'une œuvre importante où s'expriment en une prosodie harmonieuse et bien rythmée son humour, sa révolte, sa mélancolie (*Les Couplets de l'oiseleur*, 1967 ; *Poèmes du chantier*, 1970 ; *Le Poète flamboyant*, 1972). Il a participé à la lutte pour la création du canton du Jura et son attachement à ce terroir lui a inspiré son chef-d'œuvre : *Noël d'Ajoie* (1974).

Cyrano de Bergerac (Hector Savinien de)
Paris 1620 – 1655.

Héros de la célèbre pièce d'Edmond Rostand (1897), Cyrano de Bergerac a bel et bien existé ; il appartint bien à la Compagnie des gardes de Carbon de Casteljaloux, il fut bien un duelliste redoutable. Pourtant il n'était pas gascon, mais parisien (Bergerac étant une propriété familiale de la vallée de Chevreuse).

Il fut un prosateur extrêmement original dont l'*Histoire comique du Voyage dans la lune* (1659) et l'*Histoire comique des États et Empires du soleil* (1662) sont pleines de fantaisie, d'inventions burlesques et de critiques sociales, religieuses, politiques.

Les vers de sa tragédie *La Mort d'Agrippine* ne méritent guère le détour.

D

Histoire comique

Il a écrit quelques poèmes « réalistes » qui sont, par contre, dignes d'intérêt. Il mourut assommé par une pièce de bois qui tombait alors qu'il entrait dans l'hôtel du duc d'Arpajon.

LE PAUVRE MALADE

Magdelon, je suis bien malade,
J'ai les yeux caves et battus,
La face terreuse et maussade,
Les genoux maigres et pointus...

Je ne suis plus entre les blonds
Puisque ma tête se dépouille ;
On n'y voit plus mes cheveux longs
Non plus que sur une citrouille.

Que c'est une richesse extrême
D'être sain en sa pauvreté !
Mais c'est bien la pauvreté même
De n'avoir argent ni santé.

Dadaïsme (le)

Sous le premier nom de *Dada,* mouvement de révolte qui ne se voulait ni littéraire ni poétique (mais qui le fut) entre 1916 et 1922.

Pendant la guerre 1914-1918, plusieurs jeunes écrivains et artistes se trouvaient en Suisse où s'ils s'étaient réfugiés. Certains fréquentaient le cabaret Voltaire, à Zurich et c'est là qu'à l'instigation de Tristan Tzara, réfugié roumain de vingt ans, prit naissance en 1916 le mouvement Dada, avec les animateurs du cabaret, Hugo Ball, sa femme Emmy Hennigs et Hans Arp, Marcel Janco, Adla et Otto Van Ries, Sophie Teuber, Richard Huelsenbeck, etc.

Dada, qui réunissait des Français, des Allemands, des Européens pacifistes, fut d'abord un mouvement de révolte contre la guerre, les sociétés hypocrites qui prônaient des valeurs qu'elles ne respectaient pas : « Dada naquit d'une exigence morale, d'une volonté implacable d'atteindre à un absolu moral » dit Tristan Tzara par la suite. Cette révolte veut détruire le désordre social, saper la pseudo-civilisation, refuser le vieil ordre des choses. À Zurich, au cabaret et dans la revue *Cabaret Voltaire* (en trois langues) on dit et on écrit des poèmes, on expose des tableaux, on s'exprime — on refuse les contraintes. Bientôt, on va cultiver le scandale.

Le nom du groupe, *Dada*, fut, dit-on, choisi au hasard en ouvrant un dictionnaire. Mais l'emploi de ce vocabulaire enfantin exprime une dérision qui plaît à ces jeunes gens.

Tristan Tzara publie *La Première Aventure céleste de Monsieur Antipyrine* (1916) qui constitue un curieux manifeste : « L'art n'est pas sérieux. » On prend à partie les spectateurs, on tape sur de grosses caisses. Dans le *Manifeste* de 1918, Tzara explique : « Je détruis les tiroirs du cerveau et ceux de l'organisation sociale : démoraliser partout. »

En rapport avec les revues françaises d'avant-garde du moment (*Sic, Nord-Sud, Littérature*), la revue suisse devient *Dada I* puis *Dada II,* et elle organise des échanges. Après la guerre, Tristan Tzara et ses amis viennent à Paris, leurs idées se répandent en Europe et jusqu'aux États-Unis.

On aime leur rire vengeur et leur irrespect (Marcel Duchamp a mis des moustaches à *La Joconde* dès 1916). On comprend leur révolte à la fin de la « Grande Guerre » qui a fait plus de neuf millions de morts en quatre ans.

À Paris, les *dadaïstes* écrivent, mais ils parlent et ils manifestent surtout, en accord avec leurs idées (« le grand secret est là. La pensée se fait dans la bouche » a dit Tzara). Ce sont des verbo-moteurs. On s'en aperçoit au cours de séances « artistiques » mémorables : on lit au public un article de journal en guise de poème, on fait tinter des sonnettes, des crécelles, des poètes miaulent, d'autres jouent à cache-cache. Leurs critiques sont d'une violence incroyable aujourd'hui : « Si vous lisez André Gide tout haut pendant dix minutes, vous sentirez mauvais de la bouche » écrit Picabia. On organise un procès public de Maurice Barrès en 1921. Avec Tzara, on trouve alors des écrivains comme André Breton, Louis Aragon, Philippe Soupault ; des peintres comme Arp, Ernst, Picabia, Duchamp.

Mais des dissensions éclatent entre le négativisme total qui risque de déboucher sur le nihilisme, et les amis d'André Breton qui s'intéressent de plus en plus « à l'exploration du domaine psychique ». La rupture a lieu au moment de la représentation d'un spectacle Dada de Tristan Tzara, *Le Cœur à gaz* (1921), rupture violente où l'on fait le coup de poing.

André Breton et ses amis vont alors créer le *surréalisme,* qui prend la suite du *dadaïsme.*

Le *dadaïsme* fut une remise en cause radicale des idées reçues, des structures sociales et intellectuelles — dadaïsme compris : « Qu'est-ce que c'est beau ? Qu'est-ce que c'est laid ?

Qu'est-ce que c'est grand ? fort, faible ? Qu'est-ce que c'est Carpentier, Renan, Foch ? Connais pas. Qu'est-ce que c'est moi ? Connais pas, connais pas, connais pas » (Ribemont-Dessaignes). « Dada est idiot. Dada doute de tout. Dada est Tatou. Tout est Dada. Dada est la plus grande escroquerie du siècle. Dada ne signifie rien » (slogans dada).

Un tel refus et une telle dérision n'étaient pas propices à l'écriture littéraire. Cependant, les textes produits par le dadaïsme ont une étrangeté insolite ou cocasse où le « n'importe quoi » atteint parfois la poésie parce qu'ils sont traversés d'images inattendues. Peut-être convient-il de faire sa place à l'humour, comme dans le célèbre texte où Tzara, à la manière de Lewis Caroll, donne un de ses secrets (qu'il n'a, d'ailleurs, sans doute jamais mis en pratique) :

POUR FAIRE UN POÈME DADAÏSTE

Prenez un journal.
Prenez des ciseaux.
Choisissez dans le journal un article ayant la longueur que vous comptez donner à votre poème.
Découpez l'article.
Découpez ensuite avec soin chacun des mots qui forment cet article et mettez-les dans un sac.
Agitez doucement.
Sortez ensuite chaque coupure l'une après l'autre.
Copiez consciencieusement
dans l'ordre où elles ont quitté le sac.
Le poème vous ressemblera.
Et vous voilà un écrivain infiniment original et d'une sensibilité charmante, encore qu'incomprise du vulgaire.

Lampisteries, Sept Manifestes dada. Flammarion, 1933.

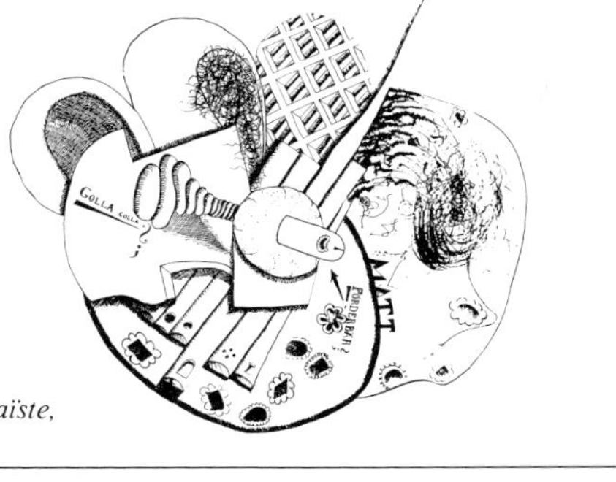

Composition dadaïste,
par J.J. Baargeld

Quelques artistes Dada

Entre 1916 et 1922, le mouvement Dada a réuni de nombreux artistes à côté des poètes du groupe. Ils sont animés par le même esprit de révolte qui inspira les origines du mouvement. Ils sont parfois conduits à la négation de l'art par la dérision.

Le mouvement Dada a organisé de nombreuses expositions à Zurich, Paris, Cologne, Berlin, Hanovre, où se retrouvèrent des œuvres significatives de ses principaux artistes ; ces expositions furent souvent l'occasion de scandales soigneusement préparés. La grande exposition Dada de 1966 à Paris a pu réunir les œuvres de plus de 80 artistes et écrivains, dont les plus importants semblent avoir été :

— **Marcel Duchamp** (1887 — 1968) expose une *Joconde* avec barbe et moustaches (1919). Il signe un porte-bouteilles acheté dans un grand magasin ; il signe (Richard Mutt) un urinoir qu'il envoie au Salon des Indépendants de New York ; l'objet devient une « œuvre d'art » puisqu'il l'a choisi : le *ready-made* (objet de série) prend du galon. Il l'intitule *Fontaine* (1917). Sa *Broyeuse de chocolat* est un vrai tableau Dada.

— **Francis Picabia** (1879-1953) invente des machines inutiles, construit ses tableaux par des collages d'allumettes, de boîtes, de centimètres de couturière, de cure-dents, de plumes, de ficelles, etc.

— **Max Ernst** (1891-1976), l'un des plus grands peintres du XXe siècle, effectue alors des collages avec des fragments d'images ; puis des frottages au crayon de feuilles de papier posées sur de vieux bois.

— **Hans Arp** (1887-1966), l'un des fondateurs de Dada, expose peintures et collages.

— **George Grosz** (1893-1959), extraordinaire dessinateur, dont les lithographies caricaturent impitoyablement la bourgeoisie allemande et le militarisme.

— **Man Ray** (1890-1976) invente la photo prise sans objectif (rayogrammes ; photogrammes).

— **Sophie Tauber-Arp** (1889-1943), épouse de Hans Arp, après des broderies et papiers collés, donne des spectacles de danse au milieu des toiles de Kandinski à la Galerie Dada.

Bien entendu, l'œuvre de ces artistes ne s'arrête pas avec la fin du mouvement Dada. La plupart passèrent alors au surréalisme — puis chacun suivit sa propre trajectoire.

D

On trouve dans tout cela un certain humour qui est totalement absent des œuvres de ceux qui vont les imiter par la suite, parfois à cinquante ans de distance. Par-delà révolte et dérision, un jaillissement d'inventions cocasses, provocantes, a surgi de cette peinture Dada et de ses objets usuels détournés de leur utilisation habituelle ; mais aussi, parfois, un sens poétique du mystère qui a rarement été égalé, comme dans *La Mariée mise à nu par ses célibataires même,* de Marcel Duchamp, étrange objet sur panneau de verre.

On trouve également de remarquables portraits, comme le célèbre tableau de Max Ernst, *Au rendez-vous des amis* (1922) où se reconnaît un véritable « métier » pictural.

Parmi les musiciens, il semble que seul Edgar Varèse (1885-1965), ami de Duchamp et Picabia, puisse à la rigueur être considéré comme un sympathisant du mouvement Dada, encore qu'Erik Satie (1866-1925) ait fréquenté les jeunes Dada avec un esprit qui n'était pas loin du leur, lui chez qui on retrouvera, après sa mort, deux pianos l'un sur l'autre sans qu'on puisse savoir pourquoi.

Haut de page. L'Etrange Cas de Monsieur K, *par Victor Brauner, 1934*

D

Dalle Nogare Pierre
(né à Paris, 1934).

Ayant commencé d'écrire très jeune, il publie son premier recueil à 20 ans : *Nerfs*. Sa poésie veut « s'apparenter au tumulte des circonstances » (*Cellules*, 1957 ; *L'autre hier*, 1962 ; *Hauts-fonds*, 1967 ; *Corps imaginaire*, 1969 ; *Démêler*, 1970 ; *Mémoire d'outre*, 1972).

La chambre était haute
Sous les prunelles ;
Tu gardais les yeux ouverts
Et parfois dans le ciel
Des pierres roulaient
Jusque dans mes draps.
Quelqu'un
Déchirait notre peau
Parlait de nous
Pour habiter à notre place.

Récit des images. Flammarion.

Daumal René
(Boulzicourt, Ardennes, 1908 — Paris 1944).

Après d'excellentes études qui le menèrent à l'Université, René Daumal fonda la revue *Le Grand Jeu* en 1928 (avec Gilbert-Lecomte, Roger Vailland et Joseph Sima). Attiré par l'occultisme et le mysticisme, tenté par le suicide, il s'essaya à l'écriture automatique et aux rêves éveillés, comme les surréalistes dont il resta cependant séparé. Il publia ses premiers poèmes dans sa revue.

Il se consacra aux recherches sur l'Inde et apprit le sanskrit. Il fréquenta le mage Gurdjieff. Il publia *Le Contre-Ciel* (1936) et *La Grande Beuverie* (1938) qui furent les seuls livres parus de son vivant. Ses œuvres posthumes ont été publiées à partir de 1952. Ses poèmes furent réunis dans *Poésie noire, poésie blanche* (1954). Plus philosophe que

D

poète, fasciné par l'Orient, il considérait la poésie comme une expérience d'ascèse et de recherche.

La poule noire de la nuit
vient encore de pondre une aurore.
Salut le blanc, salut le jaune,
Salut, germe qu'on ne voit pas.

Extrait de Quatre Points cardinaux. Poésie noire, poésie blanche. Gallimard, 1954.

Decaunes Luc
(né à Marseille, 1913)

Après une enfance heureuse, parfois un peu nomade (son père était photographe ambulant) il passa son adolescence à Toulouse. En 1931, il vint à Paris où il fut instituteur avant de se consacrer à la poésie. En 1935, il fonda la revue *Soutes*, qui réunissait des poètes révolutionnaires influencés pas le surréalisme. Son premier recueil, *L'Indicatif présent ou l'Infirme tel qu'il est,* parut en 1938. Après la guerre, à son retour de captivité, il partit pour l'Afrique où il fut l'un des animateurs de Radio-Dakar. De retour en France (1958) il travailla à l'Institut pédagogique (jusqu'en 1966) puis participa à l'animation du Théâtre de l'Est Parisien.

Le surréalisme a influencé sa poésie, mais il a acquis un ton personnel direct et fort. Joë Bousquet disait : « Luc Decaunes a été guéri de Reverdy, par Aragon, et Eluard l'a sauvé ». À sa poésie d'inspiration sociale se joint une très riche poésie amoureuse — et tout simplement humaine. De ses nombreux ouvrages (*À l'œil nu*, 1941 ; *L'Air natal,* 1944 ; *Droit de regard*, 1950 ; etc.) il a tiré le recueil *Raisons ardentes* (1963)

VERS LA MUSIQUE

La musique poursuit son chemin ardent
Entre les nuées d'étincelles
Elle brille doux se faufile et me prend
Par le plus lisse et le plus léger de moi-même.

Et je cours derrière elle car elle fuit rayon
Dans les venelles et dans les rues du voisinage
Belle musique à taille d'oiseau volage
Égarée d'amour dans les buissons.

La Poésie comme elle s'écrit. Ed. ouvrières, 1979.

D

Deguy Michel
(né à Draveil, Essonne, 1930)

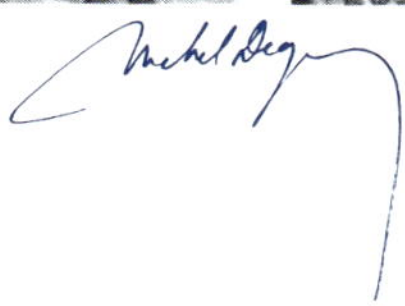

Philosophe et poète, linguiste et écrivain, Michel Deguy, qui est professeur, a publié, chez Gallimard, *Fragment du cadastre* (1960), *Poèmes de la Presqu'île* (1962), *Biefs* (1964), *Ouï Dire* (1966), *Actes* (1966), *Figurations* (1969), *Tombeau de Du Bellay, Poèmes 1960-1970* (1973), *Donnant Donnant* (1981), *La Machine matrimoniale ou Marivaux* (1982), et au Seuil, *Jumelages* suivi de *Made in USA* (1978), de savantes études et des traductions. Lecteur dans une grande maison d'édition, il préside également la commission de Poésie du Centre national des lettres.

Sa poésie se cache sous un langage à la syntaxe torturée et savante, mais elle est, pour peu qu'on la lise avec un regard attentif, expressive présence d'une sorte d'épure dense du réel.

Au soir sur l'autre berge cigales constellées
Aérolithes ici dans l'atmosphère des lampes
Entre tourne Océan le grand fleuve encaissé

Poèmes 1960-1970. Gallimard, 1966.

Au soir sur l'autre berge cigales constellées
Aérolithes ici dans l'atmosphère des lampes
Entre tourne Océan le grand fleuve encaissé

D

Deharme (Anne-Marie Hirtz, dite Lise)

Paris 1907 — 1980

Elle avait conseillé : « Écris tout ce qui te passe par la fenêtre » et elle a parfaitement réussi à édifier une œuvre pleine de poésie et de fantaisie en marge du surréalisme, avec un humour qui s'exprimait en images insolites jusque dans le titre de ses recueils : *Images dans le dos du cocher*, (1923), *Cahier de curieuse personne* (1933), *Le Cœur de pic* (1937), *Le Pot de mousse* (1946), *Le Téléphone est mort* (1973). Avec *Le Vrai Jour*, elle a participé à un livre collectif, *Farouche à quatre feuilles* (1954) en collaboration avec André Breton, Julien Gracq et Jean Tardieu.

LA CAGE VIDE

J'ai raté
le livre de ma vie
une nuit
qu'on avait oublié
de mettre un crayon taillé
à côté de mon lit.

Cahier de curieuse personne.
Les Cahiers libres, 1933.

Lucie Delarue-Mardrus, par H. de la Rochefoucauld (détail)

Delarue-Mardrus Lucie

(Honfleur 1880 — Château-Gontier 1945)

Lucie Delarue, de vieille souche normande, épousa le docteur Mardrus, orientaliste, traducteur des *Mille et une nuits.* Elle l'accompagna dans ses nombreux voyages en Orient dont les paysages lui inspirèrent quelques beaux poèmes d'une tonalité exotique. Mais sa Normandie natale tient la première place dans ses thèmes poétiques, avec ses herbages, sa nature riche et douce, la mer toute proche.

Dans une versification très traditionnelle, elle transmet cependant souvent avec une émotion réelle son angoisse de la mort et elle a été sensible aux problèmes de la condition féminine au début du XXe siècle (*Occident*, 1901 ; *Ferveur*, 1902 ; *La Figure de proue*, 1906, *Par vents et marées*, 1910 ; *Souffles de Tempête*, 1918 ; *Poèmes mignons pour les enfants*, 1929 ; *Mort et Printemps*, 1932). Elle a également écrit des romans.

L'ODEUR DE MON PAYS

L'odeur de mon pays était dans une pomme.
Je l'ai mordue avec les yeux fermés du somme,
Pour me croire debout dans un herbage vert.
L'herbe haute sentait le soleil et la mer,
L'ombre des peupliers y allongeait des raies
Et j'entendais le bruit des oiseaux, plein les haies,
Se mêler au retour des vagues de midi.
...
Ah ! je ne guérirai jamais de mon pays !
N'est-il pas la douceur des feuillages cueillis
Dans leur fraîcheur, la paix et toute l'innocence ?
Et qui donc a jamais guéri de son enfance ?...

Ferveur. Revue blanche, 1902. Fasquelle.

Delille Jacques
(Aigueperse, Puy-de-Dôme, 1738 — Paris 1813)

Fils naturel d'un avocat de Clermont-Ferrand qui le reconnut et lui permit de faire d'excellentes études, Jacques Delille reçut du comte d'Artois l'abbaye de Saint-Séverin et ses bénéfices. L'abbé Delille devint célèbre grâce à sa traduction des *Géorgiques* de Virgile (1769). Son long poème descriptif *Les jardins ou l'art d'embellir les paysages* (1782) eut un grand succès dans l'Europe entière car il correspondait à l'engouement de l'époque pour l'établissement des parcs et jardins. Ces alexandrins soignés nous semblent aujourd'hui monotones et plus

D

ingénieux que poétiques, malgré quelques réussites fragmentaires. Professeur au Collège de France, membre de l'Académie française, il reprit ses charges et sa production poétique après la tourmente révolutionnaire (*L'Homme des champs*, 1802 ; *La Pitié*, 1802 ; *L'Imagination*, 1806 ; *Les trois règnes de la nature*, 1809 ; *La Conversation*, 1812). Cette poésie didactique, prosaïque, est d'une versification habile mais froide. Il a également traduit *Le Paradis perdu* de Milton et l'*Essai sur l'Homme* de Pope.

IMAGINATION

L'imagination, féconde enchanteresse,
Qui fait mieux que garder et que se souvenir,
Retrace le passé, devance l'avenir,
Refait tout ce qui fut, fait tout ce qui doit être,
Dit à l'un d'exister, à l'autre de renaître.

L'Imagination. Chant I, 1806.

Delvaille Bernard
(né en 1931)

Éditeur, il est dans son œuvre, l'un des continuateurs de Larbaud, Cendrars, Morand. Un poète des villes du soir, du jazz, des rencontres, dont le trait rapide, dense, laisse derrière lui comme des coups de poings ou des caresses et de fulgurantes et mélancoliques visions.

Auteur d'une originale *Anthologie de la nouvelle poésie française.* On a rassemblé ses principaux recueils en un volume de *Poésies* (1982).

SUNDAY MORNING

Un verre
de jus de pamplemousse
non sucré
et le brouillard
sur les toits
le journal déposé
à cinq heures

devant la porte
dans le couloir qui sent
les ordures ménagères brûlées
— le thé
comment l'aimes-tu
Tout est gris
feutré comme cendre
le bacon est danois.

Faits divers. Seghers, 1967.

Derème (Philippe Huc, dit Tristan)
Marmande, 1889 — Saint-Pé, 1941.

Il suivit les affectations de son père, qui était officier, à Montauban, Bayonne, Nantes et il arriva en 1906 au lycée d'Agen où il se lia d'amitié avec Francis Carco et Robert de la Vaissière. Ils fondèrent *l'école Fantaisiste* dont on reconnaît aujourd'hui l'importance et dont Tristan Derème fut le poète le plus représentatif dans l'avant-guerre 1914, en se plaçant sous le patronage de Paul-Jean Toulet.

Il publia ses premières œuvres sous son nom de Philippe Huc (*Le Renard et le Corbeau*, 1905), puis sous les pseudonymes de Rymbert (*Apostrophe du Sieur Caperon Gascogne*, 1908), et enfin de Tristan Derème (*Le Parfum des roses fanées*, 1908), avec une « Préface de Philippe Huc », puis les *Ironies sentimentales* (1909) et d'autres recueils.

Apparemment pleine de « fantaisie », voire burlesque, la poésie de Tristan Derème laisse entrevoir une nostalgie profonde, une émotion retenue par pudeur (*La Verdure dorée*, 1922 ; *Le Zodiaque et les Étoiles de Paris*, 1927 ; *Poèmes du Colombier*, 1929 ; etc.). Ses poèmes empreints de charme et d'ironie témoignent aussi de recherches formelles comme la contre-assonance permettant des effets

D

étranges et subtils par l'homophonie des consonnes et l'hétérophonie des voyelles.

Lève le nez, ferme ton livre et ton pupitre.
La flûte de cristal à la bouche du pâtre
Module sous les fleurs nouvelles et les feuilles
Un air grave qui fait rougir les jeunes filles ;
Et son souffle fervent, magnifique et docile
S'épanouit dans la lumière universelle.
...

La Verdure dorée. Emile-Paul frères, 1922.

Le Théâtre du Vaudeville en 1889, par J. Berand

Desaugiers Marc-Antoine (Fréjus, 1772 — Paris, 1827).

Ses opinions royalistes le contraignirent à s'expatrier pendant la Révolution. Il se réfugia chez sa sœur, à Saint-Domingue. Il dut fuir l'insurrection, se rendit à New York où la maladie faillit l'emporter, puis à Philadelphie. De retour en France en 1797, il écrivit des comédies et vaudevilles qui lui valurent le plus grand succès. Il fut président de la Société du Caveau moderne, directeur du Théâtre du Vaudeville (1815) et il devint un chansonnier populaire. Il mettait lui-même ses poèmes en chansons. Ses textes suivaient l'actualité. Mais il fut surtout le poète de Paris. On a souvent imité et jamais égalé ses poèmes *Paris à 5 heures du matin, Paris à 5 heures du soir.*

Il mourut de la maladie de la pierre après avoir rédigé son épitaphe :

Ci-gît, hélas, sous cette pierre,
Un bon vivant mort de la pierre.
Passant, que tu sois Paul ou Pierre,
Ne va pas lui jeter la pierre.

D

Desbordes-Valmore (Marceline Félicité Josèphe Desbordes, dite Marceline) Douai 1786 — Paris 1859.

Le père de Marceline Desbordes ayant fait faillite en 1790, sa mère décida en 1797 de rejoindre une riche cousine à la Guadeloupe. De Douai à Bordeaux, la jeune Marceline joua dans divers théâtres. Marceline et sa mère arrivèrent à la Guadeloupe en révolte. Sa mère y mourut en 1802. Marceline parvint à regagner la France et elle commença alors une carrière de cantatrice. Elle écrivit ses premiers poèmes. Elle se maria en 1817 avec le comédien Valmore et ils connurent une vie matériellement très difficile. Le malheur sembla marquer sa vie. Elle vit mourir trois de ses enfants, son petit-fils, sa sœur, ses amies. Âme sensible et passionnée, elle souffrit beaucoup.

Elle avait abandonné le théâtre en 1823 et réunit alors dans plusieurs recueils ses poèmes qui expriment ses tourments, ses amours, ses misères : *Élégies, Marie et Romances* (1818), *Élégies et poésies nouvelles* (1824), *Poésies* (1830), *Les Pleurs* (1833), *Pauvres fleurs* (1839), *Bouquets et prières* (1843).

L'œuvre de Marceline Desbordes-Valmore fut saluée par tous les grands écrivains de son époque, Hugo, Lamartine, Dumas, Baudelaire, Verlaine la proclamait « la seule femme de génie et de talent de ce siècle ». Ses poèmes furent mis en musique par son amie Pauline Duchambge et devinrent des romances qui l'aidèrent à vivre.

Sa poésie vient du cœur, et elle touche par sa spontanéité et sa sincérité, mais elle est en outre extrêmement harmonieuse. Son romantisme exprime l'amour, ses joies et ses souffrances, les

M. Desbordes-Valmore, par Goya

D

charmes de l'enfance, la révolte devant la misère (elle s'est « engagée » en faveur de la révolte ouvrière de Lyon) en des vers mélodieux dont beaucoup sont devenus célèbres. Elle demeure l'un de nos plus grande poètes.

LES ROSES DE SAADI

J'ai voulu ce matin te rapporter des roses ;
Mais j'en avais tant pris dans mes ceintures closes
Que les nœuds trop serrés n'ont pu les contenir.

Les nœuds ont éclaté. Les roses envolées
Dans le vent, à la mer s'en sont toutes allées.
Elles ont suivi l'eau pour ne plus revenir.

La vague en a paru rouge et comme enflammée.
Ce soir, ma robe encore en est toute embaumée...
Respires-en sur moi l'odorant souvenir.

Poésies inédites, 1860.

(Elle) « fut à un degré extraordinaire l'expression poétique de toutes les beautés naturelles de la femme » (Charles Baudelaire).

« Vous êtes la femme même, vous êtes la poésie même » (Victor Hugo).

« Des orages dont la tendresse se dénoue en rubans » (Stéphane Mallarmé).

Ciel sur le siècle et sur les armes
Au-dessus du jardin des morts
Ciel sur le saule et sur le charme
Et voici l'étoile Valmore
S'il y a ciel c'est pour les larmes

Louis Aragon

Deschamps Eustache
(Vertus, 1340 ou 1346 — 1410)

Sceau de Charles V

Ce disciple de Guillaume de Machaut commença par mener une vie aventureuse, à travers l'Europe et jusqu'en Orient. Il vécut ensuite à la cour de Charles V puis de Charles VI.

Son œuvre poétique est considérable

par la quantité des œuvres ; plus de quatre vingt mille vers, plus de mille quatre cents poèmes ! Mais elle est aussi considérable par la variété des formes utilisées, rondeaux, ballades, lais, virelais, etc., avec toutes les recherches sur la rime, sur les rythmes, sur les genres et les jeux ; on lui doit d'ailleurs le premier traité de poésie : *L'art de dictier et de fere Chançons, balades, virelais et rondeaux* (1392). C'est lui qui ajouta l'*envoi* au trois strophes des ballades.

Mais son œuvre est également importante par ses qualités proprement poétiques, celles d'un certain « lyrisme bourgeois », intéressant témoignage sur la vie et les sentiments de son époque, sachant allier l'éloquence et le réalisme, la satire et la grâce, l'amour léger et la hantise de la mort : Villon, Malherbe, Ronsard ou La Fontaine entendirent ensuite sa leçon. On peut encore goûter ses œuvres bien que sa langue soit pour nous très vieillie.

VIRELAI

Suis-je, suis-je, suis-je belle ?
Il me semble, à mon avis,
Que j'ai beau front et doux viz[1]
Et la bouche vermeillette ;
Dites-moi si je suis belle.
J'ai verts yeux, petits sourcils,
Le chef blond[2]*, le nez traitis*[3]
Rond menton, blanche gorgette ;
Suis-je, suis-je, suis-je belle ?
....

1. visage
2. la tête blonde
3. délicat

Dames sous Charles VI

D

Deshoulières (Antoinette du Ligier de la Garde, Madame)
Paris, 1633 — 1694.

Belle et cultivée, elle écrivit des tragédies et comédies sans grand intérêt, et des poèmes mièvres qui rencontrèrent le succès : dans ses « bergeries » elle s'attendrissait sur les moutons et la vie champêtre (*Poésies de Madame Deshoulières*, 1688). Boileau se moque d'elle dans ses *Satires*. Cependant on trouve dans ses *Œuvres complètes*, publiées en 1747 quelques poèmes légers mais charmants et des poésies religieuses de valeur. Sa fille, Antoinette-Thérèse Deshoulières (1692-1718), écrivit elle aussi des vers dans le même style.

Hélas ! petits moutons, que vous êtes heureux !
Vous paissez dans nos champs, sans soucis, sans alarmes :
Aussitôt aimés qu'amoureux,
On ne vous force point à répandre des larmes.

Desmeuzes Jean
(né à Sens, 1931)

Il est « entré en poésie comme dans un ordre » a dit Gaston Roger. Les nombreux recueils de Jean Desmeuzes allient le sourire à la nostalgie d'un lyrisme tendre et subtil souvent proche de la chanson (*La Lampe tempête*, 1954 : *La Mort dans l'âme*, 1961). Il a reçu le prix Apollinaire (1964). Ses œuvres se lisent avec plaisir. L'amour, la mort, la guerre, la quête de soi-même sont ses thèmes favoris (*Nocturnes*, 1966 ; *Préludes et chansons*, 1966 ; *La Fontaine de Meymac*, 1977 ; *Matière charmée*, 1979).

A Meudon naissent les jonquilles
Voici le fol temps des vacances
Nuages blancs plantent leurs quilles
dans l'eau nouvelle des partances.

D

J'entends des voix de jeunes filles
et des oiseaux qui se balancent
les jardins tournent sur leurs grilles
et plient leurs ailes de silence.

C'est comme si tante Camille
allait paraître en confidence
à Meudon naissent les jonquilles
et j'y respire mon enfance...

Préludes et Chansons —
L'Amitié par le livre, 1966.

Desnos Robert
(Paris 1900 – Terezin, Tchécoslovaquie 1945).

Fils d'un mandataire, il passa son enfance dans le quartier populaire parisien des Halles. Après ses études (pas fameuses) au lycée Turgot, il pratiqua divers métiers, commença à écrire et publia en 1919 *Le Fard des Argonautes* et *L'Ode à Coco*. À cette époque, il rencontra André Breton, Louis Aragon, Benjamin Péret, Tristan Tzara, membres du groupe Dada. Après son service militaire au Maroc, Robert Desnos, de retour à Paris (1922), est prêt à entreprendre l'aventure surréaliste et il va s'affirmer peu à peu comme l'un des plus grands poètes du siècle.

Avec les surréalistes, il participa aux séances de sommeil hypnotique et se révéla comme le plus doué des médiums : l'écriture automatique, les récits de rêves, les jeux de mots de *Rrose Sélavy* firent dire à André Breton que Desnos était « le prophète » du surréalisme. Il publia alors de nombreux recueils poétiques aux images magnifiques : *Deuil pour Deuil* (1924), *C'est les bottes de sept lieues cette phrase : « Je me vois »* (1926), *La Liberté ou l'Amour* (1927) — qui lui valut une condamnation en correctionnelle — *The Night of Loveless*

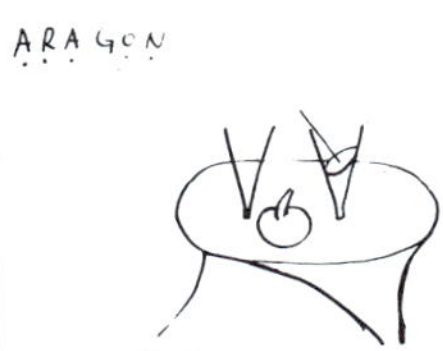

Dessin de Desnos

Autoportrait

Nights (1930), *Corps et Biens* (1930), etc. Il se sépara des surréalistes qui adhérèrent au Parti communiste (1927). La rupture fut complète en 1930.

Ce fut à cette époque qu'il popularisa le surréalisme par les journaux, la radio (où il racontait des rêves !), par la publicité même puisque Desnos écrivit des slogans publicitaires pour le vermifuge Lune, la Quintonine, le Thé des Familles, la Marie-Rose (« la mort parfumée des poux »).

En 1936, il s'astreignit à écrire un poème par jour, et fit le tri par la suite.

Mobilisé en 1939, il fit la guerre, et après la défaite, rejoignit la Résistance (1942). Il continuait d'écrire beaucoup (*Fortunes* 1942 ; *État de veille*, 1943 ; *Le Vin est tiré*, 1943). Arrêté par la Gestapo (1944), il fut déporté (Auschwitz, Buchenwald). Son camp fut délivré le 3 mai 1945, mais, atteint du typhus, Robert Desnos était mourant. Sa dernière joie fut d'être reconnu par un étudiant tchèque qui soignait les malades. Il mourut le 8 juin 1945, victime de la barbarie nazie.

Son œuvre apparaît aujourd'hui comme l'une de plus originales du surréalisme, pleine d'images, de fantaisie, de charme, réunissant la gouaille populaire (il a même écrit des poèmes en argot) et la plus grande liberté de l'esprit : œuvre tantôt classique, tantôt baroque, tantôt totalement libérée. Il est l'auteur de poèmes pour enfants comme *Le Parterre d'Hyacinthe*, *La Ménagerie de Tristan*, *La Géométrie de Daniel* et les *Chantefables et Chantefleurs* (1944), sans doute le plus beau recueil jamais écrit pour les enfants.

L'ANÉMONE QUI RÉGNAIT SUR LA MER

L'anémone qui régnait sur la mer
Règne encore c'est entendu
Mais si peu elle est perdue
Elle est perdue au fond des mers
Elle se souvient de ses diamants
Suspendus à l'arc-en-ciel
Suspendus dans la rosée
et les huîtres bâillent alentour
pour lui offrir des perles
Mais l'anémone qui régnait sur la mer
ne règne presque plus et l'ancre de fer
l'a mordue cruellement et elle mourra tantôt.

Le Parterre d'Hyacinthe. Gallimard, 1932.

Ci-contre et ci-dessus : dessins de Desnos

Desnoues Lucienne
(née à Saint-Gratien, Val-d'Oise, 1921)

Elle eut une enfance campagnarde et maraîchère. Elle en a toujours gardé le goût pour la nature, les plantes, la terre. Encouragée à ses débuts par Colette et Charles Vildrac, elle publia des poèmes s'inspirant de thèmes très simples où la vie quotidienne et la nature se rencontrent pour suggérer le grand mystère universel. (*Jardin délivré*, 1947 ; *Les Racines*, 1952 ; *La Fraîche*, 1958). Ces recueils lui valurent divers prix littéraires.

Sa poésie est riche d'images, de rapprochements, de fantaisie, mais elle se coule dans une versification traditionnelle, habile et raffinée (*Les Ors*, 1966 ; *La Plume d'oie* 1971 ; *Le Compotier*, 1982).

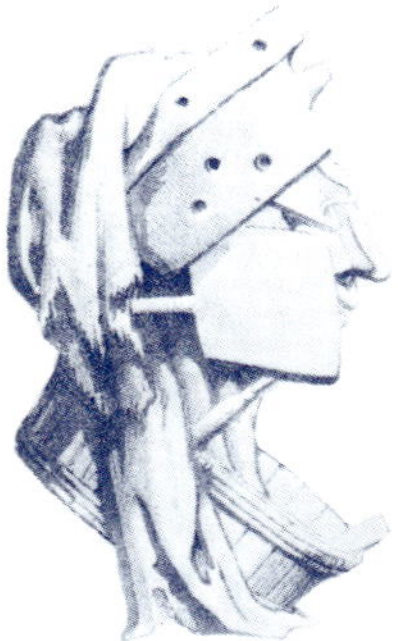

La Blanchisseuse, *dessin réalisé à partir des instruments du métier*

GRANDES LESSIVES

Grands linges qui m'appelez
Du fin-fond de la prairie,
Blanc qui supplie et qui prie
À grands gestes affolés,
Mes vastes oiseaux sauvages
Pris par l'aile, et si fâchés,
Mes blancs chevaux attachés
Qui sentez venir l'orage ;
Sous le noir froncis des cieux,
Oui j'arrive, oui j'arrive !
Paix, hennissantes lessives,
Paix, mes cygnes furieux !
Je me bats dans un mélange
De rémiges, de naseaux,
De fortes griffes d'oiseaux.
Paix, mes bêtes, mes archanges !
....

La Fraîche. Gallimard, 1958.

Despax Emile
(Dax 1881 – au front, 1915).

D'abord secrétaire du ministre des colonies, puis sous-préfet à Oloron-Sainte-Marie, il fut l'ami de Francis Jammes et de Marcel Schwob qui publia au Mercure de France ses deux recueils.

Sa poésie, charmante et nostalgique, appartenait à ce style, qui, au début du XXe siècle, dans le sud-ouest de la France, cherchait à retrouver la grande tradition latine – dans la simplicité de la vie. La comtesse de Noailles écrivit d'Émile Despax : « Cet enfant de Virgile, amoureux des mutines bergères qui sortent des pensionnats de Pau pour les vacances de Noël et de Pâques, ne devait pas dépasser l'âge heureux des plaintes légères et de la tristesse enivrée ». Il mourut

D

à la guerre le jour même de son arrivée au front. Sa poésie élégiaque a un charme nostalgique et gracieux (*Au seuil de la lande*, 1902 ; *La Maison des glycines*, 1905).

À DES JEUNES FILLES

Où filiez-vous donc, petites aïeules,
Dans le château blanc ou près du moulin ?
Rêveuses sans cesse et lasses et seules,
Guimpes de dentelle ou coiffes de lin.

Mères à quinze ans, ô petites dames
Rêveuses sans cesse et tristes un peu,
Qui filiez la laine et berciez vos âmes
Au balancement d'un bercelet bleu.

....

La maison des glycines.
Le Mercure de France, 1905.

Desperriers, ou Despeerier, ou des Periers Bonaventure
(Arnay-le-Duc, Côte-d'Or, vers 1500 – 1544)

Valet de chambre – secrétaire de la Reine de Navarre, il lui dut sa relative sauvegarde après la publication de son pamphlet anti religieux, *Cymbalum mundi en français contenant quatre dialogues poétiques, fantastiques, joyeux et facétieux, adressés par Thomas Cleuier* (quasi-anagramme d'*Incrédule*) *à son ami Pierre Tryocan* (anagramme de *Croyant*), livre condamné et brûlé en 1538. Il se serait suicidé pour échapper aux persécutions.

CYMBALVM
MVNDI EN FRANCOYS
CONTENANT QVATRE
Dialogues Poetiques, fort antiques,
ioeux, & facetieux.

Frontispice pour Dialogues poétiques *(détail)*

D

Outre un recueil de nouvelles (1558), il publia des traductions de *Lysis* de Platon et l'*Andrienne* de Térence — et des poèmes satiriques ou mélancoliques.

LA DEVISE DU POÈTE

Loisir et liberté
C'est bien son seul désir ;
Ce serait un plaisir
Pour traiter vérité.
L'esprit inquiété
Ne se fait que moisir ;
Loisir et liberté,
S'ils viennent cet été,
Liberté et loisir
Ils la pourront saisir
À perpétuité,
Loisir et liberté.

Frontispice pour Dialogues poétiques *(détail)*

Desportes Philippe
(Chartres 1546 — 1606)

Philippe Desportes, par N. L'Armessin

En accompagnant à Rome l'évêque du Puy dont il était le secrétaire, il découvrit la poésie italienne qui inspira ensuite ses propres œuvres, légères, habiles, spirituelles. Il devint un poète courtisan sous Charles IX et Henri III qui le comblèrent d'honneurs. Mais ce poète de cour sut parfois atteindre la vraie poésie dans ses recueils de sonnets (*Amours de Diane* ; *Amour d'Hippolyte* ; *Amours de Cléonin* ; *Amours de Diane* ; *Amours diverses*), ses élégies ou ses bergeries. Il a traduit les *Psaumes de David.*

Douce liberté désirée,
Déesse, où t'es-tu retirée,
Me laissant en captivité ?
Hélas ! de moi ne te détourne !
Retourne, ô Liberté ! retourne,
Retourne, ô douce liberté.
....

Dierx Léon
(Saint-Denis, Île Bourbon, 1838 — Paris 1912)

D

Léon Dierx, par Forain

Il vint à Paris pour terminer ses études à l'École centrale et il fréquenta son compatriote, le poète Leconte de Lisle dont il s'inspira. Ses œuvres furent donc publiées dans les recueils du Parnasse. Mais une certaine mélancolie jointe à l'harmonie musicale de ses vers lui valurent également l'admiration des symbolistes. Il fut élu « Prince des poètes » pour succéder à Stéphane Mallarmé (1898). Son œuvre, un peu « fin de siècle », est aujourd'hui relativement méconnue. Son poème *Le Vieux Solitaire* a manifestement inspiré *Le Bateau ivre* de Rimbaud. (*Aspirations poétiques*, 1858 ; *Poèmes et Poésies*, 1864 ; *Les Lèvres closes*, 1867 ; *Les Paroles du Vaincu*, 1881 ; *Les Amants*, 1889 ; *Poésies complètes*, 1896.)

LE VIEUX SOLITAIRE

Je suis tel qu'un ponton sans vergues et sans mâts,
Aventureux débris des trombes tropicales,
Et qui flotte, roulant des lingots dans ses cales,
Sur l'Océan sans borne et sous de froids climats.

Les vents sifflaient jadis dans ses mille poulies.
Vaisseau désemparé qui ne gouverne plus,
Il roule, vain jouet du flux et du reflux,
L'ancien explorateur de vertes Australies.
....

Deuxième Parnasse contemporain, 1871.

Dobzynski Charles
(né à Varsovie, Pologne, 1929).

Ses parents vinrent en France en 1930. Il commença à publier des poèmes très engagés, dans la ligne politique et littéraire du Parti communiste (*La Question décisive,* 1950 ; *Dans les jardins de Mitchourine,* 1951). Son enthousiasme, son goût pour l'image baroque se retrouvent dans des recueils très chaleureux mais plus heureusement poétiques (*Notre amour est pour demain,* 1951 ; *D'une voix commune,* 1962). Il fut le premier poète à s'inspirer du caractère épique des expéditions spatiales (*L'Opéra de l'Espace,* 1963). Il est journaliste et critique cinématographique. Son œuvre actuelle se rattache à un matérialisme poétique (*Table des éléments,* 1978).

L'Écho du vide, *par Dali, 1952.*

...
Quand la fusée eut franchi la frontière
où des trémies de matière et de brumes
filtrent l'éclat des rafales cosmiques,
on crut alors que toutes les corolles
de la stratosphère allaient se fermer
comme les doigts d'une fleur carnivore
sur cet insecte qui sortait
en titubant des fissures de l'air,
l'allure gauche avec sa queue de flammes,
fourmi portant sa brindille de vie
que le faux pas d'un astre peut broyer.

Extrait de La Frontière. L'Opéra de l'espace. Gallimard, 1963.

Dorat Claude Joseph
(Paris 1734 — 1780)

Après avoir été avocat, puis mousquetaire, il devint poète, auteur dramatique, et ses œuvres connurent un grand succès : fables, poésies légères, madrigaux, poèmes d'amour, qui montrent plus d'habileté que de poésie. La fin de sa vie fut difficile et on l'accusait d'écrire les poèmes de Fanny de Beauharnais.

Crois-moi, jeune Thaïs, la mort n'est point à craindre.
Sa faux se brisera sur l'autel des amours.
Va, nous brûlons d'un feu qu'elle ne peut éteindre.
Est-ce mourir dis-moi que de t'aimer toujours ?
...

Les Ombres.

Dubillard Roland
(né en 1903).

Auteur dramatique et homme de radio, il a publié des poèmes qui le placent dans la lignée des fantaisistes : dans une versification très libérée, une grande simplicité de ton, une secrète mélancolie, beaucoup de pudeur comme l'indique le titre du recueil : *Je dirai que je suis tombé* (1966).

Du Guillet Pernette.
Voir Guillet (Pernette du)

Georges Duhamel, dessin par Berthold Mahn

Duhamel (Georges Denis Thévenin, dit Georges)
Paris 1884 — Valmondois, Val-d'Oise, 1966.

Après des études de médecine, il se tourna vers la littérature et les arts. Il fonda en 1906 le groupe de l'*Abbaye* avec Charles Vildrac (son beau-frère), René Arcos, Luc Durtain, Alexandre Mercereau, etc. La communauté se fixa à Créteil où Duhamel, ayant appris le métier d'imprimeur, publia son recueil de vers, *Poésie : des légendes, des batailles* (1907). La communauté se sépara à partir de 1908, tandis que Duhamel poursuivit ses publications avec *L'Homme sans tête* (1909), *Selon ma loi* (1910), *Compagnons* (1912). Il avait écrit, en collaboration avec Charles Vildrac, d'intéressantes *Notes sur la technique poétique* (1909), où il préconisait l'emploi du vers blanc fortement rythmé, comme le firent par la suite Jules Romains et Georges Chennevière dans leur *Petit traité de versification* (1923), leur groupe de l'*unanimisme* ayant pris la suite de l'*Abbaye*.

Fortement marqué par la guerre de 1914-1918 qu'il fit comme ambulancier, au contact quotidien de la souffrance, Duhamel témoigna dans deux ouvrages en prose, *La Vie des martyrs* (1917) et *Civilisation* (1918). Il se tourna vers le roman et il acquit une très grande célébrité avec son cycle de *Salavin* et surtout sa *Chronique des Pasquier* (1933-1944). Le romancier reçut le prix Goncourt et fut élu à l'Académie française (1935). Mais le poète publia encore *Élégies* (1920) et *Ballades* (1926). Sa poésie est simple, directe, fraternelle.

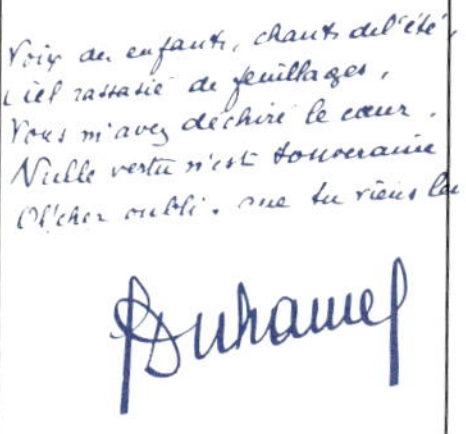

ÉLÉGIE XXV

Je vous ai connu, bonheur !
Désespoir, je vous connais !
Tour à tour n'avez-vous pas
Tourmenté le cœur esclave ?

Honte orageuse et sans rives,
Misère sans horizon !
Faut-il parler de ces choses
Ou de vous, heures heureuses ?

Il y a sur mon visage
Maints témoignages vivants ;
Ils avouent que j'ai passé
Déjà la moitié de l'âge.

Mais le doigt qui les découvre
Ne pourra jamais me dire
Si ces rides sont l'empreinte
De ma peine ou de ma joie.

Élégies. Le Mercure de France, 1920.

Dupin Jacques
(né à Privas, 1927).

Il fait partie des poètes fascinés par le langage ; la difficulté de dire l'être semble souvent le sujet même du poème (*Cendrier du voyage,* 1950 ; *Art poétique,* 1956 ; *L'Épervier,* 1960 ; *Gravir,* 1963 ; *L'Embrasure,* 1960 ; *Proximité du mur-*

mure, 1971). Poésie difficile, obscure, intellectuelle, souvent proche de la prose sans aucun des prestiges de la versification traditionnelle.

Dupont Pierre
(Lyon 1821 – 1870).

D'origine très modeste, il fut apprenti canut, employé de banque puis, grâce à la protection de Pierre Lebrun, il put faire publier par souscription son premier recueil, *Les Deux Anges* (1842) que l'Académie française récompensa. Il travailla dès lors au *Dictionnaire de l'Académie* et il mit lui-même en musique ses textes qui devinrent ainsi des chansons très populaires ; *Le Chant des paysans, Le Chant des ouvriers, Les Bœufs,* etc. Il fut le chantre des humbles, ouvriers ou paysans, et d'une République généreuse. Ses œuvres réunies dans *Chants et Chansons* (1853) furent préfacées par Baudelaire qui lui rendit hommage.

À la fin de sa vie, il se rapprocha du second Empire qu'il avait pourtant violemment combattu. Abandonné par ses amis, il mourut dans la misère.

Illustration de l'auteur pour Le Chant des ouvriers, *1846*

...
Aimons-nous, et quand nous pouvons
Nous unir pour boire à la ronde,
Que le canon se taise ou gronde,
Buvons, buvons, buvons,
À l'indépendance du monde !

Le Chant des Ouvriers.

« Je viens de relire attentivement *Les Chants et Chansons* de Pierre Dupont et je reste convaincu que le succès de ce nouveau poète est un événement grave, non pas tant à cause de sa valeur propre, qui cependant est très grande, qu'à cause des sentiments publics dont cette poésie est le symptôme, et dont Pierre Dupont s'est fait l'écho » (Charles Baudelaire, Notice publiée dans la vingtième livraison des *Chants et Chansons,* août 1851).

(...) « Je préfère le poète qui se met en communication permanente avec les hommes de son temps, et échange avec eux des pensées et des sentiments traduits dans un noble langage suffisamment correct » (*id.*).

Durry Marie-Jeanne
(Paris 1901-1980).

Elle fut la première femme nommée professeur dans une faculté des lettres puis elle devint directrice de l'École normale supérieure de Sèvres. Elle écrivait dans une forme traditionnelle des poèmes graves et mélodieux où s'exprimait son inquiétude métaphysique (*Le Huitième Jour,* 1949 ; *Effacé,* 1955 ; *Soleils de sable,* 1959 ; *Mon ombre,* 1963 ; *Orphée,* 1976).

...
L'homme ne peut savoir, l'homme ne peut comprendre ;
Il veut lier les dieux avec ses membres nus !
Les dieux ne sont pas durs, les dieux ne sont pas tendres,
Ils sont autres que vous, hors de vous, inconnus.
...

Orphée. Flammarion, 1976.

Durtain (André Nepveu, dit Luc)
Paris 1881 — 1959.

Il participa au groupe de l'Abbaye, avec Charles Vildrac et Georges Duhamel. Comme celui-ci, il avait fait des études de médecine et il la pratiqua malgré sa carrière littéraire puisqu'il fut romancier, auteur dramatique, essayiste et poète. Ses poèmes, au début proches de l'unanimisme, ont toujours montré une grande attention à la vie quotidienne et au modernisme, mais ils sont traversés de fortes images imprévues. D'abord d'une métrique très libre, ils sont revenus à une versification plus traditionnelle. (*Pégase,* 1908 ; *Kong Harold,* 1914 ; *Lise,* 1918 ; *Le Retour des hommes,* 1920 ; *Perspectives,* 1925 ; *Quatre continents,* 1955).

L'ATELIER

L'atelier : derrière des machines
L'acier en poutre se croise, riveté.
Au-dessous, au-dessus, fondations, étages.
Autour, la ville terrible...

Le Retour des hommes. 1920. Gallimard.

La Ville, *par Frans Masereel, 1928.*

Écouchard-Lebrun Ponce Denis
(1729-1807).

Son succès fut considérable. Ses *Odes* furent tellement admirées qu'elles lui valurent le surnom de « Lebrun-Pindare » qui semble bien exagéré (*Ode à Monsieur de Buffon sur ses détracteurs ; Ode aux Français,* 1762 ; *Ode au Vaisseau le Vengeur,* 1794, etc.). Il prit des positions politiques variées suivant les événements, royaliste avant la Révolution, républicain et robespierriste par la suite, puis bonapartiste. Mais ses *Épigrammes* ne manquent pas d'esprit.

– On vient de me voler... – Que je plains ton malheur !
– Tous mes vers manuscrits. – Que je plains le voleur !

Elskamp Max
(Anvers 1862-1931).

Poète belge francophone, il naquit dans la rue Saint-Paul qui lui fut l'occasion d'un recueil attaché à la vie quoti-

Max Elskamp, par Félix Vallotton

dienne (*La Chanson de la rue Saint-Paul,* 1928). Il fut graveur sur bois et il ornait lui-même et imprimait ses poèmes avec un soin et un style qui rattachaient ses œuvres aux anciennes enluminures. Sa poésie est d'une simplicité savante, d'une naïveté cultivée qui sont aussi celles de Francis Jammes, mais avec une couleur très flamande et des tours d'un archaïsme recherché et parfois un exotisme discret (*L'Éventail japonais,* 1884 ; *Dominical,* 1891 ; *Salutations dont d'angéliques,* 1893 ; *La Louange de la vie,* 1898 ; *Enluminures,* 1898 ; *Maya,* 1923 ; *Ces huit chansons reverdies,* 1932 ; *Les Joies blondes,* 1934, etc.).

Et c'est lui, comme un matelot,
et c'est lui, qu'on n'attendait plus,
et c'est lui, comme un matelot,
qui s'en revient les bras tendus

pour baiser ceux qu'il a connus,
rire à ceux qu'il n'a jamais vus,
et c'est lui, comme un matelot,
qui s'en revient le sac au dos.
...

Enluminures. 1898. Seghers.

Éluard (Eugène Grindel, dit Paul)

Saint-Denis, 1895 — Charenton-le-Pont, 1952.

Élevé en banlieue et à Paris, Paul Éluard dut abandonner ses études en 1911, pour partir au sanatorium de Clavadel, près de Davos, où il fit la connaissance d'une jeune Russe, Gala (qui va devenir sa première femme en 1917). Sous le nom de Grindel, il publia ses *Premiers poèmes* (1913). Il fut mobilisé en 1915 et fit la guerre comme infirmier puis fantassin. C'est alors qu'il choisit comme pseudonyme le nom de sa grand-mère maternelle (*Le Devoir et l'Inquiétude,* 1917 ; *Poèmes pour la paix,* 1918).

Après la guerre, commença la grande aventure Dada, puis le surréalisme où Paul Éluard joua un grand rôle (*Les Animaux et leurs hommes,* 1920 ; *Les Nécessités de la vie et les conséquences des rêves,* 1921). Il écrivit des œuvres expérimentales, — écriture automatique — en collaboration avec Breton, Péret, Char.

En 1924, Paul Éluard disparut pendant sept mois et revint après avoir fait un mystérieux voyage dont il ne parla jamais. Mais vint alors une période d'intense activité littéraire et politique au cours de laquelle il adhéra au Parti communiste (1927), puis le quitta (il adhéra de nouveau en 1942). Ce fut l'époque où il rompit avec Gala pour refaire sa vie avec Nusch (1929) et où sa production poétique fut intense : *Capitale de la douleur* (1926), *L'Amour la poésie* (1929), *La Vie immédiate* (1932), *La Rose publique* (1934), *Les Yeux fertiles* (1936), *Médieuses* (1939), etc.

Dès 1933, Paul Éluard participa à la lutte contre le fascisme. La guerre venue, après la défaite, il entra dans la Résistance et il écrivit alors dans *Poésie et vérité 42* l'un des plus beaux textes, dans sa simplicité, de la poésie combattante : *Liberté.* Il anima le Comité national des écrivains, rassembla avec d'autres les textes du livre clandestin *L'Honneur des poètes* et continua d'écrire (*Au rendez-vous allemand,* 1944).

Après la guerre, la mort de Nusch le frappa cruellement (*Le temps déborde,* 1947). Ses poèmes engagés furent parfois contestés (*Poèmes politiques,* 1948 ; *Une leçon de morale,* 1949). Mais *Le Phénix* (1951) témoigne du renouveau de son

E

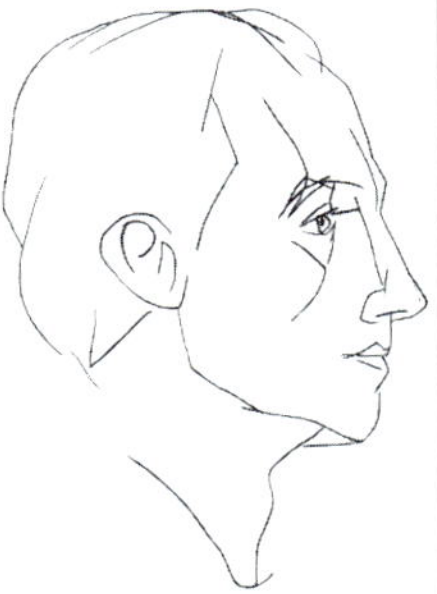

Paul Eluard, par Picasso, 1951

inspiration amoureuse grâce, à Dominique, qu'il épousa en 1951.

Son œuvre considérable possède en ses diverses phases un ton direct et sûr où la poésie transfigure chaque chose.

L'AMOUR LA POÉSIE

Je te l'ai dit pour les nuages
Je te l'ai dit pour l'arbre de la mer
Pour chaque vague pour les oiseaux dans les feuilles
Pour les cailloux du bruit
Pour les mains familières
Pour l'œil qui devient visage ou paysage
Et le sommeil lui rend le ciel de sa couleur
Pour toute la nuit bue
Pour la grille des routes
Pour la fenêtre ouverte pour un front découvert
Je te l'ai dit pour tes pensées pour tes paroles
Toute caresse toute confiance se survivent.

L'amour la poésie. Gallimard, 1929.

Paul Éluard et *L'Honneur des poètes*

Pendant l'occupation allemande de la France (1940-1944/45), les Éditions de Minuit, créées par Vercors (l'écrivain, graveur et lithographe Jean Bruller) et Pierre de Lescure, publièrent clandestinement une superbe anthologie de poètes de la Résistance : *L'Honneur des poètes.*

Dès 1942, Paul Éluard faisait partie du comité de lecture clandestin de ces éditions. Il réunit (parfois avec difficultés à cause de l'occupant) les poèmes de l'anthologie. Il réussit à rassembler vingt-deux poètes, signant tous d'un pseudonyme qui ne put être levé qu'à la Libération.

La diffusion de l'ouvrage fut assurée clandestinement — en particulier par Jean Lescure et sa femme, circulant à bicyclette dans Paris. Puis le livre atteignit la Suisse (où il fut republié avec d'autres poèmes sous le titre *Poèmes français* et réintroduit en France), Londres, les États-Unis, le Québec, etc.

Paul Éluard rédigea la préface, qui n'était pas signée :

« Whitman animé par son peuple, Hugo appelant aux armes, Rimbaud inspiré par la Commune, Maïakovski exalté, exaltant, c'est vers l'action que les poètes à la vue immense sont, un jour ou l'autre, entraînés. Leur pouvoir sur les mots étant absolu, leur poésie ne saurait jamais être diminuée par le

contact plus ou moins rude du monde extérieur. La lutte ne peut que leur rendre des forces. Il est temps de redire, de proclamer que les poètes sont des hommes comme les autres, puisque les meilleurs d'entre eux ne cessent de soutenir que tous les hommes sont ou peuvent être à l'échelle du poète.

Devant le péril aujourd'hui couru par l'homme, des poètes nous sont venus de tous les points de l'horizon français. Une fois de plus, la poésie mise au défi se regroupe, retrouve un sens précis à sa violence latente, crie, accuse, espère. »

Par la suite, une nouvelle anthologie fut préparée par Paul Éluard et Jean Lescure. Comme elle regroupait des poèmes venus de divers pays opprimés par les nazis, elle fut intitulée *Europe* et parut en 1944, préfacée par Aragon.

Les poètes de *l'Honneur des poètes*

Nom réel	*Pseudonyme*
Louis Aragon	*Jacques Destaing*
René Blech	*Jean Fossane*
Robert Desnos	*Pierre Andier*
Robert Desnos	*Lucien Gallois*
Paul Eluard	*Maurice Hervent*
Pierre Emmanuel	*Jean Amyot*
André Frénaud	*Benjamin Phélisse*
Eugène Guillevic	*Serpières*
Georges Hugnet	*Malo Lebleu*
Inconnu	*Ambroise Maillard*
Déportée inconnue	*Camille Meunel*
Jean Lescure	*Jean Delamaille*
Loys Masson	*Paul Vaille*
Francis Ponge	*Roland Mars*
Lucien Scheler	*Jean Silence*
Pierre Seghers	*Louis Maste*
Claude Sernet	*René Doussaint*
Jean Tardieu	*Daniel Thérésin*
René Tavernier	*Claude Solène*
Edith Thomas	*Anne*
Vercors	*Roland Dolée*
Charles Vildrac	*Robert Barade*

Paul Eluard
par Man Ray, 1933

E

Emmanuel Pierre

(né à Gan, Pyrénées-Atlantiques, 1916.

Professeur de mathématiques de 1938 à 1942, il participa aux luttes de la Résistance à l'occupation allemande. Ses premiers poèmes attirèrent l'attention par leur qualité (*Élégies,* 1940 ; *Tombeau d'Orphée,* 1941). Le lyrisme exalté de *Jours de colère* (1942), de *Combats avec tes défenseurs* (1942), de *La liberté guide nos pas* (1945) marqua la poésie de la Résistance de sa violence et de son délire sacré. Dans le même temps, ses *Cantos* (1944), son meilleur livre, laissaient apparaître un aspect plus méditatif, et une poésie plus resserrée. Tout en faisant revivre de grands mythes, Pierre Emmanuel se voulait poète chrétien (*Le Poète et son Christ*, 1943) et les « mythes » du christianisme lui inspirèrent son précieux *Évangéliaire* (1961). Après le recueil sensible *Visage nuage* (1955), il poursuivit une œuvre abondante dont les thèmes sont l'inspiration, le langage, l'amour, l'histoire, Dieu, dans une tonalité philosophique ou théologique (*Sophia,* 1973 ; *Tu*, 1978 ; *Una,* 1978 ; *Duel,* 1979 ; *L'autre,* 1980, etc.).

Écoute
Au tournant de la route
Ton pas te dépasser.
L'étranger qui est toi
Que te sert de l'attendre ?
Il est déjà passé.

Chansons du dé à coudre. Le Seuil, 1947.

Épopée (l')

On appelle *épopée* ou *poème épique* un récit rapportant de grandes actions héroïques plus ou moins légendaires, comprenant des interventions merveilleuses (dieux antiques, féerie, surnaturel chrétien).

La poésie française fut d'abord essentiellement épique, avec les *chansons de geste* (voir ce mot). *La Chanson de Roland* reste le modèle de l'épopée française, la situation sociale et politique du moment correspondant à ce genre littéraire qu'on semble retrouver au stade primitif de bien des littératures.

Les *romans antiques* composés en vers au XIIe siècle sont aussi des épopées, mais plus adoucies ; les *romans courtois* du cycle de *la Table Ronde* donnent, à la même époque, un aspect plus légendaire à cette littérature épique.

À divers moments de la poésie française, on a voulu composer de nouvelles épopées en notre langue. Les réussites n'ont pas été nombreuses. La *Pléiade,* prônant le retour à l'Antiquité, Ronsard écrivit en décasyllabes une *Franciade* à laquelle il travailla longtemps, mais qu'il ne put achever. Il l'interrompit en 1572 en ne publiant que quatre chants sur vingt-quatre prévus. L'imitation de l'antiquité y était très forte et artificielle :

...
Ce jour, Martel aura tant de courage
Qu'apparaissant en hauteur davantage
Que de coutume, on dira qu'un grand dieu,
Vêtant son corps, aura choisi son lieu...

Mais on peut considérer que *Les Tragiques* d'Agrippa d'Aubigné (1616) sont bien une épopée par l'ampleur de la narration, l'apparition visionnaire du merveilleux chrétien, la force et la puissance des évocations.

Un peu plus tard, *La Pucelle d'Orléans* (1656-1657) valut à Chapelain les sarcasmes de Boileau. Chapelain avait annoncé pendant vingt ans qu'il travaillait à cette grande épopée française. À sa parution, déception : elle fut trouvée mauvaise. Elle l'est.

Pourtant, le genre épique tente évidemment beaucoup le XVIIe siècle dont le *classicisme* prône le recours aux anciens. Les épopées sont nombreuses : Le Moyne, *Saint Louis ou le héros chrétien* (1653) ; Saint-Amand, *Moïse sauvé* (1653) ; Georges de Scudéry, *Alaric ou Rome vaincue* (1654) ; Desmarets de Saint-Sorlin, *Clovis ou la France chrétienne* (1657) ; Louis le Laboureur, *Charlemagne* (1664) ; Charles Perrault, *Saint-Paulin* (1675), etc. Aucune ne parvient à s'imposer. Par contre, en ce siècle de littérature noble et pompeuse, les parodies sont aussi nombreuses que les épopées, et elles ne manquent ni d'esprit ni de valeur avec Saint-Amand, *Rome ridicule ;* Scarron, *Le Typhon ou la Gigantomachie* (1644) et *l'Énéide travestie* (1648-1653) ; d'Assouci, *Le Jugement de Pâris en vers burlesques* (1648) ; Furetière, *Les Amours d'Énée et de Didon* (1649) ; Boileau, *Le Lutrin* (1674-1683), etc. La réussite de ces parodies est proportionnelle à la pauvreté des modèles.

...
Petite muse au nez camard,
Qui m'a fait auteur goguenard,
Et qui, quoique mon mal empire,
Me fait pourtant quelquefois rire,
Dis-moi bien comment et pourquoi
Junon, sans honneur et sans foi,
Persécuta ce galant homme,
Sans lequel nous n'aurions pas Rome...

Scarron, l'Énéide travestie. I, 1648-1653.

Au XVIIIe siècle, Voltaire (qui se croyait poète) voulut lui aussi s'essayer à l'épopée et ce fut *La Henriade* (1723 et 1728). Le versificateur habile n'entraîne pas l'enthousiasme. Seul, au XVIIIe siècle, André Chénier aurait peut-être pu s'essayer à l'épopée dont ses poésies scientifiques ont donné une idée.

Les poèmes français les plus proches de l'épopée ont été écrits par les poètes romantiques (qui admiraient le Moyen Âge), par Lamartine avec *Jocelyn* (1836), (un roman en vers qu'on lit encore avec un plaisir étonné), ou *La Chute d'un ange* (1838), par Alfred de Vigny avec *Éloa* (1824), par Victor Hugo surtout, dont *La Légende des siècles* constitue une formidable épopée de l'humanité tout entière.

Depuis, il n'y a pas eu de poésie ayant un caractère franchement épique. Cependant, on a pris l'habitude de considérer que certains poèmes ont une tonalité épique par leur souffle lyrique, et la puissance de la narration, par les aventures extraordinaires qu'ils rapportent ; ainsi le *Transsibérien* de Cendrars (1913) ; ainsi les poèmes de guerre de Pierre Emmanuel (1942) ; ainsi *L'Opéra de l'espace* de Charles Dobzynski (1963) ; ainsi surtout certains poèmes d'Aragon. Mais c'est abus de langage car nous sommes loin des longs poèmes aux actions héroïques et merveilleuses.

Décidément, monsieur de Malézieu avait raison quand il disait à Voltaire qui le rapporta dans son *Essai sur la poésie épique* (1733) : « Les Français n'ont pas la tête épique. »

Dessin de Victor Hugo, 1860

E

Esquiros Henri Alphonse
(Paris 1814 — Versailles 1876).

Il commença par écrire un recueil de vers, *Les Hirondelles* (1834) qui n'eut aucun succès, bien qu'il fût remarqué par Victor Hugo. Socialiste, Alphonse Esquiros se consacra ensuite à la politique, particulièrement à l'émancipation féminine. Opposant à Louis-Philippe, il fut incarcéré à Sainte-Pélagie où il écrivit ses *Chants du prisonnier* (1841) qui rencontrèrent plus de succès, et contiennent des œuvres d'un ton très moderne malgré une versification traditionnelle. Député, puis sénateur, il fut exilé en Angleterre lors du coup d'État de Louis-Napoléon Bonaparte. Il est également l'auteur de romans et de livres féministes.

Comme le grand lion de la ménagerie,
Captif, au mois de mai dans des barreaux de fer,
Crispant son front terrible et sa face amaigrie,
Jette superbement sa chevelure en l'air,
...
Moi, dans cette saison où renaît le bocage,
Soulevant vers le ciel ma tête avec fierté,
Je rugis quand je sens pénétrer dans ma cage
L'odeur des arbres verts et de la liberté.

Les chants d'un prisonnier, 1841.

Estang Luc
(né à Paris, 1911).

Après des études dans des établissements religieux dont l'enseignement le marqua fortement, il exerça divers métiers avant de devenir journaliste et écrivain. Son œuvre romanesque est importante et elle lui a valu le Grand Prix de littérature de l'Académie française (1962). Ses nombreux recueils de poèmes laissent apparaître en une prosodie musicale et souple son amour de la création, une secrète nostalgie et une inquiétude métaphysique. (*Transhumances*, 1939) ; *Le Mystère apprivoisé*, 1943 ; *Les Béatitudes*, 1945 ; *Les Quatre Éléments*, 1956 ; *D'une nuit noire et blanche*, 1962 ; *La laisse du temps*, 1977).

E

Luc Estang.

PUISSANCE DU MATIN

Maintenant c'est l'odeur des aubes déterrées
au vent qui lève comme une fuite d'oiseaux,
des racines de nuit tremblent dans la marée
encore aigre du sang qui retombe de haut.
Et les couteaux du froid s'aiguisent sur les chaumes.

Ceux qui dorment mourront s'ils ne s'éveillent point,
S'ils n'osent regarder ce qui s'annonce au loin,
s'ils n'éprouvent le sol durci contre leurs paumes.
...

Les quatre éléments, Gallimard, 1956.

Fabre d'Églantine

(Philippe François Nazaire Fabre, dit)
Carcassonne 1750 – Paris 1794.

Acteur et auteur de comédies à succès, Fabre ajouta *d'Églantine* à son nom après avoir gagné une églantine d'or aux jeux floraux. Fixé à Paris à partir de 1787, il participa à la Révolution. Membre de la Convention, secrétaire de Danton, il fut guillotiné en même temps que celui-ci.

F

Quelle que soit la valeur de ses textes, sa place est réservée dans notre littérature car il donna leurs noms si poétiques aux mois du calendrier révolutionnaire — et il écrivit les paroles de *L'Hospitalité*, plus connu sous le nom de son incipit : *Il pleut bergère* (1780, musique de Simon) :

Il pleut, il pleut bergère,
Rentre tes blancs moutons,
Allons sous ma chaumière,
Bergère, vite, allons.
J'entends sous le feuillage
L'eau qui tombe à grand bruit,
Voici, voici l'orage,
Voici l'éclair qui luit.
...

Faille Pierre Della
(né à Deurne-Anvers, Belgique, 1906).

Poète belge d'expression française, il a écrit de courts textes de prose où il fait apparaître la revendication de l'humain au sein d'un monde robotisé. Ces textes sont traversés d'images et de formules brillantes (*Regarde l'eau noire*, 1953 ; *Migrations*, 1955 ; *Sa Majesté l'écorché*, 1956 ; *Volturno*, 1958 ; *Mise à feu*, 1971 ; *Requiem pour un ordinateur*, 1970, *Folie-robot* 1974 ; *Le Royaume d'eau très vaste*, 1979 ; *Le Mythe de Gold Arichibald*, 1979 ; etc.).

Eléments mécaniques sur fond rouge, *par F. Léger, 1924 (détail)*

PLAINTE DU ROBOT

Ma tête est un écrou, ma main une clé anglaise. Elsa vient d'acccoucher d'un transistor. Son cerveau est un écran, son œil un commutateur. Elle m'offre au dîner un steak de mazout surgelé.
...

Folie-Robot. Saint-Germain-des-Prés, 1974.

Les fantaisistes

Sous ce nom se sont regroupés au début du XXe siècle quelques poètes discrets dont l'importance littéraire est aujourd'hui reconnue.

En 1907, au lycée d'Agen, la rencontre de Francis Carco, Robert de la Vaissière et Tristan Derème constitua le point de départ de ce groupe auquel vinrent se joindre Jean Pellerin, puis Jean-Marc Bernard. Ils reconnaissaient pour maître immédiat Paul-Jean Toulet, mais dans l'histoire de la poésie française, ils se réclamaient de Villon, Charles d'Orléans, Maynard, Mathurin Régnier, Scarron, La Fontaine et Verlaine.

Cette école *fantaisiste* fut d'abord un groupe d'amis ayant des goûts communs et qui publièrent ensemble, en 1911, une plaquette, un *Petit Cahier* de quatre poèmes tiré à vingt exemplaires ; mais c'est en 1912, que les *fantaisistes* se donnent pour tels. D'autres poètes vinrent bientôt les rejoindre, comme Philippe Chabaneix. La guerre de 1914 leur fut cruelle : Jean-Marc Bernard fut tué en 1915 ; l'après-guerre également : Toulet disparut en 1920, Pellerin en 1921, Carco se dirigea vers le roman, etc. La revue *Le Divan* d'Henri Martineau, fondée en 1909 dans les Deux-Sèvres (et transférée à Paris en 1920) accueillit les œuvres des *fantaisistes.*

Leur poésie est apparemment simple et charmante, mais elle est en réalité douce-amère, et laisse percer une mélancolie subtile. Ils chantent l'amour, l'amitié, et, certes, souvent, la joie de vivre, mais avec un fond de tristesse qui se devine sous l'épicurisme de leurs thèmes.

Contre les académismes, contre les gens-sérieux-en-place, ils refusent de prendre la pose ; ils utilisent l'ironie comme une défense. Il y a « un art de vivre fantaisiste » explique Michel Decaudin. Mais il n'a de sens « pour chacun d'eux que s'il se traduit en un art d'écrire ; la maîtrise de soi passe par la maîtrise du langage et l'ironie engendre le jeu des mots ». C'est sans doute pourquoi ils furent d'incontestables novateurs dans l'emploi de la contrerime à la Toulet ou de la contre-assonance à la Derème.

L'esprit fantaisiste est cependant celui de la liberté, même dans les jeux du langage et si l'école fantaisiste vécut assez peu en tant qu'école, on peut estimer qu'elle fut un moment d'un courant poétique permanent. Celui qu'on a pu retrouver aussi, sous une forme différente, dans l'œuvre de Raymond Queneau par exemple.

F

Fargue Léon-Paul
(Paris 1876-1947).

Ce « piéton de Paris » comme on peut l'appeler d'après le titre d'un de ses livres, fit certes des voyages en province et à l'étranger, mais sa poésie traduit son attachement à sa ville natale. Sa mère était couturière et son père ingénieur, directeur d'une fabrique de céramique, mais il ne reconnut son fils qu'à 16 ans. Après d'excellentes études, Léon-Paul Fargue, « éternel étudiant », fréquenta les écrivains et commença à écrire (*Tancrède*, 1895 ; *Poèmes*, 1905 ; *Nocturnes*, 1905). Il composa alors le recueil *Pour la musique* (publié en 1912).

Humoriste, caustique, plaisant, disert, il participait à divers groupes amicaux qui, au début du siècle, s'intéressaient à la peinture, à la musique et à la poésie. L'œuvre de Léon-Paul Fargue se développa en prose et en vers tantôt classiques tantôt d'une versification très libre, mais cette œuvre resta assez mince. Elle touche par sa discrétion et sa pudeur qui laissent deviner une sourde nostalgie (*Poèmes*, 1912 ; *Épaisseurs*, 1928 ; *Volturne*, 1929, *Sous la lampe*, 1930 ; *Banalité*, 1938). Il reçut le Grand Prix de la Ville de Paris en 1946. Ses *Poésies* furent réunies en 1963. Parmi ses œuvres, on trouve de charmants *Ludions* (1886-1933).

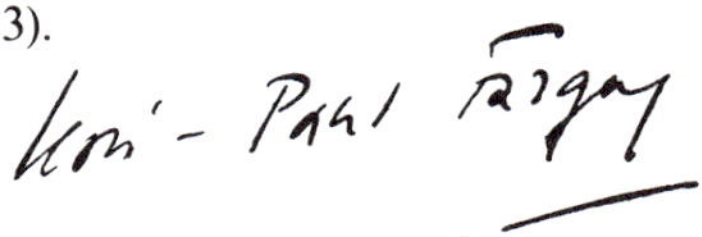

AIR DU POÈTE

Au pays de Papouasie
J'ai caressé la Pouasie...
La grâce que je vous souhaite
C'est de n'être pas Papouète.

Ludions. Gallimard, 1943.

Faye Jean-Pierre
(né à Paris, 1925).

Sa poésie, difficile, semble se prendre elle-même pour sujet, en de courtes notations parfois éclatées (*Le fleuve renversé*, 1960 ; *Couleurs pliées*, 1965). Il a également écrit des romans et des pièces de théâtre.

Ferran Pierre
(né à L'Isle-Jourdain, Gers, 1930).

Auteur d'une œuvre abondante et variée, dans la grande tradition des « fantaisistes », il en a aussi la pudeur, l'ironie et l'humour qui laissent percer une discrète émotion (*Poèmes en forme d'Elle*, 1960 ; *Les Yeux*, 1971 ; *Les Urubus*, 1972 ; *Les Zoos effarés*, 1972 ; *Nous mourons tous des mêmes mots*, 1974 ; *Les animaux impossibles*, 1976).

LE CINQUIÈME JOUR

Du haut d'un nuage,
Les mains rouges d'argile,
Dieu contemplait les animaux :
— Je suis mécontent du zèbre
Dit-il à saint Rémi
Qui tenait la liste
il ressemble trop au cheval
rayez-le !

Club du poème.

Fleg (Edmond Flegenheimer, dit Edmond)
Genève 1874 – Paris 1964.

D'origine suisse mais naturalisé français, il fut un écrivain profondément religieux, inspiré par la tradition du peuple juif. Il fut président du conseil français du Congrès juif mondial. Il écrivit des romans, des biographies, des pièces de théâtre, des traductions. Il publia une

F

Anthologie juive (1939). Ses poèmes publiés entre 1913 et 1948 furent réunis en un seul volume, *Écoute Israël* (1954). Sa poésie, le plus souvent de forme très libérée, est animée par le souffle des livres sacrés de la tradition.

...
Tout le long des jours, peuple d'Israël,
Bénis, bénis la main de l'Éternel ;
Sa grâce est aimable, aimables ses dons,
Tout le long des nuits glorifie son Nom !
...

Florian Jean-Pierre Claris de (Florian, Gard, 1755-1794).

À dix ans, il séjourna à Ferney, chez Voltaire, son grand-oncle. Il y joua des « bergeries » à la mode. En 1768, il entra comme page au service du duc de Penthièvre qui le fit entrer à l'école d'artillerie de Bapaume — et il devint capitaine de dragons dans le régiment du duc. Mais il était plus poète que soldat. Il écrivit des comédies (*Les Deux billets*, 1779 ; *Jeannot et Colin*, 1780, etc.), un poème biblique (*Tobie*, 1784), une épître en vers, *Voltaire et le serf du Jura* (1784) qui traitait de l'abolition du servage dans le domaine du roi et qui fut couronné par l'Académie. Sa comédie *Galatée* (1783), imitée de Cervantès, avait assuré sa réputation qui le conduisit à l'Académie française.

Quand arriva la Révolution, il lui fut favorable. Mais le chevalier Florian devint suspect. Il se réfugia à Sceaux où il fut arrêté. La chute de Robespierre le sauva de la guillotine.

Ses *Fables* avaient été publiées en 1792, et on considère traditionnellement, malgré leurs grandes qualités, qu'elles souffrent de la comparaison avec celles de La Fontaine. Cependant, parmi ses cent douze fables, on trouve de petits chefs-d'œuvre dont la moralité est souvent très rigoureuse :

...
— *Sans vice et sans travail, je voudrais*
m'enrichir.
— *Ah bien ! sois un simple imbécile.*
J'en ai vu beaucoup réussir.

Le Jeune Homme et le Vieillard.

D'ailleurs, un lecteur non prévenu pourrait croire que *La Carpe et les carpillons, Le vacher et le garde-chasse* (« Chacun son métier,/Les vaches seront bien gardées »), *L'aveugle et le paralytique, Le singe qui montre la lanterne magique*, etc., sont de La Fontaine.

Florian a un autre titre de gloire dans la poésie française : il a écrit les paroles de *Plaisir d'amour* (musique de Martini) dont la popularité ne s'est pas démentie jusqu'à nos jours.

Follain Jean
(Canisy, Manche, 1903 — Paris 1971).

Ses études juridiques terminées, il devint avocat (1928) puis magistrat. Dès 1927, il publia ses premiers poèmes dans la revue *Sagesse* (1927), puis son premier recueil (*La Main chaude*, 1933), suivi de *Cinq Poèmes* (1933) et de *Huit Poèmes* (1935) : les titres indiquent assez la modestie du propos. Mais il fut bientôt reconnu comme un poète important et après ses *Chants terrestres* (1937) il reçut le prix Mallarmé (1939).

La poésie de Jean Follain s'enracine dans la nature et dans les choses de la vie quotidienne. Max Jacob remarquait : « sa poésie est faite avec des objets ». En une forme simple et libre mais subtile, il

F

a exprimé le mystère du monde caché dans les plus humbles choses (*L'Épicerie d'enfance*, 1938 ; *Canisy*, 1942 ; *Inventaire*, 1942 ; *Usage du temps*, 1943 ; *Les Choses données*, 1952 ; *Territoire*, 1953 ; *Objets*, 1955 ; *Tout instant*, 1957 ; *Des heures*, 1960 ; *D'après tout*, 1967 ; *Espaces d'instants*, 1971). Il est mort renversé par une automobile à Paris.

QUELQUE CHOSE

Appelé mangeur de pierre
un petit ver se repaît de l'ardoise
où il se cache
de minute en minute se resserre
l'étau du temps
les bijoux remués font leur bruit
des fourmis habitent une ruine
toujours se passe
quelque chose.

Espaces d'instants. Gallimard, 1971.

Folquet de Marseille, manuscrit français

Folquet de Marseille

(Vers 1160 — Toulouse 1231).

Fils d'un commerçant génois établi à Marseille, Folquet écrivit de charmantes chansons sur les thèmes de l'époque : l'amour, la croisade, la mort d'un ami. Vers 1195, il se fit moine, devint abbé, puis évêque de Toulouse. Le troubadour se transforma alors en un religieux féroce qui introduisit l'inquisition dans son diocèse et il aurait été responsable de la mort de dizaine de milliers d'Albigeois.

Chaque jour vous m'êtes plus belle vous me plaisez plus et c'est pourquoi j'en veux aux yeux dont je vous regarde car pour mon profit il ne savent pas vous voir et pour mon mal vous voient trop subtilement...

Tant me plaît l'amoureux souci.
Adapt. J. Roubaud. Les Troubadours. Seghers

Poitiers

F

Fombeure Maurice
(Jardres, Vienne, 1906 – La Verrière, Yvelines, 1981)

Il perdit sa mère en venant au monde — elle avait vingt ans. Il fut élevé par ses grands-parents à Ogeron où « quatre générations vivent sous le même toit une existence patriarcale ». À seize ans, il entra à l'École normale d'instituteurs de Poitiers. Il commença à écrire, correspondit avec Salmon, Cocteau, Max Jacob. Après l'École normale supérieure de Saint-Cloud (1929), il devint professeur dans le Nord, puis à Paris, tout en publiant ses premiers recueils (*Silence sur le toit,* 1930 ; *Les Moulins de la parole,* 1936 ; *À pas de souris,* 1937).

Dès lors, il se consacra à l'enseignement et à la poésie, en une suite de recueils qui firent de lui un des poètes les plus importants parmi ceux qui restèrent en marge du surréalisme. Sa poésie a toujours conservé une connivence avec son Poitou natal, les paysans, la nature, la pluie fine du pays l'hiver. Ses textes retrouvent comme naturellement les formes de la chanson en une langue vigoureuse et drue (*A dos d'oiseau,* 1944 ; *Arentelles,* 1945 ; *Grenier des saisons,* 1946 ; *Dès Potron-minet,* 1950 ; *Pendant que vous dormez,* 1953 ; *À chat petit,* 1967, etc). De nombreux poèmes de Maurice Fombeure ont été mis en musique par Florent Schmitt, Francis Poulenc, Claude Arrieu, etc. Il reçut le Grand Prix de la Ville de Paris en 1958, le Grand Prix National des

F

Lettres en 1967, et le Grand Prix de Poésie de l'Académie française en 1980. Il mérite le plus grand compliment qu'on puisse faire à un poète : sa poésie est de celle qu'on lit par plaisir.

LES ÉCOLIERS

Sur la route couleur de sable
En capuchon noir et pointu,
Le « moyen », le « bon », le « passable »
Vont à galoches que veux-tu
Vers leur école intarissable.

Ils ont dans leur plumier des gommes
Et des hannetons du matin,
Dans leurs poches, du pain, des pommes,
Des billes, ô précieux butin
Gagné sur d'autres petits hommes.

Ils ont la ruse et la paresse
— Mais l'innocence et la fraîcheur —
Près d'eux les filles ont des tresses
Et des yeux bleus couleur de fleur
Et de vraies fleurs pour la maîtresse.

Puis les voilà tous à s'asseoir
Dans l'école crépie de lune,
On les enferme jusqu'au soir
Jusqu'à ce qu'il leur pousse plume
Pour s'envoler. Après, bonsoir !

Ça vous fait des gars de charrue
Qui fument, boivent le gros vin,
Puis des ménagères bourrues
Dosant le beurre et le levain.
Billevisées, coquecigrues,
Ils vous auront connues en vain

Dans leurs enfances disparues !

Pendant que vous dormez. Gallimard, 1953.

Fontainas André
(Bruxelles, 1865 — Paris 1948)

D'origine belge, il fit ses études secondaires à Paris, retourna à Bruxelles pour ses études supérieures, mais se fixa définitivement à Paris en 1888 et se fit naturaliser Français. Romancier, essayiste, il fut aussi un critique d'art et un critique littéraire avisé. (*Tableau de la poésie française d'aujourd'hui,* 1931).

Il publia de très nombreux recueils de poèmes, d'abord dans la mouvance du symbolisme et de Mallarmé (*Le Sang des fleurs,* 1889 ; *Les Vergers illusoires,* 1892 ; *Estuaires d'ombre,* 1895 ; *Le Jardin des îles claires,* 1901). Utilisant soit la versification traditionnelle soit le vers libre à la manière d'Henri de Régnier, ou d'Émile Verhaeren, il s'exprime souvent en demi-teinte. (*Vers l'azur,* 1931, *Stèle à demi dans l'ombre,* 1947).

LES HEURES

L'heure lassante qui pleure,
Et l'heure jeune de soleil gai,
Les heures après les heures
Défilent lentes ou gaies
Le long des quais.
...

Crépuscule. L'Eau du fleuve. 1897.
Le Mercure de France.

Fort Paul
(Reims 1872 — Argenlieu, Essonne, 1960)

Arrivé à Paris à dix-sept ans, il commença par se tourner vers le théâtre (*La Petite Bête,* 1888). Il écrivit alors un manifeste du théâtre symboliste et fonda le Théâtre d'Art qu'il anima de 1890 à 1893 (repris par Lugne-Poe sous le nom de Théâtre de l'Œuvre). Paul Fort y fit jouer des pièces de Maeterlinck, Verlaine, Van Lerberghe, etc., et des poèmes mis en scène. Il abandonna la préparation de Saint-Cyr pour se consacrer à l'art et à la poésie (*Premières choses,* 1894 ; *Premières lueurs sur la colline,* 1894 ; *Il y a là des cris,* 1895). Il fonda et anima diverses revues (*Le Livre d'art, La plume, Vers et prose*).

Paul Fort, par Delaroche

F

Ronde autour du Monde, *par Paul Fort*

Paul Fort, par Picasso

Ce fut avec la publication de *Poèmes et Ballades* (1896) qu'il trouva sa véritable originalité. C'est sous le titre générique de *Ballades françaises* qu'il va faire désormais paraître toute son œuvre poétique, une quarantaine de recueils en dix-sept tomes, qui s'échelonnent de 1896 à 1958, sans compter les *Chroniques de France* en six tomes. Œuvre considérable dont certains poèmes ont une rare popularité, comme la fameuse *Ronde autour du monde :* « Si toutes les filles du monde voulaient s'donner la main... » qui date de 1897.

Ces *Ballades* sont d'abord sous-titrées « poèmes en prose ». En réalité, il s'agit bien de poèmes rythmés, rimés ou assonancés, mais disposés comme de la prose. Une légende veut que Paul Fort ait adopté cette disposition parce que la revue du *Mercure de France* payait la prose de ses collaborateurs mais pas les vers. Mais cette disposition répond au désir profond de Paul Fort d'être naturel, simple, proche de la langue parlée. Il s'est ainsi forgé un outil très personnel, comme il l'a fort clairement exprimé dans la préface de son *Roman de Louis XI* (1898) : « Quant à la forme, j'ai tenté de marquer la supériorité du rythme sur l'artifice de la poésie. Exactement j'ai cherché un style pouvant passer, au gré de l'émotion, de la prose au vers et du vers à la prose ; la prose rythmée fournit la transition. Le vers suit les élisions naturelles du langage. Il se présente comme prose, toute gêne d'élision disparaissant sous cette forme. La prose, la prose rythmée, le vers ne sont plus qu'un seul instrument gradué. »

Son œuvre est abondante, généreuse, plaisante. Il disait : « *Je suis un arbre à poèmes : un poémier...* » Mais cette facilité n'empêche ni l'émotion ni la qualité littéraire. Il fut élu « Prince des Poètes » en 1912 — un titre dont il était justement fier.

LES BALEINES

Du temps qu'on allait encore aux baleines, si loin qu'ça faisait, mat'lot, pleurer nos belles, y avait sur chaque route un Jésus en croix, y avait des marquis couverts de dentelles, y avait la Sainte-Vierge et y avait le Roi !

Du temps qu'on allait encore aux baleines, si loin qu'ça faisait, mat'lot ! pleurer nos belles, y avait des marins qui avaient la foi, et des grands seigneurs qui crachaient sur elle, y avait la Sainte-Vierge et y avait le Roi !

Eh bien, à présent, tout le monde est content, c'est pas pour dire, mat'lot, mais on est content !... y a plus d'grands seigneurs ni d'Jésus qui tiennent, y a la république et y a l'président, et y a plus d'baleines !

Ballades françaises. 1897. Flammarion.

Fouchet Max-Pol

(Saint-Vaast-la-Hougue, Manche, 1913 — Paris, 1981)

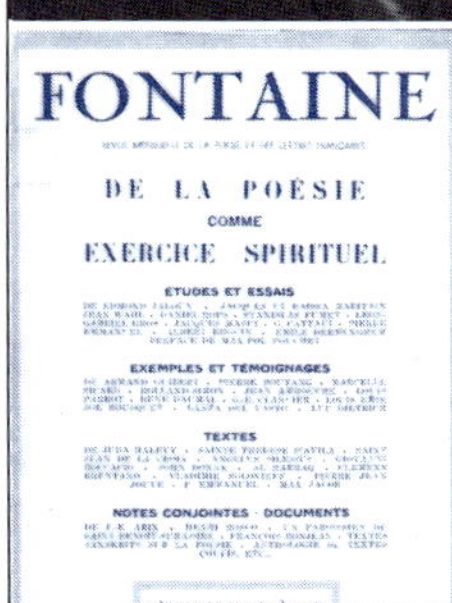

Fils d'un armateur aux opinions très républicaines, Max-Pol Fouchet, d'origine normande, fut élevé en Algérie. En effet, son père, blessé lors de la guerre 1914-1918, fut obligé de s'y fixer en 1923 pour des raisons de santé. Max-Pol Fouchet s'y engagea politiquement ; il y fut secrétaire des Jeunesses socialistes (1930-1933), et il y créa avec Charles Autrand et Edmond Charlot la revue *Fontaine* (1939-1948) qui joua un grand rôle poétique dans la résistance à l'oppression allemande. Max-Pol Fouchet effectua plusieurs missions en France occupée.

Après la guerre, il fit de grands voyages à travers le monde puis se fixa à Paris où ses émissions culturelles et poétiques à la radio et à la télévision lui valurent une grande audience.

F

Son œuvre poétique est peu abondante, mais elle est d'une grande qualité (*Simples sans vertu*, 1936 ; *Les Limites de l'amour*, 1942 ; *Demeure le secret*, 1961). Il est l'auteur d'une excellente *Anthologie thématique de la poésie française.*

POUR QUE DEMEURE LE SECRET

Pour que demeure le secret
Nous tairons jusqu'au silence

Nul oiseau n'est coupable
Du tumulte de nos cœurs

La nuit n'est pas responsable
De nos jours au fil de mort

Il n'est que grande innocence
Et des colonnes en marche

Mais les plaines soulignent
Notre solitude de leur blé.

Demeure le secret.
Le Mercure de France, 1961.

Foulon de Vaulx André
(Noyon, Oise, 1873 – Paris, 1951)

Sa famille était d'origine belge et l'on trouve dans sa poésie les brumes du Nord en de délicats tableaux teintés de mélancolie. La versification est traditionnelle et soignée comme celle des Parnassiens. Mais la tonalité est plutôt celle d'un symbolisme de plus en plus grave et résigné (*Les Jeunes tendresses,* 1894 ; *Les Floraisons fanées,* 1895 ; *Le Jardin désert,* 1889 ; *La Statue mutilée,* 1907 ; *La Fontaine de Diane,* 1901 ; *Les eaux grises,* 1913 ; *Le vent dans la nuit,* 1920 ; *Le Parc aux Agonies,* 1923). Il était en outre romancier, ayant écrit dix volumes sous le titre général *Les Âmes solitaires.*

LA BRUME SUR LES EAUX

Le ciel est un rouet qui file de la pluie.
Et par ce lent dimanche anglais l'âme s'ennuie
Comme si, l'endormant au bruit de son rouet,
Le ciel tissait de la tristesse, et la nouait
Et l'enroulait et la moulait autour de l'être.
Chaque fil d'eau l'étreint, l'étouffe, l'enchevêtre.
...

Les Eaux grises. Lemerre, 1913.

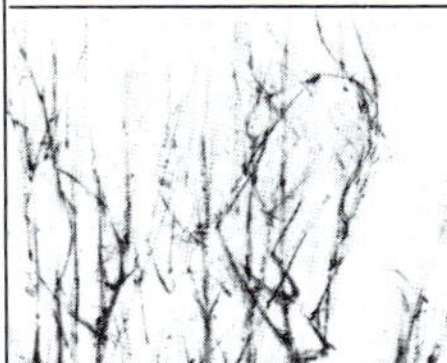

Fourest Georges
Limoges, 1867 — Paris 1945)

Après ses études de droit à Toulouse et à Paris, il devint avocat, mais il s'intéressa davantage à la littérature qu'au barreau, davantage aux cafés qu'au palais de justice. Ses cartes de visite portaient : « Georges Fourest, oisif, avocat loin de la cour d'appel ». Il fonda une revue littéraire, *L'Ermitage.*

En 1909, il fit paraître un recueil de poèmes burlesques, *La Négresse blonde,* qui rencontra un succès jamais démenti depuis. En des poèmes cocasses (voire loufoques) il se montre un humoriste à la Allais — mais en des vers d'une facture impeccable. Ses bouffonneries rimées ne sont pas toujours du meilleur goût, mais elles sont souvent irrésistibles, comme dans *Le Géranium ovipare* (1935).

LE CID

Va, je ne te hais point
Pierre Corneille.

Le palais de Gormaz, comte et Gobernador,
est en deuil : pour jamais dort couché sous la pierre
l'hidalgo dont le sang a rougi la rapière
de Rodrigue appelé le Cid Campeador.

Le soir tombe. Invoquant les deux saints Paul et Pierre
Chimène, en voiles noirs, s'accoude au mirador
Et ses yeux dont les pleurs ont brûlé la paupière
regardent, sans rien voir, mourir le soleil d'or...

Mais un éclair, soudain, fulgure en sa prunelle :
sur la plazza Rodrigue est debout devant elle !
Impassible et hautain, drapé dans sa capa,

le héros meurtrier à pas lents se promène :
« Dieu ! » soupire à part soi la plaintive Chimène,
« Qu'il est joli garçon l'assassin de Papa ! »

La Négresse blonde. Messein, 1909. José Corti.

Franc-Nohain (Maurice Étienne Legrand, dit) 1872-1934

Né dans le Nivernais, Maurice Legrand emprunta son pseudonyme au Nohain, affluent de la Loire. Il appartint à l'heureuse espèce des humoristes dans ses nouvelles et ses romans (*Jaboune,* 1910), dans ses pièces de théâtre (*La Grenouille et le Capucin,* 1900), et dans ses recueils de poèmes (*Flûtes,* 1898 ; *Chansons des trains et des gares,* 1900 ; *Dimanche en famille,* 1903) qu'il réunit dans *Le Kiosque à musique* (1922). Il fut surtout un spécialiste de la fable dont il renouvela le genre, mettant au service de l'humour le plus cocasse son habileté de versificateur en de petites « fables express » à la moralité inattendue ou reposant sur un calembour (*Fables,* 1921 ;

Nouvelles fables, 1927). Ses *Poèmes amorphes* furent publiés en édition posthume (1969).

Son fils, Jean Nohain (1900-1981), fut un parolier de chansons rendues célèbres par Mireille à partir de 1933.

F

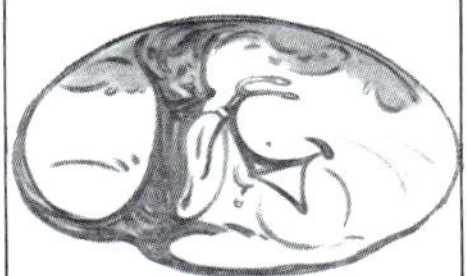

...
Le triangle orgueilleux a dit :
— Je rayonne au fronton des temples
Et c'est en mon milieu que l'œil de Dieu luit.

Mais voici dans les cieux une voix qui s'écrie :
— Toi qui te dis Science et te dis Harmonie,
Qui t'égales aux Dieux en d'insolents discours,

O Superbe, courbe la tête :
Tu ne seras jamais la roue de la bicyclette
Avec laquelle on va jusqu'à Saint-Petersbourg.

Le Kiosque à musique. Fasquelle, 1922.

Frédérique André
(Nanterre, 1915 — 1957)

Il semblait appartenir, comme tant d'autres, à l'espèce des poètes humoristes, mais son humour était noir et désespéré. Ses images pouvaient être insolites, elles renvoyaient à la désespérance de la vie quotidienne, et, un peu à la manière de Laforgue, c'est le tragique et la difficulté d'être qui s'expriment dans ses recueils (*Histoires blanches,* 1946 ; *Aigremorts,* 1947 ; *Poésie sournoise,* 1957). Il se donna la mort en 1957 « *l'orthopédiste aux dents d'alcool qui crachait des fleurs de néant* ».

NAISSANCE

Un homme de terre et une femme de fer
font un enfant de porcelaine

Un homme de mer et une femme de feu
font un enfant des tropiques
...

Histoires blanches. Le Mercure de France, 1946.

F

Frénaud André

(né à Montceau-les-Mines, 1907)

Ayant terminé ses études de droit et de philosophie, il devint en 1930 lecteur à l'université de Lwow, alors en Pologne (aujourd'hui en Union soviétique). Il se mit à voyager jusqu'en 1939.

Fait prisonnier, il resta en captivité de 1940 à 1942 et c'est alors qu'il commença à écrire les poèmes des *Rois mages* — sur le papier des sacs de ciment qu'il devait transporter. Il envoya ces textes à Pierre Seghers qui les publia sans connaître leur auteur (1943).

Le Margrave de Brandebourg m'a fait trier du sable
dans les pins
pour le cœur de la Bétonneuse,
et mon sang de ciment battait jusque dans mes songes.
...

Extrait de Brandebourg. Les Rois mages, seghers, 1943.

De retour en France, André Frénaud participa au recueil poétique clandestin de *L'Honneur des poètes* sous le pseudonyme de Benjamin Phélisse (voir Eluard).

Dans les nombreux recueils qui ont suivi, sa poésie s'est faite plus méditative, en de longs poèmes de forme libre et qui atteignent parfois un lyrisme où surgit une image tragique de l'homme, où « une sorte de stoïcisme y relierait l'espérance » (*Poèmes de dessous le plancher,* 1949 ; *Passage de la visitation,* 1956 ; *Il n'y a pas de paradis,* 1962 ; *L'étape dans la clairière,* 1966 ; *La sainte face,* 1968 ; *La sorcière de Rome,* 1973).

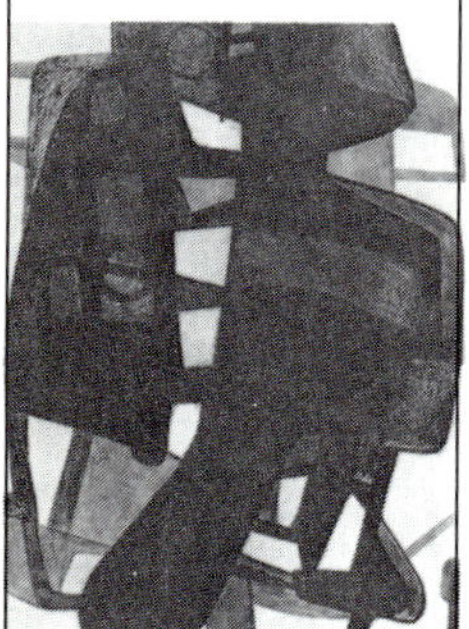

Illustration de M. Estève pour Tombeau de mon père

Haut de page : P. Seghers et La Résistance

F

Froissart Jean
(Valenciennes 1337 – vers 1410)

Il est surtout célèbre pour ses *Chroniques* qui relatent l'histoire anglaise et française des années 1326-1400 (les origines et la première partie de la guerre de Cent ans). Il voyagea beaucoup, en Angleterre, en Écosse, en Italie, etc. Il fut aussi un poète délicat dans *l'Espinette amoureuse, Le Trésor amour, Le Buisson de jeunesse,* etc. Il écrivit aussi un roman en 25 000 vers, *Méliador.*

Ses poèmes parlent d'amour, de fleurs, de jeunesse, de belle vie, *« car au boire prends grand plaisir ;/ Aussi fais-je en beaux draps vestir »/...*

Jean Froissart écrivant ses Chroniques

LES AMUSEMENTS ENFANTINS

J'étais assez jeune d'esprit
Pour ne me lasser jamais
De jouer aux jeux des enfants.
Lorsqu'ils ont moins de douze ans.
En premier lieu, et je m'excuse,
Je faisais bien une écluse
En un ruisseau d'une tuilette,
Puis je prenais une écuelle
Que je faisais naviguer en un val
D'un ruisseau ou d'une rigole
...

Adapt. G.J.

Cy commencent les croniques que fist sire Jehan Froissart lesquelles parlent des nouvelles guerres de france dangleterre ...
Affin que honnourables et nobles aduentures faittes en armes lesquelles sont aduenues par les guerres de france et dangleterre

Illustration des Chroniques, *XVe siècle (détail)*

G

Gace Brûlé
(Début du XIIIe siècle).

Ce trouvère et chevalier champenois vivait à la cour de Thibaut de Champagne dont il aurait été le maître en poésie. Il nous a laissé quatre-vingt-onze chansons (*À la douceur de la belle saison, De bon amour*, etc.).

LES OISILLONS DE MON PAYS

Les oisillons de mon pays
J'ai ouï en Bretagne ;
à leur chant m'est-il bien avis
qu'en la douce Champagne
je les ouïs jadis.
Si je ne me suis mépris.
Ils m'ont plongé en de si doux pensers
qu'à faire chanson me suis mis
jusqu'à ce que j'atteigne
ce qu'amour m'a longtemps promis.

Adapt. France Igly.

Gamarra Pierre
(né à Toulouse, 1919).

Il participa à la Résistance, à Toulouse, entre 1942 et 1944. Il écrivit alors des poèmes publiés dans des « feuilles de hasard » et repris ensuite dans la revue *Europe* dont il devint plus tard le rédacteur en chef (1949). Sa poésie est forte, souvent de forme traditionnelle, toujours mélodieuse, son inspiration est généreuse et fraternelle (*Essais pour une malédiction*, 1944 ; *Chanson de la citadelle d'Arras*, 1950 ; *Un chant d'amour*, 1958 ; *Pouchkine*, 1970 ; *Le Sorbier des oiseaux*, 1976).

G

Il a écrit des recueils pour les enfants, dont *Chanson de ma façon* (1962) et un délicieux recueil de fables, *La Mandarine et le Mandarin* (1970).

Écoute, écoute, la nuit claire
Glisse derrière les rideaux,
du côté du périphérique
ronflent des autos de velours.
...

Extrait de Barcarolle dans la ville. La Nouvelle Guirlande de Julie. Éd. Ouvrières, 1976.

Ganzo Robert
(Caracas, Venezuela 1898).

Fixé à Paris depuis son adolescence, il a été libraire ; il est attiré par la préhistoire et ses premiers recueils portent la marque de cet intérêt (*Orénoque*, 1937 ; *Lespugne*, 1940). Il estime que sa poésie est « l'explication au mieux de l'Homme ». D'une versification très classique, ses poèmes sont souvent écrits en octosyllabes (*Rivière*, 1941 ; *Domaine*, 1942 ; *Langage*, 1947 ; *Colère*, 1951 ; *Résurgences*, 1954).

...
La nuit organise ton rêve,
où de grands arbres tout vidés
dressent leur tronc, sans chair ni sève,
comme des squelettes fardés.
...

Orénoque. Gallimard, 1937.

Illustration pour Langage, *par G. Schneider, 1948*

Garelli Jacques
(né à Belgrade, 1931).

Poète fasciné par le propre matériau de la poésie — le langage —, il a publié sur ces problèmes un essai intitulé *La Gravitation poétique* (1966). Le poème qui « ne conduit à rien, sauf peut-être à lui-même » est ainsi proche d'une attitude philosophique (*Brèche*, 1966 ; *Les*

G

Dépossessions, suivi de *Prendre appui*, 1968 ; *Lieux précaires*, suivi de *La pluie belliqueuse du souvenir*, 1972).

Et le poète très souvent s'interroge sur son travail :

> ...
> *Ainsi je revendique ce mal*
> *je me détruis je me défais*
> *je me tue à cet ouvrage*
> *libre*
> *jusqu'au tréfonds de ma vision*

Les Dépossessions. Mercure de France, 1972.

Garnier Pierre
(né à Amiens, 1928).

L'évolution de l'œuvre de Pierre Garnier l'a mené d'une poésie sensible et forte (*Souche d'aubes*, 1951 ; *Vive-Cœur*, 1950 ; *Les Armes de la terre*, 1954 ; *La nuit est prisonnière des étoiles*, 1958) à une expression plus philosophique et aux recherches formelles abstraites, typographiques et sonores du « spatialisme » (*Manifeste pour une poésie nouvelle visuelle et phonique*, 1963 ; *Poèmes mécaniques*, 1965 ; *Esquisses palatines*, 1971). Cette école s'exprime depuis 1963 dans la revue *Les Lettres* que Pierre Garnier dirige. Ces « expériences » poursuivent des tendances très anciennes de notre poésie, sans être vraiment convaincantes.

Professeur d'allemand, Pierre Garnier est également traducteur (de Heine, G. Benn, etc.).

> *Nous eûmes une belle jeunesse. On perça*
> *Notre cœur qui n'avait pas fini de mourir.*
> *Sur notre enfance passèrent les soldats.*
> *Nous eûmes honte. L'homme par nous n'a pas*
> *fini de souffrir.*
> ...

Nous eûmes une belle jeunesse, Seconde géographie. Gallimard, 1959.

Gasquet Joachim
(Aix-en-Provence 1873 — Paris 1921).

Fils d'un boulanger, il écrivit des poèmes méditatifs dans un style néo-classique, harmonieux. (*L'Arbre et les Vents*, 1901 ; *Les Chants séculaires*, 1903 ; *Les Printemps*, 1909 ; *Le Paradis retrouvé*, 1911 ; *Les Hymnes*, 1919 ; *Le Bûcher secret*, 1921 ; *Les Chants de la forêt*, 1921).

Peu de temps avant de mourir, il fut le fondateur de *la Pléiade*, un groupe de sept poètes d'origine méridionale, qui constituèrent un groupe d'amis plus qu'une école et qui choisirent ce nom en référence — et révérence — à la Pléiade du XVIe siècle (La comtesse de Noailles, Pierre Camo, Charles Derennes, Xavier de Magallon, Fernand Mazade, Paul Valéry). À sa mort, Joachim Gasquet fut remplacé par Tristan Derème.

Il avait également écrit des pièces de théâtre (*Dionysos*) et des romans (*Tu ne tueras point*).

TRAVAIL DU MONDE

Oui, je sers à quelqu'un d'infini dans l'espace,
Je ne perds pas mes jours, mes pas ne sont pas vains ;
Cet ombre sur nos fronts qui passe et qui repasse
Est celle du Semeur dont nous sommes les grains.

...

Le Paradis retrouvé. Grasset, 1911.

Le Semeur, *par Millet*

G

Gautier Théophile
(Tarbes 1811 — Neuilly-sur-Seine 1872).

Son père ayant été nommé à l'octroi de Paris, il quitta Tarbes à l'âge de trois ans et il fut élevé dans la capitale ; il fit ses études au lycée Charlemagne (où il fut l'ami de Gérard de Nerval). Il se préparait à être peintre (on a gardé une de ses œuvres dans une église de la banlieue parisienne) mais la fréquentation des cénacles romantiques l'incita à écrire. Il participa à la bataille d'*Hernani* (1830) où son gilet rouge est resté célèbre. La même année il publia ses premières *Poésies* puis, en 1832, *Albertus ou l'Âme et le péché*, où, en bon romantique, il se montrait attiré par le fantastique, la sorcellerie, le Moyen Âge. Il devint romancier (*Mademoiselle de Maupin*), journaliste. Son recueil *La Comédie de la mort* (1838) affirma ses qualités poétiques et termina sa période romantique car il va alors passer du romantisme à une poésie annonçant le Parnasse, par la forme impeccable, par un certain stoïcisme, par un goût de la couleur violente et du trait bien marqué qui convient à son tempérament de peintre : il va choisir *« l'art pour l'art »* avec *España* (1845) suscité par un voyage en Espagne, et surtout avec *Émaux et Camées* (1852), son chef-d'œuvre.

Caricature de Th. Gautier sur une assiette

Le sentiment semble disparaître sous la perfection formelle et le pittoresque. En réalité, c'est une forme de pudeur. On commence à réévaluer l'importance de la poésie de Théophile Gautier et la valeur littéraire d'une œuvre dont se réclamèrent des poètes très différents comme le parnassien Leconte de Lisle et Baudelaire qui lui dédia ses *Fleurs du Mal* (1857) : « Au parfait magicien ès-

G

langue française, à mon très cher et très vénéré maître et ami Théophile Gautier. »

Il a eu le mérite de dégager la poésie (et l'art) de préoccupations extérieures et de rappeler l'importance du travail technique.

Il fut également écrivain de théâtre, critique d'art, romancier ; *Le Capitaine Fracasse*, 1863, est un chef d'œuvre toujours vivant.

Th. Gautier, caricature

L'ART

Oui, l'œuvre sort plus belle
D'une forme au travail
Rebelle
Vers marbre, onyx, émail.

Point de contraintes fausses !
Mais que pour marcher droit
Tu chausses,
Muse, un cothurne étroit.

Fi du rythme commode,
Comme un soulier trop grand,
Du mode
Que tout pied quitte et prend !
...

1857. Joint à Émaux et Camées.

Genet Jean
(né à Paris, 1910).

Ses romans autobiographiques où il s'est confessé (*Notre-Dame des Fleurs*, 1944) ont été longuement présentés par Jean-Paul Sartre dans *Saint Genet, comédien et martyr*. Il a également écrit pour le théâtre (*Les Paravents*, 1961).

G

Ses poèmes d'une facture classique magnifient les déviances (*Le Condamné à mort*, 1942 ; *Poèmes*, 1948) et la solitude tragique des marginaux essentiels.

...
Valse feuille à l'envers et brouillards égarés
À quel arbre nouer, fleur du vent cette écharpe ?
Mon doigt casse le gel du bois de votre harpe
Fille des joncs debout les cheveux séparés.

Au bord de ma casquette un brin de noisetier
De travers accroché l'oreille me chatouille.
Dans votre cou j'écoute un oiseau qui bafouille
Et dorment mes chevaux debouts dans le sentier.
...

Un Chant d'amour. Poèmes. Gallimard, 1951.

Ghil René
(Tourcoing 1862 — Paris 1925).

D'origine belge par son père, poitevine par sa mère, il fut élevé dans les Deux-Sèvres jusqu'à l'âge de huit ans. Puis ce furent Paris, la Commune de 1871 (qui devait le marquer), les études et la première publication, *Légendes d'âmes et de sang* (1885) où le transformisme, la philosophie, la science et la poésie se conjuguaient dans une œuvre dont l'essentiel restait encore à venir, mais qui serait unifiée. Ce livre lui valut l'intérêt de divers écrivains, en particulier de Mallarmé. Son *Traité du Verbe* (1886) précisa la théorie reposant sur le rythme et les sons, annonçant ainsi les recherches du lettrisme et du spatialisme. Il continua à publier des ouvrages de réflexion et d'études (*De la poésie scientifique*, 1909), à la philosophie un peu obscure.

Il publia son œuvre poétique proprement dite sous le titre général de *Dire du mieux (Le Meilleur Devenir*, 1899 ; *Le*

Geste ingénu, 1889 ; *La Preuve égoïste*, 1890 ; *Le Vœu de vivre*, 1906 ; *L'Ordre altruiste*, 1909 ; etc.). Tous ses recueils sont méticuleusement rangés et combinés dans des ensembles et sous-ensembles qui font penser aux imbrications de quelque utopiste socialisant.

Il appliqua ses principes dans sa versification, souvent de façon très marquée (« mon violon gouttant-goutté d'azur qui pleuve ! ») dans une tonalité très symboliste et, en même temps, il refusa le « symbolisme », c'est-à-dire l'école précisément datée puisque pour lui toute poésie est symbole — et parfois ses textes torrentiels semblent d'allure moderne.

René Ghil, par Félix Vallotton

...
Ah ! sur les terrasses en prenant nos épaules
longtemps, parmi la nuit d'étoiles à meurtrir
notre gloire, passons ! Mes yeux pleurent les mondes
qu'ils n'ont point vus, et qu'ils ne verront pas : les ondes
de leur lumière où mon être mortel ne doit
s'épanouir, ouvert en la limite seule
de son expansion ! ouvert ! pour qu'en émoi
le traverse le plus de la Matière-aïeule...
...

L'Ordre altruiste, vol II, livre V de Dire du mieux.

Gide André
(Paris 1869 - 1951).

Languedocien par son père (mort en 1880), normand par sa mère, élevé dans la tradition protestante, il se tourna très jeune vers la littérature (*Les Cahiers et les Poésies d'André Walter*, 1891 et 1892). Avec *Les Nourritures terrestres* (1897) et *L'Immoraliste* (1902), il rejeta les interdits de la tradition. *La Porte étroite* (1909) affirma ses qualités littéraires. Il participa à la fondation de la NRF, ce qui lui permit de jouer un rôle

G

LES CAHIERS

D'ANDRÉ WALTER

ŒUVRE POSTHUME

PARIS

LIBRAIRIE ACADÉMIQUE DIDIER

PERRIN ET Cie, LIBRAIRES-ÉDITEURS

35, QUAI DES GRANDS-AUGUSTINS, 35

1891

Tous droits réservés.

important dans la littérature française ; avec *Les Caves du Vatican* (1914), il atteignit une grande célébrité qui devait le mener jusqu'au prix Nobel (1947).

Il avait donc commencé sa carrière littéraire par *Les Cahiers et les Poésies d'André Walter*, vers un peu décadents, très « fin de siècle », à la préciosité un peu mièvre. On trouve ses *Poèmes* de 1892, 1895, et 1897 dans ses *Œuvres complètes.*

Mais c'est dans *Les Nourritures terrestres* et dans *Les Nouvelles Nourritures* (1935) que se trouve le sentiment poétique le plus fort, sous forme de véritables poèmes en prose où s'exprime un panthéisme lyrique exclamatif même en dehors des *Rondes* qui parsèment l'ouvrage.

Je sais la source où j'irai rafraîchir ma paupière,
Le bois sacré, je connais le chemin,
Les feuilles, la fraîcheur de cette clairière ;
J'irai, le soir, quand tout saura s'y taire
...

Nourritures terrestres. Livre septième.
Gallimard, 1897.

Gilbert Nicolas Florent
(Fontenay-le-Château 1751 — Paris 1780).

Fils de paysans lorrains, il ne réussit pas à imposer son cours public de littérature à Nancy, il ne parvint pas à obtenir de prix à divers concours de l'Académie française, il mourut à moins de trente ans à l'Assistance publique à Paris. Et comme son chef-d'œuvre, *L'Ode imitée de plusieurs psaumes* (ou *Adieux à la vie*) a des accents déchirants, Gilbert est devenu l'exemple du poète malheureux annonçant le romantisme :

...
Au banquet de la vie, infortuné convive,
J'apparus un jour et je meurs.
Je meurs ; et, sur ma tombe où lentement j'arrive,
Nul ne viendra verser des pleurs.
...

En réalité, il fut protégé par la Cour et l'Archevêché de Paris contre les philosophes qu'il combattit, car il fut un poète satirique de talent (*Le Dix-huitième siècle,* 1775 ; *Mon apologie,* 1778). Et s'il mourut à l'hôpital, ce fut d'une chute de cheval. Ses *Épîtres,* ses *Odes* (*Sur le jugement dernier,* 1773) ont de la vigueur. Ses poésies élégiaques ont effectivement une tonalité préromantique et son enthousiasme le conduisit souvent à quelques beaux vers comme dans son *Jugement dernier* qui s'achève par une vision splendide :

...
L'Éternel a brisé son tonnerre inutile ;
Et d'ailes et de faux dépouillé désormais,
Sur les mondes détruits le Temps dort immobile.

Gilson Paul
(Paris 1906 - 1963).

Critique de cinéma à ses débuts dans le journalisme (1928), puis grand reporter, il devint adjoint au rédacteur en chef de Radio-Luxembourg en 1936. Après un séjour aux États-Unis où il était délégué officiel de la Radio diffusion-télévision française, il assura à partir de 1946 la direction des services artistiques de la RTF et il eut l'occasion d'y aider largement la diffusion de la culture.

Sa propre poésie est influencée par le romantisme allemand, comme le furent

G

La Valette, grand maître de l'ordre de Malte

celles de Nerval et d'Apollinaire dont il a su reprendre le chant. Mais il sut allier ce romantisme traditionnel au merveilleux du monde moderne (*À la vie à l'amour,* 1943 ; *Ce qui me chante,* 1956 ; *L'Arche de Noël,* 1960 ; *Enigmarelle,* 1963). Il obtient le prix Apollinaire en 1951.

Ai-je été Roi des Deux-Siciles
Quand les sirènes s'envolaient
en riant aux anges des îles
par les fenêtres du palais

ou bien ce Chevalier de Malte
qu'un souvenir de l'Orient
invitait l'instant d'une halte
à croquer la lune en croissant

Rien ne témoigne de mes fables
dont s'enchantèrent les oiseaux
qu'une défroque d'incroyable
oubliée au portemanteau.

L'Arche de Noël. Seghers, 1960.

Chevalier de Malte

Giraut de Borneilh

Giraut ou Guiraut **de Borneilh** ou de Bornelh
(Excideuil, Limousin, fin du XIIe siècle — début du XIIIe siècle).

De ce troubadour nous connaissons quatre-vingts chansons (dont quarante notées) et une chanson d'aube souvent citée qui commence par une belle invocation à Dieu : *« Roi glorieux vraie lumière et clarté, Dieu puissant, Seigneur, s'il vous plaît »...*

Il allait de château en château, l'été, accompagné de deux jongleurs qui chantaient ses œuvres. Protégé d'Alphonse VIII de Castille, il prit part à la troisième Croisade. Il prônait une poésie simple.

Ai grande joie quand je me souviens de l'amour
Qui tient mon cœur ferme sous sa dépendance ;
L'autre jour, vins dans un verger, de fleurs
Tout couvert, de chants d'oiseaux résonnant,
Et quand je fus dedans ce beau jardin,
Lors m'apparut la belle fleur de lys,
Qui captiva mes yeux, saisit mon cœur,
Tant, que depuis ne peux reprendre ni sens
Ni esprit d'elle à qui me suis soumis

(Adapt. F. Igly).

Glatigny (Joseph Albert Alexandre, dit Albert)
Lillebonne, Seine-Maritime, 1839 — Sèvres, 1879.

Fils d'un charpentier devenu gendarme et fixé à Bernay dans l'Eure en 1844, par sa vie et ses œuvres il dément l'idée que tous les poètes parnassiens furent un peu froids et compassés.

Après divers petits métiers, à Pont-Audemer, il écrivit une pièce de théâtre, un drame en trois actes, en vers (et rédigé en quatre jours) : *Les Bourgeois de Pont-Audemer*. À dix-sept ans, il se joignit à une troupe de comédiens ambulants et parcourut la France tout en écrivant d'autres pièces. La lecture des *Odes funambulesques* de Théodore de Banville l'incita à se tourner vers la poésie avec *Les Vignes folles* (1857).

De ville en ville, l'acteur-écrivain rédigeait des pièces en vers et divers recueils qui naissaient directement de sa vie errante (*Les Flèches d'or*, 1864 ; *Le Fer rouge*, 1871 ; *Gilles et Pasquins*, 1872).

Il mourut d'une maladie de poitrine

G

qu'il avait sans doute contractée en passant plusieurs jours dans une cellule de Bocognano en Corse, après une arrestation arbitraire par un gendarme qui l'avait confondu avec un assassin alors recherché.

Sa poésie est colorée, vive, toujours harmonieuse et souvent originale, d'une versification traditionnelle mais très assouplie.

Glatigny, caricature de Ka-Mill 1868 (détail)

HALTE DE COMÉDIENS

La route est gaie. On est descendu. Les chevaux
Soufflent devant l'auberge. On voit sur la voiture
Des objets singuliers jetés à l'aventure :
Des loques, une pique avec de vieux chapeaux.

Une femme, en riant, écoute les propos
Amoureux d'un grand drôle à la maigre structure ;
Le père noble boit et le conducteur jure ;
Le village s'émeut de ces profils nouveaux.

En route ! et l'on repart. L'un sur l'impériale
Laisse prendre une jambe exagérée. Au loin
Le soleil luit, et l'air est plein d'odeurs de foin.

Destin rêve, à demi couché sur une malle,
Et le Roman comique au coin de la forêt
Tourne un chemin rapide et creux, et disparaît.

Mont-de-Marsan, 1868. Gilles et Pasquins. Lemerre, 1872.

G

Glissant Édouard
(né au Lamentin, Martinique 1928).

Edouard Glissant
Haut de page : paysage de La Martinique

Romancier et poète, il a publié tout d'abord *Un champ d'îles* (1953) qui est consacré à ses Antilles natales et *Terre inquiète* (1956). L'originalité des *Indes* (1956) impose la vision épique du poète : en six chants, c'est, depuis Christophe Colomb, l'histoire d'un continent et des îles mais c'est aussi un grand souffle poétique lyrique. L'œuvre d'Édouard Glissant s'est poursuivie avec force et puissance (*Le Sel noir*, 1960 ; *Le Sang rivé*, 1961).

GLOIRE

Les reines du nouvel azur lèvent de leur pays sans frein !
Fleuve de frondaisons, et chemin du matin.
De l'aube même, de l'azur, et hennissaient les bêtes,
J'ai vu que vous faisaient gloire et tristesse les vieux mots,
Et ce mirage, Cet embrasement,
Cavales maintenant très connues, et domptées !
...

Le Sang rivé. Présence africaine, 1961.

Godeau Georges-Louis
(né à Villiers-en-Plaine, Deux-Sèvres 1921).

Rien de plus simple, apparemment, que les courts et denses poèmes en prose de Georges-Louis Godeau ; il parle des gens qu'il rencontre dans ses loisirs ou son travail des Ponts et chaussées ; ou il les fait parler. Mais il possède un rare secret : rendre sensible l'intense poésie de la vie quotidienne.

Il avait commencé par écrire des poè-

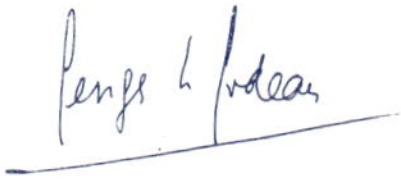

mes plus traditionnels (*Javelines,* 1953 ; *Rictus,* 1954). Mais c'est à partir des *Mots difficiles* (1962) qu'il a trouvé un ton personnel, plein d'humanité fraternelle (*Les Foules prodigieuses,* 1970 ; *Le Fond des choses,* 1974 ; *À tête reposée,* 1975 ; *Venez, je vous emmène,* 1979). Poésie sans artifice, poésie de la vie simple.

ACCORD TACITE

Bourse du travail, la rue est étroite. Une Mercedes qui vire tient à peine. Son capot rouge se reflète dans l'œil des ouvriers qui se rangent sans un mot, un geste, un rire. Le conducteur est un joueur de l'équipe adverse. Entre les matches, l'indifférence est la règle du jeu. C'est pour ça qu'il a coupé au court et qu'il passe lentement, la tête pleine de ses affaires.

Venez, je vous emmène. Éd. Ouvrières, 1979.

Godel Vahé
(né à Genève, Suisse 1931).

Poète de Suisse romande d'origine arménienne, Vahé Godel écrit que « nous sommes tous plus ou moins exilés : dans le temps, dans l'espace, dans le langage ». C'est un des thèmes essentiels de sa poésie. (*Morsures,* 1954 ; *Homme parmi les hommes,* 1958 ; *Entre l'Arve et le Rhône,* 1960 ; *Rouages,* 1963 ; *Que dire de ce corps,* 1966 ; *Signes particuliers,* 1969 ; *Les Lunettes noires,* 1972 ; *Épreuves,* 1972).

Ouvre-moi
je n'ai pour tout bagage
que ce corps dépouillé
calciné
par le froid

Que dire de ce corps ?
Millas-Martin, 1966.

Goffin Robert
(né à Ohain, Belgique 1898).

Avocat à Bruxelles, membre de l'Académie royale de langue et de littérature françaises, il fut un grand voyageur, un musicologue averti, un romancier fécond (*Le Roi du Colorado,* 1955), un essayiste (*Fil d'Ariane pour la poésie,* 1964) — et un poète qui utilisa aussi bien le vers libre (à ses débuts) que le vers traditionnel classique (*Rosaire des soirs ; Jazz-band,* 1922 ; *La proie pour l'ombre,* 1935 ; *Couleur d'absence ; Pérou,* 1940 ; *États-Unis ; Le Voleur de feu,* 1950 ; *Filles de l'onde ; Le Temps sans rives,* 1958 ; *Sources du ciel,* 1964 ; *Sablier pour une cosmogonie,* 1966 ; *Le Versant noir,* 1967).

PLUIE ARTIFICIELLE

Au-dessus des déserts barbelés de cactus
Le Pilote encensait de sa neige chimique
La fraîche transhumance d'un blanc cumulus
Et le semeur lacéra le nuage oblique
Dans le bleu virginal du ciel de Santa-Fe
L'averse caressa les immensités chaudes
Que léchaient les troupeaux de moutons assoiffés
Et pour un soir l'herbe eut sa teinte d'émeraude
...

Le Voleur de feu. Ecran du monde, Bruxelles, 1950.

Goll Yvan
(Saint-Dié 1891 — Paris 1950).

Il écrivit et publia ses premiers vers en allemand, inaugurant ainsi une expression poétique en plusieurs langues. Après avoir fréquenté les expressionnistes berlinois (1912), il se réfugia en Suisse pendant la guerre 1914-1918 et participa aux courants pacifistes, avec Pierre-Jean Jouve, Romain Rolland, Stefan Zweig, James Joyce, etc. Il écrivit alors

G

des poèmes en français (*Élégies internationales,* 1915 ; *Requiem pour les morts de l'Europe,* 1916). Installé à Paris après la guerre, il fréquenta les milieux artistiques et littéraires d'avant-garde, dadaïsme puis surréalisme, sans appartenir toutefois aux mouvements (bien qu'il ait publié une revue intitulée *Surréalisme*) et tout en gardant sa propre originalité, alliant les images surréalistes à son lyrisme originel et à la musique de la complainte populaire (*Poèmes d'amour,* avec Claire Goll, 1925 ; *Poèmes de jalousie,* id, 1926 ; *Poèmes de la vie et de la mort,* id. 1927 ; *Chansons malaises,* 1934 ; *Jean sans terre,* 1936).

Il s'exila en Amérique pendant la seconde guerre mondiale, y fonda sa revue *Hémisphères* et il écrivit en anglais. Il revint en France en 1947 où il poursuivit son œuvre (*Élégie d'Ihpetonga,* 1949 ; *Le Char triomphal de l'antimoine,* 1949). Parurent encore plusieurs recueils posthumes (*Les Géorgiques parisiennes,* 1951 ; *Les Cercles magiques,* 1951). Traducteur et animateur, Yvan Goll joua un très grand rôle dans la vie culturelle et les échanges internationaux.

...
La phalène de mes narines
Bat à peine encore des ailes
Où sont incrustés mes yeux d'or
Quelqu'un s'appropriera mon rêve
Avec son dernier battement
...

Les Cercles magiques. Seghers, 1951.

Goll (Claire Studer, épouse)
1891 — Paris 1977.

Elle épousa le poète Yvan Goll en 1917. Elle écrivit avec lui *Les Poèmes d'amour* (1925) ; *Les Poèmes de jalousie* (1926) ; *Les Poèmes de la vie et de la mort* (1927). Romantique et passionnée, elle écrivit de beaux poèmes d'amour et des traductions (*Les Larmes pétrifiées,* 1951 ; *Chansons indiennes,* 1952 ; *Le Cœur tatoué,* 1958 ; *L'Ignifère,* 1967).

Pourquoi n'ai-je pas conservé
Tes souvenirs précieux
Et préservé l'aulne
Que tu jetais sur nos routes ?...

Démonie. Les Larmes pétrifiées. Seghers.

Gourmont Rémy de
(Bazoches-en-Houlme, Orne 1858 — Paris 1915).

Cet écrivain raffiné et cultivé, dans la mouvance du symbolisme dont il fut le critique avisé, travaillait à la Bibliothèque nationale, mais il fut révoqué après un article intitulé « Le joujou-patriotique » (1891). La fin de sa vie fut difficile : un lupus lui rongea le visage et le défigura. Ses poèmes, parfois emprunts de sensualité, sont savants et soignés (*Hiéroglyphes,* 1894 ; *Les Oraisons mauvaises,* 1900 ; *Simone,* 1901 ; *Les Divertissements,* 1912). Il a été l'un des créateurs du *Mercure de France.* Il fut également romancier (*Sixtine).*

Autoportrait

Simone, il y a un grand mystère
Dans la forêt de tes cheveux.

Tu sens le foin, tu sens la pierre
Où des bêtes se sont posées ;
Tu sens le cuir, tu sens le blé,
Quand il vient d'être vanné ;
Tu sens le bois, tu sens le pain
Qu'on apporte le matin...

Simone.
Mercure de France, 1901.

Gracq (Louis Poirier, dit Julien)
né à Saint-Florent-le-Viel, Maine-et-Loire 1910.

Toute son œuvre a reçu l'influence surréaliste, mais il s'est tenu à l'écart du mouvement lui-même, comme à l'écart des agitations et des modes. Elle a reçu également l'influence du romantisme comme du fantastique du Moyen Âge : œuvre de culture. Il a été professeur agrégé d'histoire et de géographie. Il est l'auteur de romans célèbres (*Le Rivage des Syrtes* pour lequel il refusa le prix Goncourt en 1951). Il a publié des recueils de poèmes en prose (*Liberté grande,* 1947 ; *Lettrine I et II,* 1967, 1974) mais on considère que le style soigné de ses romans les apparente à la poésie.

Gregh Fernand
(Paris 1873 – 1960).

Il publia en 1894 dans la *Revue de Paris* (dont il était le secrétaire de rédaction) un article sur Paul Verlaine dont il était le disciple, avec un poème-pastiche, *Le Menuet*, que des lecteurs hâtifs prirent pour un original — ce qui attira l'attention sur lui.

La tristesse des menuets
Fait chanter mes désirs muets,
Et je pleure
D'entendre frémir cette voix
Qui vient de si loin, d'autrefois,
Et qui pleure...

Dès lors, il publia des recueils d'une poésie délicate et dans la lignée du symbolisme (*La Maison de l'enfance,* 1896 ; *La Beauté de vivre,* 1900). Il lança le manifeste de l'*Humanisme* (1902), aux thèmes vagues et généreux. Son œuvre se poursuivit dans une tonalité romantique et subtile (*Les Clartés humaines,* 1904 ; *La Chaîne éternelle,* 1910 ; *La Couronne douloureuse,* 1917 ; *Couleurs de la vie,* 1923 ; *Le Mot du monde,* 1957).

Il a créé et animé diverses revues (*Le Banquet, Les Lettres*). Il a été élu à l'Académie française (1953).

Gringore, ou **Gringoire** Pierre
(Caen, entre 1475 et 1480 – vers 1535).

Auteur de poèmes moraux (*Le Château du labour ; Notables Enseignements*), ou satiriques (*Folles Entreprises ; Abus du monde*) et de divers mystères (*Le Mystère de Saint Louis,* 1513). Sa sottie *Le Jeu du Prince des sots et de la mère sotte* (1512) fut écrite à la demande de Louis XII contre le pape Jules II.

Victor Hugo en a fait l'un des personnages de son roman *Notre-Dame de Paris* (1831) Théodore de Banville en a fait le héros de sa comédie *Gringoire* (1866).

Grosjean Jean
(né à Paris, 1912).

Ordonné prêtre en 1939, Jean Grosjean fut vicaire de diverses paroisses après la guerre et la captivité, puis retourna à la vie laïque en 1950, ayant déjà publié *Terre du temps* (1946). Ses séjours au Proche-Orient et son passage au séminaire lui ont permis d'apprendre l'arabe, l'araméen, l'hébreu. Influencé par Rimbaud et Claudel, sa poésie exprime un mysticisme profond dans une langue lyrique, imagée, fleurie (*Hypostases,* 1950 ; *Le Livre du juste,* 1952 ; *Fils de l'homme,* 1953 ; *Majestés et Passants,* 1955 ; *Austrasie,* 1961 ; *Élégies,* 1967 ;

G

Frontispice pour Le Jeu du prince des sots et de la mère sotte

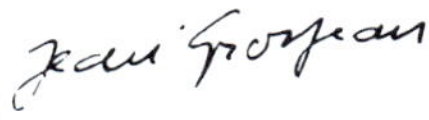

G

La Nuit de Saül, 1970 ; etc.). Il a traduit des textes bibliques (*Les Prophètes,* 1955). Jean Grosjean écrit une poésie religieuse qui évoque un dialogue permanent avec le Dieu de l'Ancien Testament.

Éternel entends ma clameur, vienne à toi ma prière.
Ne me détourne pas ta face au jour de ma détresse.
Quand je crie, penche ton oreille, et me secours en hâte.
...

Les Lamentations. Les Prophètes. Trad. de l'hébreu, Gallimard, 1955.

Guérin Georges Maurice de
(Le Cayla, près d'Albi 1810 — 1839).

Les poèmes de Maurice de Guérin donnent un curieux exemple du mélange du christianisme et du panthéisme. Il fut séminariste, mais il revint à la vie laïque et se maria — puis il retourna au château du Cayla. Phtisique, il mourut jeune en laissant quelques beaux poèmes en prose ou en vers, publiés après sa mort par les soins de sa sœur Eugénie (*Le Cahier vert,* 1832-1835 ; *Sur la mort de Marie,* 1836 ; *La Bacchante,* 1837 ; *Glaucus*). Une profonde mélancolie s'entend dans ses vers.

Si vous passez ici, colombes passagères,
Gardez-vous de ces eaux : les larmes sont amères.

La Roche d'Onelle. Septembre 1832.

Guillaume de Lorris

Guillaume de Lorris
(Lorris, près de Montargis ? — vers 1230).

Il fut l'auteur de la première partie du *Roman de la Rose,* comprenant quatre mille soixante-huit vers octosyllabes, qu'il écrivit à la fin de sa vie. La seconde partie (dix-huit mille vers !) fut composée par Jean Chopinel, dit Jean de Meung, quarante ans plus tard.

Le Roman de la Rose eut une grande

importance au Moyen Âge. C'est un art d'aimer, un code d'amour courtois, qui utilise continuellement le procédé littéraire de l'allégorie. L'amant veut conquérir la Rose, au Jardin du Royaume de l'Amour et il est gêné par Haine, Félonie, Vilenie, Convoitise, Envie, etc. Les personnages sont Bel Accueil, Franchise, Pitié, etc. Ce procédé semble parfois un peu monotone, mais on trouve dans ce long poème de subtiles analyses psychologiques, une mélancolie touchante lorsqu'il évoque *« Le Temps, qui s'en va nuit et jour, / Sans repos prendre, sans séjour, / Qui nous fuit d'un pas si feutré / Qu'il semble toujours arrêté »*, et une sensibilité poétique réelle lorsque Guillaume de Lorris évoque le printemps :

...
Au mois de mai par un beau jour,
Au temps plein de joie et d'amour,
Au temps où toute chose est gaie,
Car on ne voit buisson ni haie
Qui, en mai, se parer ne veuille
Et couvrir de nouvelle feuille.
...

L'offrande du cœur (Le Roman de la rose), *tapisserie*

Guillaume de Machaut ou Machault
(vers 1300-1305 — Reims 1377).

Poète et musicien, Guillaume de Machaut fut secrétaire de Jean de Luxembourg, roi de Bohême, à partir de 1323, et, à ce titre, il parcourut l'Europe. En 1337, devenu chanoine, il se fixa à Reims où il écrivit des poèmes (quatre-vingt mille vers !) et où il composa la musique de ballades, rondeaux, virelais, de nombreux poèmes à formes fixes, d'une messe, en tout 142 pièces.

Ses poèmes traitent d'amour courtois en utilisant l'allégorie (*Dits du lion ; des*

Allégorie sur Guillaume de Machaut (détail)

quatre oiseaux ; de La Fontaine amoureuse ; etc.). Son poème le plus célèbre est *Le Voir dit* (Histoire vraie), roman d'amour de neuf mille vers, inspiré soit par Agnès, princesse de Navarre, sœur du roi Charles, soit par la jeune Péronne d'Armentières qui n'avait pas vingt ans, alors qu'il en avait soixante. Ce long roman contient des passages pleins de charme :

Mon cœur, ma sœur, ma douce amour,
Oy de ton ami la clamour,*
Mon cœur, ma sœur, ma douce amour.

*Entends.

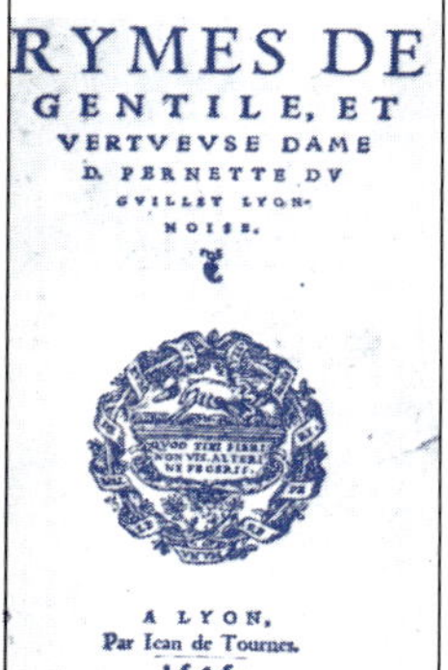
RYMES DE
GENTILE, ET
VERTVEVSE DAME
D. PERNETTE DV
GVILLET LYON-
NOISE.

A LYON,
Par Iean de Tournes.
1545.

Guillet Pernette du
(Lyon vers 1520 — 1545).

Elle appartint à la grande école lyonnaise qui, dans la première partie du XVIe siècle, eut entre autres mérites celui de réunir de nombreuses femmes-poètes dont les deux plus importantes furent Louise Labé et Pernette du Guillet.

À seize ans, elle épousa du Guillet. Mais elle inspira un vif amour au maître de cette école lyonnaise, Maurice Scève, et c'est elle qu'il chanta dans sa célèbre *Délie*. Pernette du Guillet mourut à vingt-cinq ans. Antoine du Moulin publia alors ses vers : *Les Rymes de gentille et vertueuse dame Pernette du Guillet, Lyonnaise.*

Ses poèmes s'inspirent des thèmes de l'amour qu'elle exprime avec un raffinement et une certaine sagesse, qui laissent cependant percer souvent l'émotion.

Pour contenter celui qui me tourmente
Chercher ne veux remède à mon tourment,
Car en mon mal voyant qu'il se contente,
Contente suis de son contentement.

G

Guillevic Eugène
(né à Carnac, 1907).

Né à Carnac, dans le pays *terraqué*, Guillevic le quitta très jeune pour le Nord industriel. Son adolescence se passa en Alsace, dans le Haut-Rhin, près de la frontière suisse (où il apprit l'allemand et le dialecte alsacien). Il se fixa à Paris en 1935 où il mena une carrière de fonctionnaire des finances (inspecteur de l'Économie nationale). Pendant l'occupation allemande (1940-1944), il a participé au recueil collectif, résistant et clandestin, *L'Honneur des poètes*, sous le pseudonyme de Serpières (voir Éluard).

Sa poésie s'est inspirée à la fois de sa Bretagne natale et de son engagement politique communiste (*Requiem*, 1938 ; *Terraqué*, 1942). Sous une concision voulue, de plus en plus marquée, sa poésie elliptique, économe, touche cependant souvent le lecteur (*Fracture*, 1947 ; *Elégies*, 1948 ; *Gagner*, 1949). Sous l'influence directe d'Aragon en 1953 et lointain du Jdanovisme stalinien, il fut un moment tenté par une versification plus traditionnelle et plate, par une poésie directement militante qui ne lui convenait pas (*Trente-et-un sonnets*), mais il est heureusement revenu à son chant personnel de *Terre à bonheur* (1952, son chef-d'œuvre), *Carnac* (1961), *Sphère* (1963), *Euclidiennes* (1967), *Ville* (1969), *Parois* (1971), *Encoches* (1971), *Inclus* (1973), *Du domaine* (1977), *Etier* (1979), *Autres* (1980), *Trouées* (1981). Dans ces

G

livres, une suite de textes courts constitue comme un seul poème, une longue méditation sur la vie, les autres, le monde. Ce laconisme minéral, « matérialiste », peut être aussi déchiffré comme une quête métaphysique.

J'ai vu le menuisier
Tirer parti du bois.

J'ai vu le menuisier
Comparer plusieurs planches.

J'ai vu le menuisier
Caresser la plus belle.

J'ai vu le menuisier
Approcher le rabot.

J'ai vu le menuisier
Donner la juste forme.

Tu chantais, menuisier,
En assemblant l'armoire.

Je garde ton image
Avec l'odeur du bois.

Moi j'assemble des mots
Et c'est un peu pareil.

Terre à bonheur. Seghers, 1952.

Guiraut de Borneilh

Voir Giraut de Borneilh

Guttinger Ulrich

(Rouen 1785 – Paris 1860).

Il fut l'un des innombrables poètes romantiques. Riche et courtois, il fréquentait le salon de Nodier. Il fut l'ami d'Alfred de Musset qui lui dédia des vers, tout comme Sainte-Beuve dont Guttinger avait terminé le roman *Arthur*. Après beaucoup d'hésitation, Ulrich

Salon mondain au XIXe siècle

Guttinger publia ses poèmes : *Mélanges poétiques* (1824) ; *Le Bal, Poésies* (1834) ; *Les deux âges du poète* (1844). Ses vers agréables illustrent le romantisme de son époque.

LA MER

Voici, voici la plage où la mer écumante,
À travers les rochers s'élançait sur nos pas ;
Où je voyais Elvire et craintive et charmante
Chercher un asile en mes bras !

...
Un rivage désert, des rochers, des tempêtes,
Furent les seuls témoins de nos premiers serments ;
Et la vague imprévue enveloppant nos têtes,
Couvrit les baisers des amants !
...

Mélanges poétiques, 1824.

Haraucourt Edmond

(Bourmont, Haute-Marne 1857 — Paris 1941).

Son premier recueil fut anonyme : *La Légende des sexes, poèmes hystériques par le sire de Chamblay* (Bruxelles, 1883). Il reprit quelques-uns de ces poèmes dans *L'Âme nue* (1885), mais, par la suite, sa poésie fut sérieuse, méditative, et parfois religieuse (*Seul*, 1891 ; *L'Espoir du monde*, 1899 ; *La Passion*, poème dramatique, 1890). Il fut également romancier et dramaturge, tout en étant conservateur du musée du Trocadéro (1894), puis directeur du musée de Cluny (de 1901 à 1925).

Sa poésie, de forme traditionnelle, contient quelques beaux vers.

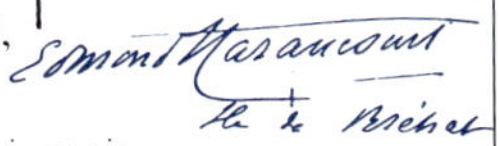

Les plus beaux vers sont ceux qu'on n'écrira jamais.
Fleurs de rêve dont l'âme a respiré l'arôme.
Lueurs d'un infini, sourires d'un fantôme.
Voix des plaines que l'on entend sur les sommets...

Seul, 1891, Fasquelle.

Hardellet André

(Vincennes 1911 — 1974).

Tantôt rattaché à Carco, tantôt à Nerval, l'œuvre d'André Hardellet unit en effet le quotidien des faubourgs et le fantastique merveilleux. Mis en chanson par Guy Béart, quelques-uns de ses textes sont devenus populaires sans que son nom soit très connu (*Le Bal chez Temporel, Tout comme avant*, etc.). Mais sa poésie suscite un surréalisme très évocateur et elle n'est pas seulement l'attendrissement qui naît d'un air de romance. Elle incite au rêve comme le reconnaissait André Breton, et elle traque l'insolite en vers et en prose (*La Cité Mongole*, 1952 ; *Le Luisant et la Sorgue*, 1954 ; *Sommeils*, 1960 ; *Les Chasseurs*, 1966 ; *Le Seuil du jardin*, 1967).

POÈME

Le mystère — c'est la voix étouffée des ramoneurs derrière les murs, et le parcours de la Grange-Batelière sous l'Opéra.

...

La douceur — c'est un vol de chouette, sous le taillis, au crépuscule.

...

Le rêve — c'est l'instant où tombe enfin la robe des clairières.

...

La Cité Mongole. Seghers, 1952.

Hébert Anne

(née à Québec 1916).

Romancière reconnue, elle est l'un des meilleurs poètes québecois. Pierre Emmanuel a dit d'Anne Hébert : « Réduite à l'essentiel, cette langue refuse tous les prestiges qui la rendraient habitable... Un vers austère, sec rompu, soigneusement exclu de la musique : des poèmes comme tracés dans l'os, par le point d'un poignard » (Cité par J. Rousselot).

Ses œuvres : *Les Songes en équilibre* (1942), *Tombeau des rois* (1953), etc. ont été réunis dans un volume de *Poèmes* (1960).

NEIGE

La neige nous met en rêve sur de vastes plaines, sans trace ni couleur
Veille mon cœur, la neige nous met en selle sur des coussins d'écume
Sonne l'enfance couronnée, la neige nous sacre en haute mer, plein songe, toutes voiles dehors
La neige nous met en magie, blancheur étale, plume gonflée où perce l'œil rouge de cet oiseau
Mon cœur ; y trait de feu sous des palmes de gel file le sang qui s'émerveille.

Poèmes. Le Seuil, 1960.

Heredia José Maria de

(Santiago de Cuba 1842 — Bourdonné, Seine-et-Oise 1905).

Ses ancêtres furent des *Conquistadores* ; l'un d'eux, fonda Carthagène des Indes (aujourd'hui en Colombie). José Maria de Heredia naquit d'un père d'origine espagnole et d'une mère française (une Gérard d'Houville). Son père étant mort (1849), le jeune José Maria fut envoyé en France où il fut pensionnaire à Senlis (1851). Après un retour provisoire à Cuba (1858-1861), il regagna la France où il se fixa définitivement. Tout en commençant à écrire, à publier quelques vers, il acquit une formation historique très érudite à l'École des chartes. Il rencontra alors Leconte de Lisle (en 1863) dont il devint un fidèle — et il participa à la première publication des poètes du Parnasse.

Il écrivit presque uniquement des sonnets, publiés séparément dans des revues et journaux, dans les publications du *Parnasse contemporain* (1866, 1871, 1876), et il les réunit dans un seul livre, *Les Trophées* (1893).

Ces cent dix-huit sonnets (et quelques *Terza rima*), d'une perfection formelle inégalée, sont nourris de sa prodigieuse érudition historique et artistique. Chacun d'eux est une œuvre d'art, petit tableau, bijou finement travaillé, sur un thème qui donne l'occasion d'une image pittoresque. Mais la plupart de ces sonnets n'ont pas la froideur que l'on prête à la perfection parnassienne. Non seulement ils ont souvent l'éclat exotique ou la coloration violente dus aux origines de José Maria de Heredia, mais ils suscitent une poésie véritable, ayant en eux « à la fois beaucoup de science et beaucoup de rêve » comme disait Jules Lemaître. La langue française y sonne superbement et leur lecture provoque ce plaisir musculaire propre à la poésie dont parlait André Spire.

José Maria de Heredia fut élu à l'Académie française en 1894 et nommé conservateur de la Bibliothèque de l'Arsenal en 1901.

Heredia en Conquistador

LES CONQUÉRANTS

Comme un vol de gerfauts hors du charnier natal,
Fatigués de porter leurs misères hautaines,
De Palos de Moguer, routiers et capitaines
Partaient, ivres d'un rêve héroïque et brutal.

Ils allaient conquérir le fabuleux métal
Que Cipango mûrit dans ses mines lointaines,
Et les vents alizés inclinaient leurs antennes
Aux bords mystérieux du monde occidental.

Chaque soir, espérant des lendemains épiques,
L'azur phosphorescent de la mer des Tropiques
Enchantait leur sommeil d'un mirage doré ;

Ou, penchés à l'avant des blanches caravelles,
Ils regardaient monter en un ciel ignoré
Du fond de l'Océan des étoiles nouvelles.

Les Trophées, 1893.

Hugo Victor
(Besançon 1802 – Paris 1885).

Le plus grand, le plus célèbre, le plus varié, les plus abondant des poètes français.

Sa mère était nantaise, son père lorrain, alors commandant, puis général d'empire. Le jeune Victor fut élevé à Paris, aux Feuillantines. Encore écolier, il commença à écrire et il obtint des récompenses de l'Académie française (1817) et des Jeux floraux de Toulouse (1819). Il se consacra à la littérature et fonda le journal *Le Conservateur littéraire* avec ses frères. Il était alors catholique et monarchiste.

En 1822, il épousa Adèle Fouché et fit paraître son premier recueil de poèmes, *Odes et Poésies diverses*, puis ses premiers romans, *Han d'Islande* (1823), *Bug-Jargal* (1824). La « bataille d'*Hernani* », à l'occasion de la première représentation de son drame à la Comédie-française (1830) marqua le début du triomphe du romantisme. À 28 ans, Victor Hugo devint le chef de ce mouvement littéraire et artistique.

Ses succès en littérature s'accompagnent d'une vie privée plus difficile ; commence en 1833 sa longue liaison avec Juliette Drouet, une actrice qui abandonna le théâtre pour consacrer sa vie au poète. À cette époque, il travaillait intensément : romans (*Notre-Dame de Paris*, 1831), drames (*Ruy Blas*, 1838), poèmes (*Les Feuilles d'automne*, 1831 ; *Les Chants du crépuscule*, 1835 ; *Les Voix intérieures*, 1837 ; *Les Rayons et les Ombres*, 1840). La mort accidentelle de sa fille Léopoldine, jeune mariée, en 1843, tarit provisoirement sa production poétique.

Victor Hugo, par Devéria

Juliette Drouet, par L. Noël

H

Le Vieux Briseur de fer, *caricature de André Gill, 1879*

Victor Hugo se tourna alors vers l'action politique et il fut nommé pair de France (1845). Exprimant des idées généreuses, il fut élu député, étant devenu républicain après la révolution de 1848, par amour de la liberté et par souci des humbles.

Après le coup d'état de Louis-Napoléon Bonaparte, il s'exila (1851), d'abord à Bruxelles, puis à Jersey et enfin à Guernesey et il resta ainsi en dehors de la France près de vingt ans. C'est là qu'il écrivit de nombreux chefs-d'œuvre poétiques (*Les Châtiments*, 1853 ; *Les Contemplations*, 1856 ; *La Légende des siècles*, 1859 ; *Les Chansons des rues et des bois*, 1865) ou romanesques (*Les Misérables*, 1862).

Il subit bien des souffrances dans sa vie, ayant vu mourir sa mère, son premier fils, ses frères, sa fille Léopoldine, puis sa femme, ses fils Charles et François-Victor, interner sa deuxième fille. Sa poésie porte la marque de ces malheurs.

Revenu en France avec la République (1870), il fut dès lors entouré de gloire et d'honneurs. Quand il mourut, on lui fit des funérailles nationales et il fut inhumé au Panthéon.

Son œuvre est gigantesque, il a excellé dans tous les genres. À la poésie pittoresque des *Orientales* a succédé l'effusion lyrique des *Feuilles d'automne* et des *Chants du crépuscule* où l'épanchement, la confidence, la mélancolie, imposent une certaine image du romantisme. Peu à peu, son panthéisme s'est affirmé (*Les Voix intérieures*) et il en vint à voir dans la « fonction du poète » une mission sacrée de conducteur des foules et de guide (*Les Rayons et les Ombres*). Les circonstances politiques lui permirent de donner libre cours à sa colère dans *Les Châtiments* où il fustigea la dictature de Napoléon III, retrouvant la verve de la satire. Il raconta l'épopée de l'humanité dans *La Légende des siècles.*

Sa poésie la plus intime s'élargit à tous les aspects de la souffrance humaine (*Les Contemplations*). On trouve dans ses derniers recueils aussi bien la tendresse de *L'Art d'être grand-père* (1877) que des réflexions scientifiques (*L'Âne*, 1880) ou métaphysiques (*Les Quatre Vents de l'esprit*, 1881).

Il a utilisé toutes les ressources du vers français, brisant les rythmes, multipliant les rimes, les images, les sonorités, et son œuvre poétique est une inépuisable réserve de beauté.

Demain, dès l'aube, à l'heure où blanchit la campagne,
Je partirai. Vois-tu, je sais que tu m'attends.
J'irai par la forêt, j'irai par la montagne.
Je ne puis demeurer loin de toi plus longtemps.

Je marcherai les yeux fixés sur mes pensées,
Sans rien voir au dehors, sans entendre aucun bruit,
Seul, inconnu, le dos courbé, les mains croisées,
Triste, et le jour pour moi sera comme la nuit.

Je ne regarderai ni l'or du soir qui tombe,
Ni les voiles au loin descendant vers Harfleur,
Et quand j'arriverai, je mettrai sur ta tombe
Un bouquet de houx vert et de bruyère en fleur.

Octobre 1847. Les Contemplations, 1856.

Humeau Edmond

(né à Saint-Florent-le-Vieil, Maine-et-Loire 1907).

Ayant participé à la revue *Esprit* de 1933 à 1965, ayant fréquenté l'école poétique buissonnière de Rochefort-sur-Loire, ayant été l'un des animateurs de la revue *La Tour de Feu* qui lui a consacré un numéro spécial, *L'Humeaudière* (1979), Edmond Humeau est resté un poète original, au style très personnel, à l'inspiration indépendante.

Ses textes à la syntaxe raffinée imposent une poésie mystérieuse, baroque et harmonieuse (*Maintenant*, 1931 ; *D'ombre câline au buisson*, 1956 ; *La Main fulcrée s'est ouverte*, 1958 ; *Le Tambourinaire des sources*, 1970 ; *L'ensemble se tient*, 1976 ; *Prise de regard*, 1980). Son œuvre poétique est réunie dans *Plus loin l'aurore* (1977), *L'Âge noir* (1979), *Le Temps dévouré* (1982).

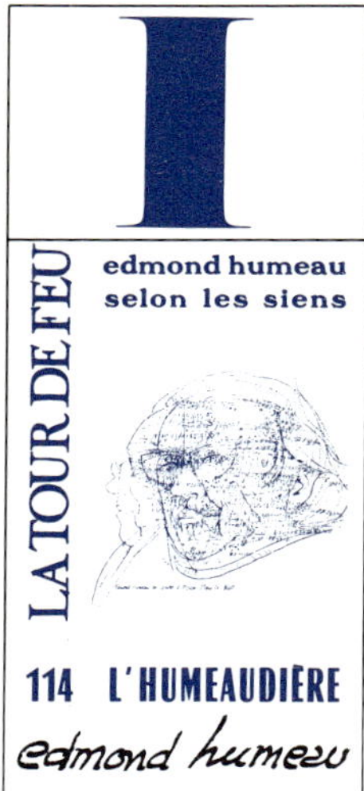

LE DOMAINE DES ALOUETTES

Ne pousse pas plus haut tes yeux.
Le ciel se règle sur l'envol
D'un bleu si limpide qu'il revient
Mordre l'horizon de l'aile haute
Glaçant le miroir en son abîme.
...

La Nouvelle Guirlande de Julie.
Éd. ouvrières, 1976.

Imbert Jacques
(né à Dieulefit, 1942).

Président de l'association « Poésie-Rencontres », l'une des associations les plus vivantes en France pour la poésie présente. Auteur avec Pierre Ceysson d'une remarquable étude sur le discours poétique : *La Poésie comme un langage* (1978).

Il a publié un recueil : *Les Abords du temps* (1980) dont la densité métaphysique est sans doute très rare chez les jeunes poètes de ce temps.

La lampe éclaire le centre de la table
A cet endroit il n'y a rien.
De part et d'autre, dans l'ombre
Deux assiettes sont posées.
Des mains lentes se meuvent
Et tolèrent parfois des croissants de lumière.

Les Abords du temps. Saint-Germain-des-Près, 1980.

Jabès Edmond
(né au Caire, 1912).

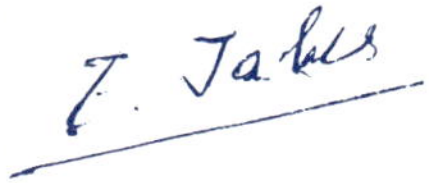

Poète égyptien, il écrit en français et vit en France depuis 1957. Il appartient à cette catégorie très originale de poètes juifs contemporains, pour lesquels la poésie est *la question* majeure que l'homme pose au monde et à Dieu par l'intermédiaire de l'écrit, du « Livre ».

Pour lui, et selon sa propre expression, la poésie se propose de « *rendre le mot visible, c'est-à-dire noir* ».

Son œuvre poétique est contenue dans le recueil *Je bâtis ma demeure* et dans les six volumes du *Livre des questions*, publiés en 1963, 1964, 1965, 1967, 1969, 1979.

Cette poésie est tout entière dans « ce qui n'est pas dit » par le poète ; et dans ce que chacun des mots écrits par lui réveille chez le lecteur.

« Le lecteur seul est réel », dit encore Jabès.

CHANSON POUR MON ENCRE FIDÈLE

...
Si tu étais verte, tu serais les larmes de l'arbre
Si tu étais bleue, tu serais le socle de l'air
Mais tu es toi-même et ce sont d'austères châteaux que nous élevons ensemble. Il y a une Princesse malheureuse dans chacun d'eux que je délivre. Il y a une aimée pour chaque page et c'est toujours celle que j'aime.
Si tu étais blanche, tu te noierais dans les yeux
Si tu étais rouge, tu serais l'amante du feu.
Noire, tu es à ma portée et nous faisons ensemble des miracles redoutés.

Je bâtis ma demeure. Gallimard, 1959.

Jaccottet Philippe
(né dans le canton de Vaud, Suisse 1925).

Poète suisse de langue française. Après des études de lettres à l'université de Lausanne, Philippe Jaccottet s'instal-

J

le en France, à Grignan dans la Drôme, où il travaille à son œuvre poétique et à son métier de traducteur. La poésie de Jaccottet est une poésie dépouillée, simple, réduite à l'essentiel et qui cherche à retenir dans les mots « ce qui demeure ». Surtout quand on ferme les yeux :

Quels yeux nous faudra-t-il
et quelle patience
ou quelle cécité plutôt soudaine
pour voir le jour ?

Parmi ses recueils : *L'Effraie,* 1954 ; *Airs,* 1967. On ne saurait oublier, lorsqu'on évoque le poète, que Jaccottet est un merveilleux traducteur, un « recréateur » en français des poètes : Hölderlin, Rainer Maria Rilke, Ungaretti, etc., et du très grand romancier autrichien Robert Musil (*L'Homme sans Qualités*).

ARBRES I

Du monde confus, opaque
des ossements et des graines
ils s'arrachent avec patience

afin d'être chaque année
plus criblés d'air

Champ d'Octobre. Gallimard, 1967.

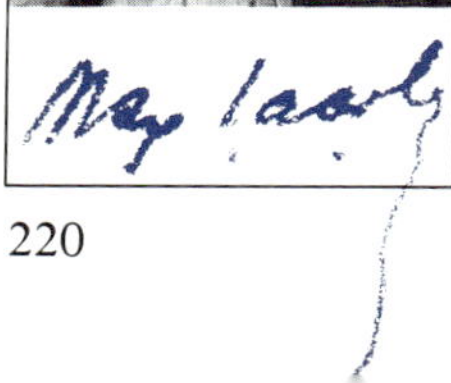

Jacob Max
(Quimper 1879 - Camp de Drancy 1944).

Il est né dans une famille de petits antiquaires juifs. Il « monta » à Paris après d'excellentes études secondaires et exerça un peu tous les métiers : professeur de piano, clerc d'avoué, balayeur de magasin, employé de commerce, journaliste, critique d'art, peintre, astrologue, et même (selon lui)... bonne d'enfants !

En 1901, il se lie d'amitié et pour la vie, avec Pablo Picasso. Il vit quelque temps avec le peintre et fréquente les artistes de Montmartre : Guillaume

Apollinaire, André Salmon, Francis Carco, etc. A cette époque il publie deux livres pour les enfants : *Le Roi Kaboul et le Marmiton Gauvin* (1903) et *Le Géant du soleil* (1905). Mais personne, à l'exception de ses intimes, ne se doute que « Max » est un poète important.

En 1917 cependant un recueil de poèmes en prose, *Le Cornet à dés* et *Le Laboratoire central* (1921) allaient le révéler.

Cependant, Max Jacob, qui vit « la vie de bohème », a le 7 octobre 1909 une vision. Il l'a racontée :

« Je suis revenu de la Bibliothèque nationale ; j'ai déposé ma serviette, j'ai cherché mes pantoufles et, quand j'ai relevé la tête, il y avait quelqu'un sur le mur. Il y avait quelqu'un sur la tapisserie rouge. Ma chair est tombée par terre. J'ai été déshabillé par la foudre. Oh ! inépuisable seconde ! Oh ! vérité, vérité ! Larme de vérité ! Joie de la vérité ! Inoubliable vérité ! Le corps céleste est sur le mur de la pauvre chambre ! »

Il va alors prendre l'habitude de séjourner, et de plus en plus longtemps, à Saint-Benoît-sur-Loire, où il vit à l'ombre du monastère. Converti au christianisme, il continue cependant à écrire et à peindre, et publie entre autres : *Les Pénitents en maillots roses,* 1922 ; *Filibuth ou la montre en or,* en 1924, etc. Bientôt il ne quitte plus Saint-Benoît où il vit humblement et joue assez souvent le rôle de sacristain. C'est là que de jeunes poètes, comme René Guy Cadou lui rendent de ferventes visites. Et le 22 février 1944 la Gestapo l'arrête comme juif. Il est alors interné au camp de Drancy où il meurt d'une congestion pulmonaire le 5 mars 1944.

Max Jacob, c'est tout à la fois la fan-

Autoportrait

Max Jacob, par Picasso

page suivante : Max Jacob couronné de lauriers, par Picasso, 1928

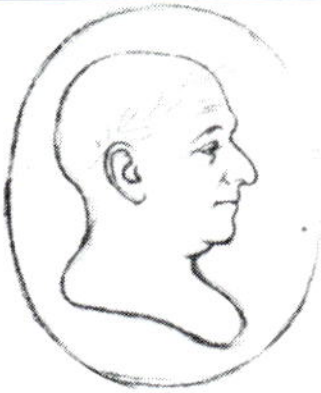

taisie, l'humour, la tendresse, l'enfance, l'émerveillement, la malice. Jean Cocteau disait de lui : « Nul mieux que Max n'a réussi ce miracle : se rendre invisible, tromper l'œuvre à force de transparence et donner en pâture à l'époque un homme de paille qu'elle puisse brûler sans l'atteindre. »

C'est-à-dire que sous des dehors très fantaisistes se cache un très grand poète du cœur. Comme en témoigne ce texte :

AMOUR DU PROCHAIN

Qui a vu le crapaud traverser une rue ? c'est un tout petit homme : une poupée n'est pas plus minuscule. Il se traîne sur les genoux : il a honte, on dirait... ? Non ! il est rhumatisant, une jambe reste en arrière, il la ramène ! où va-t-il ainsi ? il sort de l'égout, pauvre clown. Personne n'a remarqué ce crapaud dans la rue. Jadis, personne ne me remarquait dans la rue, maintenant les enfants se moquent de mon étoile jaune[1]. Heureux crapaud ! tu n'as pas d'étoile jaune.

Derniers poèmes. Gallimard, 1945.

1. L'étoile de tissu jaune que les nazis obligeaient les Israélites à porter sur leurs vêtements.

Jammes Francis
(Tournay 1868 – Hasparen 1938).

Francis Jammes a vécu la plus grande partie de son existence à Orthez au pays basque. Depuis sa toute première jeunesse il écrivait des vers et en 1893 il définit sa poésie de la manière suivante : « J'ai fait des vers faux et j'ai laissé de côté, ou à peu près, toute forme et toute métrique »... « Mon style balbutie, mais j'ai dit la vérité... ». Tout est dans cet « à peu près ». Car sous des dehors gauches, naïfs et maladroits la poésie de Francis Jammes est en fait très subtile, secrète et savoureuse.

Il vint à Paris, y fréquenta les écrivains dont André Gide, et se lia d'une très vive amitié avec le poète Charles

Guérin, auteur du *Cœur solitaire.* Mais c'est dans sa province qu'il vivait le mieux.

Et Francis Jammes chante la campagne, les anciens villages, les gens humbles, tout en exprimant une foi chrétienne profonde et comme candide. Dans deux recueils surtout : *De l'Angélus de l'aube à l'Angélus du soir* (1898) et dans *Le Deuil des primevères* (1899). Il est également l'auteur de récits en prose : *Clara d'Ellébeuse,* par exemple et *Le Roman du lièvre.*

Sa manière est inimitable : « Il ne s'agit pas d'un poète, au sens professionnel du mot disait de lui Paul Claudel, il ne s'agit pas de prosodie, il ne s'agit pas d'écriture, il s'agit d'une voix. »

Je suis dans un pré où coule de l'eau froide dans l'herbe,
le long des cerisiers sur des joncs des cailloux.
Les filles mettront des fleurs du pré vert en gerbes
pour la procession quand le temps sera doux,
les fleurs qu'on appelle bouquets faits, les joncs roses.
Les jeunes filles seront en blanc et, le soir
La procession jonchera le reposoir
le curé dira de bien, bien belles choses...

De l'Angélus de l'aube à l'Angélus du soir. Mercure de France, 1898.

J

ALMANACH
du
Père Ubu

Jarry Alfred
(Laval 1873 – Paris 1907).

On le connaît surtout pour être l'immortel créateur du *Père Ubu.*

Jarry est également un poète, et on peut même dire qu'il est surtout, tant par sa vie que par son œuvre, un poète.

Il fit de très bonnes études dans sa ville natale, puis à Saint-Brieuc, puis à Rennes, enfin au lycée Henri IV à Paris. Il y prépara l'Ecole normale supérieure et s'y lia d'une vive amitié avec le futur poète du *Piéton de Paris,* Léon-Paul Fargue.

Puis il abandonna ses études et, à la mort de sa mère qui lui laisse un petit héritage, il s'installe en pleine campagne, dans un wagon, et là au milieu des champs il écrit... Des poèmes (*Les Minutes de sable mémorial,* 1894), des romans, (par exemple *Le Surmâle,* 1902) et *Ubu-Roi,* représenté pour la première fois en 1896 au théâtre de l'Œuvre à Paris dont Jarry est secrétaire général. La première représentation fut un scandale ; et ceci dès la réplique par laquelle débute la pièce, le fameux « Merdre » que le grand acteur Firmin Gémier lançait dans la salle d'une voix tonitruante.

Jarry avait écrit la première version d'*Ubu Roi* pour des marionnettes alors qu'il avait quinze ans et qu'il voulait ridiculiser un de ses professeurs de physique. Mais cette pièce dans laquelle Jarry dénonce la bêtise, l'égoïsme, l'absurdité « ubuesque » de certains aspects de la vie ne doit pas faire oublier le poète Alfred Jarry, inventeur, comme tous les grands poètes, d'un langage. Jarry pouvait s'exprimer sur tous les tons ; il aurait pu être un très grand poète « fantastique », un poète lyrique délicieux, car sous le sarcasme et l'énormité de ses propos perce assez souvent une espèce de tendresse triste pour les hommes.

Sa vie elle-même fut un vrai poème. Les farces et aventures et réflexions cocasses qu'on lui prête sont innombrables ; et l'on raconte qu'au moment de mourir, dans la misère la plus noire, rongé par l'alcool, à l'hôpital de la Charité à Paris, il n'avait réclamé qu'un « cure-dent » !

...

..*J'en ai vu trois, j'en ai vu six*
Des géants monstrueux assis
Sur les talus et les glacis
Et sur les piédestaux des marbres,
Avec leurs gros bras raccourcis.
Et leurs barbes comme des arbres
Et leurs cheveux flambent au vent
Sur l'immobile paravent
Des murailles monumentales
J'ai vu six géants dans leurs stalles.

Les Minutes de sable mémorial.
Au Repaire des géants, Tapisseries.
Le Mercure de France, 1894.

Dessins d'Alfred Jarry pour Ubu Roi

J

Jaufré Rudel, manuscrit français, XIIIe *siècle*

Jaufré ou **Geoffroi Rudel**

(XIIe siècle ; Blaye — Tripoli).

Troubadour, né à Blaye (Gironde). Selon la légende, ce seigneur, cadet des comtes d'Angoulême, serait devenu amoureux de la comtesse de Tripoli à partir du portrait que des pèlerins revenant de Terre sainte lui avaient fait d'elle. Il serait alors parti pour l'Orient pour mourir dans les bras de sa belle.

On a retrouvé de lui six poèmes qui chantent son amour lointain, avec beaucoup de pudeur, de tendresse, d'amertume et un goût très « précieux » pour la nature.

« J'ai assez de maîtres de chant autour de moi et de maîtresses prés et vergers arbres et fleurs trilles d'oiseaux leurs lais leurs cris par la douce saison suave où pourtant j'ai bien peu de joie de nulle gaieté je ne peux jouir comme du plaisir de l'amour... »

J'ai assez de maîtres de chant.
Adapté par J. Roubaud. Les Troubadours, Seghers.

Jean de Meung, manuscrit du XIIIe *siècle*

Jean de Meung ou Meun

(de son vrai nom, Jean Clopinel ou Chopinel, c'est-à-dire « le boîteux »)
Meung-sur-Loire 1250 — vers 1305.

Il est surtout connu comme étant l'auteur de la seconde partie du *Roman de la Rose* dont la première partie avait été composée par Guillaume de Lorris. Dans les dix-huit mille vers de la seconde partie du *Roman de la Rose,* Jean de Meung, qui était un érudit très savant, évoque le monde et la société de son temps, d'une manière réaliste et ironique. À la différence de son prédécesseur qui avait écrit une histoire d'amour allégorique et obscure, Jean de Meung est par certains côtés un poète « politique ».

DISCOURS DE FAUX-SEMBLANT

De travailler je n'ai que faire,
On a trop de peine à travailler ;
J'aime mieux prier devant les gens
Et déguiser ma ruse
Sous le manteau de papelardise.
— Qu'est-ce diable. Que dis-tu ?
— Qu'est-ce que tu racontes ici ?
Quoi ? — Une déloyauté si voyante !
Tu ne crains donc pas Dieu ? — Non certes
Celui qui craint Dieu en ce siècle
Ne peut arriver à rien.
Car les bons qui évitent le mal
Et vivent avec loyauté,
Ont à peine de pain pour vivre.
De tels gens boivent trop de malheur,
Et aucune vie ne me déplaît autant.
...

Le Roman de la Rose, adapt. G.J.

J

Jean de Meung

Jean Bodel d'Arras

Voir Bodel d'Arras Jean.

Jodelle Etienne

(Paris 1532 — 1573).

Ami de Rémy Belleau et de Ronsard, membre de la Pléiade, il est considéré comme un des précurseurs du théâtre classique par sa tragédie *Cléopâtre captive* qu'il fit représenter en 1552 devant le roi Henri II.

Il mourut à quarante et un ans, couvert de dettes.

Son œuvre dramatique fait en général oublier qu'il fut l'auteur de poèmes très vigoureux et originaux.

Passant dernièrement les Alpes au travers,
J'entends les Alpes hauts, dont les roches cornues
Paraissent en hauteur outrepasser les nues —
Lorsqu'ils étaient encor de neige tous couverts
...

Les sonnets pour Diane.

Joubert Jean

(né à Montargis, 1928).

Ce professeur, spécialiste de littérature américaine, est un poète qui exprime avec une très grande précision la vision d'un monde proche, familier et qui dégage, sans aucune « littérature », le fantastique dans le quotidien. Jean Joubert est également romancier et il a obtenu en 1975 le prix Renaudot pour son roman *L'Homme de sable.* Il a écrit également de ravissants contes pour enfants. Le principal de son œuvre poétique a été rassemblé dans ses *Poèmes* (1977).

LE FOUR

Lorsque cesse le pain
croissent la rônce
et le sommeil des pierres

ah qu'une jeune main
enfin ravive l'ordre la saveur

et qu'un désir renoue la trace ancienne
pour qu'un enfant de laine
se retourne disant

C'est ma maison j'en pousserai la porte
et je verrai mon père et ma mère et le feu.

Cinquante toiles pour un espace. Grasset, 1982.

Jouve Pierre Jean

(Arras 1887 — Paris 1966).

Pierre Jean Jouve, poète et romancier, a exprimé, tant dans ses récits que dans sa poésie, les mêmes obsessions : l'homme est placé à la frontière du bien et du mal, de Dieu et de Satan, de l'amour charnel et de l'amour mystique.

Sa poésie, difficile, cherche à descendre dans les zones obscures du désir, de la sexualité (la psychanalyse a beaucoup influencé Jouve). Elle est tout entière une tentative pour forcer les mots à exprimer tout leur sens. « Le poète est un diseur de mots », écrivait Jouve. Parmi ses recueils : *Les Noces, Sueurs de sang* (1966), *Diadème,* etc. Pendant l'occupation allemande, il se réfugia en Suisse, où il écrivit *La Vierge de Paris,* exaltant la Résistance. Il a exercé une très grande influence sur des poètes aussi différents que Paul Éluard et Pierre Emmanuel.

K

...
Jeune j'aimais le temps
Je ne supportais pas d'être le plus jeune
J'aimais la graminée quand elle a ses graines
les arbres quand ils s'étendent comme la musique
Jeune j'aimais les vieux
À présent je penche avec mon ombre sur l'autre
versant celui qui descend
Je ne sais plus j'ai goûté plusieurs temps
Peut-être avec la vieillesse reviendra le calme...
...

Songe. Les Noces. Gallimard. 1966.

Kahn Gustave
(Metz 1859 — Paris 1936).

Ce poète « symboliste » a formulé la théorie du vers libre. « L'unité du vers, écrivait-il, peut se définir encore : un fragment, le plus court possible, figurant un arrêt de voix et un arrêt de sens. Pour assembler ces unités et leur donner la cohésion de façon qu'elles forment un vers, il les faut apparenter. Les parents s'appellent allitérations, soit union de consonnes parentes ou assonances et allitérations de vers comme celui-ci :

Des mirages
de leur visage
garde le
le lac
de mes yeux.

K

Mais cette théorie ne saurait faire oublier les mérites d'un poète qui avait un sens très musical des mots, même si cette musique peut sembler un peu laborieuse et désuète aujourd'hui.

Les yeux sont doux d'avoir contemplé
des mers d'argent bleui et des jardins près de la vague.
Ils ont gardé l'air attentif
et blessé par la douce musique
d'avoir entendu les plus belles chansons
dans la douce langue des confins de la mer
la plus ardente et parfumée,
la divine Méditerranée
...

Provence. Le Livre d'Images. Le Mercure de France, 1897.

Kegels Anne-Marie
(né à Dunes, Tarn-et-Garonne 1912).

Anne-Marie Canet est d'origine française. Depuis son mariage, elle vit en Belgique, enrichissant ainsi cette poésie francophone si vigoureuse en ce pays. Elle a participé au groupe poétique « Jeune Faune » et à sa revue (1948) qui annonçait « l'École d'Arlon ». Depuis *Douze poèmes pour une année* (1950), elle a développé une œuvre lyrique à la poésie dense s'exprimant le plus souvent dans des vers de facture classique mais pleins de sensibilité (*Rien que vivre*, 1951 ; *Chants de la sourde joie*, 1955 ; *Lumière adverse*, 1970 ; *Les Chemins sont en feu*, 1973).

LA ROSE

Donnez-moi la rose,
Souveraine,
Pétrie de couleurs,
Etourdie de parfums,
— Celle que juin a séduite
Et qui garde le silence,
Ineffablement,
Telle une femme oppressée
Au faîte de son amour.

Les Chemins sont en feu. Rougerie, 1973.

K

Keineg (Paol Queinnec dit Paol)
Quimerc'h, Finistère 1944.

Ce jeune poète est un militant de « l'Union démocratique bretonne » et sa poésie, dans ses premiers recueils, apparaît surtout comme une poésie de combat. Il y proclame la solidarité des Bretons avec les Occitans, les Basques, les Noirs des USA. Mais cette poésie de combat n'est pas une poésie de propagande ; elle est très souvent une expression lyrique et forte de « l'âme de la Bretagne ». Citons de lui *Lieux communs,* suivi de *Dahut* (1974).

...
J'accepte ce pays parfumé de ronces,
où ricochent des vents de lumière jusqu'aux
falaises de la nuit forées d'oiseaux rêches
où les femmes entrent à l'église, prudentes
étouffées
— et les hommes, les garçons, raides, rasés ruminent la rumeur du dehors
...

Chroniques et croquis des villages verrouillés. P.-J. Oswald, 1971.

Kiesel Frédéric
(né à Arlon, Belgique 1923).

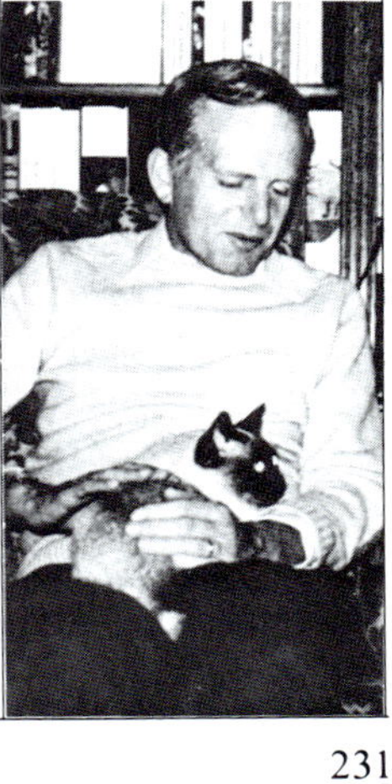

Après des études de droit, Frédéric Kiesel devint avocat, puis journaliste de politique étrangère et critique littéraire dans divers journaux bruxellois *(La Cité ; Pourquoi Pas ?).* Il a fait de nombreux voyages à travers le monde. Il a publié des ouvrages d'actualité politique, des essais, des pièces de théâtre et des recueils de poèmes (*Ce que le jour m'avait donné,* 1954 ; *Le Cadran solaire,* 1964 ; *Herbe sur le chemin,* 1965 ; *Pâques sauvages,* 1974 ; *Nous sommes venus prendre des nouvelles des cerises,* 1982). Contrepoids d'un métier plein de

K

bruit, de fureur et de voyages, il écrit en vers libres une poésie paisible, accordée aux saisons, qui traque les rapports entre la nature et l'intuition spirituelle, faisant entendre l'une des voix les plus originales de la francophonie.

LA NOIX

Cela saute aux yeux
Dès que tu la vois :
La noix
Est un cerveau
Intelligent, succulent.
Il réfléchit intensément
— Si tu lui en laisses le temps —
À l'avenir de l'espèce
Aux générations
D'arbres où l'on gaulera des noix
Dont chacune sera
Un cerveau
Intelligent, succulent,
Qui réfléchit intensément...
Jusqu'à la fin des temps.

Nous sommes venus prendre des nouvelles des cerises. Éd. Ouvrières, 1982.

Klingsor (Léon Leclère, dit Tristan)
La Chapelle-aux-Pots, Oise 1874 — Paris, 1966.

Autoportrait

Poète, peintre de portraits, musicien et compositeur de chansons. Sa poésie vaut sans doute mieux que la mièvrerie à laquelle les récitations scolaires l'ont trop souvent réduite.

Sa poésie était, à l'origine, influencée par le symbolisme, puis par un Orient autant rêvé que réel. Il est resté fidèle toute sa vie à un vers libre souvent musical et rempli d'un certain humour. Et ses rêves exotiques rappellent parfois Baudelaire. Bien des poèmes de Klingsor ont été mis en musique, notamment par Ravel, Koechlin, Migot.

Asie, Asie, Asie
Vieux pays merveilleux des contes de nourrice,
Où dort la fantaisie
Comme une impératrice
En sa forêt tout emplie de mystère,
Asie,
Je voudrais m'en aller avec la goëlette
Qui se berce ce soir dans le port,
Mystérieux et solitaire,
Et qui déploie enfin ses voiles violettes
Comme un immense oiseau de nuit dans le ciel d'or...

Shéhérazade. Le Mercure de France, 1903.

Kréa Henri
(né à Alger, 1933).

Ce poète algérien d'expression française chanta avec beaucoup de force le peuple algérien au moment de sa lutte de libération. Sans excès, avec une violence contenue, et les paroles tranchantes débouchent souvent sur des paroles de tendresse. Retenons, parmi ses ouvrages, ce recueil au titre significatif : *La Révolution et la poésie sont une seule et même chose* (1957).

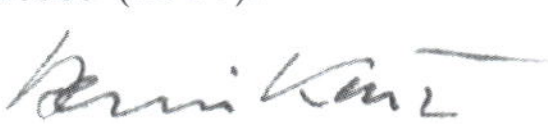

Peuple bon
Peuple assassiné
Ils ont voulu
Avoir raison de ta faiblesse
Qu'ils prenaient pour
Du renoncement
Alors qu'ils se trompaient
Certainement
Puisque cette faiblesse avait pour nom
Bonté.

Liberté première. P.-J. Oswald, 1957.

Henri Kréa, encre de chine, par Kijno, 1957

Couverture illustrée par Soulages

L

Louise Labé, par Woigniot

A. 1690.
ŒUVRES
DE
LOUISE CHARLY,
LYONNOISE,
DITE LABÉ,
SURNOMMÉE
LA BELLE CORDIERE.

A LYON,
Chez les FRERES DUPLAIN, Libraires.
M. DCC. LXII.

Labé Louise

(Parcieux, dans l'Ain, vers 1526 – Lyon vers 1565).

Fille d'un riche cordier lyonnais, elle fut élevée sans aucune contrainte. Elle aimait et pratiquait l'escrime, l'équitation, connaissait le latin, l'italien, l'espagnol ; elle cultivait les arts, les lettres et... l'amour. A seize ans, elle suivit déguisée en homme l'un de ses amants, au siège de Perpignan. Vers 1550 elle se maria avec un cordier lyonnais. C'est pourquoi on appelle Louise Labé la « Belle cordière ». Elle ne fut pas d'une grande fidélité conjugale et parmi ses amours citons le poète Olivier de Magny qui se consuma pour elle.

Autour d'elle, elle réunissait des poètes et ce groupe devait constituer ce que l'on appela plus tard l'« école lyonnaise » dont faisait partie le très grand poète Maurice Scève.

L'œuvre poétique connue de Louise Labé comprend vingt-quatre sonnets et trois élégies.

Expression inégalable de la sensualité et de la passion amoureuse, la poésie de Louise Labé frappe encore aujourd'hui par sa densité, et l'intensité frémissante de la passion qu'elle exprime ; ceci sans artifice littéraire.

Je vis, je meurs ; je me brûle et me noie,
J'ai chaud extrême en endurant froidure ;
La vie m'est et trop molle et trop dure ;
J'ai grands ennuis entremêlés de joie...

Sonnets.

Lacôte René

(1913 – 1960).

Bouquiniste jusqu'à la Libération à l'enseigne de *Vulturne*, où se trouvait toute la poésie du monde, puis critique exigeant aux *Lettres françaises*, René Lacôte est un poète discret et pudique, dont l'écriture dense survivra à beaucoup de discours plus brillants et moins intérieurs. Ses recueils *Vent d'Ouest* (1942) etc., et l'admirable poème d'amour *Claude* (1963) témoignent parmi d'autres de l'originalité secrète de cette voix.

> *Premier visage de ma mère*
> *où la nuit déjà se referme*
> *par quel amour te ressaisir ?*
> *Tant de présences te déchirent*
> *à la limite de ma chair !...*
>
> Claude. Gallimard, 1963.

La Fontaine Jean de
(Château-Thierry 1621 — Paris 1695).

Le père de Jean de La Fontaine était « maître des Eaux et Forêts et capitaine de Chasse ». Et on raconte que l'enfant suivait souvent son père dans les bois. Jean de La Fontaine, après ses études, parut se destiner à la carrière ecclésiastique puisqu'en 1641, il entra à la Congrégation de l'Oratoire. Son père cependant aurait exigé « qu'il s'appliquât à la poésie ». Et vers sa vingt-cinquième année, ayant quitté l'Oratoire, il fréquente de jeunes poètes qui se dénommaient « Les Chevaliers de la Table Ronde ». Parmi eux, Furetière, Maucroix, Tallemant des Réaux, etc. Ce groupe est fort joyeux et La Fontaine qui aura toute sa vie le culte de l'amitié découvre là « qu'un ami véritable est une douce chose ». Plus tard il aura ainsi de bonnes relations avec Molière et Racine. En 1647, il a 27 ans, il épouse Marie Héricart qui en a quatorze et demi. On sait qu'il ne fut pas un mari très fidèle, mais en réalité, malgré son inconstance sentimentale, ses relations

Jean de La Fontaine, par Rigaud

Frontispice pour Les Fables, *par Gustave Moreau*

L

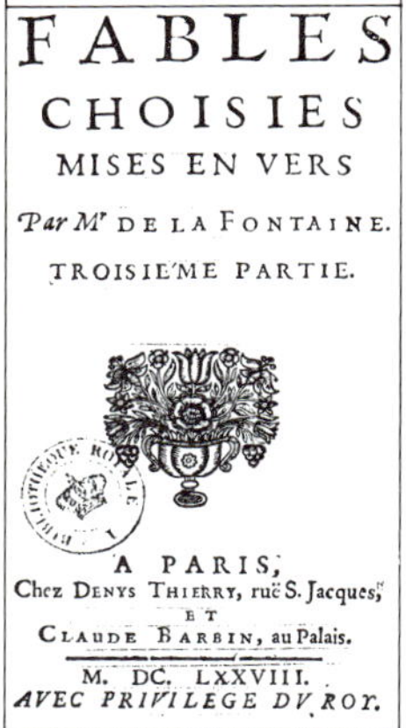
FABLES
CHOISIES
MISES EN VERS
Par Mr DE LA FONTAINE.
TROISIÈME PARTIE.

A PARIS,
Chez DENYS THIERRY, ruë S. Jacques,
ET
CLAUDE BARBIN, au Palais.
M. DC. LXXVIII.
AVEC PRIVILEGE DU ROY.

Madame de La Fontaine, par Rigaud

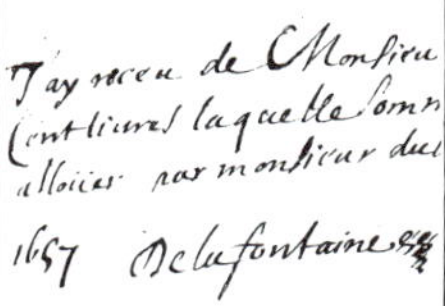

avec son épouse furent beaucoup plus étroites que ce que l'on en a dit. Et la « distraction » du fabuliste oubliant qu'il était marié semble bien être une légende suspecte.

À la mort de son père, il devint à son tour contrôleur des Eaux et Forêts. Contrairement encore à la légende, il ne fut ni plus ni moins consciencieux dans sa charge que ses confrères, et l'on sait qu'il parcourut, comme dans son enfance et dans tous les sens, les bois et les campagnes de sa province, observant de près tant la vie des gens de la campagne, des « pauvres bûcherons », que des bêtes.

Protégé par le surintendant Fouquet (le ministre des Finances du jeune Louis XIV) qui menait une vie fastueuse dans son château de Vaux-le-Vicomte, il composa alors des poèmes *Les Nymphes de Vaux,* un roman *Psyché.* Le 5 septembre 1665, le jeune Louis XIV fit arrêter Fouquet dont il jalousait la magnificence. Fidèle à son amitié, La Fontaine, pour demander la grâce de son protecteur, écrit *L'Élégie aux Nymphes de Vaux.* Il entre alors successivement au service de Marguerite de Lorraine, veuve de Charles d'Orléans, oncle du Roi, puis en 1673 au service de Madame de la Sablière. Entre 1664 et 1674 il avait publié des *Contes, Psyché,* et les six premiers livres de « *Fables* ». Les Livres VII à XI paraîtront en 1678 et 1679, les derniers en 1682, 1683, 1693. A la fin de l'année 1692, il tombe gravement malade et meurt en 1695 après être revenu à la pratique religieuse.

La Fontaine est connu de tous les Français. Rares sont ceux qui n'ont pas appris une fable de lui à l'école. Mais à force de lire et d'« ânonner » les mêmes fables, on a fini par oublier l'extraordinaire diversité de cette œuvre et pas seulement des *Fables.* La tendresse, l'ironie, la férocité se mêlent à la finesse de l'observation des hommes et de la nature. Et l'écriture du poète, tour à tour musicale, éloquente, simple et complexe, parcourt tous les registres de notre poésie. Quant à la morale des *Fables* dont on a beaucoup parlé, elle est constituée par une série de remarques de bon sens et de la constatation amère et lucide que les hommes cherchent d'abord à vivre heureux, fût-ce au détriment des autres. Mais nous l'avons dit, un sentiment très fort demeure chez ce poète, l'indestructible attachement aux amis et à l'amitié :

Qu'un ami véritable est une douce chose !
Il cherche vos besoins au fond de votre cœur ;
Il vous épargne la pudeur
De les lui découvrir vous-même
Un songe, un rien, tout lui fait peur
Quand il s'agit de ce qu'il aime.

Les Deux Amis. Fables. Livre VIII.

Laforgue Jules
(Montevideo 1860 – Paris, 1887).

Après des études à Tarbes et à Paris (au lycée Fontanes, actuellement Condorcet), après avoir vécu de petits travaux de copie, Jules Laforgue trouve un poste de lecteur de français auprès de l'impératrice de Prusse, Augusta, grand-mère du futur Guillaume II. Il vécut donc à Berlin et dans plusieurs villes résidentielles d'Allemagne. C'est en Allemagne qu'il écrivit les premières *Complaintes* dont l'édition complète parut en 1885. Elles furent suivies par l'*Imitation de Notre-Dame de la Lune* (1886), *Les Fleurs de bonne volonté* (1890) et en 1890 par les *Moralités légendaires.* La-

Jules Laforgue, par Gouvel

L

forgue se maria en 1886 avec une jeune Anglaise et il mourut de tuberculose à vingt-sept ans en 1887.

La poésie de Jules Laforgue est inimitable, savante et populaire, ironique et désespérée. Emile Verhaeren a très bien senti ce singulier génie quand il écrivait à son propos : « Malgré son air mortellement moqueur, on le découvre naïf, sensible comme un enfant, doux, primitif et simple, bon supérieurement et clair. L'esprit et la blague ne sont chez lui que masques. »

Bim bam, bim bam,
Les cloches ! les cloches !
Chansons en l'air, pauvres reproches
Bim bam, bim bam
Les cloches en Brabant !

Petits et gros, clochers en fête,
De l'hôpital à l'Evêché,
Dans ce bon ciel endimanché
Se carillonnent, et s'entêtent
A tue-tête ! à tue-tête !
...

Complainte des cloches.
Les Complaintes, 1885.

Lamartine Alphonse de (Mâcon 1790 – Paris 1869).

Lamartine, par Chassériau, 1844

La première éducation de Lamartine eut lieu en Bourgogne dans le Mâconnais à Milly où son père était gentilhomme vigneron. Il eut comme premier maître l'abbé Dumont qui devait devenir le héros de son poème *Jocelyn.* Puis il fut mis en pension à Belley, et à la fin de ses études, fut envoyé en Italie. C'est au cours de ce séjour, à Naples, qu'il rencontra celle qui allait plus tard devenir l'héroïne de son roman *Graziella.* En 1816, à Aix-les-Bains il fit la connaissance de Madame Charles, la femme d'un illustre physicien. La liaison fut brève et ardente. Madame Charles qui devait rentrer à Aix, ne revint pas étant gravement malade. Ce fut le prétexte du *Lac*, une des « élégies » qui constituent le recueil des *Méditations poétiques* parues, grâce à un ami, à cinq cents exemplaires. Ce livre fit aussitôt connaître Lamartine. Un ton nouveau venait de naître dans la poésie française.

Diplomate, Lamartine vécut ensuite à Naples, à Florence où avec sa femme, une Anglaise épousée en 1818, il partage son temps entre des activités politiques et l'écriture. Les *Nouvelles Méditations* paraissent en 1822, les *Harmonies poétiques et religieuses* en 1830. Lamartine accomplit alors un long voyage en Orient au cours duquel il eut le chagrin de voir mourir sa fille Julia qu'il aimait beaucoup.

Ami lointain de Victor Hugo et des membres de la jeune école « romantique », il se tourna de plus en plus vers la politique et fut l'un des artisans et orateur de la révolution de 1848. Membre du gouvernement provisoire il ne put se tenir « au centre », et après un échec retentissant aux élections de 1849, il se retira dans le Mâconnais où il s'adonna pour vivre et payer ses dettes à de véritables « travaux forcés littéraires », composant des récits et des compilations historiques. Quelques poèmes, comme la *Vigne et la Maison*, témoignent que le poète vieilli retrouvait parfois la qualité de l'inspiration de jadis. Il mourut paisiblement en 1869, presque oublié.

La poésie de Lamartine garde dans ses meilleurs moments un charme indéfinissable. Une « voix » s'y fait entendre musicale et subtile ; une sorte de mélodie

Madame Charles

L

du silence en définitive très moderne. On a pu parler à son propos de « poésie pure ». Comme s'il ne fallait que se laisser aller à écouter un chant très intime qui nous concerne encore.

...
Là tremblent dans l'azur les muettes étoiles ;
Là dort le mât penché dépouillé de ses voiles ;
Là quelques pauvres matelots
Sur le pont d'un esquif qu'a fatigué la lame,
De leurs foyers flottants ont rallumé la flamme,
Et vont se reposer des flots.

Le Golfe de Gênes. Harmonies poétiques et religieuses, 1830.

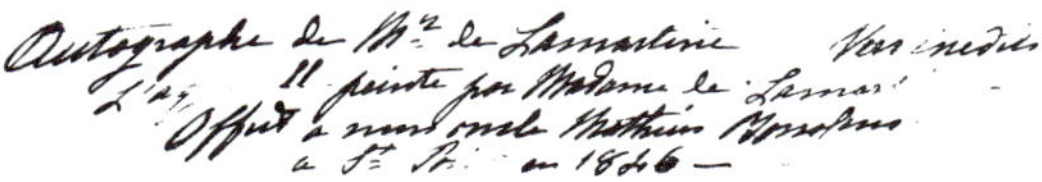

Lander Daniel
(né à Paris, 1929).

Réalisateur à la télévision française, Daniel Lander est l'auteur de plusieurs recueils à la poésie fine et subtile, où l'image correspond à une vision toujours juste. En de courts poèmes, il met au jour les rapports parfois étranges entre les choses et les êtres (*Centre de gravité*, 1959 ; *Théâtre de la cheminée*, 1972 ; *Temps majeur*, 1974 ; *Signe de reconnaissance*, 1977 ; *Alphabestiaire*, 1980). Sa poésie s'est faite de plus en plus dense, plus grave, et les fantaisies du langage laissent place à une secrète inquiétude (*État second*, suivi de *Futur immédiat*, 1979). « Je brûle d'un secret que je ne connais pas », a-t-il dit.

POINT DU JOUR

Dans le matin d'Aubervilliers
un vieil homme au regard aveugle
tire sa charrette légère
où brûle un tombereau d'étoiles.

Signes de reconnaissance.
Saint-Germain-des-Prés, 1977.

l'Anselme (Jean-Marc Minotte dit Jean)
né à Longeau, 1919.

Successivement instituteur, moniteur sportif, puis fonctionnaire au ministère des Relations extérieures où il contribue plus que tout autre à faire connaître les livres français et particulièrement les livres de poésie à l'étranger. Poète de la lignée de Prévert, en plus grinçant, Jean l'Anselme, dans ses nombreux recueils (*Le Tambour de ville* 1947, *Passion* 1948 ; *L'Arme à gauche* 1949, *Du vers dépoli au vers cathédrale* 1963 etc.) parcourt le monde et la comédie humaine en souriant parfois cruellement, parfois doucement ; mais derrière ses mots et jeux de mots se cache une immense tendresse.

CONGÉS PAYÉS

Moi dit la cathédrale, je voudrais être coureur à pied pour pouvoir lâcher mes béquilles
moi, dit le pont, je voudrais être suspendu pour pouvoir sauter à la corde
moi, dit l'imagination je voudrais être riche pour pouvoir emmener l'Anselme en vacances
moi dit la Seine, je voudrais être mer pour avoir des enfants qui jouent avec le sable.

Il fera beau demain. Caractères, 1953.

Laporte René
(Toulouse 1907 — Paris 1954).

Il fut, à Toulouse vers 1930, éditeur des surréalistes. Puis journaliste, romancier, commissaire de la République. Il a rassemblé, en un volume de *Poésies choisies* (1954), l'essentiel de son œuvre

L

poétique. Poète injustement oublié, il a cependant trouvé au-delà des surréalistes un ton qui évoque le regard intérieur que chacun porte sur les choses du monde et la vie antérieure.

Je n'écris avec rien J'écris avec la mousse
de l'encre Qu'elle est loin écolier aux doigts noirs
la pâte du pupitre et qui pourtant vous pousse
à mettre l'univers en poème le soir.

L'Encre sympathique. Le Gant de fer et le Gant de velours. Seghers, 1951.

Laprade Victor de
(Montbrison 1812 — Lyon 1883).

Juriste, historien, il enseigna un temps la littérature à l'université de Lyon. Un goût un peu désuet pour le style « classique » le tint à l'écart du mouvement romantique. Aujourd'hui sa poésie, bavarde et éloquente, est bien oubliée malgré parfois, quelques accents émouvants.

...
Le clocher tant aimé sonnait le dernier glas.
Nous montions, sous nos pieds craquant le dur verglas.
Au loin sur les coteaux tapissés par la neige,
Lentement serpentait le funèbre cortège.
Le bois, ainsi que nous restait silencieux
Un crêpe de brouillard s'étendait sur les cieux.
...

Les Funérailles. Pernette, églogue, 1868.

V. Larbaud,
par J. Fouquet, 1945

Larbaud Valery
(Vichy 1881 — 1957).

Après de solides études, Valery Larbaud hérita de la grosse fortune de son père (« inventeur » de l'eau minérale de Vichy Saint-Yorre) et il passa sa vie à voyager par le monde et à écrire quelques poèmes et des récits délicats *(Fermina Marquez,* 1911 ; *Enfantines,* 1918 ;

L

etc.). Il fut un excellent traducteur et fit connaître quelques grands noms des littératures étrangères : Samuel Butler, Joseph Conrad, James Joyce (il collabora à la traduction de l'*Ulysse* de Joyce).

Son œuvre poétique est constituée essentiellement par le recueil publié en 1908 sous le titre : *Poésies de A.O. Barnabooth.* Ce livre est un des premiers, avant les œuvres de Paul Morand et de Blaise Cendrars, à évoquer les profonds et nostalgiques plaisirs des grands voyages. Et ces vers d'un poète parcourant le monde et s'émerveillant de ses visages, sont d'autant plus poignants que, frappé de paralysie et d'aphasie en 1935, Valery Larbaud fut contraint à l'immobilité et au silence pendant plus de 20 ans ! Et sa poésie, qui évoque un genre de vie qui disparaît, est très moderne et très proche de notre sensibilité.

Valery Larbaud
Haut de page : V. Larbaud, par B. Milleret

... Oh, la nuit d'été tropical !
Des atolls d'étincellements émergeant d'abîmes bleuâtres !
Le Crucero flamboyant !
Oh ! m'étendre sur le pont d'un grand navire
En route vers l'Insulinde,
Nu, et béer à l'infini béant sur moi...

Océan indien. Les Poésies de A.O. Barnabooth. Gallimard, 1913.

Larguier Léo
(La Grand-Combe 1878 — Paris 1950).

Figure de flâneur parisien, il laisse des livres de souvenirs (*Saint-Germain-des-Prés mon village*), et quelques recueils poétiques *(La Maison du poète,* 1903 ;

Les Isolements, 1905 etc.) dans lesquels s'expriment, sous une forme traditionnelle, les sentiments tendres et familièrement nostalgiques d'un promeneur qui se sent un peu à l'écart de son temps.

En soupant lentement sous une treille brune
Dont les beaux muscats blancs luisaient au clair de lune,
Tandis que pour moi seul, dans la nuit, un oiseau
Chantait vers le tilleul, je pensais à Rousseau.

Rêverie - La Maison du poète. Albin-Michel, 1903.

Monter à la tribune et prendre la parole,
Sans doute aurais-je pu le faire avec éclat...
Pourpre, gloire, lauriers, triomphe, Capitole...
Je me suis contenté d'un lointain Consulat.

Léo Larguier
1935.

Patrice de La Tour du Pin

La Tour du Pin Patrice de
(Paris 1911 — 1975).

Il a passé l'essentiel de sa vie dans le domaine familial de Sologne. Sa captivité en Allemagne de 1940 à 1943 a été un moment d'exil très important pour lui. Tout le reste de sa vie a été occupé à la composition d'une œuvre poétique considérable rééditée depuis peu sous le titre général de *Une Somme de poésie,* le titre fait référence à la *Somme* de saint Thomas d'Aquin ; sa première œuvre *La Quête de joie* (1933) renvoie à « la quête du Graal ». Ces deux références témoignent des deux influences majeures qu'il a reçues : sa foi religieuse et le Moyen Âge.

La poésie de Patrice de La Tour du Pin est d'inspiration religieuse ; et il invente un monde, réel et imaginaire tout à la fois, dans lequel l'homme par une intense méditation est à la recherche de Dieu. Et cette « vie recluse en poésie » n'empêche pas le poète de regarder avec émerveillement la nature, et cet émerveillement fut celui des adolescents qui découvrirent en 1933 son premier recueil, *La Quête de joie.*

Tous les pays qui n'ont plus de légende
Seront condamnés à mourir de froid...

Loin dans l'âme, les solitudes s'étendent
Sous le soleil mort de l'amour de soi.
A l'aube on voit monter dans la torpeur
Des marais, les bancs de brouillard immenses
Qu'emploient les poètes, par impuissance,
Pour donner le vague à l'âme et la peur...

Prélude. La Quête de joie. Gallimard, 1933.

L

Laugier de Porchères Honorat
(1572 – 1653).

Il a vécu quatre-vingt un ans, ce qui était rare à cette époque. Et son principal titre de gloire est d'avoir chanté les yeux de la duchesse de Beaufort, une des maîtresses d'Henri IV !

DÉBUT DU SONNET
SUR LES YEUX DE MADAME DE BEAUFORT

Ce ne sont pas des yeux, ce sont plutôt des Dieux ;
Ils ont dessus les rois la puissance absolue.
Dieux, non ; ce sont des cieux, ils ont la couleur bleue,
Et le mouvement prompt comme celui des cieux...

1597.

Lautréamont (Isidore Ducasse dit comte de)
Montevideo 1846 – Paris, 1870.

Isidore Ducasse, fils d'un chancelier du consulat de France en Uruguay, vint en France à Tarbes, puis à Pau, puis à Paris pour y préparer l'École polytechnique. Mais bientôt, à Paris, ne sortant jamais, buvant force cafés, durant de longues nuits blanches, il compose les cinq « chants » d'un livre qu'il intitule :

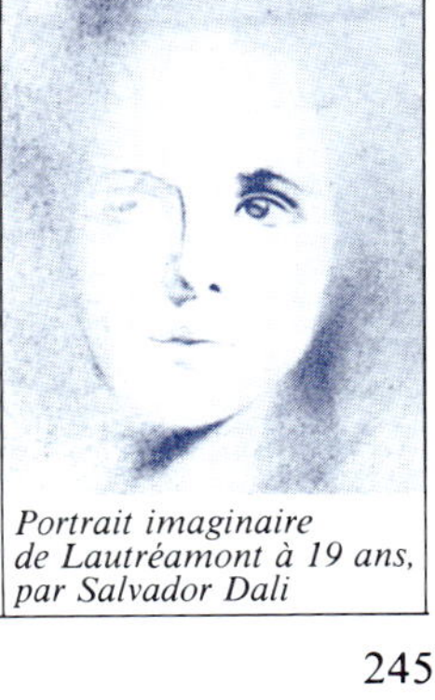

Portrait imaginaire de Lautréamont à 19 ans, par Salvador Dali

L

Lautréamont,
par Félix Vallotton

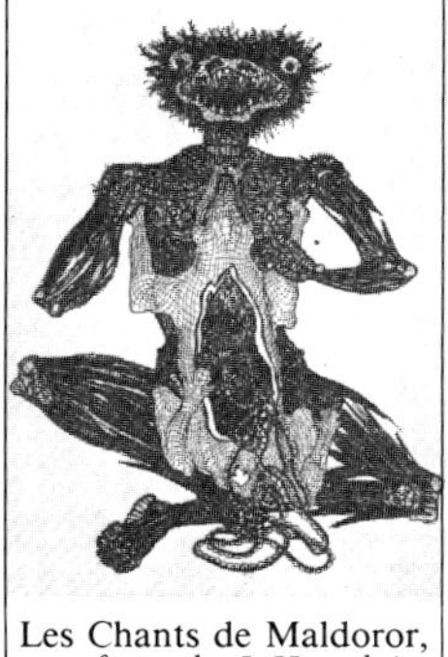

Les Chants de Maldoror, *eau-forte de J. Houplain, 1947*

Les Chants de Maldoror, et il les fait paraître en 1869. Isidore Ducasse s'était fabriqué un pseudonyme et se faisait appeler « comte de Lautréamont » sans doute en souvenir d'un roman d'Eugène Sue intitulé *Latréaumont*. En 1870, il publie une plaquette intitulée tout simplement *Poésies* ; et il meurt, la même année, à vingt-quatre ans. Être énigmatique et secret (on ne connaît aucun portrait authentique de lui), il est une sorte de « météore » poétique, auteur de deux ouvrages en lesquels certains ont vu le début de la « révolution poétique » moderne.

Vaste poème en prose, *Les Chants de Maldoror* se déploient dans la variété puissante de leurs souffles diversifiés. La forme est à la fois classique (la « rhétorique » y est admirablement maîtrisée) et moderne, tant les rythmes et les images sont neuves. Tour à tour insolent (il appelle Dieu « l'Eternel à face de vipère »), fantastique, ironique, etc., Lautréamont, tout en se moquant de l'éloquence, atteint les sommets les plus tumultueux de la prose poétique. Et par-dessus tout peut-être règne dans ce vaste poème un humour corrosif et terriblement dévastateur. On comprend que les dadaïstes et les surréalistes l'aient pris pour l'un des leurs.

O poulpe au regard de soie ! toi dont l'âme est inséparable de la mienne ; toi, le plus beau des habitants du globe terrestre, et qui commandes à un sérail de quatre cent ventouses ; toi en qui siègent noblement, par un commun accord, d'un lien indestructible, la douce vertu communicative et les grâces divines, pourquoi n'es-tu pas avec moi, ton ventre de mercure contre ma poitrine d'aluminium, assis tous les deux sur quelque rocher du rivage pour contempler ce spectacle que j'adore !

Vieil océan aux vagues de cristal, tu ressembles proportionnellement à ces marques azurées que l'on voit sur le dos des mousses ; tu es un immense bleu, appliqué sur le corps de la terre...

Les Chants de Maldoror. Chant I, 1869.

Lavaud Guy

(Terrasson, Dordogne 1883 — Saint-Germain-en-Laye 1958).

Après des études juridiques, il fut secrétaire de plusieurs hommes politiques. Toute l'œuvre de ce poète à la forme classique et simple est résumée dans le titre d'un de ses principaux recueils : *Poétique du ciel* (1927). Le meilleur de sa poésie en effet est une rêverie sur les espaces célestes et les rapports mystérieux de l'homme et du cosmos.

UN PIN

Un pin large, arrondi en une sombre masse
Est comme une île dans l'eau vive de l'espace.
Chaque branche étendue verte sur cet azur
Y jette de longs caps et de sombres presqu'îles
Et ses courbes rameaux captent d'un geste pur
De leurs récifs menus des golfes d'air tranquille.

Poétique du ciel. Emile-Paul, 1927.

La Ville de Mirmont Jean de

(Bordeaux 1886 — mort à la guerre le 28 nov. 1914).

Il a laissé un recueil, publié après sa mort qui a inspiré des musiciens comme Gabriel Fauré : *L'Horizon chimérique.*

Vaisseaux, nous vous aurons aimés en pure perte ;
Le dernier de vous tous est parti sur la mer.
Le couchant emporta tant de voiles ouvertes
Que ce port et mon cœur sont à jamais déserts...

L'Horizon chimérique. Le Mercure de France.

Lebesgue Philéas

(La Neuville-Vault, Oise, 1869-1958).

La maladie le força d'interrompre ses études secondaires. Il avait reçu au lycée une initiation au latin, au grec, à l'anglais ; il entreprit d'apprendre seul d'au-

L

tres langues, dialectes ou patois, comme l'espagnol, le portugais, le grec moderne, le breton, le provençal, le serbe, etc. Il assura au *Mercure de France* la chronique des lettres portugaises, néo-grecques et slaves. Pour vivre, il cultiva la terre de la ferme où il habitait. Et il publia des recueils de poèmes : *Décidément* (1891) ; *Les Folles Verveines* (1903) ; *Le Buisson ardent* (1910) ; *Les Servitudes* (1913) ; *Les Chansons de Margot* (1926) ; *Présages* (1928) ; *Le Jardin des ombres* (1934) ; *Sur les pas du soleil* (1944) ; *Ma Cueille des quatre saisons* (1945) ; etc. En tout, plus de quarante volumes de vers !

Ce poète et paysan écrivait une poésie à la versification traditionnelle ou libérée, évoquant souvent les paysages de son pays de Bray.

LES CORBEAUX

Pareils à d'énormes fruits noirs,
Au sommet des pommiers sans feuilles,
Les corbeaux s'assemblent, le soir,
Et pensivement se recueillent.

Sont-ils noirs de tout l'incendie
Dont fume là-bas l'horizon ?
De la solitude agrandie
Ont-ils concentré le poison ?

Comme battus d'une bourrasque,
Les voici tombés tout à coup ;
La Nuit sournoise met son masque :
Il y a des corbeaux partout...

Le Buisson ardent. Cormeau, 1910.

L

Lebrau Jean
(né à Moux, 1891).

Poète et vigneron qui a toujours vécu dans ses Corbières natales, il a chanté en poèmes denses et précis, la rudesse de son pays de soleil.

Une fenêtre au bord des pierres
Qui laisse pendre un vieux volet
En proie au vent maître des terres
Où le cyprès est violet
Sous les nuages qui remontent
Avec les songes de la mer
Que les voix de la nuit racontent
Aux enfants d'un pays amer.

Du Cyprès tourne l'ombre. Aubanel, 1966.

Le Braz Anatole
(1859 – 1926).

Enseignant, en particulier à l'université de Rennes, le poète Anatole Le Braz a évoqué dans *La Chanson de la Bretagne,* sa province d'une manière souvent académique et qui nous paraît un peu désuète aujourd'hui.

PRINTEMPS D'ARVOR

Et la grande nouvelle au loin s'est répandue,
Et les chênes, les bois, l'ont dit aux flots des mers,
Et celle qu'on croyait à tout jamais perdue,
L'Espérance bretonne a traversé les airs...

La Chanson de la Bretagne, 1892. Calmann-Lévy

L

Lecomte Marcel
(1900 – 1960).

Poète belge d'expression française. Il a surtout écrit des poèmes en prose très secrets, sortes de miroirs d'une vie intérieure saisie dans son immobile fragilité. Ses recueils ont été repris dans l'ouvrage : *L'Accent du secret* (1959).

Le long gant noir minutieusement gonflé de récente présence feint le sommeil au bord de la table baignée d'ombre. Car, dans les doigts sculptés, il y a un secret peut-être à dissimuler qui serait celui de formes comme animales, reptiles, comme douées de vie immobilisée émanant d'une très authentique main de femme pâle et furtive... »

L'Objet familier. L'Accent du secret. Gallimard, 1959.

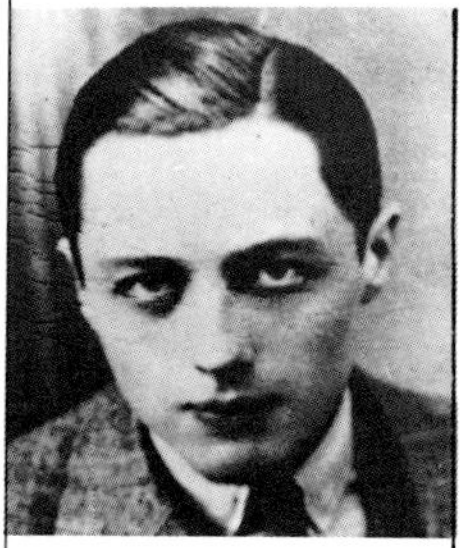

Lecomte Roger-Gilbert
(Paris 1907 – Paris 1943).

L'un des animateurs avec René Daumal de la revue *Le Grand Jeu.* Mort à trente-six ans après avoir considéré la poésie comme une démarche proche de l'usage des stupéfiants et de la pratique des textes sacrés de l'Inde et du Tibet. Parmi ses recueils, *La Vie, l'Amour, la Mort, le Vide et le Vent* (1933).

LES QUATRE ÉLÉMENTS

Si je dis Feu mon corps est entouré de flammes
Si je dis Eau l'Océan vient mourir à mes pieds

Vaisseau vide immergé dans un cristal solide
Creuse momie aux glaces prise et je dis air
...

La Mort, le Vide et le Vent. Cahiers libres, 1933.

Panneau de porte du XVI*e siècle représentant les quatre éléments*

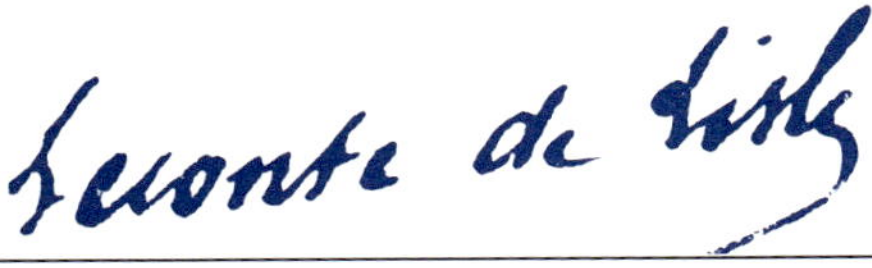

Leconte de Lisle (Marie-René, Charles Leconte, dit)
Ile de la Réunion 1818 – Louveciennes 1894).

Leconte de Lisle, par G. de La Barre

Illustration pour les Poèmes barbares

Après de nombreux voyages, le jeune Leconte de Lisle, fils d'un chirurgien militaire de l'île de la Réunion, vint en France où il milita en faveur de la République et de l'abolition de l'esclavage. Mais il se désintéressa vite de la politique et se tourna vers l'étude de l'Antiquité. Il traduisit des œuvres de la littérature grecque. Et c'est dans la Grèce ancienne qu'il trouve les thèmes de son premier recueil de poèmes : les *Poèmes antiques* (1852). Dix ans plus tard ce sont les *Poèmes barbares* (1862) où il évoque les vieilles religions et les civilisations primitives. Et ce furent en 1884, les *Poèmes tragiques*. Élu au fauteuil de Victor Hugo à l'Académie française sa gloire à un certain moment éclipsa celle du grand poète.

Il est souvent considéré comme le « père » de « l'école parnassienne ». Sa poésie austère, grandiose (et même parfois grandiloquente) exprime un universel dégoût, la haine des dieux, des religions et des hommes. Par contre il éprouve une admiration envieuse pour les animaux sauvages et les civilisations primitives (« barbares »). La forme de sa poésie est très rigoureuse au point de paraître parfois un peu froide. Comme le dit Marcel Arland : « Leconte de Lisle eut plutôt qu'une naïve et vraie

L

grandeur, le désir et le décor de la grandeur. » Mais reconnaissons que certains de ses poèmes méritent de figurer parmi les grandes œuvres de la poésie française.

LA MORT DU SOLEIL

Le Vent d'automne, aux bruits lointains des mers pareil
Plein d'adieux solennels, de plaintes inconnues,
Balance tristement le long des avenues
Les lourds massifs rougis de ton sang, ô soleil !

La feuille en tourbillons s'envole par les nues ;
Et l'on voit osciller, dans un fleuve vermeil,
Aux approches du soir inclinés au sommeil,
De grands nids teints de pourpre au bout des branches nues.

Tombe, astre glorieux, source et flambeau du jour !
Ta gloire en nappes d'or coule de ta blessure,
Comme d'un sein puissant tombe un suprême amour.

Meurs donc, tu renaîtras ! L'espérance en est sûre.
Mais qui rendra la vie et la flamme et la voix
Au cœur qui s'est brisé pour la dernière fois ?

Poèmes barbares, 1862.

Cadran solaire

Lefèvre-Deumier Jules

(1797 — 1857).

Ce poète, à peu près totalement inconnu, a écrit en pleine période romantique un livre de poèmes en prose : *Le Livre du promeneur ou les Mois et les Jours,* d'un charme très moderne ; il méritait d'être tiré de l'oubli.

... Le passé vit sous la neige des ans. C'est l'eau vive qui court toujours sous sa carapace de glace, l'eau vive où serpentent comme des flèches de pourpre et d'or, comme des grappes de pierreries voyageuses, comme des fleurs qui fuient et ne se fanent pas, mille nageurs silencieux qui sont les souvenirs...

Le Passé. Le Livre du promeneur, 1854.

L

Le Goffic Charles
(Lannion 1863 — 1932).

Poète breton de langue française, auteur d'un certain nombre de récits et de nombreux recueils de poèmes (*Amour breton*, 1889 ; *Le Bois dormant*, 1900 ; *Treizains de la nostalgie et du déchirement*, 1926). Sa poésie très académique et conventionnelle fait parfois cependant songer à Verlaine et la Bretagne qu'elle évoque présente un charme plus folklorique que breton.

LES PEUPLIERS DE KERANROUX

Le soir a tendu de sa brume
Les peupliers de Kéranroux.
La première étoile s'allume
Viens-t'en voir les peupliers roux...

Amour breton. Plon, 1889.

Leiris Michel
(né à Paris, 1901).

Ce très grand prosateur, ethnologue, conservateur au musée de l'Homme, qui a participé au mouvement surréaliste, est également, et sans doute essentiellement, un des poètes très importants de notre temps. « À travers toute son œuvre, a-t-on dit, brûle la poésie » et plus particulièrement sans doute dans son recueil *Haut-Mal.* Poésie acérée, incisive, nerveuse comme la prose de *L'Âge*

L

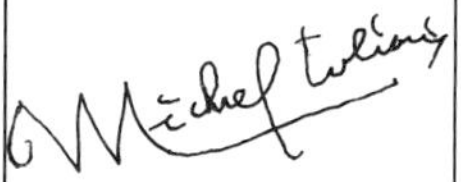

d'homme, elle nous atteint comme l'épée atteint le taureau au moment de la mise à mort. Et pourtant, quelle tendresse rentrée et contenue s'y fait sentir !

AVARE

M'alléger
Me dépouiller
réduire mon bagage à l'essentiel

Abandonnant ma longue traîne de plumes
de plumages
de plumetis et de plumets

devenir oiseau avare
ivre du seul vol de ses ailes.

Haut-Mal. Gallimard, 1969.

Illustration des Illustrations de Gaule *par G. de Marnef, 1513*

Lemaire des Belges Jean

(Baval, Nord 1473 — mort en 1525).

Ce poète fut longtemps au service de Marguerite d'Autriche, fille de l'empereur Maximilien, duchesse de Savoie. Poète « de cour », il fut également historien et chroniqueur. Il est un des poètes dont l'œuvre reflète la transition entre le XVe et le XVIe siècle. Sa poésie est d'une grande élégance, d'un charme lyrique prenant et de plus, très savante de forme.

...
Gentes bergerettes,
Parlant d'amourettes
Dessous les coudrettes
Jeunes et tendrettes,
Cueillent fleurs jolies
Framboises mûrettes,
Pommes et poirettes
Rondes et durettes,
Fleurons et fleurettes
Sans mélancolie
...

La Concorde des deux langages

L

Lemoyne André
(Saint-Jean-d'Angely 1822 – 1907).

Poète « provincial » qui, selon Luc Decaunes, « a de la fraîcheur et de la simplicité pour peindre sans éclat la nature quotidienne et ses hôtes familiers ».

PAYSAGE D'HIVER

Décembre est revenu dans la pluie et la brise,
L'eau du ciel a troublé le miroir des étangs ;
Les peupliers frileux s'y regardent longtemps,
Ne reconnaissant plus leur image indécise...

Les Roses d'antan. Lemerre, 1855-1870.

Lemoyne Pierre
(1602 – 1672).

Poète de l'époque « baroque » (début du XVIIe siècle). Il a exprimé dans sa poésie et avec une incomparable musicalité le charme de la campagne et surtout des eaux.

...
Reposant d'autres fois au bord d'une rivière,
Qui se fait de son lit une longue carrière,
Et sert comme d'un bain, où le soleil de jour,
Où la lune de nuit se baignent tour à tour,
Il aime à voir nager les coulantes images
Des arbres, des troupeaux, des oyseaux,
des nuages,
Il se plaist à conter du regard en resvant,
Les cercles et les plis qui se font sous le vent
...

De la vie champestre, 1665.

Paysage, par Seguace-di-Ricci-Marco

L

Le Quintrec Charles
(né à Plescop-Morbihan, 1926).

Critique littéraire au journal *Ouest-France*, romancier et poète, « catholique et breton », il exprime sa foi et son amour de la terre natale dans une poésie de forme très classique, entraînée par une allégresse rustique, noueuse et d'une rude profondeur.

...
C'est la nuit. Dans la pluie l'automne se précise
De village en vallée, chaque étoile est un vœu.
Je suis l'enfant de la lande, je suis de ceux
Qui reviennent souvent où tombèrent les biches
Et je revois à la lampe du catéchisme,
La nuit, pluvieuse nuit, nacrée sur notre église
Où le monde agonise avant de vivre en Dieu.

Les Noces de la terre. Grasset, 1957.

Lescure Jean
(né à Asnières, 1912).

Poète, auteur dramatique, homme de radio, il est également à l'origine des cinémas d'Art et d'Essai et l'un des fondateurs des *Lettres françaises*. Il est l'auteur de plusieurs recueils de poèmes dont *Le Voyage immobile, Treize poèmes* (1960), etc. Remplie d'images tendres et sourdes, cette poésie mériterait d'être mieux connue.

...
Tu te tournes vers un domaine de sable
la fraîcheur n'y connaît que les flaques des songes
l'été y couve un feu à tête d'ombre
La corbeille de guêpes où mûrit Septembre
...

Il n'y a pas de glaces qui tiennent. Treize poèmes. Gallimard, 1960.

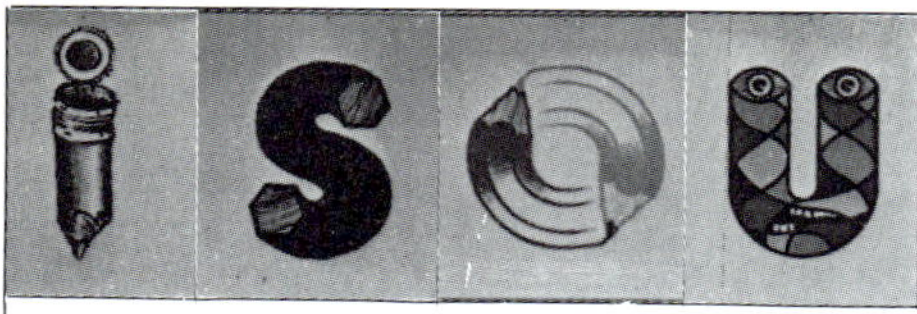

L

Lettrisme (le)

Dans les années 1960, le poète Isidore Isou lance une nouvelle « doctrine poétique ». En refusant « au mot lui-même toute son existence », il définit ainsi « l'art nouveau » :

« L'art qui accepte la matière des lettres réduites et devenues simplement elles-mêmes (s'ajoutant ou remplaçant totalement les éléments poétiques ou musicaux) et qui les dépasse pour mouler dans leur bloc des œuvres cohérentes. » Pour les « lettristes » (Isidore Isou, Maurice Lemaître) l'élément central du poème n'est ni la phrase ni le mot mais la lettre ou « lettrie ». Ils partent de l'idée juste que « le poème ne parlait donc pas, donc ne retombait pas dans le langage conceptuel, mais il ne se taisait pas non plus ». D'où cette tentative, tout à fait délirante, pour créer une « instrumentation verbale » en dehors du sens. Ce qui recoupe un vieux rêve d'Antonin Artaud.

Cela donne par exemple ceci :

Oïssemance de youisse de yance
Haiesse de dehaiesse dehaïere
Haiesse do dehaio o dehance
Oïssemance de youisse et de yance »

Isidore Isou.

Les dadaïstes et Henri Michaux avaient déjà introduit dans le corps d'un poème et sans doute pour en accentuer le nonsens, des groupes de lettres. Mais ce que pouvait justifier une révolte totale qui s'en prenait aux racines du langage, semble dans le lettrisme signe d'une recherche très limitée car on ne fait pas concurrence à la musique avec d'autres armes que les siennes. Dans le *Manifeste pour un lettrisme sériel*, de Maurice Lemaître, on pouvait lire : « L'unité de l'œuvre sera obtenue par l'emploi systématique et conscient de toutes les offres phonétiques de la voix. Mais elle rejettera toute sonorité déjà envisagée au cours du morceau pour n'utiliser que des combinés inédits et cela jusqu'à l'épuisement du territoire vocal. » Ceci révèle une grande confusion, ne serait-ce qu'entre la notion de « lettre », de « phonème » (son) et de voix. De plus, les lettristes, qui veulent fuir les mots, les reconstruisent comme dans ce début « lettriste » de la *Jeune Tarentule* de Maurice Lemaître où chacun reconnaîtra (plus ou moins) *la Jeune Tarentine* de Chénier.

pluri, dozaloyé ! opa, lisê sokra,
lizé kora tétüs, dozalsyé plora !
ola véki, mirtô, lesina tarantül
Imo le kinoma, sakeri mandibül...

De toute façon, le sens revient toujours. La « révolution lettriste » a fait long feu, mais il faut dire que très souvent cette tentation surgit dans la toute jeune poésie.

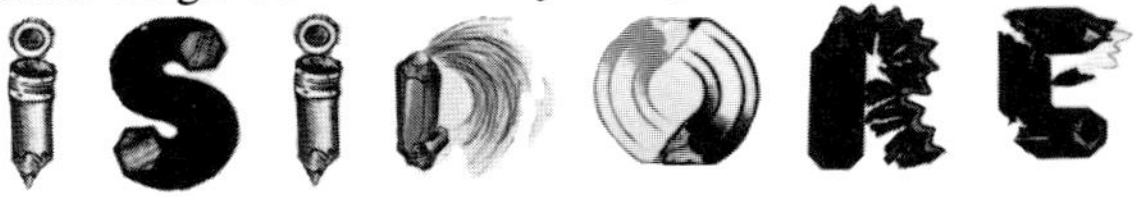

Levet Henri Jean Marie Etienne (Montbrison 1874 — Menton 1906)

Diplomate, il a beaucoup voyagé et beaucoup vu ; il appartient comme Blaise Cendrars à l'espèce des poètes qu'émerveillent les visages du monde. Ses poèmes ont été réunis par Léon-Paul Fargue sous le titre : *Poèmes* (1921). Son humour noir en fait également un précurseur des surréalistes.

OUTWARDS

L'Armand-Behic (des messageries maritimes)
File quatorze nœuds sur l'Océan Indien...
Le soleil se couche en des confitures de crimes,
Dans cette mer plate comme avec la main.

Miss Roseway qui se rend à Adelaïde,
Vers le Sweet Home au fiancé australien,
Miss Roseway hélas, n'a cure de son spleen,
Sa lorgnette sur les Loquedives, au loin...

— Je vais me préparer sans entrain ! — pour la fête
De ce soir : sur le pont, lampions, danses, romances
(Je dois accompagner Miss Roseway qui quête

— Fort gentiment — pour les familles des marins
Naufragés !) Oh, qu'en une valse lente, ses reins
A mon bras droit, je l'entraîne sans violence

Dans un naufrage où Dieu reconnaîtrait les siens...

Poèmes. Gallimard, 1921.

L

Limbour Georges
(Courbevoie 1900 — Espagne 1970).

Professeur, voyageur, un des romanciers conteurs les plus originaux du XXe siècle. Il faut d'ailleurs lire ses romans comme des poèmes, *Les Vanilliers* (1938) ou *La Chasse au mérou* (1963) parmi d'autres. Ses poèmes, publiés essentiellement dans le recueil *Soleil bas,* expriment les contradictions « du malheur atroce » et de la « joie pure », selon son ami André Dhôtel. « Rien de plus réel que la poésie, écrivait Limbour, mais elle mène inéluctablement à un échec. Que veut le poète ? Aller au-delà de la sensation, trouver ce qu'il y a au-dessous de l'apparence du monde... »

Quand tu cueillis sur le sentier la pie blessée
Dans la pierre et le feu où le géranium saigne,
Une goutte de sang retenait comme un peigne
De rubis à son front un long voile tissé
Des vénéneuses nuits que l'araignée distille.
Couvrant sa longue queue, la légère guenille
Effleurait le chemin dont le sable éblouissait
C'était son voile noir de veuve et sa mantille...

Soleil bas, Gallimard, 1972.

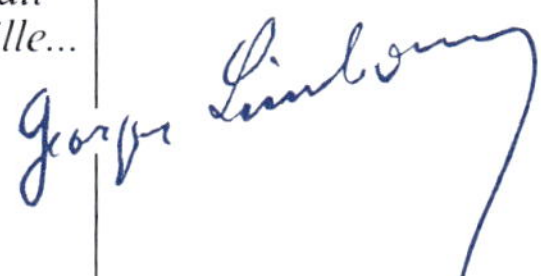

Lorraine (Bernard Diez, dit Bernard)
né à Greux-Domrémy, Vosges, 1933.

Ayant été comédien, conférencier, chansonnier, Bernard Lorraine a travaillé pendant douze ans en Amérique latine, au Brésil et au Mexique notamment, où il fut professeur pour les Alliances françaises, puis il revint enseigner en France, dans la région à laquelle il a emprunté son nom de poète. Il a publié une vingtaine de recueils où s'expriment avec force et souvent avec humour, révolte et indignation *(Seul,* 1964 ; *Vitriol,* 1964 ; *Provocation,* 1966 ; *Azertyuiop,*

L

1969 ; *Burlesques,* 1969 ; *Saudades,* 1973 ; *Il y aura,* 1978 ; *Le cœur à pleurer,* 1978 ; etc). Sa poésie, de facture classique, ou très libérée, est toujours solidement rythmée et rimée. Elle s'exprime dans une langue drue, puissante, mais dont la tendresse n'est pas absente, sachant sourire aux enfants (*L'Arche de Noé,* 1981). Certains de ses poèmes ont été mis en chansons. Bernard Lorraine est également l'auteur de trois pièces de théâtre et de nombreuses et remarquables traductions de poèmes étrangers.

JE...

Rien qu'une seconde du Temps
Qu'une poudre envolée au vent
Que l'ombre d'un objet mouvant

Un homme parmi des milliards
Moins qu'un figurant pour l'Histoire
Malgré ce désir fou de gloire

Une goutte d'eau dans la mer
Un rien un souffle un frisson d'air
Poussière poussière poussière

Un reflet furtif sur la glace
Quelque chose qui se déplace
Et passe sans laisser de trace

Le Cœur à pleurer. L'Amitié
par le livre, 1978.

Lorris Guillaume de
Voir Guillaume de Lorris

Louÿs Pierre
(Gand 1870 — Paris 1925).

Romancier et poète, ami d'André Gide et de Paul Valéry, il est surtout connu pour ses romans *(Aphrodite,* 1893 ; *La Femme et le Pantin,* 1898 ; *Les Aventures du roi Pausole,* 1899 ; etc.). Et par un recueil de poèmes en prose, *Les Chansons de Bilitis* (1892). Ce dernier recueil fut un moment une mystification dans la mesure où Louÿs se prétendit d'abord traducteur d'une certaine poétesse grecque « Bilitis ». Mais elle n'avait jamais existé et ces textes sensuels et précieux sont entièrement de l'invention de Louÿs. Il est également l'auteur de poèmes groupés sous le titre *Astarté* (1891) où Louÿs exprime avec une sensualité très « grecque » sa vision de la nature.

...O le silence noir des eaux ! L'effroi sous les ramures
Frisson glacé de rivière dévêtue...
Et dans la haute nuit du parc où sont morts les murmures
Dans la brume où s'érige une pâleur de statue
La tristesse et la nudité des eaux nocturnes...

Astarté. 1891.

Lubin (Chahmour Kerestedjan, dit Armen)

Istamboul 1904 — Saint-Raphaël 1974.

Poète arménien de langue française qui, atteint de tuberculose osseuse, passa une bonne partie de sa vie dans les sanatoria et les hôpitaux. Cette existence douloureuse trouve de multiples échos dans ses poèmes ; mais on y trouve également et surtout de l'humour et une gaieté rayonnante et amère. Encore un poète qui mériterait d'être un peu moins oublié.

AMOUR DE PARIS

L'année de mon premier, de mon grand amour
Ce fut l'année même des horloges lumineuses.
Ce fut cette année-là que dans nos carrefours
On les dressa avec un grand feu intérieur
Et Paris ne fut plus qu'une clarté radieuse,
Clarté qui m'était due
...

Feux contre feux. Gallimard, 1964.

M

Machaut Guillaume de.

Voir Guillaume de Machaut.

Mac-Orlan (Pierre Dumarchey, dit Pierre)

Péronne 1883 – Saint-Cyr-sur-Morin 1970.

Après avoir débuté dans la vie comme journaliste et écrit quelques romans (*La Maison du retour écœurant,* 1912 ; *Le Rire jaune,* 1913) Pierre Dumarchey participe à la guerre de 1914-1918 et au retour se retire dans sa maison villageoise de Saint-Cyr-sur-Morin dans la Brie. Il continue à écrire des romans dont certains sont portés à l'écran (*Quai des Brumes,* 1927 ; *La Bandera,* 1931) ainsi que des poèmes et de merveilleuses chansons évoquant avec beaucoup d'humour et de gouaille poétique les truands, les bas-fonds des grandes villes.

Paris dresse sa tour
ainsi qu'une grande girafe inquiète
sa tour
qui, le soir venu
craint les fantômes
et promène dans tous les coins les jets de ses projecteurs

transformant le ciel parisien en une épure adroitement lavée.

Et l'Arc de Triomphe n'est qu'un petit banc
où Tamerlan en vareuse kaki
rêve de reboucler ses leggins.

Tel était Paris. Poésies documentaires complètes. Gallimard, 1954.

Maeterlinck Maurice Polydore Marie Bernard

(Gand 1862 – Nice 1942).

Poète, dramaturge, essayiste belge de langue française. Il est connu pour ses drames (*Pelléas et Mélisande,* 1892, etc.), ses féeries (*L'Oiseau bleu,* 1908), des essais philosophiques (*La Sagesse et la Destinée,* 1896), sur la vie animale (*La Vie des abeilles,* 1901, etc.). Dans ses poèmes (*Serres chaudes,* 1889 ; *Douze chansons,* 1899 ; etc.) s'expriment les mêmes préoccupations d'un homme hanté par l'inconnu, par l'au-delà, par la mort et la survie et par ce que l'on pourrait nommer l'étrangeté du quotidien.

M

CHANSON

Les trois sœurs aveugles
(Espérons encore)
Les trois sœurs aveugles
Ont leurs lampes d'or.

Montent à la tour
(Elles, vous et nous)
Montent à la tour
Attendent sept jours.

Ah ! dit la première
(Espérons encore)
Ah ! dit la seconde,
C'est le roi qui monte.

Non, dit la plus sainte,
(Espérons encore)
Non dit la plus sainte,
Elles sont éteintes...

Serres chaudes. Mercure de France, 1889.

Les Vierges folles et les Vierges sages

M

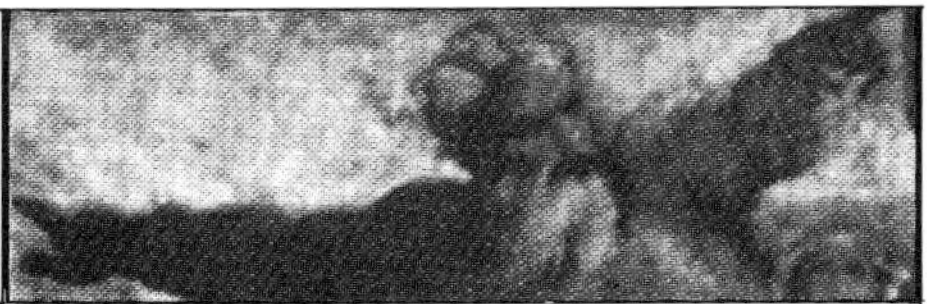

LES AMOVRS
DOLIVIER DE
MAGNY QVERCINOIS,
ET QVELQVES ODES DE LVY.
Ensemble
Vn recueil d'aucunes œuures de Monsieur Salel
Abbé de saint Cheron, non encore veuës.
Auec priuilege du Roy.
A PARIS.
Par Estienne Groulleau Libraire, demeurant
en la rue Neuue nostre Dame à l'enseigne saint Jean Baptiste.
1553.

Haut de page :
Plafond de la Chapelle Sixtine (détail)

Magny Olivier de
(Cahors vers 1529 – Paris 1561).

Ce poète français après une enfance provinciale « monta » à Paris où il fut attaché à Jean de Saint-Marcel, seigneur d'Avanson, diplomate à Rome. Le poète le suivit en 1555. A Lyon, au cours de son voyage, il tomba éperdument amoureux de Louise Labé. A Rome il rencontra Joachim Du Bellay et fut, comme le poète des *Regrets*, très déçu par la vie romaine. Après son retour en France en 1557, il fut nommé secrétaire du roi. Le poète est extrêmement vigoureux et ses nombreux sonnets amoureux ne font pas oublier la fermeté de certaines pièces très politiques.

AU ROI

Il ne faut pas toujours le bon champ labourer,
Il faut que reposer quelquefois on le laisse,
Car quand chôme longtemps et que bien on l'engraisse,
On en peut plus après double fruit retirer.

Laissez donc votre peuple en ce point respirer,
Faisant un peu cesser la charge qui le presse,
Afin qu'il prenne haleine et s'allège et redresse
Pour mieux une autre fois ces charges endurer.

Ce qu'on doit à César, Sire, il le lui faut rendre,
Mais plus qu'on ne doit, Sire, il ne le faut lui prendre,
Veuillez donc désormais au peuple retrancher

Ce que plus qu'il ne doit sur son dos il supporte
Et ne permettez plus qu'on le mange en la sorte,
Car, Sire, il faut le tondre et non pas l'écorcher.

Magre Maurice
(Toulouse 1877 — Paris 1967).

Poète de tradition symboliste, il se tourne vers une poésie d'inspiration plus « sociale » (*La Chanson des hommes,* 1898), puis vers le mysticisme (*La Porte du mystère,* 1923). La forme est très conventionnelle, sans grande originalité, mais ne manque pas, parfois, de force et d'intensité.

JE PASSE

Je ne suis qu'un passant, le voyage est mon goût,
Parfois je creuse un nom dans l'arbre ou dans la glace,
Mais ce n'est pas mon nom car c'est je ne sais où...
Je regrette toujours les endroits où je passe...

Les Lèvres et le Secret. Fasquelle, 1906.

Malherbe François de
(Caen 1555 – Paris 1628).

Malherbe,
par Vostermann

Après des études excellentes et un séjour dans les universités de Bâle et d'Heidelberg, ce fils d'un magistrat de Caen suivit le frère bâtard d'Henri II, Henri d'Angoulême, qui était gouverneur de Provence à Aix. Après la mort de son protecteur, il se maria et regagna Caen, fut nommé échevin et retourna à Aix-en-Provence. A ce moment, il écrivit des poèmes célèbres, *Les Larmes de saint Pierre* (1587) et les fameuses *Consolations à Du Périer* (1598). En 1605, précédé d'une flatteuse réputation, il devint gentilhomme de la Chambre du roi Henri Louis XIII. Poète de cour, il écarte tous ses rivaux, sans aucun scrupule et parfois avec grossièreté. Il a ses disciples comme Racan, Maynard et ses ennemis, Desportes ou son propre neveu Mathurin Régnier. Ses dernières années sont obscurcies par la mort en duel d'un

M

de ses fils, et l'animosité que créaient autour de lui ses incessantes demandes de subsides, et son humeur bougonne.

Il a condamné la poésie qu'il disait obscure de ses prédécesseurs, et par ses critiques vigoureuses, et souvent injustes, il a contribué à fonder la doctrine classique faite de clarté, de rigueur et d'ordre. Heureusement, le poète en lui est beaucoup plus intéressant que le théoricien. Ses poèmes expriment avec une éloquence parfois un peu raide, et une élégance savoureuse, des sentiments simples et austères ; mais derrière ce masque se perçoit l'imperceptible tremblement d'un vrai poète. Et comme la forme est vibration continue on n'oublie pas ce chant.

PARAPHRASE DU PSAUME CXLV

...
En vain pour satisfaire à nos lâches envies,
Nous passons près des rois tout le temps de nos vies
A souffrir des mépris et ployer les genoux ;
Ce qu'ils peuvent n'est rien ; ils sont ce que nous sommes,
Véritablement hommes
Et meurent comme nous.

Ont-ils rendu l'esprit, ce n'est plus que poussière
Que cette majesté si pompeuse et si fière
Dont l'éclat orgueilleux étonne l'univers ;
Et dans ces grands tombeaux où leurs âmes hautaines
Font encore les vaines
Ils sont mangés des vers.

Mallarmé Stéphane
(Paris 1842 – Valvins 1898).

Apparemment, la vie de Stéphane Mallarmé est sans histoire. Employé de l'Enregistrement à Sens, puis professeur d'anglais à Tournon, Besançon, Avignon, et dans divers lycées de Paris, il consacra toute son activité à la poésie et à ses amis. Il les recevait tous les mardis dans son appartement de la rue de Rome à Paris. Là, vinrent Paul Claudel, André Gide, Paul Valéry, etc. Mallarmé était, d'après ces écrivains, un causeur éblouissant. Mais également le plus secret de tous les poètes de cette époque. Et sans doute le plus important. Pour lui en effet, la poésie est une recherche. « La poésie, écrivait-il, n'a pas à inventer mais à découvrir. » Et très lentement, après avoir écrit quelques poèmes dans la lignée de ceux de Baudelaire, tout en traduisant les poèmes de l'Américain Edgar Poe, et en rédigeant quelques textes en prose essentiels pour comprendre la poésie contemporaine, Mallarmé composait des poèmes rares et denses : *L'Après-midi d'un faune* en 1865, *Hérodiade* en 1871, et des sonnets. Ces textes, hermétiques selon les uns, ou opaques, ou incompréhensibles selon les autres, constituent en réalité des tentatives exemplaires pour inventer un langage qui donne vraiment le sentiment qu'un poème devient une « autre » réalité. Et que les mots réagissant les uns sur les autres dévoilent de nouveaux sens.

Poussant encore plus loin ses recherches, Mallarmé conçut un poème dont le graphisme, la typographie constituaient une prodigieuse aventure pour la future poésie. Il s'agit bien sûr d'*Un coup de dé jamais n'abolira le hasard.* On mesure aujourd'hui le rôle capital qu'a joué Mallarmé dans la « révolution du langage poétique », révolution par laquelle la poésie s'institue comme une des voies de la connaissance. Certes, Mallarmé n'a jamais réalisé son rêve : fabriquer LE LIVRE qui devait tout dire. Mais les œuvres qu'il laisse, si minces par leur volume, sont de celles qui retiennent le plus longtemps le lecteur attentif, de celles

M

Mallarmé au cours d'un de ses « mardis », dessin de Verlaine

M

qui font que la poésie est infiniment plus qu'un divertissement et qu'un art du langage.

SOUPIR

Mon âme vers ton front où rêve, ô calme sœur,
Un automne jonché de taches de rousseur,
Et vers le ciel errant de ton œil angélique
Monte, comme dans un jardin mélancolique,
Fidèle, un blanc jet d'eau soupire vers l'Azur !
— Vers l'Azur attendri d'Octobre pâle et pur
Qui mire aux grands bassins sa langueur infinie
Et laisse, sur l'eau morte où la fauve agonie
Des feuilles erre au vent et creuse un froid sillon,
Se traîner le soleil jaune d'un long rayon.

Poésies, Gallimard, 1913.

Malrieu Jean

(Marseille 1915 — Penne-du-Tarn 1977).

Cet instituteur, animateur des *Cahiers du Sud* et de *Sud*, est un poète au lyrisme violent et comme minéral, intensément présent au monde, à l'amour et aux pays d'Oc. Il a publié de nombreux recueils : *Préface à l'amour* qui obtint en 1953 le prix Guillaume Apollinaire, ainsi que *Vesper* (1961), *Le Nom secret* (1967), *Le Château cathare* (1970), *Maison de feuillage* (1973) etc. Il était encore plein d'activité et de vitalité créatrice lorsqu'il mourut des suites d'une piqûre d'abeille.

M

LEVÉE EN MASSE

Ne serait-ce qu'une fois, si tu parlas de liberté,
Tes lèvres, pour l'avoir connue, en ont gardé le goût de sel,
Je t'en prie,
Par tous les mots qui ont approché l'espoir et qui tressaillent,
Sois celui qui marche sur la mer.
Donne-nous l'orage de demain.

Les hommes meurent sans connaître la joie.
Les pierres au gré des routes attendent la lévitation.

Si le bonheur n'est pas au monde nous partirons à sa rencontre.
Nous avons pour l'apprivoiser les merveilleux manteaux de l'incendie.

Si ta vie s'endort
Risque-la.

Hectares de soleil. P.-J. Oswald, 1971.

Mambrino Jean
(né en 1923).

Poète et écrivain particulièrement attiré par le langage poétique des mystiques de toutes les religions. Auteur d'une remarquable *Anthologie de la poésie mystique française.* Il est membre de la Compagnie de Jésus. Ses derniers recueils : *Le Mot de passe ; Ainsi ruse le mystère,* 1983.

LE CHEMIN D'EN HAUT

Le jour entoure de douceur
La chair des campanules
Dont les rayons se fondent
Dans l'ombre bleue de nos montagnes
A l'infini du vent.

Je reconnais le signe ...

Le Veilleur aveugle. Mercure de France, 1965.

M

Manoll (Michel Laumonnier, dit Michel). né à Nantes, 1911.

Un des poètes de « l'école de Rochefort », nom d'un petit village de Loire-Atlantique où se réunissait autour de René Guy Cadou un groupe amical de jeunes poètes. Manoll, libraire, enseignant, homme de radio écrit une poésie, d'inspiration religieuse, fiévreuse, tourmentée, emplie d'images radieuses suscitant des paysages calmes et marins.

FRONTIÈRES DE L'EXIL

à la mémoire de R.G. Cadou.

Voici Septembre et le temps de la Poésie dans un ciel de feuilles mortes et de bruyères
Mais le meilleur des compagnons que la règle conventuelle de l'amitié me faisait saluer comme un frère
S'est vidé de sa substance percé jusqu'aux moelles par les guêpes de la mort
Et tandis que le silence bourdonne autour de moi comme un essaim gorgé de sucs empoisonnés
Tu t'enfonces à marches forcées plus loin encore que Louisfert dans un hameau inaccessible.

Louisfert en Poésie. Les Amis de Rochefort, 1952.

Marcabrun ou Marcabru (a vécu entre 1110 et 1150).

Troubadour provençal né semble-t-il dans une ville de Gascogne. Il a laissé une quarantaine de poèmes dans lesquels avec violence, ironie, et dans une forme souvent obscure par sa densité, il dit son horreur de l'amour qui pervertit le chevalier et son attachement à la féodalité. Mais ses vers savants et secrets gardent une sourde sensualité très proche de la nôtre.

A la fontaine du verger
où l'herbe est verte près du gravier
à l'ombre d'un arbre fruitier
dans l'harmonie des fleurs blanches
et du nouveau chant coutumier
je trouvai seule sans compagnie
celle qui ne veut pas me consoler

C'était une demoiselle au beau corps
fille d'un seigneur du château
et quand je croyais que les oiseaux
lui faisaient joie et la verdure
et aussi la douce saison nouvelle
et qu'elle entendait mes discours
tout d'un coup son attitude changea...

Adaptation de Jacques Roubaud.
Les Troubadours, Seghers.

Chant d'amour, illustration d'une partition, XVe *siècle*

Marguerite de Navarre

(Angoulême 1492 – Odos de Bigorre 1549).

M. De Navarre, par François Clouet

Fille de Charles d'Orléans et de Louise de Savoie, Marguerite de Valois était la sœur de François Ier. A la suite de l'avènement de son frère au trône, elle joua un rôle important à la cour, négocia en particulier avec Charles-Quint la libération de François Ier fait prisonnier à Pavie. Veuve du duc d'Alençon, elle épousa Henri d'Albret, roi de Navarre en 1527. Elle était fort liée aux réformés protestants et fut, de ce fait, plus ou moins éloignée de la cour. Elle se consola dans son exil provincial de Bigorre en écrivant des contes (*L'Heptaméron*), des comédies, et des poèmes rassemblés dans *Les Marguerites de la Marguerite des Princesses.*

Elle était généreuse, courageuse et protégea des poètes comme Clément Marot, Pelletier du Mans, Bonaventure des Périers. Sa poésie est vigoureuse, charnue, gaie sans fausse élégance, témoignant le plus souvent d'une connaissance aiguë et sans illusions du cœur humain.

J'aime une amie entièrement parfaite,
Tant que j'en sens satisfait mon désir.
Nature l'a, quant à la beauté, faite
Pour à tout œil donner parfait plaisir ;
Grâce y a fait son chef d'œuvre à loisir,
Et les vertus y ont mis leur pouvoir,
Tant que l'ouïr, la hanter et la voir
Sont sur témoins de sa perfection.
Un mal y a, c'est qu'elle peut avoir
En corps parfait, cœur sans affection.

Marie de France

Marie de France

(XIIe siècle).

Elle vécut au XIIe siècle à la cour du roi d'Angleterre, Henri II Plantagenêt, cour dont Eléonore d'Aquitaine avait fait à l'époque un centre de culture française. On sait très peu de choses d'elle sinon qu'elle avait versifié de vieux contes bretons, créant un genre nouveau de contes en vers, les *lais*. Elle est sans doute la première poétesse française connue et son œuvre, savante et populaire, a gardé toute sa saveur.

...
D'eux deux il en était ainsi
Comme du chèvrefeuille était,
Qui au coudrier se prenait
Quand il s'est enlacé et pris,
Et tout autour le fût s'est mis,
Ensemble peuvent bien durer.
Qui les veut après désunir,
Fait tôt le coudrier mourir
Et le chèvrefeuille avec lui.
« Belle amie, ainsi est de vous
Ni vous sans moi, ni moi sans vous.
...

Le Lai du chèvrefeuille.

Maritain Raïssa
(Rostov-sur-le-Don, Russie en 1883 — Paris 1960).

Raïssa Oumancoff était la femme du philosophe Jacques Maritain auquel elle révéla l'œuvre et la pensée de saint Thomas d'Aquin. Son œuvre poétique est caractérisée par l'intensité mystique et l'intériorité.

Raïssa Maritain

DOUCEUR DU MONDE

Douceur du monde ! Jusqu'où monte et
descend en mon cœur ta musique ! Ta magie
se donne pour l'éternité.

Une heure au cœur de ta beauté, une heure
terrestre et réelle, — béatitude sans souvenir,
présent sans avenir, dans ton amour impersonnel.

Prestiges du printemps, jardin persistant des
délices, le ciel est limpide et lavé, une lumière
tendre paraît descendre du paradis.

La Vie donnée. Desclée de Brouwer, 1935.

St Thomas d'Aquin

Marjan (Marcel Auger, dit)
né à Niort, Deux-Sèvres 1918.

Typographe, Marcel Auger a pris le pseudonyme de Marjan en 1949, avec son premier recueil, *J'ai pris le parti d'en rire* — et il resta fidèle à ce parti pris. Ses petits poèmes (des « marjaneries », dit-il) sont des chefs-d'œuvre d'humour, mais qui ne se contentent pas de faire sourire : l'humour n'empêche pas, à l'occasion, l'émotion ni la prise de position généreuse (*Humour,* 1952 ; *Un petit vent*

LE KÉPI

— Fixe !
ordonna le général
au poète.
Et le poète fixa
avec intensité
le képi du général
en criant « Liberté ! »...
Alors vers le ciel cinq
étoiles filèrent...

La Poésie comme elle s'écrit
Edit. ouvrières, 1979.

M

de liberté, 1962 ; *Poèmes d'un idiot intégral,* 1973). Mais dans *Cour commune* (1977), Marjan évoque son enfance avec beaucoup d'émotion.

Marot Clément
(Cahors 1496-1497 — Turin 1544).

Fils de Jean Marot, poète favori de la reine Anne de Bretagne, femme des rois Charles VIII et Louis XII, Clément Marot passa son enfance dans les campagnes de son Quercy natal. En 1518, il obtint une charge de valet de chambre de Marguerite de Navarre alors Marguerite d'Angoulême. Il se lia à cette époque avec les premiers partisans d'une réforme de l'Eglise. Pour cette raison, il est enfermé à la prison du Châtelet. Et cette captivité lui inspire son poème satirique *L'Enfer.* En 1527, peut-être après avoir été fait prisonnier et blessé à Pavie, il prend la charge de son père et devient valet de chambre du roi. Durant quelques années il est le poète amuseur et badin de la cour de François Ier. Mais ses prises de position en faveur de la Réforme le font exiler à Ferrare où il s'ennuie ; puis à Genève en 1542. Dans l'intervalle il avait composé de nombreux poèmes de circonstances, des suppliques au roi et des poèmes galants, légers ou mélancoliques. A Genève il n'est pas très heureux et c'est à Turin, toujours en exil, qu'il meurt abandonné de tous.

Son influence sur la poésie française fut grande. On parle de « style marotique » que La Fontaine appréciait beaucoup. En fait, la poésie de Marot vaut par sa légèreté, par son absence d'esprit de sérieux, par l'humour, l'ironie parfois cinglante et de temps à autre une douce

ci-dessus et page suivante : Frontispice pour Le Temple de Cupidon, *1515 (détail)*

nostalgie. Et dans ses meilleurs moments, Marot vaut par le raffinement de l'expression et du rythme où se conjuguent les couleurs du Moyen Âge finissant et déjà l'annonce d'une poésie nouvelle qui trouvera son épanouissement chez les poètes de la Pléiade.

DE SOI-MÊME

Plus je suis ce que j'ai été
Et ne le saurai jamais être ;
Mon beau printemps et mon été
Ont fait le saut par la fenêtre.
Amour, tu as été mon maître :
Je t'ai servi sur tous les Dieux.
O, si je pouvais deux fois naître
Comme je te servirais mieux !

L'Adolescence clémentine.

Marteau Robert
(né à La Rochelle, 1925).

Poète inspiré par un ésotérisme souvent obscur, il a heureusement, grâce à son amour pour le pays natal (les Charentes), composé quelques-uns des plus beaux poèmes « rustiques » de ce temps. A publié principalement : *Royaumes* (1962), *Travaux sur la terre* (1966).

C'est mon pays, c'est mon domaine :
Les buses miaulent dans l'éther
L'épicéa respire un éternel été ; dans l'allée de cyprès les statues me regardent,
Nymphes dont les yeux aujourd'hui ne sont plus que guêpiers - meute grecque figée dans les ronces écarlates
Qui saigne pourtant du sang de mon vrai Dieu...

Travaux pour un bûcher. Travaux sur la terre. Le Seuil, 1966.

La Rochelle

M

Masson Loÿs
(Ile Maurice 1915 — Paris 1969).

Romancier, dramaturge, poète qui quitta son île natale pour arriver à Paris à la veille de la déclaration de guerre (1939). Il participe à la Résistance entre 1940 et 1944 et travaille ensuite à la radio.

Ses romans (*Les Tortues,* 1954 ; *Le Notaire des noirs,* 1962 ; etc.), ses pièces de théâtre (*La Résurrection des corps,* etc.) et ses recueils de poèmes (*Délivrez-nous du mal,* 1942 ; *La lumière vient le mercredi, Les Vignes de Septembre,* 1945 ; *Quatorze poèmes du cœur vieillissant,* 1952) témoignent les uns et les autres d'une double inspiration : une foi chrétienne très charnelle et fortement enracinée à la manière de Claudel, (il écrit souvent en « versets ») et une révolte parfois violente mais toujours généreuse contre l'exploitation des faibles (les Noirs) par les puissants (les Blancs) dont son enfance avait été témoin.

POÈME À MON PÈRE

Nous allions au jardin, tu m'apprenais le secret des boutures et des greffes, et comment la rose naît et comment le fruit mûr du manguier pèse de son parfum sur les branches de la Croix du Sud.
Tu savais tout des plantes et des hommes. Ton paletot de toile se gonflait aux souffles rudes
qui jettent les foules aux barricades aux soirs d'émeutes — et les fouets
où qu'ils claquaient laissaient sur tes épaules ce fin liseré rouge où j'ai appris la liberté.

Délivrez-nous du mal. Seghers, 1942.

Maunick Edouard, Jean
(né à l'Ile de la Réunion, 1931).

Cet autre poète « mauricien » est selon Serge Brindeau « un homme de l'exil qui revient toujours à la terre natale ».

Cette île est pour lui, comme le langage, le symbole d'un univers clos d'où part toute la révolte contre l'injustice et également tout l'amour du monde. Parmi ses ouvrages : *Mascaret ou le Livre de la mer et de la mort*, 1966 ; *Fusillez-moi*, 1970 ; etc.

J'habite la mer pour défendre le moi-pays
J'ai besoin de cette guerre
Ce sont d'anciens volcans rêvant de retour
et je suis amarré à marée neutre
complice du feu et pourquoi pas en colère
s'insurgent mes mots-racines - rebelles
non pas que je condamne bourgeons
et fontaines
et douceur de vivre parmi signes clairs
mais que mes entrailles ont poids de brasier
...

Mascaret ou le Livre de la mer et de la mort.
Présence africaine, 1966.

M

Mauriac François
(Bordeaux 1885 — Paris 1970).

Nous ne parlerons ici, ni du romancier, ni de l'auteur dramatique, ni du polémiste. Mais nous tenons à rappeler que Mauriac se croyait, au moment de son entrée en littérature, d'abord un poète et qu'il a publié à ce titre quatre recueils : *Les Mains jointes* (1900), *L'Adieu à l'adolescence* (1911), *Orages* (1925), *Le Sang d'Atys* (1940).

Dans ces recueils s'expriment la fiévreuse angoisse de l'homme pris entre le péché et la grâce, et également l'amour d'un homme pour les paysages ouverts et torrides des landes. D'ailleurs les romans de Mauriac contiennent d'admirables « poèmes en prose » : *« Le vent d'équinoxe, arrêté par l'immense forêt odorante et chaude, ne se décèle qu'au*

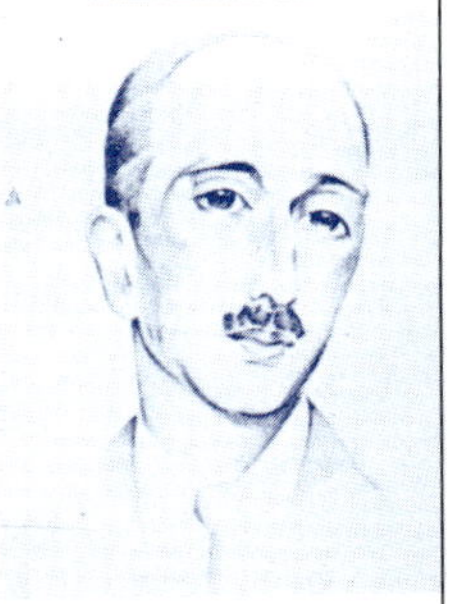

François Mauriac, par R. Heudebert

M

glissement des nuages, qu'au balancement des cimes à ce bruit de mer qu'elles font dans le ciel. »

L'OMBRE

Aux jours où la chaleur arrêtait toute vie,
Quand le soleil, sur les labours exténués,
Pressait contre son cœur le vignoble muet, –
A l'heure où des faucheurs l'armée anéantie
Ecrasait l'herbe sous des corps crucifiés, –
Seul debout, en ces jours de feu et de poussière,
En face du sommeil accablé de la terre,
Assourdi par le cri des cigales sans nombre,
Je cherchais votre cœur, comme je cherchais l'ombre.

Orages. Flammarion, 1925.

F. Mauriac académicien, caricature de Stam

Maynard François de
(Saint-Céré 1582 – Aurillac 1646).

D'abord magistrat à Aurillac, François de Maynard vint à Paris fréquenter des écrivains comme Boisrobert, Scarron. Il fut présenté à Richelieu et intrigua à la cour. Il fit un voyage à Rome en 1634 et fut à son retour en France contraint à une sorte d'exil. Il se retira définitivement à Aurillac jusqu'à la fin de sa vie. Disciple de Malherbe, il laisse des *Poésies* (éditées l'année de sa mort), d'une très grande délicatesse et riches de sentiments mélancoliques et nostalgiques. Son écriture, simple, pleine, musicale, directe, contraste avec le style précieux de l'époque.

M

Je donne à mon désert[1] les restes de ma vie
Pour ne dépendre plus que du Ciel et de moi.
Le temps et la raison m'ont fait perdre l'envie
D'encenser la faveur, et de suivre le roi.

Forêt, je suis ravi des bois où je demeure.
J'y trouve la santé de l'esprit et du corps.
Approuve ma retraite ; et permets que je meure
Dans le même village où mes pères sont morts.

J'ai fréquenté la Cour où ton conseil m'appelle,
Et sous le grand Henri[2] je la trouvais si belle,
Que ce fut à regret que je lui dis adieu.

Mais les ans m'ont changé ! Le Monde m'importune,
Et j'aurais de la peine à vivre dans un lieu,
Où toujours la vertu se plaint de la Fortune.

1. La retraite, ma solitude
2. Henri IV

Mazade Fernand

(Château de Monac 1863 — Saint-Georges-de-Didonne 1939).

Ce poète, après avoir été influencé par le symbolisme, publia de nombreux recueils de forme traditionnelle et fort monotone : *Printemps d'automne,* 1930 ; *L'Élégie italienne,* 1935. Mais parfois, il exprime la fraîcheur nostalgique d'une poésie « écologique ».

D'esprit léger, de cœur cruel,
Les hommes ont tiré des choses merveilleuses
Sur la terre et parmi le ciel.

Mais nous saurons trouver dans la forêt d'yeuses
La fleur qui chante et l'oiseau bleu ;
Et nous verrons parfois, sur les sources rieuses
Passer l'ombre d'un demi-dieu...

Les Poèmes de sainte Marthe. Au Pigeonnier.

M

Menanteau Pierre
(né à Le Boupère, Vendée 1895).

« Je suis né dans une maison d'école du bocage vendéen (...). J'appartiens à un pays "où le vent pousse", où "le temps écoute". Moi-même, je n'ai jamais cessé d'être à l'écoute des plantes, des arbres, des animaux et des hommes », a dit Pierre Menanteau. Toute sa poésie a toujours été fidèle à l'enfance et à la nature des pays de l'Ouest.

Professeur, directeur d'école normale, puis inspecteur de l'enseignement primaire, Pierre Menanteau a commencé à publier ses premiers recueils dès 1927 et 1928 : *Ce joli temps de demoiselle,* puis *Quand la feuille était verte.* Mais ce fut avec *Le Cheval de l'aube* (prix Gérard de Nerval, 1951) qu'il s'affirma comme un poète aux textes harmonieux, sensibles, empreints d'une attention et d'une réflexion évidentes. Son œuvre comporte des récits, des essais, et une vingtaine de recueils de poèmes *(Bestiaire pour un enfant poète,* 1958 ; *Herbier pour un enfant poète,* 1960 ; *Tapisserie du vent d'ouest,* 1964 ; *De chair et de feuilles,* 1966 ; *À l'école du buisson,* 1971 ; *Chansons venues par la fenêtre,* 1978 ; *Au rendez-vous de l'arc-en-ciel,* 1981).

FILS DE LA TERRE

Il ne met pas en cage
Les oiseaux du matin :
Le ciel est sa volière.

Il lit dans le feuillage
Les lignes de sa main :
Il est fils de la terre.
...

Pierre MENANTEAU

Herbier pour un enfant poète.
Seghers, 1960.

Mendès Catulle

(Bordeaux 1841 — Saint-Germain-en-Laye 1909).

Poète « parnassien », romancier, auteur dramatique fort à la mode à la fin du XIXe siècle dans les milieux littéraires de Paris. Son œuvre poétique, superficielle et clinquante, a beaucoup vieilli ; mais il avait un certain talent pour imiter ses contemporains.

O pins ! comme la nuit fonce vos mornes deuils !
La cigale avec ses grêles cris obsédants
Fait le bruit d'une scie aux innombrables dents
Dans l'arbre détesté dont on fait les cercueils...

Soirs moroses. Lemerre, 1876.

Merrill Stuart

(Hampstead, Etats-Unis 1863 — Versailles 1915).

Cet Américain dont le père était diplomate en poste à Paris écrivit toute sa vie en français. Son œuvre poétique est abondante *(Gammes,* 1887 ; *Les Fastes,* 1891 ; *Petits poèmes d'automne,* 1895 ; etc.). Elle témoigne de l'influence du symbolisme mais surtout d'un sens très intériorisé de la poésie et de l'expression de la nature.

NOCTURNE

La blême lune allume en la mare qui luit,
Miroir des gloires d'or, un émoi d'incendie.
Tout dort. Seul, à mi-mort, un rossignol de nuit
Module en mal d'amour sa molle mélodie.

Plus ne vibrent les vents en le mystère vert
Des ramures. La lune a tu leurs voix nocturnes :
Mais à travers le deuil du feuillage entrouvert
Pleuvent les bleus baisers des arbres taciturnes.

...

Les Gammes. Vannier, 1887.

M

Meung Jean de

Voir Jean de Meung.

Miatlev Adrien

(Moscou 1910 – Lausanne 1964).

Poète, animateur avec Pierre Boujut de la revue *La Tour de feu,* Adrien Miatlev a jeté à tous les vents, car il ne se souciait pas de les rassembler, des poèmes qui sont le plus souvent des cris, des éructations violentes et tendres d'une imprévisible diversité. Le recueil *Quand le dormeur s'éveille,* publié par les soins de ses amis, contient le meilleur de cette œuvre étrange.

Sans réponse, ne daignant pas me défendre
Ne trouvant jamais rien pour mon excuse
J'irai par ce monde, étonné
De ces haines, de ces peurs,
Qui font clore les portes, dresser barrières
Creuser abîmes, souffler lumières
Et triste aussi d'une très ancienne tristesse
De voir que s'érige à l'infini,
Cette prison dont les murs sont des hommes.
...

Paix séparée. Seghers, 1945.

Michaux Henri

(né à Namur, 1899).

D'origine belge, naturalisé français en 1955, Henri Michaux est un poète « inclassable ». Après avoir beaucoup voyagé à travers le monde (Amérique du Sud, du Nord, Chine, Indes) et à la suite de la mort accidentelle de sa femme, il se retire littéralement du monde, vit dans une chambre tapissée de liège, soustraite aux bruits et à l'agitation extérieure.

Là, dans la solitude, il écrit, il peint, accomplit, sous contrôle médical, d'étranges voyages dans les contrées de l'imaginaire où l'emmènent les drogues comme la mescaline. Mais Henri Michaux n'a rien d'un halluciné, ses poèmes, ses récits de voyages, réels ou imaginaires, ses textes ironiques *(Monsieur Plume)* témoignent d'une extraordinaire lucidité. Il décrit avec une précision quasi scientifique ses visions, les créatures qu'il imagine, les situations absurdes, logiques, paradoxales dans lesquelles il croit se trouver. Ainsi est-il un poète de « l'impossible possible », explorateur de *L'Espace du dedans,* titre d'un de ses recueils (1944). Son œuvre est considérable et il est indispensable de l'éclairer par l'œuvre graphique et picturale. Michaux, en effet, dessine, peint, invente des signes. Parmi ses nombreux ouvrages signalons : *Mes propriétés* (1929), *Un certain Plume* (1930), *Un barbare en Asie* (1933), *La nuit remue* (1935), *Connaissance par les gouffres* (1961), *Poteaux d'angle* (1980), etc.

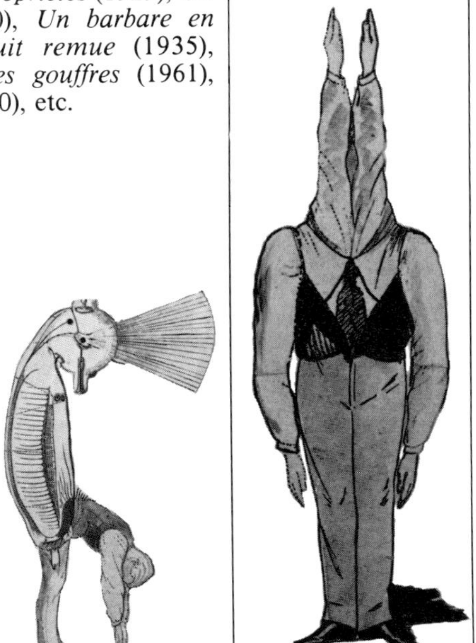

L'arrivée des voyageurs,
par Max Ernst, 1922

M

Michel Louise

(Vroncourt 1830 — Marseille 1905).

Héroïne de la Commune de Paris, en 1871, elle participa à la lutte armée. Elle connut la déportation au bagne de Nouvelle-Calédonie. Après son retour en France, en 1880, elle connut à nouveau la prison à Orléans pour avoir participé à des actions révolutionnaires. La haute figure de cette militante pure et droite que l'on nommait la « vierge rouge » a fait oublier une œuvre littéraire considérable, et en particulier des poèmes qui restent de très beaux moments d'une poésie « engagée » au sens plein du mot, porteuse d'une très fine sensibilité.

...
Quand donc, comme on roule un suaire
Aux morts pour les mettre au tombeau
Sur nous tous verra-t-on notre ère
Se replier comme un manteau ?
Pareil au grain qui devient gerbe
Sur le sol arrosé de sang
L'avenir grandira superbe
Sous le rouge soleil levant.

Poésies.

Miguel André
(né à Ransart, Belgique 1920).

Poète et journaliste belge d'expression française qui écrit de courts poèmes denses et concrets dans lesquels s'exprime selon les propres termes de l'auteur une sensibilité originale « au réel ». Parmi ses recueils, *Pays noir, Tournesol, Infus Amour, Fleuve forêt,* etc.

QUELQUE PART OU ICI

Un arbre jaune est un soleil
Une fumée pleure la saison perdue
Nous marchons à pas légers
Sur l'envers des feuilles
Des maisons brillent dans la brume
La route tourne
Le ciel et le présent changent
Des géraniums de sang caillé
Crient une joie

Quelque part un soleil consume
Quelque part un soleil éclaire.

Fleuve Forêt. Fagne, 1967.

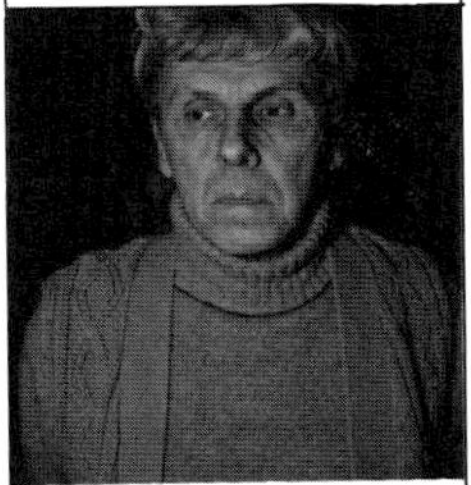

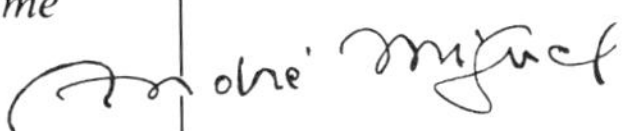

Françoise au soleil,
par Picasso, 1946

M

Mikhaël Ephraïm,
par Félix Vallotton

Mikhaël Ephraïm
(Toulouse 1866 — Paris 1890).

Bibliothécaire à la Bibliothèque nationale. Mort à vingt-quatre ans, il laisse un recueil de poèmes *L'Automne* (1886), quelques œuvres dramatiques et des poèmes en prose. Sa poésie, mélancolique, rappelle un Baudelaire nocturne pressentant son très court destin. Sa musicalité est très personnelle.

CLAIR DE LUNE MYSTIQUE

Ce soir, au fond d'un ciel uniforme d'automne,
La lune est toute seule ainsi qu'un bâtiment
Perdu dans les déserts marins, et lentement
Vogue dans l'infini de la nuit monotone.

Ce n'est pas la clarté des monotones nuits
Brillante d'or fluide et de brume opaline ;
Mais le ciel gris est plein de tristesse câline
Ineffablement douce aux cœurs chargés d'ennuis...

Automne. Le Mercure de France. 1886.

Millevoye Charles-Hubert
(Abbeville 1782 — Paris 1861).

Ce précurseur des romantiques, un des rares poètes lyriques ayant vécu sous l'Empire, restera surtout pour ses *Elégies* (1811) où demeurent quelques moments plaintifs, mélancoliques... et souvent larmoyants...

...
Il dit, s'éloigne... et sans retour !
La dernière feuille qui tombe
A signalé son dernier jour.
Sous le chêne on creuse sa tombe.
Mais son amante ne vient pas
Visiter la pierre isolée,
Et le pâtre de la vallée
Troubla seul du bruit de ses pas
Le silence du mausolée...

La Chute des feuilles. Elégies, 1812- 1815.

Milosz (Oscsar Venceslas de Lubicz)
Czereïa, Lituanie 1877 — Fontainebleau 1939.

Ecrivain d'origine lituanienne s'exprimant en français. Il a occupé en France plusieurs postes diplomatiques. Milosz fut un personnage étrange, secret et solitaire. Ce qui faisait dire à Jean Cassou qu'on ne pouvait aborder le poète qu'en lui demandant : « Comment se porte Votre Solitude ? » Sa vie d'écrivain se divise en deux moments : jusqu'aux environs de 1926 il écrit surtout des poèmes, *Les Sept Solitudes* (1906), *Ars Magna* (1924), etc., des récits comme *L'Amoureuse Initiation* (1910), des œuvres dramatiques comme *Miguel Manara*, une pièce sur Don Juan (1910)... Puis, il écrivit quelques ouvrages sur la Lituanie et se tourna vers une réflexion religieuse, très mystique, que toute son œuvre antérieure annonçait.

Milosz est un poète sans égal. Les thèmes de sa poésie sont en général sombres et désespérés. Plus exactement, ils expriment dans un langage d'une poignante intensité « l'irréversible et la nostalgie », l'impossible retour du passé, la mort définitive. « Mais le jour pleut sur le vide de tout », écrit-il, hanté par les souvenirs de son enfance lituanienne. André Marissel souligne « ses goûts quasi morbides pour les voyages bizarres, les errances mélancoliques, les cauchemars, les inscriptions à demi effacées, et d'autre part, ses élans beaucoup plus sains vers une nature à l'état sauvage de bergers ou de troupeaux ». Ses poèmes sont écrits dans une langue fluide et frémissante, et procurent au lecteur attentif une des émotions les plus fortes qu'il soit donné d'éprouver à la lecture d'un poète.

M

Milosz, par Robert Morel

O.V. de L. Milosz

M

Miron Gaston

(né à Sainte-Agathe-des-Monts, Québec 1928).

Un des plus importants poètes du Québec. Après avoir exercé divers métiers, il fonde en 1953, avec un groupe de poètes, la maison d'édition de *L'Hexagone* où la poésie de l'« identité québécoise » s'élabore. Militant du parti québécois (« indépendantiste »), il dirige plusieurs revues et reste aujourd'hui une figure de proue de la « nouvelle » culture du Québec. Sa poésie réussit à exprimer en même temps que la puissante révolte d'un peuple à la recherche de lui-même, les méandres d'une personnalité forte et tendre. Le meilleur de son œuvre poétique a été publié en 1981 sous le titre *« L'Homme rapaillé »*.

DANS LES LOINTAINS

Dans les lointains de ma rencontre des hommes
le cœur serré comme les maisons d'Europe
avec les maigres mots frileux de mes héritages
avec la pauvreté natale de ma pensée rocheuse

J'avance en poésie comme un cheval de trait
tel celui-là jadis dans les labours de fond
qui avait l'oreille dressée à se saisir réel
les frais matins d'été dans les mondes brumeux.

L'Homme rapaillé. Maspero, 1981.

Charles le Téméraire

Molinet Jean

(Desvres 1435 — Valenciennes 1507).

Après des études à l'université de Paris, Jean Molinet finit par devenir « historiographe[1] » de Charles le Téméraire, duc de Bourgogne. À ce titre il écrivit une « chronique » fort intéressante sur la vie de son temps. Ses poèmes, réunis en 1531 sous le titre *Les Faitz et les dictz de*

1. Chargé d'écrire l'histoire de ce Prince.

Jehan Molinet, présentent d'étonnantes jongleries verbales, et le « bruit » de ses mots résonne avec des accents très modernes et « prévertiens ».

FATRAS

Fourbissez votre ferraille
Aiguisez vos grands couteaux

Fourbissez votre ferraille
Quotenaille, quetinaille,
Quoquardaille, friandeaux,
Garsonaille, ribaudaille,
Laronnaille, brigandaille,
Crapaudaille, leisardeaux,
Cavestraille, goulardeaux,
Vilenaille, bonhommaille,
Fallourdaille, paillardeaux,
Truandaille et lopinaille
Aiguisez vos grands couteaux.

Vitraux de la cathédrale de Chartres, XIIIe *siècle*

Montherlant Henry de
(Paris 1896 – 1972).

Le romancier, l'auteur dramatique, l'essayiste sont bien connus. Mais on oublie assez souvent que Montherlant écrivit quelques textes poétiques qui témoignent plus peut-être que toutes ses autres œuvres d'une écriture admirablement fluide, souple, nerveuse, musclée et frémissante. Ses principaux poèmes se trouvent dans *Les Olympiques* (1924),

Montherlant, par Henri Matisse

Montherlant,
par Jean Lafitte

Chant funèbre pour les morts de Verdun (1934), *Encore un instant de bonheur* (1934). Et peu de poètes ont comme lui chanté le « geste sportif ».

LES SAUTEURS DE HAIES

Ils abordent la haie à toute allure,
Ils la franchissent dans la foulée.
Elle n'est pas sautée mais annulée :
Elle s'est trouvée sous l'enfourchure...

Il n'y a pas de temps d'arrêt.
On fait trois pas entre les haies.

Droite est la jambe pour attaquer.
Le corps effleure le bois à peine.
L'autre jambe se laisse emporter.
Nonchalante elle a effacé
Sous elle la hauteur vaine.

Les Onze devant la porte dorée. Grasset, 1924.

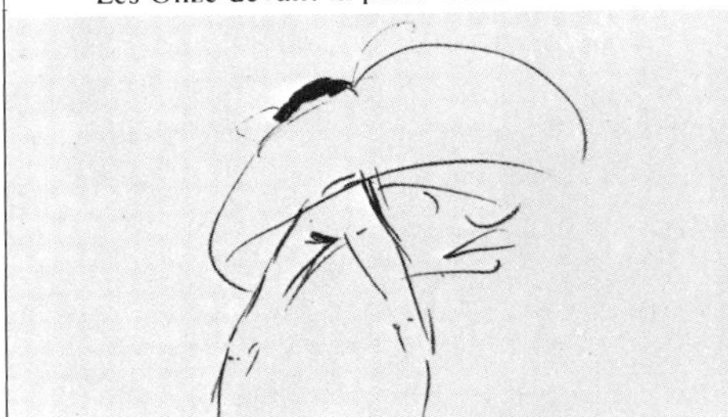

Dessin de Montherlant

Morand Paul
(Paris 1888 — 1976).

Le diplomate, l'auteur de *L'Homme pressé* et de tant d'autres romans et nouvelles, le voyageur, est avec Cendrars, Larbaud et quelques autres, le « poète photographe » du monde moderne à ses débuts. Pour lui la poésie fixe « l'instantané » mais elle doit être abrupte, coupante, comme pour rattraper la vitesse un peu désespérée de notre vie d'aujourd'hui. Ses poèmes ont été rassemblés et publiés sous le titre de *Poèmes*, en 1973.

BAISERS

Un baiser
abrège la vie humaine de trois minutes
affirme le département de psychologie
de Western State college,
(Janneson, Col.)
Le baiser
provoque de telles palpitations
que le cœur travaille en 4 secondes
plus qu'en 30 minutes.
Les statistiques prouvent
que 480 baisers
raccourcissent la vie d'un jour,
que 2 360 baisers
vous privent d'une semaine
et que 148 071 baisers
c'est tout simplement une année de perdue.

USA, 1927. Poèmes, Gallimard, 1973.

Plasticité de lumières + vitesse *(détail), par Giacomo Balla, 1913*

Moréas (Jean Papadiamantopoulous dit Jean)

Athènes 1856 — Saint-Mandé 1910.

Jean Moréas, par A. de la Gondara

Né en Grèce, il se fixa à Paris et devint une célébrité mondaine du « Paris littéraire ». Il fut dans ses premiers recueils de poèmes *(Les Syrtes,* 1884 ; *Les Cantilènes,* 1886) un des derniers représentants du symbolisme et ses poèmes sont alors encombrés de mots rares. En 1891, il fonde avec quelques autres dont Charles Maurras « l'Ecole romane » qui voulait revenir à une tradition classique et gréco-latine. *Le pèlerin passionné* (1891) relève de cette inspiration. Mais c'est dans *Les Stances,* écrites à la fin de sa vie, que Moréas atteint le dépouillement essentiel et la grande poésie.

Les roses que j'aimais s'effeuillent chaque jour,
Toute saison n'est pas aux blondes pousses neuves ;
Le zéphir a soufflé trop longtemps : c'est le tour
Du cruel Aquilon qui condense les fleuves.

Stances. 1899-1920, Mercure de France.

M

Jean Luc Moreau

Moreau Jean-Luc
(né à Tours, Indre-et-Loire, 1937).

Linguiste, Jean-Luc Moreau occupe la chaire des langues finno-ougriennes à l'Institut des langues orientales. Il a publié plusieurs recueils d'une poésie très harmonieuse et toujours sensible *(Moscovie,* 1964 ; *Sous le masque des mots,* 1974). Il a écrit pour les enfants un charmant recueil dont de nombreux poèmes ont été mis en chanson *(L'Arbre perché,* 1974). On lui doit de remarquables traductions de poèmes étrangers, principalement de l'allemand, du russe, du hongrois et du finnois, dont il a traduit *La Kantélétar* (1972). Dans un genre difficile et encombré de médiocrités, ses traductions sont des modèles, car il respecte l'esprit des textes, leur versification, leur rythme.

Les puces

A Pic-
Pus,
Les puces
Piquent.

Jean-Luc Moreau

LE TIGRE ET LE CURÉ

Dans la jungle, un jour, s'aventure
Un curé. Le tigre survient.
« Prions », se dit l'abbé.
« Seigneur, je t'en conjure,
Fais que ce tigre soit chrétien. »
Comment le Très-Haut se débrouille,
La chronique n'en parle pas.
Le fauve en tout cas s'agenouille :
« Seigneur », dit-il, « bénissez ce repas ».

L'Arbre perché. Éd. Ouvrières, 1974.

M

Moreau Hégésippe
(Paris 1810 — 1838).

Mort à vingt-huit ans, ce poète, qui participa activement à la révolution de 1830, a laissé un recueil *Le Myosotis* (1838), contenant quelques vers discrets, mélancoliques, désuets et qui ont un charme fané.

S'il est un nom bien doux fait pour la poésie,
Ah ! dites n'est-ce pas le nom de la Voulzie ?
La Voulzie est-ce un fleuve aux grandes îles ? Non,
Mais avec un murmure aussi doux que son nom,
Un tout petit ruisseau coulant visible à peine ;
Un géant altéré le boirait d'une haleine ;
Le nain vert Obéron, jouant au bord des flots,
Sauterait par-dessus sans mouiller ses grelots.

La Voulzie. Le Myosotis, 1838.

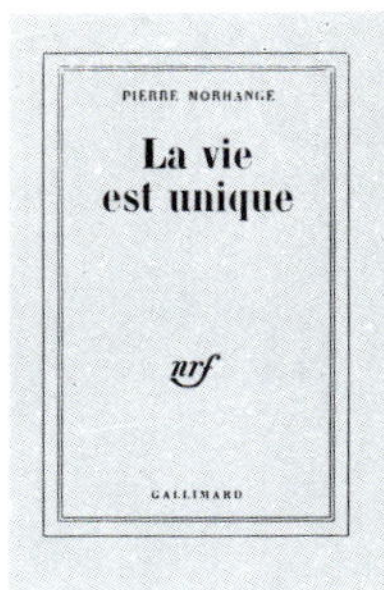

Morhange Pierre
(Paris 1901 — 1968).

Professeur de philosophie, ce poète discret a peu publié. Son recueil le plus connu, *Le Sentiment lui-même* (1966), témoigne d'une constante recherche de « l'évidence poétique », c'est-à-dire de la capacité de faire surgir les choses du monde avec les mots les plus simples.

L'OLIVIER

Nous nous sommes aimés la nuit sous l'olivier
Ses feuilles brillaient comme des étoiles
Et l'olivier brillait
Sous l'olivier du ciel au feuillage étincelant
Et dans nos deux poitrines
Tu me l'as dit aussi
Brille le feuillage pacifique
D'arbre de joie
Là aussi brillent des feuilles entre les feuilles voisines
et vivantes
Comme les pierres d'un gué
Sous le torrent approbateur et silencieux
De la nuit lumineuse.

Le Sentiment lui-même. P.-J. Oswald, 1966.

M

Moulin Jeanine
(née à Bruxelles, 1920).

Poète belge d'expression française, auteur d'essais sur Nerval, Apollinaire et d'une remarquable *Anthologie de la poésie féminine.* Ses poèmes, *Jeux et tourments* (1947), *Feux sans joie* (1957), *Rue Chair et pain* (1961) et *Musée des objets perdus* (1982), témoignent d'une sensualité délicate et fine toujours en demi-teintes.

Insaisissable aujourd'hui,
comme une bougeante brume
où capter d'indécises images
qu'on enchasse dans le temps circulaire,
cette bague sans commencement ni fin.

Musée des objets perdus.
Saint-Germain-des-Prés, 1982.

Muselli Vincent
(Argentan 1879 — Paris 1958).

Mêlé à la vie littéraire parisienne, mais un peu en marge, ami d'Apollinaire, de Jean Paulhan, etc., Muselli ne céda à aucune mode et exprima en vers de facture classique (des sonnets très souvent) son inquiétude philosophique et religieuse, parfois avec un lyrisme très neuf et une délicate ironie. Son *Œuvre poétique* complète a été réunie en 1957.

LES ÉPICERIES

Le Soleil meurt ; son sang ruisselle aux devantures ;
Et la boutique immense est comme un reposoir
Où sont, par le patron rangés sur le comptoir,
Comme des cœurs de feu, les bols de confiture...

Les Masques, 1919. Points et Contrepoints.

Muset Colin
Voir Colin Muset.

M

Musset Alfred de
(Paris 1810 – 1857).

Il naquit dans une famille où l'on aimait la littérature et son père lui communiqua le culte de Jean-Jacques Rousseau. Il eut une enfance et une adolescence paisibles jusqu'au moment où il fut introduit dans les « cénacles » réunis autour du jeune Victor Hugo ou de Charles Nodier à la Bibliothèque de l'Arsenal. Alfred de Musset fréquentait également les gens du monde et il fut un « jeune homme à la mode », un « dandy ». Il composait alors des poèmes légers et ironiques réunis et publiés en 1829 sous le titre *Contes d'Espagne et d'Italie.* Il écrivit également à cette époque pour le théâtre, et sa pièce *La Nuit vénitienne* (1832) fut un tel échec qu'il jura, tout en continuant à écrire du théâtre, de ne plus aller jusqu'à la représentation.

En 1833, Alfred de Musset rencontre George Sand de six ans son aînée, romancière déjà connue. Leur passion allair durer jusqu'à la séparation définitive de mars 1835. C'est entre ces deux dates que se situe le fameux voyage à Venise au cours duquel Musset tomba malade et eut la douloureuse surprise de constater que George Sand le trompait avec son médecin, le docteur Pagello. On a beaucoup exagéré l'importance dramatique de cette liaison dans la vie et l'œuvre du poète. D'autant plus qu'après cette rupture il eut bien d'autres aventures ; et le cycle de poèmes publiés après Venise et la suite *(Les Nuits, Lettre à Lamartine, Souvenir)* comme *La Confession d'un enfant du siècle* (1836) ne concernent pas uniquement George Sand. Cependant cet épisode allait le

Alfred de Musset, par David d'Angers

George Sand, par Alfred de Musset

M

Frontispice pour les Comédies, *par Eugène Lami*

marquer à jamais et donner à son inspiration, une profondeur, un frémissement très neufs dans le mouvement romantique français. Cet approfondissement se marqua également dans la série d'œuvres dramatiques qu'il publia alors : *On ne badine pas avec l'amour* (1834), *Lorenzaccio* (1834), *Le Chandelier* (1835) etc.

Les vingt dernières années de sa vie furent marquées par l'alcoolisme, le besoin d'argent, la déchéance. Il mourut dans l'indifférence générale et son cercueil ne fut suivi que par un petit nombre d'amis. Curieusement, le génie de l'auteur dramatique a parfois éclipsé celui du poète. Ou alors on ne retenait que les grands élans lyriques des *Nuits.* Musset poète est sans doute à redécouvrir, dans la mesure où se mêlent à ces « chants désespérés » une légèreté, un humour, un esprit doux-amer qui donnent à certains de ses poèmes un charme, une vibration, une espèce de frémissement qui font oublier une écriture souvent relâchée et peu rigoureuse.

SONNET

Que j'aime le premier frisson d'hiver ! Le chaume,
Sous le pied du chasseur, refusant de ployer !
Quand vient la pie aux champs que le foin vert embaume,
Au fond du vieux château s'éveille le foyer ;

C'est le temps de la ville. — Oh ! lorsque l'an dernier,
J'y revins, que je vis ce bon Louvre et son dôme
Paris et sa fumée, et tout ce beau royaume
(J'entends encor au vent les postillons crier),

Que j'aimais ces temps gris, ces passants et la Seine
Sous ses mille falots assise en souveraine !
J'allais revoir l'hiver — Et toi, ma vie, et toi !

Oh ! dans tes longs regards j'allais tremper mon âme,
Je saluais tes murs — Car qui m'eût dit, madame,
Que votre cœur si tôt avait changé pour moi ?

Poésies nouvelles. 1836 à 1852.

Nerval (Gérard Labrunie, dit Gérard de)
Paris 1808 — 1855.

N

Son père était chirurgien aux armées. Sa mère mourut en 1810, en Silésie, où elle avait suivi son mari. Le jeune Gérard fut élevé à Mortefontaine par un oncle. Il se souviendra toute sa vie de cette période de son enfance dans le Valois qui inspira son récit, *Sylvie.*

A dix-huit ans il publie ses premiers poèmes et une traduction du *Faust* de Goethe. Au retour d'un voyage en Italie, il rencontre l'actrice Jenny Colon dont il devient amoureux. Hélas, elle épouse un musicien et Gérard ne se consolera jamais, l'actrice devenant l'image toujours présente de la femme inaccessible.

Un voyage en Allemagne est suivi en 1841 d'une première crise de dérèglement mental. « L'épanchement du songe dans la vie réelle a commencé » disait-il. A partir de ce moment vont alterner des périodes de lucidité, un grand voyage en Orient, et des crises au cours desquelles il est interné et soigné par le docteur Blanche. Il s'en va également souvent revoir le Valois de sa jeunesse. C'est d'ailleurs au cours de ses séjours dans la clinique du docteur Blanche qu'il compose *Sylvie, Les Filles du feu, Aurélia ou la vie rêvée* et les poèmes des *Chimères.* Vers la fin de l'année 1855, il se trouve dans le plus profond dénuement et fin janvier il laisse à ses amis un billet sur lequel on peut lire : « Ne m'attends pas ce soir, car la nuit sera noire et blanche. » Le 26 janvier on le retrouve au petit matin pendu à une grille de la rue de la Vieille Lanterne dans le quartier du Châtelet.

La poésie de Nerval traverse toute son œuvre aussi bien *Sylvie* que les *Chimè-*

Gérard de Nerval, par Nadar

Jenny Colon

N

res. Avec lui, le lecteur découvre que ce qu'on a appelé la « folie » du poète est une autre façon, plus profonde, plus essentielle de voir le monde. On a donné des interprétations savantes et ingénieuses de ses œuvres poétiques... Mais peut-être faut-il pour percevoir vraiment le pouvoir de cette poésie se laisser aller à la fascination de cette incantation naïve et savante.

Haçine, par Nerval

FANTAISIE

Il est un air pour qui je donnerais
Tout Rossini, tout Mozart et tout Weber[1]
Un air très doux languissant et funèbre
Qui pour moi seul a des charmes secrets.

Or chaque fois que je viens à l'entendre
De deux cents ans mon âme rajeunit :
C'est sous Louis XIII et je crois voir s'étendre
Un coteau vert que le couchant jaunit,

Puis un château de brique à coins de pierre
Aux vitraux teints de rougeâtres couleurs,
Ceint de grands parcs avec une rivière
Baignant ses pieds qui coule entre des fleurs ;

Puis une dame à sa haute fenêtre,
Blonde aux yeux noirs, en ses habits anciens,
Que dans une autre existence peut-être,
J'ai déjà vue et dont je me souviens !

Odelettes. 1831.

1. Prononcer à l'allemande, « wèbre ».

Autoportrait

Noailles (Anna de Brancovan, comtesse de)
Paris 1876 — 1933.

Poète français d'origine roumaine par son père et grecque par sa mère, elle épouse en 1898 le comte Mathieu de Noailles. En 1901 elle publie un premier recueil de poèmes *Le Cœur innombrable.* Ce livre la fait connaître dans les milieux littéraires parisiens ; elle se lie à Maurice Barrès et devient une « figure »

N

de la vie mondaine de Paris. Elle continue à publier des poèmes, *L'Ombre des jours* en 1902, quelques romans et des mémoires sans intérêt. Peu à peu elle se retira du monde, vécut en recluse et publia après la guerre *Le Poème de l'amour* (1925) et *L'Honneur de souffrir* (1927).

Il y a beaucoup de bavardage et de grandiloquence dans cette œuvre poétique. Mais parfois une force lyrique intense et prenante. Particulièrement lorsque Anna de Noailles évoque le monde naturel, les saisons, tel moment de la journée.

Anna de Noailles

LE VERGER

Dans le jardin, sucré d'œillets et d'aromates,
Lorsque l'aube a mouillé le serpolet touffu,
Et que les lourds frelons, suspendus aux tomates,
Chancellent, de rosée et de rêve pourvus,

Je viendrai, sous l'azur et la brume flottante,
Ivre du temps vivace et du jour retrouvé ;
Mon cœur se dressera comme le coq qui chante
Insatiablement vers le soleil levé...

Le Cœur innombrable. Calmann-Lévy, 1901.

N

Noël Bernard

(né à Sainte-Geneviève-sur-Argence, Aveyron 1930).

Poète très secret, romancier, Bernard Noël qui publie peu interroge essentiellement la vie du corps *(Extraits du corps,* 1958 ; *La Peau et les mots,* 1972, etc.) et traduit en une poésie qui doit beaucoup au surréalisme et à André Breton en particulier, les battements organiques de la vie, du sang et l'étrange aventure de la mort.

SOUVENIRS DU PÂLE

XXI

...

Tu vas mourir. Mais entre le mourir et la mort, il y a quelque chose : un certain temps à partir des deux extrémités duquel tu vois se lever l'Autre et toi — se lever et marcher l'un vers l'autre. Et la distance entre eux va diminuant, et ils se rencontrent, et c'est cela mourir, car à l'instant de leur rencontre et de leur précipitation, il n'y a dans la tête qu'un rêve qui se couche, puis plus rien qui puisse dire encore : « je est un autre »...

Souvenirs du pâle. Fata Morgana, 1975.

Noël (Marie Rouget dite Marie)

Auxerre 1883 — 1967.

Fille d'un professeur de philosophie d'Auxerre, Marie Noël publie son premier recueil en 1920 : *Les Chansons et les heures.* Son père était incroyant ; peu à peu elle sentit au contraire la montée en elle du sentiment religieux, et elle vécut toute sa vie à l'ombre de la cathédrale d'Auxerre, publiant régulièrement une œuvre poétique qui fut en grande partie rassemblée en 1947 dans : *Chants et Psaumes d'automne.* Elle mourut en 1967 après avoir obtenu enfin la consécration en 1966 où elle reçut le Grand Prix littéraire de la ville de Paris.

La poésie de Marie Noël n'est pas une poésie de « bigote ». Fraîche, allègre, secrètement douloureuse, elle a la naïveté savante et souvent délicieuse des peintres primitifs, une très grande richesse et une merveilleuse musicalité.

ATTENTE

J'ai vécu sans le savoir,
Comme l'herbe pousse...
Le matin, le jour, le soir
Tournaient sur la mousse.

Les ans ont fui sous mes yeux
Comme à tire d'aile,
D'un bout à l'autre des cieux,
Fuient les hirondelles...

Mais voici que j'ai soudain
Une fleur éclose.
J'ai peur des doigts qui demain
Cueilleront ma rose,

Demain, demain, quand l'Amour
Au brusque visage
S'abattra comme un vautour
Sur mon cœur sauvage

...

Les Chansons et les heures. Stock, 1920.

N

M. Noël, par Hélène Marre

Nolhac Pierre de
(Ambert 1859 – Paris 1936).

Cet érudit, historien de la Renaissance, fut conservateur au musée de Versailles. Il a écrit plusieurs volumes de vers dans le style parnassien qui témoignent plus de l'érudition de l'historien que du talent du poète.

...

Ô Sicile, pays du rêve
Beau jardin des fleurs du passé,
Où les mythes ont pris leur sève,
Les Dieux ont marché sur ta grève
Et leur pas n'est pas effacé...

Paysages de France et d'Italie. Garnier, 1926.

N

Norge (Georges Mogin, dit Géo)
né à Bruxelles, 1898.

Poète belge d'expression française; fondateur avec P.-L. Flouquet du *« Journal des Poètes »*. Après avoir résidé à Bruxelles il habite en Provence à Saint-Paul-de-Vence.

Poète de la lignée de Rabelais, Jarry et Queneau, ses œuvres: *Joies aux âmes* (1941), *Les Quatre vérités* (1962), *Les Oignons* (1971) etc. ont été regroupées dans un gros volume d'*Œuvres poétiques* (1978). Norge est un poète d'humour; d'humour et d'humeur, de bonne humeur; « rigolard », humoristique, parfois grinçant et qui utilise le langage populaire avec une verve très étrange. Dans ses dernières œuvres parues semble s'ouvrir un dialogue pathétique avec l'invisible.

LA FAUNE

Et toi, qui manges-tu, grouillant?
— Je mange le velu qui digère le
pulpeux qui ronge le rampant.

Et toi, rampant, qui manges-tu?
— Je dévore le trottinant qui bâfre
l'ailé qui croque le flottant.

Et toi, flottant, qui manges-tu?
— J'engloutis le vulveux qui suce
le ventru qui mâche le sautillant.

Et toi, sautillant, qui manges-tu?
— Je happe le gazouillant qui gobe
le bigarré qui égorge le galopant.

Est-il bon, chers mangeurs, est-il
bon, le goût du sang?
— Doux, doux, tu ne sauras jamais
Comme il est doux, herbivore!

Famines. Stols, 1950.

N

Nouveau Germain
(Pourrières, Var 1851 — 1920).

À la mort prématurée de ses parents qui voulaient faire de lui un prêtre, puis un pharmacien, il « monte » à Paris, et rejoint Verlaine et Rimbaud. Il mène un moment leur vie de bohème. Il se range, occupe un emploi au ministère de l'Instruction publique, est professeur de dessin, puis traverse une crise de mysticisme. Les trente dernières années de sa vie sont celles d'un solitaire vivant plus ou moins de mendicité. Il est revenu en 1911 dans son pays natal. Et on le trouve mort en 1920 dans la cabane où il vivait.

La plus grande partie de son œuvre a été publiée après sa mort. Il s'agit d'une poésie trop longtemps oubliée et méconnue. Naïve, parfois abrupte, traversée de grands élans lyriques et mystiques, très proche de nous, avec parfois des accents grinçants qui ne sont pas sans évoquer le Vallès de *L'Enfant*.

G. Nouveau, par Carjat

On m'a mis au collège (oh ! les parents c'est lâche !)
En province dans la vieille ville de H.
J'ai quinze ans, et l'ennui du latin pluvieux !
Je vis, fumant d'affreux cigares dans les lieux ;
Et je réponds quand on me prive de sortie :
« Chouette alors ! » préférant le bloc à la partie
D'écarté, chez le maire, où le soir, au salon,
honteux d'un liséré rouge à mon pantalon,
J'écoute avec stupeur ma tante, (une nature !)
Causer du dernier bal à la sous-préfecture.

Œuvres poétiques, Gallimard, 1953, 1955.

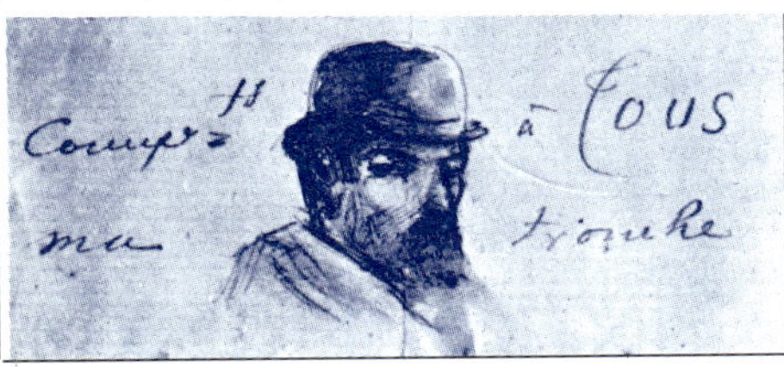

Autoportrait

O

Obaldia René de
(né à Hong-Kong, 1918).

René de Obaldia est un « inventeur de langage ». C'est pourquoi l'auteur dramatique de *Génousie* (1966), des *Impromptus à loisir*, etc., le romancier de *Tamerlan des Cœurs, du Centenaire* etc. est toujours un poète. Il a cependant publié deux ouvrages annoncés comme recueils poétiques : *Les Richesses naturelles* (1952), des poèmes en prose, et *Innocentines* en 1969, plus spécialement destiné aux enfants... de tous les âges. René de Obaldia poète, cultive une sorte d'humour fantastique. Chez lui, la fantaisie, l'imagination ne sont jamais « noires » et toujours survit à ce langage de dérision un sourire tendre et cocasse.

Dans la marmite ça ronronne
Ça n'arrête pas de ronronner.
Encore plus fort que papa
Quand il dort le nez bouché.

Ça ronronne dans la marmite, ça ronronne !

Ceux qui ne savent pas ce qu'il y a dedans
Font des yeux ronds comme des pommes
Mais moi je sais pourquoi :

C'est pas du lapin, c'est du chat !

Innocentines. Grasset, 1969.

Orizet Jean
(né à Marseille, 1937).

Ce fils d'un vigneron du Beaujolais et qui fut lui-même vigneron a parcouru le monde, a vécu aux USA et a lancé avec Jean et Michel Breton la revue *Poésie I*, la revue poétique la plus populaire en France. Il est directeur littéraire des Editions Saint-Germain-des-Prés, membre de l'Académie Mallarmé, a obtenu le prix Guillaume Apollinaire. Plus que beaucoup de poètes cités dans ces pages, il est un militant de la poésie vivante d'aujourd'hui.

Le poète, lui, est si proche des choses du monde et si pudique en même temps que sa parole « élégante » et très murmurée sait admirablement faire « vibrer le silence » et de ce fait peupler toute solitude de présence. Ses principaux recueils ont été regroupés dans *En soi le chaos* (1975) et il faut lire son recueil *Le Voyageur absent* (1982).

DIMANCHE PAISIBLE

Sous mes paupières, quelques oiseaux volent leur nid au soleil. J'explore des volcans bleu-mauves, fleurettes sur la peau d'un pré.

De ce côté-là de la clôture, les enfants nomment l'avion long-courrier qui entame sa procédure d'approche. De l'autre côté une vache du troupeau broute, mêlé à l'herbe, le même avion tombé moustique.

Nous sommes un dimanche paisible par l'autorité du coucou.

En soi le chaos. Saint-Germain-des-Prés, 1965.

Oster Soussouev Pierre
(né à Nogent-sur-Marne, 1933).

Cet homme de radio est un des rares poètes contemporains en France à pratiquer, surtout dans ses dernières publications *(La Grande Année,* 1964 ; *Les Dieux,* 1970) une poésie de « longue respiration ».

Pour lui, la poésie est un cheminement vers la connaissance, une manière de trouver le monde en dévoilant patiemment les mots qui le nomment et le masquent.

Je mesure à l'ampleur de mon chant le déroulement de l'année,
Une feuille me rend attentif à cette fleur déjà fanée.
Au pied des arbres, le jour qui baisse et qui s'est alourdi,
Luit comme un lac entre les rives de l'après-midi.
Le même souffle que jadis se répand à travers l'empire.
Il communique sa force simple à la parole qui m'inspire,
Me domine, du haut d'un chêne au point que je ferme les yeux !
Je suis certain que dans sa fuite il est toujours victorieux.

P

Catulle Mendès, par Cazals

Th. de Banville, par Dehodencq

Parnasse (le) **Parnassiens** (les)

Dans la préface de son roman *« Mademoiselle de Maupin »* (1836), Théophile Gautier écrivait : « Il n'y a vraiment de beau que ce qui ne peut servir à rien ; tout ce qui est utile est laid, car c'est l'expression de quelque besoin, et ceux de l'homme sont ignobles et dégoûtants, comme sa pauvre et infirme nature. » Cette théorie de « l'Art pour l'Art » constituait une réaction à certains romantiques pour lesquels l'Art devait se mettre au service soit de la morale, soit de telle ou telle idée sociale ou politique. De son côté, Leconte de Lisle écrit en 1852, dans la préface de ses *Poèmes antiques :* « Le thème personnel et ses variations ont épuisé l'attention. » Ces tendances, jointes au goût de l'érudition historique et archéologique, constituaient l'essentiel des idées des poètes qui, autour de Leconte de Lisle, Catulle Mendès et de quelques autres publièrent en 1860 des poèmes dans la revue *Le Parnasse contemporain.* Deux autres numéros devaient paraître en 1871 et 1876. C'est le titre de cette revue qui donna son nom au mouvement « parnassien ».

Dans le premier numéro de la revue, il faut noter la présence de textes de Baudelaire, Mallarmé, Verlaine, éliminés dans les deux numéros suivants. On a dit par la suite que le Parnasse à l'état « pur » était en fait représenté par le trio : Théodore de Banville, Leconte de Lisle, José Maria de Heredia. Il serait fastidieux d'énumérer ici la liste des poètes se réclamant, autour d'eux, du « Parnasse ». Nous préférons faire quelques remarques sur ce mouvement :

Les « parnassiens » tout en rejetant certains aspects de la poésie romantique ont été très fortement marqués par elle et en un sens (recherche de la « couleur locale » par exemple), ils prolongent le romantisme français.

Les « parnassiens » dans leur ensemble sont des « visuels ». Pour eux, la nature est matière « à tableaux », à descriptions.

Généralement, ils expriment des idées « pessimistes », ils évoquent la vanité de toute chose, et sur le plan du sentiment

amoureux comme sur celui de la religion, ils prétendent « n'avoir aucune espérance ».

Ils ont le culte de la forme, de la forme « fixe », à tel point qu'on a pu dire du Parnasse qu'il était « le temps du sonnet ».

Ils recherchent souvent des mots rares et savants. En réalité ce ne sont que des tendances générales. Et l'on peut noter entre les poètes de ce mouvement des différences considérables.

Par ailleurs nombre d'entre eux ayant appris du mouvement parnassien certaines exigences formelles, dépasseront cette « école » et se retrouveront chez les symbolistes.

Et puis, Baudelaire, Mallarmé, Verlaine, Leconte de Lisle, et beaucoup de poètes de cette époque valent en eux-mêmes, pour leurs œuvres, et ne sont originaux que dans la mesure où ils oublient les doctrines d'école.

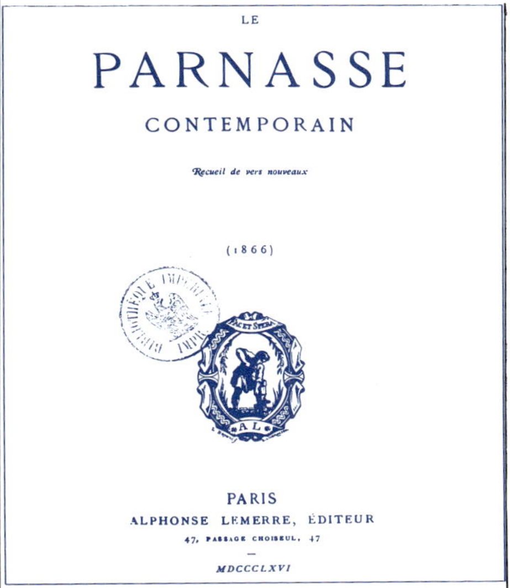

LE

PARNASSE

CONTEMPORAIN

Recueil de vers nouveaux

(1866)

PARIS

ALPHONSE LEMERRE, ÉDITEUR

47, PASSAGE CHOISEUL, 47

—

MDCCCLXVI

Ci-dessus : frontispice

Haut de page : frontispice (détail)

Leconte de Lisle, par Verlaine

P

Parny (Évariste Désiré De Forges, vicomte de)
Île Bourbon 1753 — Paris 1814.

Issu d'une très riche famille de l'île Bourbon (actuellement la Réunion), Evariste Parny fit des études à Rennes puis à l'Ecole militaire à Paris. De retour dans son île, il s'éprend d'une jeune fille qu'il célébrera dans ses poèmes sous le nom d'Eléonore. En 1778 à Paris il publie ses *Chansons érotiques.* Après être retourné à la Réunion où Eléonore s'était mariée, il perdit sa fortune au moment de la Révolution, pour laquelle il avait pris parti. La fin de sa vie fut triste et douloureuse.

On dit parfois de Parny qu'il est l'inventeur du « poème en prose ». Ses poésies érotiques expriment avec un charme savoureux la sensualité tendre de l'exotisme « des îles » alors fort à la mode ; et son écriture nerveuse et sans mièvrerie est d'une modernité qui nous séduit encore aujourd'hui. Ses *Chansons madécasses* (1787) ont inspiré Maurice Ravel.

Il est doux de se coucher, durant la chaleur, sous un arbre touffu, et d'attendre que le vent du soir amène la fraîcheur.

Femmes, approchez, tandis que je me repose ici sous un arbre touffu, occupez mon oreille par vos accents prolongés. Répétez la chanson de la jeune fille, lorsque ses doigts tissent la natte, ou lorsque assise auprès du riz elle chasse les oiseaux avides.

Le chant plaît à mon âme. La danse pour moi est presque aussi douce qu'un baiser. Que vos pas soient lents ; qu'ils imitent les attitudes du plaisir et l'abandon de la volupté.

Le vent du soir se lève ; la lune commence à briller au travers des arbres de la montagne. Allez ! et préparez le repas !

Chansons madécasses. 1787.

Paysan (Annie Roulette, dite Catherine)
née à Aulaines, Sarthe, 1926.

Après avoir été professeur, elle s'est consacrée à la littérature. Romancière et poète de la simplicité du monde rural. Avec une grande délicatesse Catherine Paysan évoque dans ses romans *(Nous autres les Sanchez, Je m'appelle Jéricho,* etc.) un monde qui disparaît et des sentiments forts et généreux. Ses poèmes et ses chansons expriment la même nostalgie, et la même confiance en la vie.

LA FENÊTRE

A la fenêtre d'en face
Un peu de soleil fait surface
Et puis c'est la lune, un peu lasse
Qui lui succède et s'efface

Comme la barque au rivage
Moitié astre, moitié visage
La nuit ancre son noir nuage
A la lisière des mirages

De la fenêtre d'en face.

52 Poèmes pour une année. Édit. ouvrières, 1982.

P

Catherine Paysan

Péguy Charles
(Orléans 1873 — Villeroy, Marne 1914).

Son père était menuisier. Sa mère rempailleuse de chaises. Reçu à l'Ecole normale supérieure après des études au collège Sainte-Barbe, il démissionne, milite dans les rangs du parti socialiste, puis il fonde en 1900 une revue *Les Cahiers de la Quinzaine.* A cette époque, Romain Rolland le décrit ainsi : « Il arrivait avant le jour, l'hiver, hirsute, jovial et renfrogné, avec sa capuche de frère mendiant, son gros bâton et ses souliers ferrés... Il parlait par mots rudes et pressés de questions de papier, de caractères d'imprimeries, d'abonnés et de désabonnés aux *Cahiers.*

Ci-dessous : façade de Notre-Dame de Paris

Ci-contre : L'Adoration de l'Agneau, *par Van Eyck (détail)*

En 1907, Péguy revient à la foi catholique. Il écrit alors aussi bien des essais en prose *(Notre Patrie,* 1906 ; *Victor Marie comte Hugo,* 1908) que des poèmes *(Les Tapisseries* (1911-1912) et des « mystères » *(Le Mystère de la Charité de Jeanne d'Arc,* 1910). Mobilisé en 1914, Péguy qui était devenu nationaliste et patriote est tué d'une balle en plein front le 2 septembre 1914.

Le poète Péguy est singulier. Ses vers constituent une sorte de piétinement, une litanie parfois obsédante, parfois lassante, souvent illuminée et savoureuse. Les images sont charnelles et appuyées comme dans certains tableaux primitifs. D'ailleurs comme pour ces peintres, l'inspiration de Péguy est à la fois religieuse et très méticuleusement réaliste.

PRÉSENTATION DE LA BEAUCE
À NOTRE DAME DE CHARTRES

...
Nous arrivons vers vous du lointain Parisis.
Nous avons pour trois jours quitté notre boutique,
Et l'archéologie avec la sémantique,
Et la pauvre Sorbonne et ses pauvres petits.

D'autres viendront vers vous du lointain Beauvaisis.
Nous avons pour trois jours quitté notre négoce,
Et la rumeur géante et la ville colosse,
D'autres viendront vers vous du lointain Cambrésis.

Nous arrivons vers vous de Paris capitale
C'est là que nous avons notre gouvernement
Et notre temps perdu dans le lanternement
Et notre liberté décevante et totale
...

Les Tapisseries. Gallimard, 1936.

Peire d'Auvergne

(milieu du XIIe siècle).

L'activité poétique de ce « troubadour » de l'évêché de Clermont paraît se situer entre 1158 et 1180. Une vingtaine de poèmes de lui nous sont parvenus qui sont selon un contemporain : « les meilleures mélodies en vers qui aient jamais été faites au cours des jours brefs et des longs soirs ». Sa poésie en effet chante naturellement...

ROSSIGNOL EN SA DEMEURE

Rossignol en sa demeure tu iras ma dame voir tu lui diras mon état et la vérité sur elle-même et enverras ici dire comme elle est qu'elle se souvienne de moi mais que là-bas sous aucun prétexte près d'elle qu'elle ne te retienne...

Adapt. J. Roubaud. Les Troubadours, Seghers.

Peire Vidal

(né dans la seconde moitié du XIe siècle, mort vers 1205-1206).

Troubadour provençal qui voyagea de cour en cour, en Provence, en Castille, en Aragon, à Gênes et poussa jusqu'en Hongrie et à Malte ! Sa poésie est très originale et étonnamment « descriptive » pour l'époque.

En respirant j'attire vers moi l'air que je sens venir de Provence tout ce qui est là me plaît et quand j'en entends dire du bien je l'écoute en souriant et demande pour un mot cent tant j'aime en entendre dire du bien

On ne connaît plus douce contrée que celle qui va du Rhône à Vence, qu'enferme mer et Danube pas une où tant de pure joie s'éclaire ainsi parmi ces gens merveilleux j'ai laissé mon cœur joyeux à celle que fait les malheurs rire...

Adapt. J. Roubaud. Les Troubadours, Seghers.

P

Pelieu Claude
(né en 1934).

Ce poète est très proche des poètes américains « beatnick ». Il vit d'ailleurs très souvent aux USA. Et sa poésie est toute de révolte, de violence, rapide, brutale comme la vie contemporaine : la drogue, le néon, le rock, la mort brutale, la guerre s'y bousculent. Mais le regard de ce poète sait parfois s'émerveiller.

Tout
s'
évapora
comme
par
enchantement
une
chanson
de
rue
annonça
le
printemps.

Juke boxes. Christian Bourgois, 1972.

Pellerin Jean
(Pontchara, Isère 1885 — Paris 1921, des suites de la guerre).

Cet ami de Francis Carco appartient au groupe des poètes « fantaisistes ». Il avait rencontré Carco dans une caserne de Grenoble où ils faisaient leur service militaire. En 1911, à Paris, il devint journaliste et romancier. Et poète. Ce poète est tout en demi-teintes. L'humour léger, la mélancolie qui ne se prend pas au sérieux, la grâce. Son murmure n'en finit pas de chanter en nous, sans peser...

Le vent a poussé les auvents,
La crépitante averse
De milliers d'aiguilles traverse
Les nuages mouvants ;

Aux étangs morts, l'automne las
Boit dans ses mains noircies,
La cloche abandonne son glas
Aux brumes épaissies.

Pipes. La Romance du retour, 1921, Gallimard.

P

Peret Benjamin
(Rezé 1899 – Paris 1959).

Sans doute le seul poète surréaliste resté fidèle toute sa vie (avec André Breton) au mouvement et à l'idéal de sa jeunesse. Il fut directeur de *La Révolution surréaliste,* il fut expulsé du Brésil, il participa à la guerre d'Espagne dans les rangs anarchistes ; incarcéré à la prison de Rennes en 1940 pour menées subversives, il passe la fin de la Seconde Guerre mondiale au Mexique. Il rentre à Paris et continue jusqu'à la mort son activité surréaliste et libertaire.

Sa poésie est à l'image de sa vie : jaillissante, non conformiste, libérée, n'obéissant qu'à la pureté baroque des songes, juteuse, et dont le langage paraît toujours neuf. Parmi ses écrits nombreux : *Immortelle Maladie* (1921), *Et les seins mouraient* (1928), *Le Grand Jeu* (1928), *Mort aux vaches et au champ d'honneur* (1953)...

CHAUFFERIE MÉLANCOLIQUE

Je rêve à toutes les étoiles
et elles en font autant
Il n'y a pas de temps à perdre
tout cela va éclater
Nous sommes perdus
nous sommes perclus
Soupirer ou regarder
pas du tout je ne rêve plus et je m'en vais
Nous ne sommes pas perdus !

Le Passager du transatlantique
Le Grand Jeu, Gallimard, 1928.

La Belle Saison,
de Max Ernst, 1925

P

Bruxelles

Périer Odilon-Jean
(Bruxelles 1901 — 1928).

Poète belge d'expression française, mort à vingt-sept ans en laissant une œuvre poétique légère et grave, confidentielle, proche, étrange, entre la fantaisie et le surréalisme.

À Auguste Gérard.

Cet homme n'avait rien à faire dans les rues
Mais la rue Et la pluie Et le soir Et l'écho
Cet homme n'avait rien à dire de nouveau
Mais la grande magie d'une belle avenue...

Cet homme avait une âme à perdre dans les rues.

Plein air. Poèmes. Gallimard, 1952.

Pernette du Guillet Voir Guillet (Pernette du).

Pérol Jean
(né à Vienne, Rhône 1932).

Cet enseignant a parcouru le monde, et en particulier l'Extrême-Orient, le Japon. Mais partout sa poésie témoigne d'un enracinement dans l'Histoire, la mémoire et l'enfance. Et l'écriture est tendue, dense et abrupte parfois.

Mère
me voici devant la pierre
où ton nom n'est même pas

mère il pleut il pleut encore
sur tes grands yeux à la Garbo
Sous un ciel que tu n'aimais pas
loin des soleils de ton midi
dans le désert de ton tombeau

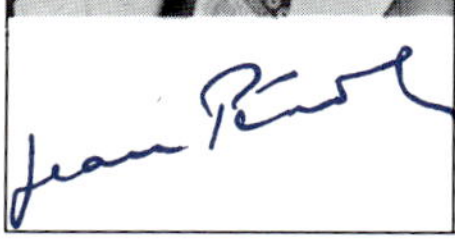

mère
je viens de loin j'arrive tard
écoute-moi si tu le peux
maintenant tout m'est égal
je sais rester assis sur une chaise
comme un vieil indien
comme un vieux paysan qui n'en peut plus
comme ton père sur les pierres
fixait un Rhône qu'on ne voit plus.

Histoire contemporaine. Gallimard, 1982.

Perros Georges
(Paris 1923 — Douarnenez 1979).

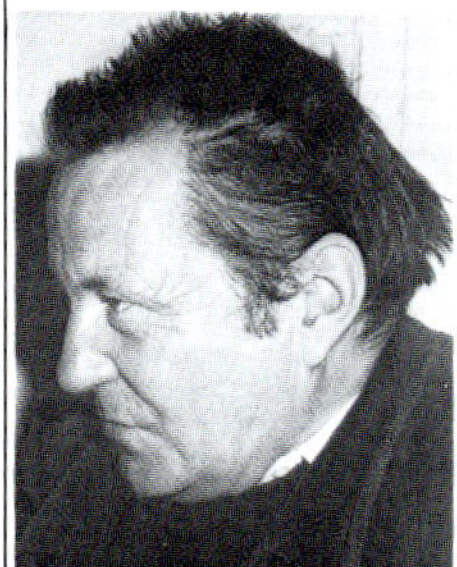

Ce comédien vint s'installer à Douarnenez en Bretagne et tout en gagnant sa vie en donnant des cours de « diction », il poursuivit une œuvre poétique qui n'a pas d'égale dans la poésie contemporaine. Il s'agit d'une sorte de minutieuse chronique de la vie quotidienne d'un homme comme les autres *(Papiers collés, Poèmes bleus, Une vie ordinaire,* etc.). Mais l'apparente banalité du propos masque une voix tragique, douce-amère, et sans doute désespérée.

La moitié du monde aujourd'hui
photographie l'autre Misère
tu ne fus jamais tant aimée
faisant vivre centaines d'hommes
qui te prennent en caméra
Se passe-t-il meurtres scandales
il faut y être pour saisir
l'instantané de la détresse.

Une vie ordinaire. Gallimard 1967

Pibrac Guy du Faur de
(Toulouse, 1528 — 1584).

Magistrat et diplomate, il représente Charles IX au Concile de Trente, voyage en Pologne, devient chancelier de Marguerite de Navarre, est disgracié pour des raisons mal connues, et meurt dans ses terres en 1584.

P

Il est l'auteur de *Quatrains* (1574) où s'exprime une morale sage et tempérée. Et il a chanté avec un bonheur très rare à son époque les plaisirs de la vie rustique.

...
Sans doncques plus avant du propos m'égarer,
Je dis que lorsqu'on voit les champs se bigarrer
De boutons et de fleurs, alors l'homme champêtre
Reçoit mille plaisirs ; soit qu'il regarde paître
Ses vaches et ses bœufs et le troupeau menu,
Soit qu'il doive nombrer, quand le soir est venu,
Les agnelets du parc pour en savoir le compte,
Et du beurre vendu, et à quoi le lait monte,
Ou soit qu'au point du jour, d'un bouton nouvelet
De quelque franc rosier, il fasse un chapelet
Aux Faunes, citoyens de la forêt voisine...

Grand Calendrier
et Compost des Bergers,
bois gravé du XVe *siècle (détail)*

Pléiade (la)

Les « Pléiades », c'est le nom donné à une belle constellation de sept étoiles.

En littérature on donne le nom de *Pléiade* à un groupe de sept poètes grecs vivants au IIIe siècle avant Jésus-Christ. C'est en souvenir de ces poètes que sept poètes français, groupés autour de Ronsard, de l'humaniste Jean Dorat et de Joachim Du Bellay constituèrent une nouvelle Pléiade. Ils avaient d'abord nommé leur petit groupe la *Brigade.* En dehors des trois auteurs cités les poètes de La Pléiade furent Antoine de Baïf, Rémy Belleau, Antoine Jodelle, et Pontus de Tyard. On situe le début de ce mouvement en 1549, date à laquelle parut sous la signature de Joachim Du Bellay : *La Défense et Illustration de la langue française,* ouvrage qui allait devenir le « manifeste poétique » du groupe et être complété par *L'Abrégé de l'art poétique français* de Ronsard.

Dans ces textes il est affirmé :

— Que les poètes veulent rendre sa dignité à la langue française délaissée au profit du grec et du latin.

— Mais que cette langue, il convient de « l'enrichir » en créant des mots nouveaux, des formes nouvelles (diminutifs), en empruntant des termes aux langues « provinciales »

— Qu'à l'aide de cette langue on créera des poèmes imités des anciens. Mais non par copie ou plagiat. En s'imprégnant de leur poésie, pour exprimer en français des sentiments, idées, etc., personnels.

Les sept poètes de la Pléiade n'eurent pas tous le génie de Du Bellay ou de Ronsard. Mais chacun d'eux, pour peu qu'on les lise, révèle souvent, en dehors des traits qu'ils ont en commun (allusions parfois pesantes et obscures à la mythologie antique, conceptions tarabiscotées des sentiments et de l'amour en particulier, etc.), une réelle fraîcheur en face de la nature, un sens très élevé du « métier » de poète, un enthousiasme communicatif pour la période de mutation qu'ils vivaient.

Mais l'on voit surtout chez Ronsard et Du Bellay que c'est en oubliant les principes et les doctrines (tout en les ayant assimilés) qu'ils furent les très grands et très jeunes poètes qu'ils sont restés.

P

Autoportrait

Ponchon (Raoul Pouchon, dit Raoul)
La Roche-sur-Yon 1848 — Paris 1937.

Ce provincial vint à Paris et écrivit tout au long de sa vie une sorte de « gazette rimée » dans certains journaux. Le meilleur de cette œuvre survit dans ses deux recueils : *La Muse au cabaret* (1920) et *La Muse gaillarde* (1927).
Bon vivant, grand buveur, joyeux et mélancolique, Raoul Ponchon n'est certes pas un grand poète, mais sa bonne humeur et sa verve sont encore savoureuses.

...
Et bien moins frileux que les loups,
Nous nous moquions de la froidure,
Et si la bidoche était dure
Nos dents étaient comme des clous.
Et les belles nuits que nous eûmes,
Nuits plus suaves que le miel
Avec pour ciel de lit le Ciel
Et la mousse pour lit de plumes.
...

La Muse au cabaret. Le Mercure de France, 1920. Grasset.

Ponge Francis
(né à Montpellier, 1899)

La vie de Francis Ponge fut à certains moments difficile, mais peu importe sa biographie. Il n'aime pas que l'on s'y attarde. Car l'essentiel pour lui, et pour nous, est la singulière aventure d'une écriture qui tend à créer par une attention et un travail intenses des objets de langage plus vrais que les objets eux-mêmes. A propos du *Parti pris des Choses* (1942), Albert Camus écrivait : « C'est la première fois, je crois, qu'un livre me fait sentir que l'inanimé est une source incomparable d'émotions pour la sensibilité et l'intelligence. »

En fait, la poésie de Ponge est une extraordinaire tentative de fabrication « d'êtres de paroles ». Il s'en est admirablement expliqué dans *La Fabrique du pré* et *Comment une figue de paroles et pourquoi* (1977).

Car Ponge ne craint pas de donner ses secrets de fabrication (*Le Grand Recueil*) et ainsi de nous aider à comprendre lucidement comment les mots et les choses constituent des univers différents, qu'une telle écriture confond et détruit.

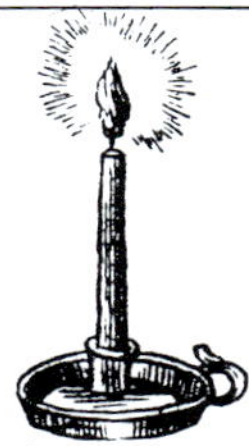

LA BOUGIE

La nuit parfois ravive une plante singulière dont la lueur décompose les chambres meublées en massifs d'ombre.

Sa feuille d'or tient impassible au creux d'une colonnette d'albâtre par un pédoncule très noir.

Les papillons miteux l'assaillent de préférence à la lune trop haute qui vaporise les bois. Mais brûlés aussitôt ou vannés dans la bagarre, tous frémissent aux bords d'une frénésie voisine de la stupeur.

Cependant la bougie, par le vacillement des clartés sur le livre au brusque dégagement des fumées originales encourage le lecteur, puis s'incline sur son assiette et se noie dans son aliment.

Le Parti pris des choses. Gallimard, 1942.

Pontus de Tyard

(Bissy-sur-Fley 1521 — Bragny-sur-Saône 1605).

Un des sept poètes de la Pléiade. Grand seigneur érudit, représentant du clergé bourguignon aux états généraux de 1589, il avait été amoureux de Louise Labé. Le meilleur de son œuvre poétique est sans doute ce qu'il a écrit sous l'influence de Ronsard, sur la nature, la passion amoureuse *(Les Erreurs,* 1553). Les poèmes religieux de la fin de sa vie sont très beaux.

Père du doux repos, Sommeil père du songe,
Maintenant que la nuit, d'une grande ombre obscure,
Fait à cet air serein humide couverture,
Viens sommeil désiré et dans mes yeux te plonge
...

Pozzi Catherine
(1882 – 1934).

Épouse du dramaturge Edouard Bourdet de 1909 à 1921, Catherine Pozzi a peu écrit (*Poèmes*: 1934). Mais sa poésie, d'inspiration religieuse et mystique le plus souvent, évoque avec une rare perfection formelle l'écriture brûlante d'une Louise Labé et la densité de Valéry. Elle est aussi l'auteur d'une nouvelle, *Agnès*, 1928 et de *Peau d'Âme*, conte philosophique, 1935.

Catherine Pozzi,
par Jean Marchand

NYX

O vous mes nuits, ô noires attendues,
O pays fier, ô secrets obstinés
O longs regards, ô foudroyantes nues
O vol permis outre les cieux fermés.

O grand désir, ô surprise éperdue
O beau parcours de l'esprit enchanté
O pire mal, ô grâce descendue
O porte ouverte où nul n'avait passé.

Je ne sais pas pourquoi je meurs et noie
Avant d'entrer à l'éternel séjour
Je ne sais pas de qui je suis la proie
Je ne sais pas de qui je suis l'amour !

Poèmes. Gallimard, 1960.

Prassinos Gisèle
(née à Istanbul, 1920).

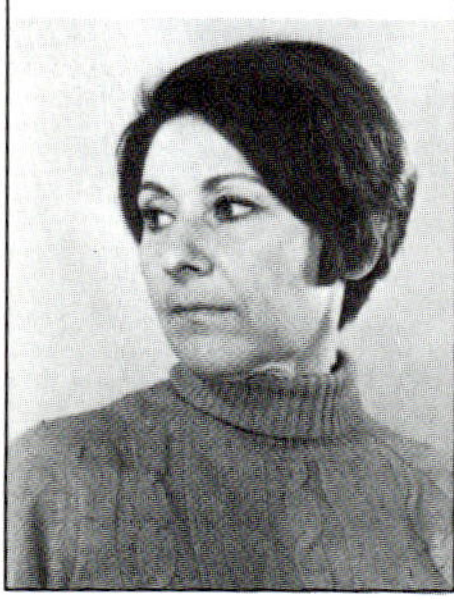

Découverte par André Breton qui l'appelait Alice II et disait d'elle : « C'est la révolution permanente en belles images coloriées à un sou. Tous les poètes en sont jaloux. » Elle publie à quinze ans un premier recueil, *La Sauterelle arthritique* (1935). Et depuis, plusieurs recueils et des poèmes pour enfants. Sa poésie est « spontanément surréaliste », faites de coq-à-l'âne, de ruptures, d'inventions saugrenues, fraîches, dansantes, acides...

TÉNÉBREUSE RECHERCHE

Nous marchons mais sans découvrir la vague au fond des allées noires.

Les vieilles, derrière leurs brouettes, dansent pour nous des menuets tremblants.

Et toujours malgré, nos yeux qui vivent, nous ne voyons pas le mystère.

De chaque côté de nous, des abeilles entraînent leurs morts pendants, et les vieilles, qui en rient, tombent.

La Lutte double. G.L.M. 1938.

P

Gisèle Prassinos

Dessin, *par Hans Bellmer, 1934*

Préciosité (la)

On appelle ainsi le mouvement qui, dans les « salons » au début du XVIIe siècle, à Paris surtout, attachait « du prix » aux questions de psychologie amoureuse et de langage. Le salon « précieux » le plus célèbre est celui de la marquise de Rambouillet, où fréquentaient par exemple Catherine de Vivonne surnommée Arthénice ou Cléomire, le poète Vincent Voiture, « l'âme du rond » parce qu'il animait de son esprit le « cercle » des personnes présentes. La période la plus brillante de l'hôtel de Rambouillet est celle qui va de 1625 à 1648.

Parfois les réunions ont lieu à la campagne, « aux champs » comme on disait alors. Au cours de ces réunions, on s'amuse beaucoup ; des dîners, des bals, des jeux de société sont organisés. Mais surtout, les « beaux esprits » s'y livrent à des batailles littéraires ; on cisèle rondeaux, madrigaux, sonnets, etc. On y disserte inlassablement sur les subtilités de l'amour. De là sont nés des romans comme la *Clélie* de Mlle de Scudéry où figure la *Carte du Tendre*. Ou encore des séries de poèmes, comme la *Guirlande de Julie*, composée de petits poèmes, chacun d'eux étant consacré à une fleur. Et surtout, dans ces milieux, on surveille la pureté de la langue, proscrivant les termes « bas » ou grossiers. Et cette recherche de la pureté et du raffinement concerne également les mœurs et les relations humaines en particulier, la politesse par exemple.

Mais on ne saurait confondre la « préciosité » et la « préciosité ridicule » dépeinte par Molière qui est une caricature « provinciale » des mœurs et habitudes des salons parisiens. Et on doit reconnaître qu'en dehors de ses outrances (de langage surtout) le mouvement précieux a joué un rôle positif dans l'histoire de notre littérature et de notre poésie.

— Sur le plan d'un certain raffinement des mœurs ;

— Dans la mesure où il attira l'attention sur la psychologie amoureuse et ceci dans le prolongement de ce qu'avait été « l'esprit courtois » au Moyen Âge ;

— Dans la mesure également où il fut le moteur d'un mouvement de revendication « féministe » (Combattu très injustement dans un sens par Molière dans *Les Femmes savantes*).

Sur le plan proprement poétique, les poètes précieux n'ont produit que « de petits chefs-d'œuvre » mais d'une subtilité et d'une forme que des poètes comme Racine, ou plus près de nous comme Jean Giraudoux ou Paul Eluard n'ont pas oubliées.

Prével Jacques

(Paris 1915 — Guéret 1951).

On ne saurait confondre, malgré la similitude des noms, Jacques Prével et Jacques Prévert. Prével est, avec Gérald Neveu et quelques autres, considéré comme l'un des grands poètes maudits de ce temps. Et cette œuvre d'un poète mort à trente-six ans, après avoir brûlé sa vie, d'hôpitaux en sanas, contient quelques-uns des plus beaux cris de désespoir et d'amertume de la poésie universelle.

Tous mes amis sont morts
Nous nous sommes égarés malgré tous nos espoirs
Mais nous étions des êtres capables de mourir
Et nous avons été trop semblables à nous-mêmes
Et jamais personne ne comprendra
Jamais personne ne nous entendra
Jamais personne ne se souviendra

En dérive vers l'absolu. Flammarion, 1952.

Prévert Jacques

(Neuilly 1900 — Ormonville-la-Petite 1977).

Ses amis disaient de lui : « Il ne ressemblait à personne. » Jacques Prévert est sans doute le poète le plus populaire de notre temps. Le moins prétentieux également, le moins « homme de lettres » ; et sans l'acharnement de quelques amis, les poèmes de Prévert seraient dispersés aux quatre vents.

Prévert,
par Picasso, 1956

Il fut un moment employé « aux Grands Magasins du Bon Marché », fréquenta les surréalistes sans jamais appartenir vraiment au groupe ; il voyagea aux USA, en URSS, fut le merveilleux scénariste et dialoguiste de *Quai des brumes, des Visiteurs du soir,* du *Jour se lève,* des *Enfants du Paradis,* de *Drôle de drame,* etc. Il vécut à Paris, à Saint-Paul-de-Vence, et en Normandie où il mourut.

Ses premiers recueils de poèmes, *Paroles* (1946), *Spectacles* (1951), *La Pluie et le Beau Temps* (1955), etc., eurent un immense succès dans tous les milieux, ce qui constitue un phénomène unique dans la vie poétique contemporaine où la poésie ne connaît que de petits tirages. Parurent ensuite, *Histoire* (1963), *Fatras* (1966), *Choses et autres* (1972) et, à titre posthume, *Soleil de nuit* (1980).

Prévert pourtant, avec un humour corrosif et tendre, s'en prit à toutes les « valeurs », morales, politiques et religieuses, de la bourgeoisie, pourfendant les gens en place, glorifiant les paumés, les révoltés, les exploités. Sa participation en 1936 aux activités du groupe « Octobre » dans les usines occupées par les grévistes n'a rien d'un acte gratuit. Et a-t-on jamais assez souligné que cet inimitable faiseur de calembours, ce parleur infatigable est un merveilleux poète de l'amour, de la tendresse, de l'amitié.

Il avait, disent ses amis, le regard bleu qu'il donne dans un de ses poèmes à Vincent Van Gogh : *« Le regard bleu et doux/Le vrai regard lucide et fou/De ceux qui donnent tout à la vie... »*

Et la poésie de Prévert, comme ses chansons, est bien un perpétuel don de vie. Et d'abord de la vie intense et folle, drôle et terrible, et toujours juste de ce langage, de tous pour tous.

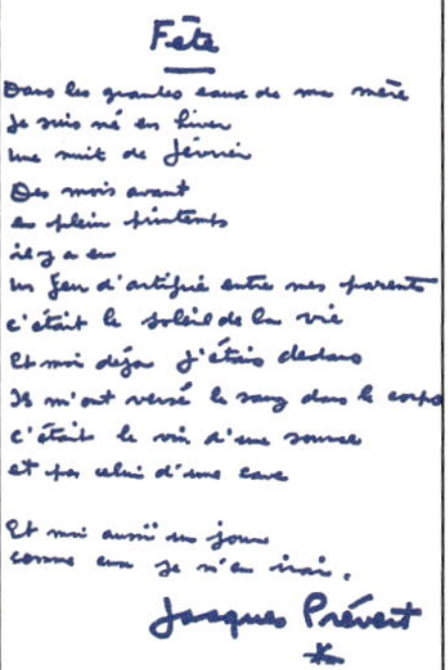

Fête

Dans les grandes eaux de ma mère
Je suis né en hiver
une nuit de janvier
Des mois avant
en plein printemps
il y a eu
un feu d'artifice entre mes parents
c'était le soleil de la vie
Et moi déjà j'étais dedans
Ils m'ont versé le sang dans le corps
c'était le vin d'une source
et pas celui d'une cave

Et moi aussi un jour
comme eux je m'en irai.

Jacques Prévert

GRANDES MANŒUVRES

La nuit chasse le jour qui pourchasse la nuit
Ombres sans nombre
Nombres sans ombre
A l'infini
Au pas cadencé
Ombre des nombres
A l'infini
Au pas commencé
La nuit chasse le jour qui pourchasse la nuit
Et la meute des jours sans fin hurle à la vie.

Soleil de nuit. Gallimard, 1980.

Queneau Raymond
(Le Havre 1903 — Paris 1976).

Je naquis au Havre un vingt et un février
en mille neuf cent et trois
Ma mère était mercière et mon père mercier
Ils trépignaient de joie.

Ainsi Raymond Queneau évoque-t-il sa naissance et ses parents dans *Chêne et Chien* (1937). Après de brillantes études au Havre, il étudie la philosophie et les mathématiques. Il fréquente les surréalistes dont il se détache et publie en 1933 son premier roman *Le Chiendent*. A partir de ce moment, l'activité de Raymond Queneau est considérable. Collaborateur des éditions Gallimard, il dirige l'Encyclopédie de la Pléiade ; il est membre du Collège de Pataphysique et participe aux activités de « l'Ouvroir de Littérature Potentielle[1] ». Romancier, il publie régulièrement des récits allant de l'expression intime et confidentielle (*Odile 1937*) à la fantaisie verbale de *Zazie dans le métro* (1959), en passant par le style « dérisoire » du *Dimanche de la vie* (1952) par exemple.

Autoportrait

Au centre de cette activité se situe une constante interrogation sur le langage. Sur tous les plans. Aussi bien en inventant ce que l'on pourrait appeler « le langage parlé écrit » qu'en multipliant les expériences à partir de données strictes (*Exercices de style*, 1947 ; *Cent mille*

1. L'Ouvroir de littérature potentielle (OULIPO) est un groupe de poètes, d'écrivains, de mathématiciens qui se réunit pour produire des textes en se donnant des règles et des contraintes.

Haut de page et bas de la page suivante : illustration de Carelman pour Exercices de style

milliards de poèmes, 1961). On ne s'étonnera donc pas de la part capitale que tient dans son œuvre la poésie. C'est là dans *L'Instant fatal* (1948) par exemple que l'on découvre, à travers l'humour et une perpétuelle invention verbale, les thèmes majeurs de Queneau et en particulier son angoisse devant le déroulement des années et la fatalité de la mort. Et surtout parce que nous sommes dans l'impossibilité de saisir, de fixer autrement qu'avec des mots, eux-mêmes périssables, ces « instants ».

La cocasserie des propos, le ton goguenard et faussement magistral... tout ceci donne à la poésie de Queneau une sorte de légèreté grinçante et tendre, naïve et savante, tout à fait unique dans la poésie française.

Un train qui siffle dans la nuit
C'est un sujet de poésie
Un train qui siffle en Bohême
C'est là le sujet d'un poème

Un train qui siffle mélod'
Ieusement c'est pour une ode
Un train qui siffle comme un sansonnet
C'est bien un sujet de sonnet

Et un train qui siffle comme un hérisson
Ça fait tout un poème épique
Seul un train sifflant dans la nuit
Fait un sujet de poésie.

Pour un art poétique. L'Instant fatal. Gallimard, 1948.

Cent mille milliards de poèmes

Autoportrait, 1928

Queval Jean
(né à Paris, 1913).

Après avoir été journaliste en France et en Grande-Bretagne, Jean Queval a été l'auteur d'excellentes traductions (Daniel Defoe, Iris Murdoch, etc.). Il fait partie de l'*OULIPO* (Ouvroir de Littérature Potentielle) créé par son ami Raymond Queneau. Sa poésie est souvent drôle, la satire sociale s'alliant à un humour corrosif (*Lieux-dits*, 1963 ; *Le Voyage en Belgique*, 1964 ; *Le Point*, 1967 ; *En somme*, 1970).

QUELQUEFOIS

les sangs on se ronge
on se turluponge
on se détériore
le for intérieur
on se met en quatre
ou bien on se carapatte
bref, on ne s'y fait pas

En somme. Gallimard, 1971.

Cerisy. Naissance de l'Oulipo

Rabelais François

(Chinon vers 1492 — lieu inconnu vers 1533).

On pourrait s'étonner de trouver Rabelais parmi les poètes ! Mais si l'on admet qu'un poète est quelqu'un qui invente un langage, et crée sans cesse sa musique, alors Rabelais est bien le plus prodigieux poète, avec Hugo, de la langue française. D'autant plus que Rabelais emprunte sa langue aussi bien aux parlers populaires de sa région et de son temps, qu'au langage savant. Et il imprime à cette langue en continuel état d'effervescence des rythmes variés à l'infini. Ce qui est bien également propre à la langue poétique. Et ajoutons, sans chercher à savoir ici ce que Rabelais a « voulu dire », que la poésie est bien ce langage qui « danse la vie ».

« Pantagruel nous a plongés dans des réflexions inouïes, et plus pénibles que jamais ne firent les géants Aloïdes par l'usage et la vertu de son herbe. Il sera marié sous peu, de sa femme il aura des enfants. À cette destinée nous ne pouvons contrevenir car elle est passée par les mains et fuseaux des sœurs fatales filles de Nécessité. Par ses enfants (c'est bien possible) sera inventée une herbe de semblable énergie au moyen de laquelle les humains pourront visiter les sources des grêles, les bondes des pluies, et les forges des foudres ; ils pourront envahir les régions de la Lune et entrer dans le territoire des signes célestes zodiacaux et y prendre logis, les uns à l'Aigle d'or, les autres au Mouton, les autres à la Harpe, les autres au Lion d'argent ; s'asseoir à table avec nous et prendre pour femme nos déesses, ce qui est le Seul moyen de devenir des Dieux !

Pantagruel. Le Tiers livre, Ch. 51, Invention du Pantagruelion (Le Chanvre)
Trad. en français moderne sous la direction de G. Démerson. Le Seuil, 1973.

Racan (Honorat de Bueil seigneur de)

Aubigné Racan 1589 — Paris 1670.

Ce jeune gentilhomme du Maine angevin fut présenté à seize ans à Malherbe dont il devint le plus fidèle disciple. « Je respecterai toujours Monsieur de Malherbe comme mon père et Monsieur de Malherbe vivait avec moi comme avec un fils » disait Racan. Il écrivit plus tard des *Mémoires sur la vie de M. de Malherbe* indispensables pour bien connaître le poète et ses idées. Racan après avoir pratiqué comme officier aux campagnes de Louis XIII, se retira dans son château de la Roche en Touraine, se maria et eut beaucoup d'enfants. Il fit quelques séjours à la cour où ses *Pastorales* et particulièrement *Les Bergeries* l'avaient rendu célèbre. Il occupa la fin de sa vie à traduire les *Psaumes.* Le poète réussit à garder la forme très claire et équilibrée de son maître Malherbe, mais de plus, il chante avec beaucoup de fraîcheur et un sentiment très vif de la nature la vie paisible des campagnes.

Racan, par F. Desrochers

...
Ô bien heureux celuy qui peut de sa mémoire
Effacer pour jamais ce vain espoir de gloire,
Dont l'inutile soin traverse nos plaisirs,
Et qui loin retiré de la foule importune,
Vivant dans sa maison content de sa fortune,
A selon son pouvoir mesuré ses désirs.

Il laboure le champ que labourait son père,
Il ne s'informe point de ce qu'on délibère
Dans ces graves conseils d'affaires accablés ;
Il voit sans intérêt la mer grosse d'orages,
Et n'observe des vents les sinistres présages
Que pour le soin qu'il a du salut de ses blés.

Stances sur la retraite, 1618.

Racine Jean
(La Ferté-Milon 1639 – Paris 1699).

La vie de Jean Racine est marquée en dehors de sa carrière d'auteur dramatique par un certain nombre de faits qui expliquent que ses contemporains ne l'aient pas apprécié surtout comme un écrivain. Sa solide éducation dans les

R

Jean Racine, par son fils

« petites écoles » jansénistes de Port-Royal, sa progressive ascension à la cour de Louis XIV (il est historiographe du roi en 1677, gentilhomme de la Chambre du Roi en 1690, etc.), son retour après cette période « mondaine » auprès des jansénistes, ses liaisons amoureuses, puis son mariage, sa vie familiale très rangée après 1677, tous ces épisodes ont fait sa réputation autant que son œuvre. Cette dernière, de la *Thébaïde* (1664) à *Athalie* (1690) est essentiellement dramatique. Et il n'est pas question ici de traiter du « tragique » racinien. Cependant, il faut reconnaître que l'auteur dramatique est dans toutes ses pièces un poète, au sens où son langage exprime par ses rythmes, ses images, sa « musique » beaucoup plus qu'il ne dit. On pourrait citer d'innombrables passages de telle ou telle de ses tragédies. Voici un extrait d'un poème de jeunesse « *À Monsieur Vitard* » :

...

Les ruisseaux respectent leurs rives.
Et leurs naïades fugitives
Sans sortir de leur lit natal,
Errent paisiblement et ne sont point captives
Sous une prison de cristal.
Tous nos oiseaux chantent à l'ordinaire.
Leurs gosiers n'étant point glacés ;
Et n'étant pas forcés
De se cacher ou de se taire
Ils font l'amour en liberté
L'hiver comme l'été.
Enfin lorsque la nuit a déployé ses voiles,
La Lune au visage changeant
Paraît sur un trône d'argent,
Et tient cercle avec les étoiles
Le ciel est toujours clair tant que dure son cours
Et nous avons des nuits plus belles que vos jours !

Radiguet Raymond
(Saint-Maur 1903 — Paris 1923).

Ce jeune écrivain mort à vingt ans, l'auteur du *Diable* au *corps* (1923) et du *Bal du comte d'Orgel* (1924), le protégé de Jean Cocteau, est également l'auteur des poèmes ardents, rapides d'un recueil au titre significatif: *Les Joues en feu* (1920).

Mais, Écho ! je sais que tu mens.
Par le chemin du ramoneur,
Comme en un miroir déformant,
Divers fantômes du bonheur,

A pas de loup vers moi venus
Surprirent corps et âme nus.
Bonheur, je ne t'ai reconnu
Qu'au bruit que tu fis en partant.

Les Joues en feu. Le Mercure de France, 1920. Grasset.

Raymond Radiguet, par Lucien Daudet

Raimbaut d'Orange
(Orange vers 1146 — 1173).

Ce troubadour provençal, grand seigneur avait la réputation de « festoyer dans son château, d'enfoncer les portes des couvents, de violer les nonnes ». Il était de grande culture et détestait les bourgeois et leur argent. Une quarantaine de poèmes de lui nous sont parvenus, savants, très souvent énigmatiques, parfois d'une obscurité fascinante comme chez Maurice Scève ou Mallarmé.

« Précieux doux fictif du roite-
let m'est son chant bas vers qui je m'exal-
te de joie s'étend vit et croît au temps où l
es grillons près du chêne-liège chan-
tent dans le mur sous la pierre...

Adapté par J. Roubaud. Les Troubadours. Seghers.

Statue du poète à Orange

R

Raimbaut de Vaqueiras, *miniature du* XIIIe *siècle*

Raimbaut de Vaqueiras ou Raimbaut de Vachères

(Vaqueiras 1155 ou 1160 — Macédoine, 1210).

Fils d'un chevalier pauvre, il fut au service du seigneur des Baux-de-Provence, puis du marquis de Montferrat, et tomba amoureux de Béatrix, sœur de ce dernier. Il accompagna son seigneur à la quatrième croisade, s'établit en Macédoine en attendant sa belle qui ne vint pas, et on perd sa trace.

Vingt-huit poèmes de lui nous sont parvenus, poèmes d'amour, sans mièvrerie, d'une forme pleine, harmonieuse, classique pourrait-on dire.

Guette bien guetteur du château
Quand celle qui m'est si bonne et belle,
J'ai auprès de moi ; jusqu'à l'aube
Le jour vient, sans que je l'appelle
Joie nouvelle
Me prend l'aube, l'aube, oui l'aube...

Adapt. F. Igly.

Ramuz Charles-Ferdinand

(Cully, Suisse 1878 — 1947).

On ignore parfois que Ramuz, le romancier vaudois de *Derborence*, du *Garçon savoyard* et de tant d'autres romans, fut un poète. Un poète solide et dru, enraciné, marcheur, dont le lyrisme familier et rude exprime comme dans ses romans l'attachement viscéral d'un homme à sa terre. Principaux recueils de poèmes : *Le Petit Village* (1903), *Petits poèmes en prose* (1904), *Guerre du Sondrebond* (1906), *Chant de notre Rhône* (1920), entre autres ouvrages.

CRÉPUSCULE

Les ouvriers des champs rentrent de faucher,
il fait frais, les murs sont tièdes,
les poules viennent de se coucher.

Le jour lutte dans les arbres
avec la nuit ;
un bruit d'ailes, un bruit de VOIX :
le ciel est rose à l'occident.

La nuit est presque déjà là,
mais la lune s'est levée ;
les arbres s'agitent, l'étang est ridé,
la forêt est toute noire
comme une chaîne de montagnes.

Et les chauves-souris commencent à tourner
autour de la maison
comme des objets mécaniques
faits avec du vieux cuir et des ressorts d'acier.

Le Petit Village. Eggimann, 1903.

Château de Terre-Neuve à Fontenay-le-Comte où vécut Nicolas Rapin

Rapin Nicolas
(Fontenay-le-Comte 1535 — Poitiers 1608).

Magistrat austère et poète libertin, souvent grave, il participa à la composition de la *Satire Ménippée*[1]. Il fut l'un de ceux qui crurent que l'on pouvait écrire une poésie française « mesurée »[2] à la manière des anciens grecs et latins. Ainsi cet exemple peu probant :

SUR LA BATAILLE D'IVRY

Chevaliers généreux qui avez le courage françois
Accourez, accourez, secourir l'héritier de vos Rois !
Secourez votre Roi naturel, si vaillant, si guerrier
À la peine, à la charge, à l'assaut, le premier, le dernier...

Henri IV à la bataille d'Ivry, *d'après Stenben*

1. *Satire Ménippée* : célèbre écrit politique de la fin du XVIe siècle, œuvre collective en faveur de la politique de paix de Henri IV.

2. Dans la poésie « mesurée », les vers sont définis par l'alternance des syllabes longues et des syllabes brèves, alors que dans la poésie française, les vers se définissent par le nombre de syllabes qui les constituent.

R

Ratisbonne Louis
(Strasbourg 1827 — Paris 1900).

Nous ne citerions pas ce poète, exécuteur testamentaire d'Alfred de Vigny, s'il n'avait écrit pour les enfants des poèmes si infantiles qu'ils sont d'une irrésistible drôlerie et sublimement bêtes.

Chère maman voici la chose :
Je priais le Bon Dieu car le pain est bien sec,
De nous donner toujours un peu de beurre avec.

Ray Lionel
(né à Mantes-la-Ville, 1935).

Ce poète, professeur, a publié sous le nom de Robert Lorho, un certain nombre de recueils : *Les Chemins du soleil*, (1935), *Si l'ombre cède* (1959), *Légendaire* (1965). Recueils constitués de poèmes légers, musicaux, chantants :

Quand serez sans regard
ose mon désir
Quand serez sans mémoire
nuits lentes à mourir
Quand serez vaporeuse
O chair sans retour
Quand serez soleilleuse
Vigne mon amour...

Légendaire. Seghers, 1965.

Puis, prenant le nom de Lionel Ray, il produit des textes « brisés », denses, à la syntaxe « mallarméenne », retrouvant comme le note Alain Bosquet : « l'irréductible mystère du non-dit », dans *Les Métamorphoses du biographe* (1971), *L'interdit est mon opéra* (1973) et *Le Corps obscur* (1981).

R

Chaque nuit sera ce bond dans la clarté de mes guitares. J'attends l'empreinte l'initiale le ressac et toujours dans la direction de l'origine l'alphabet de mes vertiges (j'ai survécu à chaque chute)...

Les Métamorphoses du biographe. Gallimard, 1971.

Réda Jacques
(né à Lunéville, 1929).

Un des poètes les plus denses de notre temps. De recueil en recueil (*Amen*, 1968 ; *Récitatif*, 1970 ; *La Tourne*, 1975 ; etc.) s'accumulent des suites serrées de vers qui semblent ne constituer qu'un « récitatif » obstiné pour « lutter contre l'érosion et la dissolution intérieures ».

/Réda

L'éclair mauve passait dans les lobes énormes du gris
Et des bêtes broutaient sans bruit derrière l'églantine.
Trop blanc le blanc des fleurs dans le creux du jour assombri,
Noire noire la pluie en courant qui montait la colline...

La Tourne. Gallimard, 1975.

Régnier Henry François Joseph de
(Honfleur 1864 — Paris 1936).

Après une période où il fut le disciple des symbolistes, Henry de Régnier, qui avait épousé en 1895 la fille aînée de José Maria de Heredia (connue sous le nom de Gérard d'Houville), revint dans sa poésie à une forme plus « classique ». Et ce furent : *Les Jeux rustiques et divins* (1897), *Les Médailles d'argile* (1900), *La Cité des eaux* (1902), *La Sandale ailée* (1906)...

Ce poète mérite d'être mieux connu ; autrement en tous cas que par la célèbre *Odelette* (« *Un petit roseau m'a suffi...* ») que l'on trouve dans toutes les anthologies. Car il a réussi à exprimer toute la musicalité « symboliste » sans tomber

R

jamais, ou rarement, dans le maniérisme. Les meilleurs de ses poèmes chantent avec un lyrisme plus intérieur qu'échevelé la nature et les lieux où passe la nostalgie de l'Histoire (Versailles, dans la *Cité des eaux*). Il est amusant de noter que José Maria de Heredia disait de lui : « Mon gendre a plus de génie que moi, mais j'ai plus de talent que lui. »

LA LUNE JAUNE

Ce long jour a fini par une lune jaune
Qui monte mollement entre les peupliers,
Tandis que se répand parmi l'air qu'elle embaume
L'odeur de l'eau qui dort entre les joncs mouillés.

Savions-nous, quand, tous deux, sous le soleil torride
Foulions la terre rouge et le chaume blessant
Savions-nous, quand nos pieds sur les sables arides
Laissaient nos pas empreints comme des pas de sang,

Savions-nous, quand l'amour brûlait sa haute flamme
En nos cœurs déchirés d'un tourment sans espoir,
Savions-nous, quand mourait le feu dont nous brûlâmes
Que sa cendre serait si douce à notre soir... ?

La Cité des eaux. Le Mercure de France, 1902.

Mathurin Régnier, par Ingouf le Jeune

Régnier Mathurin
(Chartres 1573 — Rouen 1613).

Il était le neveu du poète Philippe Desportes que Malherbe avait pris pour cible. C'est pourquoi Mathurin Régnier fut un ennemi irréductible de Malherbe.

Il devint poète officiel de la cour de Henri IV et mena joyeuse vie à Paris. Il disait que « le vrai poète n'a qu'à laisser aller sa plume où la verve l'emporte ». Et il se laissa aller sans trop se soucier des règles, des censures, des conventions ; il décrivit avec allégresse la vie quotidienne du Paris de Henri IV. Ses *satires* firent dire à Boileau qu'il était le poète français « qui du consentement de tout le monde a le mieux connu avant Molière les mœurs et les caractères des hommes ».

Le soldat aujourd'hui ne rêve que la guerre ;
En paix le laboureur veut cultiver sa terre ;
L'Avare n'a plaisir qu'en ses doubles ducats ;
L'Amant juge sa Dame un chef-d'œuvre ici-bas,
Encore qu'elle n'ait sur soi rien qui soit d'elle :
Que le rouge et le blanc par art la fasse belle,
Qu'elle ante[1] en son palais ses dents tous les matins ;
Qu'elle doive sa taille au bois de ses patins ;
Que son poil, dès le soir frisé dans la boutique,
Comme un casque au matin sur sa tête s'applique ;
Qu'elle ait comme un piquier le corselet au dos,
Qu'à grand peine sa peau puisse couvrir ses os,
Et tout ce qui de jour la fait voir si doucette
La nuit comme en dépôt soit dessous la toilette...

Satire IX, à M. Rapin.

1. Qu'elle fixe un ratelier.

Renard Jean-Claude (né à Toulon, 1922).

Après une enfance solitaire et difficile, et des études de lettres, Jean-Claude Renard est rédacteur dans une agence de presse, puis directeur littéraire dans une grande maison d'édition. Les aventures de cette vie, par ailleurs forte d'un univers familial tendre et solide, sont des aventures spirituelles, au sens fort de ce mot. Et ce sont ces événements « intérieurs » que la poésie de Jean-Claude Renard traduit dans un langage que brûle le « feu mystique ». En effet, le poète est engagé dans une méditation « ininterrompue » sur la foi et la présence, on devrait dire les apparitions du Dieu chrétien dans le monde charnel des choses de la nature et des êtres.

Ses livres, *Fable* (1952), *Père voici que l'homme* (1955), *Incantation des eaux*

(1961), *Incantation du temps* (1962), *La Terre du sacre* (1966), *La Braise et la Rivière* (1969), etc. constituent autant de jalons dans cette quête. Le langage y est dense, d'une opacité « transparente » pourrait-on dire, et tout est proclamé intensément et à demi-voix, en particulier, le duel difficile et amoureux entre la sensualité du monde et la lumière de la foi. Peu de poètes d'aujourd'hui sont aussi secrets en même temps que si fraternels.

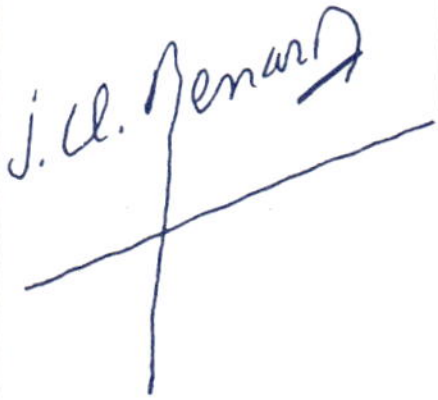

Saint Jean, *par Maurice Denis*

PSAUME DE PÂQUES

Comme de chaque nuit traversée se lève chaque jour le feu ;

Et comme à droite de l'avion, sur l'aile, les falaises roses du soleil, et l'arche ouverte dans l'ébène, et les premières tables de la mer — hors des ravins hantés par la profanation.

Et comme de Marrakech, à l'aube, les hautes neiges dans le sacre frappant les remparts d'ocre ;

Et sur les sables anciens armant un profond mouvement d'eaux vives ;

Et la prophétie des herbages ; et l'avènement de la transhumance ; et la certitude du lait ;

Ah ! la mort ôtée à la mort, et les ténèbres descellées et toute la terre dans le matin de menthe et d'orange ;

La pierre rompue, il y a maintenant un Dieu dans le monde comme un cèdre blanc, et avec lui le pouvoir exact de vivre.

...

La Terre du sacre. Le Seuil, 1966.

Reverdy Pierre
(Narbonne 1889 - Solesmes 1960).

Après une enfance morne dans la « triste ville », comme il disait, de Narbonne, Pierre Reverdy s'installe à Paris exerçant le métier de correcteur d'imprimerie, ce qui explique en partie le soin extrême qu'il prenait à la « mise en page » de ses poèmes. Il se lia avec les peintres cubistes, Picasso, Juan Gris, Braque et des poètes comme Max Jacob, Guillaume Apollinaire. Il se convertit alors à la religion catholique et, en 1926, vient s'établir à Solesmes dans la Sarthe à proximité de l'abbaye bénédictine où est née la restauration du chant grégorien. Mais Reverdy ne partagea jamais totalement la foi des chrétiens. Et durant près de trente années, jusqu'à sa mort, ayant coupé presque tous les ponts avec les milieux artistiques parisiens, il écrit une œuvre poétique considérable rassemblée en 1945 et 1949 dans deux livres : *Plupart du temps*, et *Main-d'œuvre.*

Il avait côtoyé les surréalistes mais refusait les facilités de l'écriture automatique. Il disait : « L'art est une discipline, il n'y a point d'art personnel sans discipline personnelle. » Cette ascèse le conduit à écrire des textes de plus en plus nus et dépouillés, réduits à l'essentiel, offrant au lecteur attentif la possibilité de recréer en lui et pour lui le poème, grâce aux « blancs » qui le structurent. On a parlé à son propos, et en évoquant son amitié avec les peintres, de « poésie cubiste ». Les choses, les moments dont il parle, sont en effet évoqués dans la synthèse des points de vue que l'on prend d'eux. Et pour peu qu'on sache rêver « autour des mots », il n'est pas de poésie plus enrichissante, plus

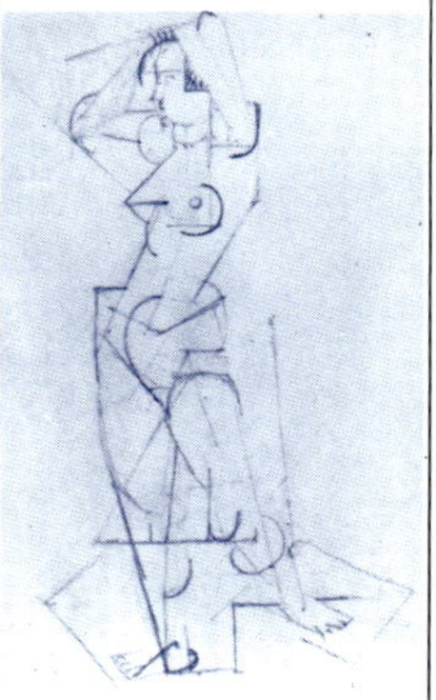

Femme, *étude cubiste*

R

peuplée, plus ouverte, à partir de très humbles moments, à toutes les métamorphoses. Aragon ne s'y est pas trompé qui disait de Reverdy : « Il était pour nous, quand nous avions vingt ans, Soupault, Breton, Eluard et moi, toute la pureté du monde. Notre immédiat aîné, le poète exemplaire. »

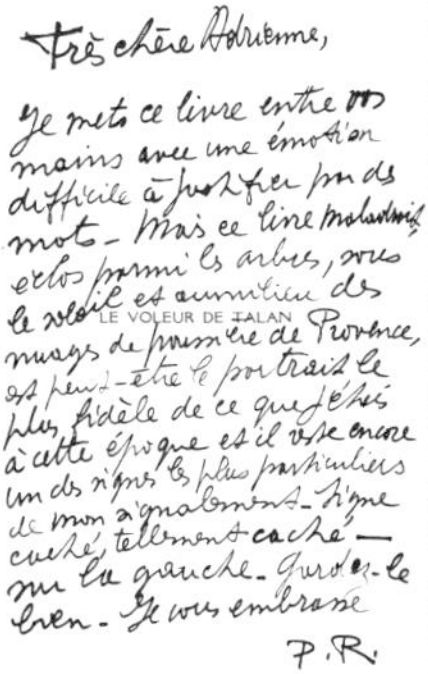
Très chère Adrienne,

Je mets ce livre entre vos mains avec une émotion difficile à justifier par des mots - Mais ce livre maladroit éclos parmi les arbres, sous le soleil et au milieu des nuages de poussière de Provence, est peut-être le portrait le plus fidèle de ce que j'étais à cette époque et il reste encore un des signes les plus particuliers de mon signalement - signe caché, tellement caché - sur la gauche - Gardez-le bien - Je vous embrasse

P.R.

LE VOLEUR DE TALAN

SECRET

La cloche vide
Les oiseaux morts
Dans la maison où tout s'endort
Neuf heures

La terre se tient immobile
On dirait que quelqu'un soupire
Les arbres ont l'air de sourire
L'eau tremble au bout de chaque feuille
Un nuage traverse la nuit

Devant la porte un homme chante

La fenêtre s'ouvre sans bruit

Les Ardoises du toit. Plupart du temps, Flammarion, 1967.

Lumières, *par Magritte*

Rhétoriqueurs (les grands).

On désigne en général, par ce terme, des poètes français ayant vécu entre 1460 et 1520. C'étaient en général des poètes de cour, vivant soit à la cour royale, soit dans les petites cours des duchés de Bourgogne, de Bretagne, du Poitou, etc. Parmi eux, notons les noms de Jean Meschinot, Jean Molinet, Jean Lemaire des Belges, Jean Marot, le père de Clément Marot. Ces poètes furent très attachés à la perfection formelle et s'ingénièrent à multiplier les difficultés et contraintes qu'ils s'imposaient. C'est une des raisons pour lesquelles ils ont presque exclusivement écrit des poèmes à forme fixe : ballades, rondeaux, virelais, etc., avec des jeux de rimes extrêmement compliqués. Ainsi cette strophe, extraite des *Lunettes des Princes* de Jean Meschinot (1420-1491) :

Combien que vous nommiez villains
Ceux qui votre vie soutiennent,
Le bon homme n'est pas villain
Ses faits en vertus se maintiennent
Ceux qui à bonté la main tiennent
Plus qu'autres, deservent louange
On ne peut faire d'un loup ange...

Ce qui donne en français moderne : « Ceux que vous nommiez « vilains » / Ceux qui soutiennent votre vie / L'homme bon, n'est pas vil, mais / Ses actes en vertu se maintiennent / Ceux qui retiennent la main de la bonté / Plus que les autres sont dignes de louange / On ne peut faire d'un loup un ange. »

Dans certains cas, ils multiplient les jeux de mots et même les jeux graphiques. Ainsi cette *Prière à la Vierge* dans laquelle un certain Destrées de Valenciennes utilise chaque lettre de l'alphabet dans l'ordre :

Admirable Beauté Celique [1]
Divine Et Fière Glorieuse
Honnête Juste [2] *Katholique*
Luciférant Miraculeuse
Nette Odorable Précieuse
...

1. Céleste.
2. A l'époque J et I étaient confondus.

On leur a beaucoup reproché ces acrobaties. Mais les modernes aujourd'hui, des auteurs comme Queneau, Prévert, Jean Tardieu, etc., leur doivent beaucoup et leur ont rendu hommage.

Richaud André de
(Perpignan 1909 - Vallauris 1968).

Il serait injuste de ne pas mentionner ici l'œuvre d'un « poète maudit » de ce temps, et qui dans le recueil *Droit d'asile* (1954), a évoqué la mort, SA mort en termes inoubliables.

TESTAMENT

Autrefois j'aurais voulu être le dernier oiseau du dernier platane
La première lueur du matin sur l'aile d'un olivier
L'orange du midi, bien pendue sur ses feuillages de parfum
Et ce nuage qui joue autour du phare
J'aurais voulu être une phrase coupée au ras d'un poème
Découvert par une jeune fille aux cils de pavot
Au bord d'un grenier de Provence
Mais maintenant
Mon dernier désir est que mon souvenir brûle
Les pierres où il est gravé...

Poètes d'aujourd'hui n° 147, Seghers.

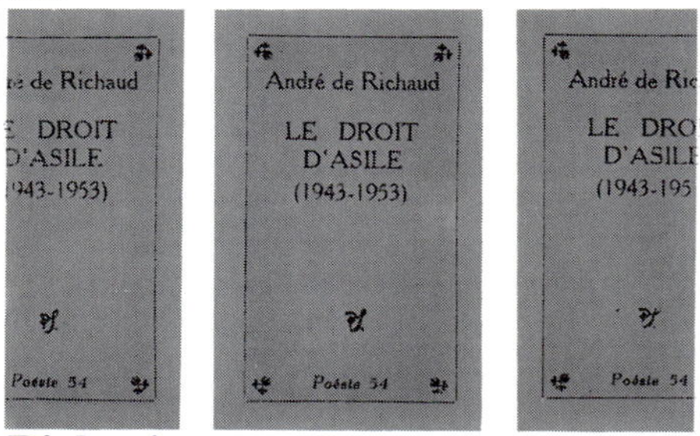

Richepin Jean
(Médéa, Algérie 1849 — Paris 1926).

Ancien élève de l'Ecole normale supérieure, turbulent, voyageur, bohème, ce poète, romancier, auteur dramatique est parfois et sans doute à juste titre considéré comme « un révolté officiel » et inoffensif. Cependant au-delà du fatras souvent très creux de ses « coups de gueule » de littérateur bien installé, il reste dans *La Chanson des gueux* (1876) quelques cris inoubliables et de très belles « chansons » dispersées dans ses autres recueils.

PARADIS DU RÊVE

Je m'embarquerai, si tu le veux,
Comme un gai marin, quittant la grève,
Sur les flots dorés de tes cheveux
Pour le paradis fleuri du rêve.

Ta jupe en flottant au vent du soir
Gonflera ses plis comme des voiles,
Et quand sur la mer il fera noir,
Tes beaux yeux seront mes deux étoiles...

La Mer. 1886. Grasset. 1926.

R

Rictus (Gabriel Randon de Saint-Amand, dit Jehan).
Boulogne-sur-mer 1867 — Paris 1933.

Ce descendant par sa mère, d'un ancien ministre de Napoléon III fit toutes sortes de métiers, fut clochard, employé à l'Hôtel de Ville de Paris, fonda des soirées de « diction » poétique, publia en 1897 la première édition des *Soliloques du pauvre* dans lesquels il chante les gueux dans un langage « populaire » ; il publia d'autres recueils, et cet ancien poète de la misère qui déclarait vouloir « ne pas laisser debout un seul pan de l'édifice bourgeois », devint en 1914 un ardent nationaliste. En 1930 il est « camelot du roi » et est décoré de la Légion d'honneur. Ce qui rend un peu suspect le « misérabilisme » de Rictus, mais n'enlève rien à la verve pittoresque des *Soliloques* et du *Cœur populaire*

L'HIVER

Merd' ! V'la l'Hiver et ses dur'tés,
V'la l'moment de n'pus s'mettre à poils :
V'la qu'ceuss' qui tienn'nt la queue d'la poële
Dans l'midi vont s'carapater !

V'la l'temps ousque jusqu'en Hanovre
Et d'Gibraltar au Cap Griz Nez,
Les Borgeois l'soir vont plaind'les Pauvres
Au coin du feu... après dîner !

Les Soliloques du pauvre. 1897. Seghers.

Les Soliloques du pauvre, *par Steinlein, 1895*

R

Rilke (René Karl Wilhem Joseph, Maria Rilke, dit Rainer Maria).
Prague 1875 – Valmont, Suisse 1926.

Il y aurait beaucoup à dire sur Rilke le très grand poète de langue allemande des *Élégies de Duino*, des *Sonnets à Orphée* etc. Si nous le citons ici, c'est pour ses recueils écrits directement en français ; *Vergers, Quatrains valaisans, Les Fenêtres, Les Roses, Les Carnets de poche* rassemblés et publiés en 1924 sous le titre *Poèmes français.* Dans ces textes, Rilke qui fut le traducteur de Valéry, révèle une très fine connaissance de la « musique poétique » de notre langue et on y sent passer l'impalpable vibration des grands poèmes rilkéens.

Si ta fraîcheur parfois nous étonne tant,
heureuse rose
c'est qu'en toi-même, en dedans
pétale contre pétale, tu te reposes.

Ensemble tout éveillé, dont le milieu
dort pendant qu'innombrables, se touchent
les tendresses de ce cœur silencieux
qui aboutissent à l'extrême bouche.

Les Roses. Poèmes. Le Seuil, 1924.

Rimbaud,
par Régamey, 1872

Rimbaud Jean Nicolas Arthur
(Charleville 1854 – Marseille 1891).

On ne raconte pas la vie de Rimbaud en quelques lignes ! Il faut des pages et des pages pour évoquer ce vrai roman d'aventures : la naissance à Charleville, sa mère, avare et triste, des études brillantes, puis en 1870 et 1871, les fugues, les voyages à Paris, en Belgique, les retours à Charleville, grâce souvent à l'intervention amicale d'un professeur qui soupçonnait son génie, Georges Izambard. Puis c'est la rencontre de Verlaine, leur liaison, les séjours à Londres et en

Belgique. C'est à Bruxelles que Verlaine blesse Rimbaud à la main d'un coup de pistolet. A cette époque, Rimbaud a déjà écrit des poèmes comme *Les Étrennes des orphelins, Ma Bohème, Le Dormeur du val, Le Buffet,* etc. Il semble qu'il ait également commencé *Une saison en enfer* et les *Illuminations.*

Commence alors une vie encore plus mouvementée, puisqu'on trouve Rimbaud successivement en Angleterre, en Allemagne, à Livourne, à Batavia, à Stockholm, où il travaille dans un cirque, à Chypre où il est chef de chantier. Il a complètement abandonné la poésie. Entre 1880 et 1891, il se fait explorateur en Abyssinie, trafiquant d'armes, géographe. Il accumule de l'argent qu'il fait placer par sa mère. En février 1891, il est atteint d'un cancer au genou droit ; rapatrié en France, il meurt à Marseille, le 10 novembre 1891 à l'âge de 37 ans.

On a tellement écrit sur le poète Rimbaud « piéton aux semelles de vent », qu'il est difficile de ne pas répéter des banalités nécessaires à son sujet : qu'il est le « Poète », le Poète qui mesure l'inutilité de la poésie et se jette dans l'action... Qu'il ouvre les portes de la poésie moderne... en proclamant que le « poète doit se faire voyant », en brisant la « vieillerie poétique »... Certains en ont fait un révolutionnaire, d'autres comme Claudel un mystique...

En fait, la poésie de Rimbaud est une poésie « jeune » qui semble jaillir de l'instant, qui bouscule nos habitudes, qui réveille, provoque, enchante ; mais qui est tout le contraire d'une poésie « brute » ou spontanée ; car des premiers poèmes aux *Illuminations*, le poète est totalement maître de son langage, de sa syntaxe. Effervescence travaillée. C'est

R

Rimbaud,
par Delahaye, 1875

R

pourquoi cette poésie nous aide à réinventer nos rêves, à nous confondre avec ce jeune homme en devenant « un autre ».

LE BUFFET

C'est un large buffet sculpté ; le chêne sombre,
Très vieux, a pris cet air si bon des vieilles gens ;
Le buffet est ouvert, et verse dans son ombre
Comme un flot de vin vieux, des parfums engageants ;

Tout plein, c'est un fouillis de vieilles vieilleries,
De linges odorants et jaunes, de chiffons
De femmes ou d'enfants, de dentelles flétries
De fichus de grand-mères où sont peints des griffons ;

—C'est là qu'on trouverait les médaillons, les mèches
De cheveux blancs ou blonds, les portraits, les fleurs sèches
Dont le parfum se mêle à des parfums de fruits.

—Ô buffet du vieux temps, tu sais bien des histoires,
Et tu voudrais conter tes contes, et tu bruis
Quand s'ouvrent lentement tes grandes portes noires.

Oct. 1870.

Robin Armand
(Plouguernevel 1912 — Paris 1961).

Né huitième enfant dans une famille d'agriculteurs bretons, Armand Robin eut très tôt ce qu'il est convenu d'appeler « le don des langues ». Il en connaissait une trentaine et gagna péniblement sa vie en rédigeant un bulletin d'écoute d'émissions radiophoniques internationales. Il voyagea beaucoup ; et fut un remarquable traducteur de poètes étrangers. Son œuvre poétique personnelle en dehors de ses traductions (parues sous le titre de *Poésie non traduite*) a été rassemblée dans *Ma vie sans moi* (1940) Comme le titre de ce livre l'indique, la poésie d'Armand Robin semble surgir d'ailleurs que de lui-même : « Je voudrais, disait-il, trouver le langage d'un monde d'avant le monde, un monde encore innocent de mots. » Comme si la poésie était un langage à côté du langage, le vrai langage, celui des choses.

L'ILLETTRÉ

Devant les bois, les blés, j'étais béat benêt :
Je lisais ce qui ne se lit pas ;
Les nuages, les vents, les rochers, les ébats
De la lune dans les bois.

Et le ciel avec son grand étang courbé
Où le soleil tout le jour accroît son caillou,
Onde par onde, et le déferlement changeant
Des nuages disposerait de moi.

Les arbres tourneraient lentement en moi
Leurs pages tantôt bruyantes tantôt muettes,
Tantôt épaisses et jaunies, les saisons
Me donneraient des leçons.

Ma vie sans moi. Gallimard, 1940.

R

Rodenbach Georges
(Tournai, Belgique 1855 — Paris 1898).

Poète belge d'expression française. Il vécut le plus souvent à Paris. Il fut l'ami des symbolistes français et connut une certaine célébrité pour son roman *Bruges la morte* (1892). Ses poèmes : *Le Règne du silence* (1891), *Joies grises, Les Vies encloses* (1896), sont emplis de tristesse nostalgique, de mélancolie ; un peu trop langoureux pour certains. Reconnaissons que parfois, cette « musique en sourdine est très prenante ».

Georges Rodenbach, par Lévy-Dhurmer

DIMANCHES

Morne l'après-midi des dimanches, l'hiver,
Dans l'assoupissement des villes de province,
Où quelque girouette inconsolable grince
Seule, au sommet des toits, comme un oiseau de fer.

Il flotte dans le vent on ne sait quelle angoisse !
De très rares passants s'en vont sur les trottoirs :
Prêtres, femmes du peuple en grands capuchons noirs,
Béguines revenant des saluts des paroisses...

La Jeunesse blanche. Lemerre, 1898.

Rollinat Maurice
(Châteauroux 1846 — Ivry 1903).

Fils d'un député républicain de 1848, Maurice Rollinat, filleul de George Sand, est le poète étrange de la campagne berrichonne (*Dans les brandes*, 1877). Puis il donna, se croyant le descendant de Baudelaire, dans la fausse poésie morbide, malsaine et très artificielle le plus souvent. Il reste de lui quelques évocations saisissantes d'une nature plus fantastique que réelle.

LA MARE AUX GRENOUILLES

Cette mare l'hiver devient inquiétante,
Elle s'étale au loin sous le ciel bas et gris,
Sorte de poix aqueuse, horrible et clapotante,
Où trempent les cheveux des saules rabougris.

La lande toute autour fourmille de crevasses,
L'herbe rare y languit dans des terrains mouvants,
D'étranges végétaux s'y convulsent, vivaces,
Sous le fouet invisible et féroce des vents...

Dans les brandes. Lemerre, 1877.

Romains (Jules, pseudonyme, puis nom légal de Louis, Henri, Jean Farigoule)
Saint-Julien-Chapteuil, Haute-Loire 1885 — Paris 1972.

Le créateur, entre autres œuvres, de *Les Copains* (1913), *Knock* (1923), *Les Hommes de bonne volonté* (1932 à 1947), fut un poète important, dans la mesure où il est un des premiers à évoquer ce qu'il nomme « l'être collectif » de l'homme moderne. Tous ses recueils vont dans ce sens, *La Vie unanime* (1908) comme *L'Homme blanc* (1932). Il avait fréquenté les poètes du groupe de l'Abbaye, et leur confia l'impression de ses premiers poèmes. C'est d'ailleurs avec l'un de ces poètes, Georges Chennevière, qu'il élabora la théorie du vers nouveau qui décrit l'homme d'aujourd'hui lié au monde, aux villes, à la foule dans le *Petit Traité de versification* (1923).

Beaux meurtriers, fameux pillards,
Pardonnez à notre nature.
Nous sommes tant sur terre, tant
Qui n'avons pas besoin de guerre
Pour nous enivrer de vertu ;

Tant qui prenons soif et fatigue
Dans la moisson et dans la vigne
A manger la poussière d'Août ;
Tant qui suons la sueur d'Août
Sous les verrières de l'usine.

Laissez-nous soufrer le raisin
Tourner le fer, tisser la laine ;
Notre ennemi ce n'est pas l'homme,
Et lorsque l'année est moins bonne
Nous ne tuons pas le voisin.

...

Ode gênoise.

Quelques écrivains du Groupe de l'Abbaye

Ci-contre :
Jules Romains, par Bégat
Page précédente :
Jules Romains,
par Roger Bézombes

Romantisme (le)

On désigne par le mot « romantisme », une période de l'histoire des idées, des mœurs, de la littérature et des arts, qui s'étend entre les dernières années du XVIIIe siècle et la première moitié du XIXe siècle (1850). Dans l'histoire de la poésie, qui nous retient ici, il faudrait distinguer le romantisme allemand et le romantisme français. Le romantisme allemand accordait une grande part au rêve et au fantastique. En France, ce romantisme allemand ne paraît pas avoir eu, à l'époque, une grande influence sur notre poésie, exception faite de l'œuvre de Gérard de Nerval, de Charles Nodier et des derniers poèmes de Hugo.

Le mouvement romantique français, lui, devait beaucoup aux prolongements de certaines œuvres du XVIIIe siècle, celle de Rousseau, de Diderot, qui par le relais des œuvres de Chateaubriand et de quelques autres au début du XIXe siècle constituèrent le courant « pré-romantique » où s'affirmait la prédominance du sentiment sur la raison.

Le romantisme français à proprement parler, reprenant ces tendances, s'attaqua aux formes « classiques » et tout particulièrement dans la poésie. On peut approximativement dire sur ce plan, que le romantisme français naquit vers 1820, date à laquelle furent publiées *Les Méditations* de Lamartine. Les poètes se réunissent alors autour de Victor Hugo et du conteur Charles Nodier, conservateur de la bibliothèque de l'Arsenal à Paris. En 1827, Victor Hugo, dans la préface de son drame, *Cromwell*, édicte les lois du romantisme au théâtre, et plus tard dans la préface des *Contemplations* (1856) il définit l'inspiration poétique :

« On se plaint quelquefois des écrivains qui disent moi. Parlez-nous de nous leur crie-t-on. Hélas ! Quand je vous parle de moi, je vous parle de vous. Comment ne le sentez-vous pas ? Ah ! insensé qui croit que je ne suis pas toi... »

Cette poésie « personnelle » est également redécouverte du sentiment de la nature, de la fragilité de l'homme soumis à l'écoulement du temps. Et elle chante la liberté et n'est pas indifférente à l'Histoire et à la Société.

Ce ne sont là que des tendances générales, chaque poète vivant le romantisme avec son génie propre : Lamartine cherche à « chanter » harmonieusement les effusions de l'âme, sans grandes audaces formelles. Alfred de Musset « se frappe le cœur », mais garde de l'esprit et la nostalgie d'une certaine légèreté. Pour Alfred de Vigny, chaque poème devient matière à réflexion morale et philosophique. Gérard de Nerval plonge au cœur de ses visions nocturnes et Hugo rassemble dans une œuvre immense et multiforme, toutes les tendances du romantisme, imposant à la poésie une profonde transformation au niveau de la forme, surtout sur le plan du vocabulaire et de la versification. Et il annonce toutes les tendances de la poésie qui suivra.

On pourrait ajouter, en dehors de ces auteurs, et sans compter cet autre monde qu'est l'œuvre de Balzac, pour rester dans la poésie, que le romantisme français comprend également les ouvrages de ceux que l'on a redécouverts depuis peu et que l'on désigne parfois par le terme « petits romantiques » : Aloysius Bertrand, Pétrus Borel, Xavier Forneret par exemple. Et ne pourrait-on pas considérer comme une espèce de grand poète romantique, l'historien Jules Michelet dont les écrits historiques, et les ouvrages sur la nature (*La Mer, l'Oiseau,* etc.) ont très souvent le souffle du poème ?

Enfin, en dehors de ce sens « historique » que nous venons de rapidement évoquer, le romantisme constitue un « état d'âme » que l'on retrouve chez de nombreux poètes et dans tous les temps.

La galerie romantique, par Nadar, 1854 (détail)

R

Ronsard Pierre de
(Couture-en-Vendômois 1524 — Saint-Cosme-les-Tours 1585).

Pierre de Ronsard, par Mariette

Fils d'un gentilhomme vendômois, Pierre de Ronsard est né au château de la Possonnière, à Couture, près de Vendôme. Il est d'abord page de Madeleine de France, mais, frappé de surdité, il doit renoncer à la carrière des armes. Alors, après avoir reçu les « ordres mineurs » qui lui permettaient de bénéficier d'un revenu d'Église sans exercer de fonction ecclésiastique, il est engagé à Paris comme précepteur du fils d'un voisin, Jean Antoine de Baïf. L'un et l'autre retrouvent, chez l'helléniste Jean Dorat, Joachim Du Bellay. Ce dernier signe en 1549 *La Défense et Illustration de la langue française* dans laquelle est exposée la nouvelle doctrine poétique de ces jeunes poètes qui constituent bientôt la *Pléiade* (voir ce mot). À partir de ce moment, Ronsard commence une longue carrière de poète et de courtisan.

En avril 1550, paraissent les premiers livres des *Odes* ; puis ce seront en 1552 *Les Amours*, puis la *Continuation des amours*, et la *Nouvelle continuation des amours*, pour Marie, alors que les premiers étaient dédiés à Cassandre. En 1555, il aborde la poésie philosophique avec *Les Hymnes*, puis, dans les années qui suivent, la poésie politique, prenant le parti des catholiques contre les Réformés, prêchant surtout pour la paix et le calme (*Discours des misères de ce temps,* 1563 *; etc.*). En 1572 ce sera *La Franciade*, une épopée, ratée et jamais terminée. Puis avec de très nombreuses pièces « de circonstances », ce seront les *Sonnets pour Hélène* en 1578, et les admirables derniers sonnets précédant la mort du poète dans son prieuré de Saint-Cosme près de Tours en 1585.

Œuvre immense, nombreuse, variée d'un poète qui aborde tous les genres et qui après avoir « digéré » la science poétique des anciens parvient à concilier une souveraine maîtrise de son art et la plus exquise, la plus naturelle, la plus pathétique, des simplicités. « Cette fraîcheur d'eau vive » est sans égale dans la poésie française, et peu de poèmes atteignent la gravité mélancolique, la douceur, la force, l'abrupte nudité des derniers sonnets.

Comme on voit sur la branche au mois de mai, la Rose
En sa belle jeunesse, en sa première fleur,
Rendre le ciel jaloux de sa vive couleur,
Quand l'aube, de ses pleurs, au point du jour l'arrose ;

La Grâce dans sa feuille, et l'Amour se repose,
Embaumant les jardins et les arbres d'odeur ;
Mais, battue ou de pluie ou d'excessive ardeur,
Languissante, elle meurt, feuille à feuille déclose.

Ainsi en ta première et neuve nouveauté,
Quand la Terre et le Ciel honoraient ta beauté,
La Parque t'a tuée et cendres tu reposes.

Pour obsèques reçois mes larmes et mes pleurs,
Ce vase plein de lait, ce panier plein de fleurs,
Afin que, vif et mort, ton corps ne soit que roses.

Amours de Marie. 1555.

Ronsard

Cassandre

R

Chantecler,
ill. de l'auteur

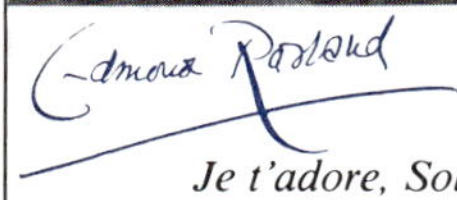

Rostand Edmond
(Marseille 1868 — Paris 1918).

L'auteur sans doute surfait de *Cyrano de Bergerac* (1898), de *L'Aiglon* (1900), de *Chantecler* (1910) publia en 1890 un volume de vers, *Les Musardises.* On peut aimer ses vers habiles et brillants. Plus que les tirades célèbres de *Cyrano* ou de *L'Aiglon* on retiendra quelques strophes de *Chantecler.*

HYMNE AU SOLEIL

Je t'adore, Soleil ! ô toi dont la lumière,
Pour bénir chaque front et mûrir chaque miel,
Entrant dans chaque front et dans chaque chaumière
Se divise et demeure entière
Ainsi que l'amour maternel !
...

Je t'adore, Soleil ! Tu mets dans l'air des roses,
Des flammes dans la source, un dieu dans le buisson !
Tu prends un arbre obscur et tu l'apothéoses
O Soleil ! toi sans qui les choses
Ne seraient que ce qu'elles sont !

Chantecler, 1910, Charpentier. Fasquelle.

Roubaud Jacques
(né à Caluire, 1932).

Ce poète, mathématicien, grand amateur de jeu de Go (une sorte de jeu de dames mais beaucoup plus compliqué), animateur de la revue *Action poétique*, savant théoricien de la métrique du vers français (*La Vieillesse d'Alexandre,* 1979), s'ingénie à grouper ses poèmes en de très savants ensembles : ∈, *31 Cubes, Renga, Autobiographie, Chapitre I,* etc. On éprouve peut-être un plaisir supplémentaire à pénétrer dans ces labyrinthes, ne serait-ce que pour découvrir de merveilleux poèmes d'amour, ou des textes d'une nudité et d'une efficacité fascinantes.

UN MILLIER DE POÈMES

UN MILLIER DE POÈMES
S'APPRÊTENT À COMBATTRE
ILS ONT LEUR SENS GRAND SENS
ILS ONT LEURS FORMES

ILS S'ALIGNENT AVEC LENTEUR
DANS UN MILLIER DE FEUILLES DE PAPIER
QUI SANS EN AVOIR L'AIR
TIENNENT ENCORE A LEUR SILENCE

Autobiographie, chapitre cinq 1977.

Rousseau Jean-Baptiste
(Paris 1670 — Bruxelles 1741).

Jean-Baptiste Rousseau, par J.-P. Sauvage

Jean-Baptiste Rousseau fut un poète célèbre en son temps. Mêlé à des querelles compliquées pour des textes fort calomnieux, il vécut une bonne partie de son existence en exil, en Suisse et à Bruxelles où il mourut. Il est l'auteur d'odes de facture habile, qui eurent beaucoup de succès et ne nous émeuvent plus guère.

...
Mon âme est dans les ténèbres
Mes sens sont glacés d'effroi ;
Ecoutez mes cris funèbres,
Dieu juste, répondez-moi.
Mais enfin sa main propice
A comblé le précipice
Qui s'entrouvrait sous mes pas :
Son secours me fortifie,
Et me fait trouver la vie
Dans les horreurs du trépas.
...

Ode tirée d'un Cantique d'Ezéchiel, pour une personne convalescente.

R

Rousseau Jean-Jacques
(Genève 1712 — Ermenonville 1778).

Si l'on trouve Jean-Jacques Rousseau parmi les poètes, ce n'est certes pas pour les quelques vers qu'il a composés (pour son opéra, *Le Devin de village*, 1752, par exemple), mais bien pour souligner que le grand poète du XVIIIe siècle en dehors d'André Chénier, ce n'est pas J.-B. Rousseau, mais Jean-Jacques, si la poésie est le rythme, l'expression intime de l'inexprimable, les métamorphoses d'un langage qui se confond avec l'être.

... Quand le soir approchait, je descendais des cimes de l'île et j'allais volontiers m'asseoir au bord du lac, sur la grève, dans quelque asile caché ; là, le bruit des vagues et l'agitation de l'eau fixant mes sens et chassant toute autre agitation me plongeaient dans une rêverie délicieuse où la nuit me surprenait souvent sans que je m'en fusse aperçu. Le flux et le reflux de cette eau, son bruit continu mais renflé par intervalles frappant sans relâche mon oreille et mes yeux, suppléaient aux mouvements internes que la rêverie éteignait en moi et suffisaient pour me faire sentir mon existence, sans prendre la peine de penser...

Rêveries du promeneur solitaire. Cinquième Promenade, 1782.

Les Charmettes, maison de Jean-Jacques Rousseau

Roussel Raymond
(Paris 1877 — Palerme 1933).

Immensément riche, immensément original, Raymond Roussel est surtout connu — de peu de gens il faut le dire et c'est bien dommage — par ces récits étranges que sont *Impressions d'Afrique, Locus Solus,* par exemple. Mais ses œuvres « en vers » comme *L'Etoile au front* (1923), longues suites d'alexandrins, réservent bien des surprises aux amateurs d'humour et d'inventions verbales insolites...

LA VUE

...
La machine du yatch lance de la fumée
Qui conserve d'abord beaucoup de densité ;
Mais perd presque aussitôt de son intensité ;
Sous les impulsions de l'air elle exagère
Sa transparence claire et devient plus légère ;
Elle subit la forte influence du vent
Occupant un certain espace en arrivant
A la barque petite et frêle qu'elle cache
Et qui, sur les remous constants ne se détache
Que derrière un rideau gris de vague brouillard
...

L'Étoile au front. 1925. J.-J. Pauvert.

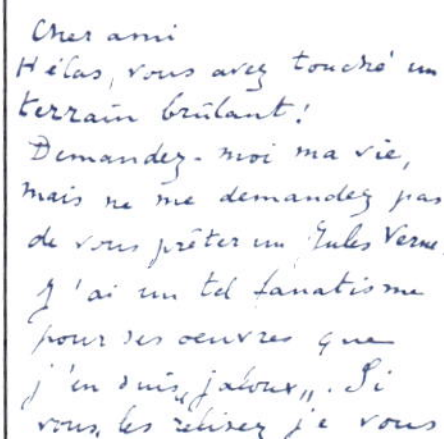
Cher ami
Hélas, vous avez touché un terrain brûlant !
Demandez-moi ma vie, mais ne me demandez pas de vous prêter un Jules Verne ! J'ai un tel fanatisme pour ses oeuvres que j'en suis jaloux. Si vous les relisez je vous

Rousselot Jean
(né à Poitiers, 1931).

Il fut de l'École de Rochefort, compagnon de René Guy Cadou. Attentif à la poésie contemporaine, il est l'auteur d'un *Dictionnaire de la poésie française contemporaine* (1968). Du poète, Georges Mounin écrit : « C'est comme si nous lisions le journal intime des gens de notre génération, mais doués pour l'écrire... On ne se demande même pas si

R

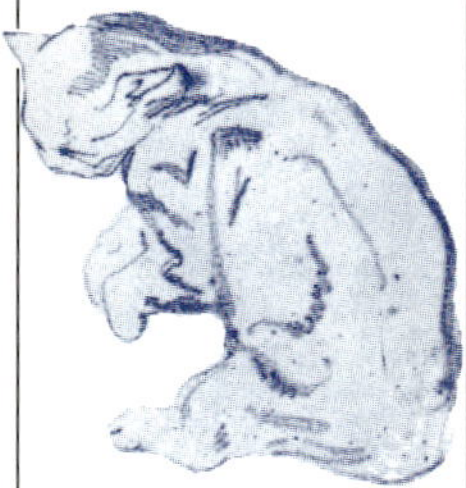

c'est un grand poète. Mais c'est un poète et c'est quelqu'un. » L'essentiel de son œuvre a été rassemblé dans un volume : *Les Moyens d'existence* (1976).

PAS UN CHAT

Vu de près c'est un chiffon
Pas un chat qu'ils ont broyé
Sur la route de Poitiers

De quel feu suis-je donc fait
Qu'en moi ce chiffon ne cesse
De hurler et de saigner

Alors que je peux manger
Respirer faire l'amour
Tandis que l'on broie des hommes.

À qui parle de vie. Éditeurs français réunis. 1972.

La Ville, *par Frans Maserel, 1928*

Roy Claude
(né à Paris, 1915).

Romancier, critique, grand voyageur, très attentif au monde contemporain et à tout ce qui peut entraver la liberté humaine, Claude Roy le poète est élégance, fluidité, rapidité, tendresse. Il a composé de délicieux poèmes pour enfants *Enfantasques, I et II* et ses principaux recueils ont été rassemblés en 1970 dans une édition de poche. Il a publié depuis *Sais-tu si nous sommes encore loin de la mer* (1979).

AMOUR DE PROFIL

I

Dans le sommeil des feuilles mortes
qui craquent de gel la nuit
sans que personne pose le pied

dans le sang qui bat à la tempe
du dormeur qui ferme les portes
et ne sait plus si lui c'est lui

dans le froissement de la furtive
allant retrouver son amant
au creux des menthes la rivière

dans les paroles de la pluie
dans le feu quand la maison dort

J'entends respirer la secrète
qui n'est jamais là où elle est

Poètes d'aujourd'hui n° 202. Seghers.

Claude Roy,
par Paul-Émile Victor

Rudel Jaufré
Voir Jaufré Rudel

Rutebeuf
(Environ 1230 à 1285).

Besogneux, insouciant, vagabond, joueur, il eut deux épouses dont la seconde fut, dit-il, laide et acariâtre. En dehors de cela on connaît fort peu de

R

choses de lui sinon qu'il est l'auteur du premier « miracle » de notre littérature dramatique : *Le Miracle de Théophile* et que ses poèmes, *La Pauvreté Rutebeuf, Le Dit des ribauds de grève,* etc., sont d'admirables cris remplis de détresse, d'humour et d'un lyrisme pathétique. En fait il est le premier grand poète de langue française.

...
Que sont mes amis devenus
Que j'avais de si près tenus
Et tant aimés ?
Je crois qu'ils sont très clairsemés :
Ils ne furent pas bien semés
Et n'ont pu lever.
De tels amis m'ont mal traité
...
Je n'en vis un seul en ma maison
Je crois que le vent les a emportés !
L'amour est morte,
Ce sont amis que vent emporte ;
Il ventait devant ma porte
Et il les emporta.
...

La Pauvreté Rutebeuf. Adapt. G. J.

Ci-dessus : Danse macabre *(détail), chapelle des Maccabées, Amiens,* XVe *siècle*
Ci-contre : Vieillesse, *miniature du* XIIIe *siècle*

Sabatier Robert
(né à Paris, 1923.

Robert Sabatier mérite à plus d'un titre de figurer dans ce « dictionnaire des poètes ». D'une part, son œuvre poétique personnelle est importante et d'autre part, sa monumentale *Histoire de la poésie française* (à partir de 1975) dit tout sur la poésie et les poètes français et nous a bien souvent aidés à voir plus clair dans ce dédale. La poésie est bien la passion essentielle du romancier des *Allumettes suédoises.* Ses romans-souvenirs sont bien de lents poèmes nostalgiques et la part du rêve y est essentielle. Quant à ses poèmes dont il a rassemblé l'essentiel dans *L'Oiseau de demain* (1981), ils sont tout un monde et disent « clairement » l'ineffable. Œuvre rare qui parvient à montrer « les choses qui sont derrière les choses » dans une forme maîtrisée et transparente.

L'INCESTE

J'aimais un arbre, il murmurait des feuilles
À mon oreille et je connus l'inceste
Avec mon frère, arbre dans le vent froid.
Il en naquit des oiseaux par centaines,
D'étranges fruits qui rendaient la morsure
Et des baisers les lèvres s'y posant.

Je ne sais plus qui j'aime et qui j'attends.
De la nature à jamais j'ai le goût.
Passe la femme ainsi qu'une saison
Moi je suis arbre et m'en vais comme tel
Dans la forêt de mon amour étrange.

Les Poisons délectables. Albin-Michel, 1965.

Sacré James
(né à Saint-Hilaire-des-Loges, Vendée 1939).

Ce « paysan de l'Ouest », ancien instituteur, enseigne aux Etats-Unis. Il fut l'un des animateurs de la revue *Promes-*

S

se. Ses recueils, *Cœur élégie rouge* (1972), *Figures qui bougent un peu* (1978), etc., témoignent de l'attachement charnel du poète à la terre, aux saisons, aux animaux, au monde naturel. Et dans un langage dont tout ornement, toute syntaxe superflus ont disparu. Ce qui donne de singulières et attachantes « visions » impressionnistes et solides.

Le vert très foncé des arbres dans le concret du temps
avec la lumière le plan comme très propre des prés
d'un côté il y a la rivière un mouvement de peupliers
en retrait le silence mon père quelque part son activité
compliquée minuscule piquet de fer tas d'épines qui bouge
dans l'ampleur en même temps l'intimité de ce paysage au loin
la solitude comme un visage pas de sourire gestes concrets
le temps s'en va
...

Figure 29. Figures qui bougent un peu. Gallimard, 1978.

Détail du Monument à Saint-Amand, *par Ferdinand David*

Saint-Amant (Marc Antoine Girard de)

Quevilly 1594 — Paris 1662.

Un des grands poètes français du début du XVIIe. Compagnon et protégé du cardinal de Retz, ce bon vivant, grand voyageur, soldat ayant participé à plusieurs campagnes, apporte à la poésie de cette époque une verve, un goût très rabelaisien du bien boire et du bien manger, en même temps que des accents extraordinairement nouveaux dans le registre fantastique.

S

Et la « musicalité » de la poésie de Saint-Amant est inimitable lorsqu'il évoque la nature nocturne.

...
Que j'aime voir la décadence
De ces vieux châteaux ruinés
Contre qui les ans mutinés,
Ont déployé leur insolence !
Les sorciers y font leur sabbat,
Les démons follets s'y retirent
Qui d'un malicieux ébat,
Trompent nos sens et nous martyrent ;
Là se nichent en mille trous
Les couleuvres et les hiboux.

L'orfraie avec ses cris funèbres,
Mortels augures des destins,
Fait rire et danser les lutins
Dans ces lieux remplis de ténèbres.
Sous un chevron de bois maudit,
Y branle le squelette horrible
D'un pauvre amant qui se pendit
Pour une bergère insensible,
Qui d'un seul regard de pitié,
Ne daigna voir son amitié
...

Ode sur la solitude. 1623.

Le Village au clair de lune *(détail), par Victor Hugo*

Sainte-Beuve Charles Augustin
(Boulogne sur mer 1804 – Paris 1869).

Le critique des *Nouveaux Lundis*, l'historien des idées de *Port-Royal* (1840-1859), le romancier de *Volupté* (1834) fut un poète. Un poète de l'intimité, des confidences murmurées, annonçant par certains côté la poésie « vénéneuse » de Baudelaire. On y retrouve l'homme timide, l'amoureux et l'amant triste de Mme Victor Hugo, l'écrivain

Sainte-Beuve, par Heim

S

aigri, l'artiste qui, sans égaler les génies qu'il jalousait (Hugo), eut le sens assez peu commun des demi-teintes et de l'incertain.

LE CREUX DE LA VALLÉE

Au fond du bois, à gauche, il est une vallée
Longue, étroite ; alentour, de peupliers voilée ;
Loin des sentiers battus ; à peine du chasseur
Connue, et du berger : l'herbe en son épaisseur
N'agite sous vos pas couleuvre ni vipère ;
À tout heure au mois d'août, un zéphir y tempère,
À l'ombre des rameaux, les cuisantes chaleurs
Qui sèchent le gazon et font mourir les fleurs
...

Vie, poésies et pensées de Joseph Delorme, 1829.

Saint Gelais Melin de
(Angoulême 1491 — Paris 1558).

Poète mondain et de cour. Ennemi de Ronsard et Du Bellay, il réussit surtout dans les épigrammes. Il fut avec Marot l'introducteur du sonnet dans la poésie française ; et certains de ses poèmes, comme *L'Œil,* ne manquent pas de charme.

L'ŒIL

Œil attrayant, œil arrêté,
De qui la céleste clarté
Peut les plus clairs yeux éblouir,
Et les plus tristes esjouir :
Œil, le seul soleil de mon âme,
De qui la non visible flamme
En moi fait tous les changements
Qu'un soleil fait aux éléments

Et que des yeux sans tête flottaient comme des mollusques *(détail), par Odilon Redon, 1896*

S

Saint-John Perse (Alexis Saint-Léger-Léger, dit)
Pointe-à-Pitre 1887 — Hyères 1975.

Alexis Saint-Léger-Léger, après une enfance passée dans l'île de la Guadeloupe, dont les paysages marins et exotiques se retrouvent dans toute son œuvre, s'oriente vers la carrière diplomatique. Il occupe différents postes en Chine, au Japon etc., avant de devenir directeur du cabinet diplomatique d'Aristide Briand, puis secrétaire général du ministère des Affaires étrangères où il restera jusqu'en 1940. Il passe en Amérique durant la guerre et après 1945, il fait de longs séjours en France dans la presqu'île d'Hyères où il s'éteignit.

Homme secret, peu enclin aux confidences, il publia au long des années ses poèmes : *Éloges* en 1911, puis *Anabase* (1925), *Exil* (1942), *Pluies* (1943), *Neiges* (1944), *Vents* (1946), et en 1957, *Amers*, un long poème à la gloire de la mer et de la femme, certainement son œuvre la plus accomplie.

A lire les poèmes de Saint-John Perse, le lecteur a l'impression de ne lire qu'un seul et immense poème avec des moments où passent sous le regard, les éléments, l'Histoire, le corps féminin. Le poète écrit des « versets » amples et d'une syntaxe complexe, comportant des mots rares et étranges, parfois créés par le poète, et qui soulèvent la poitrine du lecteur selon des mouvements rythmiques variés à l'infini. Cette écriture im-

S

pose un univers et nous pénétrons dans un monde légendaire, étrangement proche cependant du monde quotidien. Saint-John Perse disait d'ailleurs lors du discours de Stockholm alors qu'il venait en 1961 de recevoir le prix Nobel de littérature :

« Et jusque dans l'ordre social et l'immédiat humain, quand les Porteuses de pain de l'antique cortège cèdent le pas aux Porteuses de flambeaux, c'est à l'imagination poétique que s'allume encore la haute passion des peuples en quête de clarté. » (Extrait de Poésie).

Saint-John Perse, par Pietro Lazzari

...

La pluie sur l'Océan sévère, sème ses soucis d'eau : autant de fois se clôt la paupière du dieu. La pluie sur l'Océan s'éclaire : autant de ciel s'accroît dans l'auge des rizières. De grandes filles liées vives baissent la tête, sous le fardeau de nuée grise orangée d'or.

Et parfois la mer calme, couleur de plus grand âge, est comme celle, mêlée d'aube, qui se regarde dans l'œil des nouveau-nés ; et comme celle, parée d'ors ; qui s'interroge dans le vin.

Ou bien vêtue de pollen gris, et comme empoussiérée des poudres de Septembre, elle est mer chaste et qui va nue, parmi les cendres de l'esprit. Et qui donc à l'oreille nous parle encore du lieu vrai... ?

...

Amers. Gallimard, 1957. (Extraits du Strophe VI).

Saint-Pol Roux (Paul Roux, dit)

Saint-Henry, Bouches-du-Rhône 1861 — Brest 1940.

Paul Roux, par ses habillements somptueux et son langage sonore, se fait surnommer « Saint-Pol Roux le Magnifique » par l'écrivain Francis de Miomandre.

En 1893, il publie *Les Reposoirs de la procession* ; en 1901, *La Rose et les Épines du chemin* ; en 1907, *Les Féeries intérieures.* Sa poésie très riche en images et en mots rares, est dès cette

époque, beaucoup plus vigoureuse que celle des derniers poètes symbolistes.
Par besoin d'argent, il compose, en 1900, le livret de l'opéra du musicien français Gustave Charpentier, *Louise*. C'est à cette époque qu'il se fixe en Bretagne, à Roscaven, puis à Camaret où il se fait construire un manoir. Il perd un de ses fils à la guerre de 1914-18, vit dans une solitude presque totale, face à l'Océan. Et dans la nuit du 23 au 24 juin 1940 un soldat allemand ivre force sa porte, tue sa servante, viole sa fille Divine, brûle le manoir. Le poète ne survit pas à ce drame et meurt peu de temps après à l'hôpital de Brest.

Saint-Pol Roux croyait à la toute puissante de l'imagination et du rêve. À tel point que, selon André Breton, le poète faisait mettre chaque soir sur la porte de son manoir un écriteau portant ces mots : « Silence ! le poète travaille ». Pour lui, l'imagination poétique faisait du poète, un « continuateur de Dieu ». En fait, sa poésie est une sorte de continuelle invention verbale. Les images, les mots peu communs, les sonorités nouvelles se télescopent, glissent, ouvrent aux songes du lecteur des perspectives peuplées de couleurs et de musiques.

S

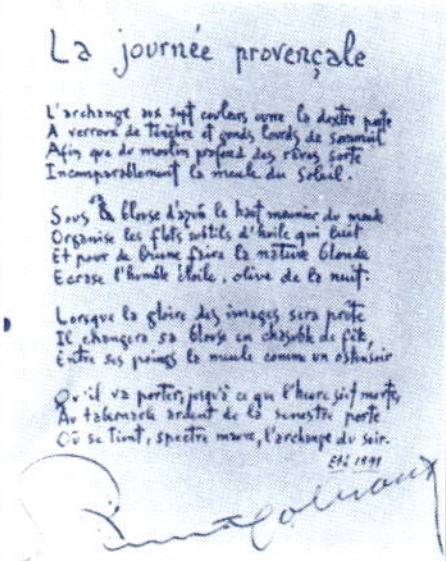

PRIÈRE À LA MER

Ô Mer, ancienne et jeune, gracieuse et farouche, reine des pavois de fête, souveraine des tempêtes, ô Mer, accorde ta miséricorde à ces pêcheurs venus déposer la caresse ingénue de leurs yeux sur la risée de ta joue bleue ! De grâce, reste la clémente envers les braves gars à l'âme simple que voici, mains jointes et genoux pliés au fond de leurs chaloupes si petites parmi toi si grande, Ô Mer des fils et des aïeux ! Daigne sourire aux soufflets pacifiques de nos avirons, souris encore à l'innocente égratignure de nos hameçons.

...

1899. Mercure de France.

S

Salmon André
(Paris 1881 — Sanary 1969).

Ami des peintres et des poètes du Paris d'avant la première guerre mondiale auteur de romans mettant en scène le petit monde de Paris, critique d'art, André Salmon fut un poète d'humeur et d'humour, voyageur, bohème et qui, avant Cendrars, a su chanter les villes et les ports. L'essentiel de son œuvre poétique est recueilli dans *Créances* (1926) et *Carreaux* (1928).

ANVERS

Comme les grands oiseaux prisonniers au jardin,
Dans le port sans amour les steamers se balancent
Leurs mâts font sur la mer flamber des fers de lances
Et leurs poumons ouverts marquent l'azur marin

De signes absolus attestant la hantise
Des îles où les fruits ont la vertu du feu.
Hélas ! le lourd désir que des nains noirs attisent
N'est rien qu'une fumée éparse à travers eux
...

Le Livre et la Bouteille. Le Mercure de France, 1919.

Éléments de système métrique dans l'espace, *par André Salmon*

Samain Albert Victor
(Lille 1858 — Magny-les-Hameaux 1900).

Ce petit employé à l'existence médiocre, mort relativement jeune, est essentiellement l'auteur, qui fut célèbre, de trois recueils : *Au jardin de l'infante* (1893), *Aux flancs du vase* (1898), *Le Chariot d'or* (1901), d'un drame et de quelques contes. Sa célébrité momentanée, sa réputation d'auteur de récitations scolaires, a fait que de nos jours on a souvent ridiculisé la mièvrerie maladive de ce poète, alors qu'il reste de lui des textes fluides et délicats qui émeuvent encore ceux pour lesquels la nostalgie est toujours ce qu'elle était.

S

LA MAISON AU MATIN

La maison du matin rit au bord de la mer,
La maison blanche au toit de tuiles rose clair.
Derrière un pâle écran de frêle mousseline,
Le soleil luit, voilé comme une perle fine ;
Et, du haut des rochers redoutés des marins
Tout l'espace frissonne au vent frais du matin.
Lyda, debout au seuil que la vigne décore,
Un enfant sur les bras, sourit, grave, à l'aurore,
Et laisse, en regardant au large le vent fou
Dénouer ses cheveux mal fixés sur son cou
...

Aux Flancs du vase. Le Mercure de France, 1898.

Sauvage Cécile
(1883 – 1927).

Elle est la mère du grand musicien Olivier Messiaen. Son œuvre poétique est surtout remarquable par les poèmes qu'elle a consacrés à la maternité.

LA TÊTE

Ô mon fils, je tiendrai ta tête dans ma main,
Je dirai : j'ai pétri ce petit monde humain ;
Sous ce front dont la courbe est une aurore étroite
J'ai logé l'univers rajeuni qui miroite
Et qui lave d'azur les chagrins pluvieux.
Je dirai : j'ai donné cette flamme à ces yeux,
J'ai tiré du sourire ambigu de la lune
Des reflets de la mer, du velours de la prune
Ces deux astres naïfs ouverts sur l'infini.
Je dirai : j'ai formé cette face et ce nid
De la bouche où l'oiseau de la voix se démène ;
C'est mon œuvre, ce monde avec sa face humaine
...

Tandis que la terre tourne. Le Mercure de France, 1910.

S

Haut de page : Comédiens en voyage, *estampe de Callot,* XVIIe *siècle*

Scarron Paul

(Paris 1610 – Paris 1660).

Il eut une enfance difficile sous la férule d'une belle-mère autoritaire. Il entra à demi en religion et fut attaché à l'évêque du Mans. Il devint chanoine de la cathédrale de cette ville dont il fréquenta la société bourgeoise et les comédiens de passage (et écrivit à ce propos *Le Roman comique*, 1651). En 1638, il contracte une paralysie qui le rend complètement impotent. Perclus, tordu, immobilisé dans un fauteuil, il conserva, ou parut conserver sa bonne humeur. Il écrivit alors plusieurs *Recueils de quelques vers burlesques* (1634, 1647, etc.), des pièces de théâtre dont se souviendra Molière, une épopée burlesque, *Le Virgile travesti.* En 1652, il épousa une jeune protestante convertie au catholicisme et sans fortune, Françoise d'Aubigné, la future Mme de Maintenon, dont il disait « qu'elle avait deux grands yeux fort mutins, un très beau corsage, une belle paire de mains et beaucoup d'esprit ». Il mourut en disant : « Je ne vous ferai jamais autant pleurer que je vous ai fait rire. »

Son œuvre poétique est encore mal connue ; pourtant, il a inventé un genre, le burlesque, où le poème se fait porteur de gaieté, d'ironie, usant des mots pour leurs « bruits » et derrière lui on voit se profiler Jarry, Queneau et quelques autres...

S

CHANSON À MANGER

Quand j'ai bien faim et que je mange
Et que j'ai bien de quoi choisir,
Je ressens autant de plaisir
Qu'en grattant ce qui me démange.
Cher ami, tu m'y fais songer ;
Chacun fait des Chansons à boire,
Et moi qui n'ai plus rien de bon que
la mâchoire
Je n'en veux faire qu'à manger.
Quand on se gorge de potage
Succulent comme un consommé,
Si notre corps en est charmé
Notre âme l'est bien davantage.
Aussi Satan, le faux glouton,
Pour tromper la femme première,
N'alla pas lui montrer du vin ou de la bière
Mais de quoi branler le menton.
...

Frontispice pour Le Virgile travesti, *1648*

Scève Maurice

(Lyon 1501 ou 1505 – Lyon 1560).

Poète lyonnais. On sait de lui qu'il était chargé d'organiser les fêtes à Lyon, qu'il eut pour la poétesse Pernette du Guillet une passion malheureuse ; et que c'est en souvenir d'elle qu'il écrivit *Délie, objet de plus haute vertu,* suite de dizains publiée en 1544. Cette œuvre longtemps passée sous silence est un des sommets de la poésie française. D'une

S

extrême densité, difficile, secrète, méritant des lecteurs attentifs. Elle apparaît dure comme le diamant et l'opacité d'un dizain devient l'éblouissante clarté de « l'évidence poétique ».

L'aube venant pour nous rendre apparent
Ce que l'obscur des ténèbres nous cèle[1]*,*
Le feu de nuit en mon corps transparent
Rentre en mon cœur couvrant mainte étincelles,
Et quand Vesper[2] *sur terre universelle*
Etendre vient son voile ténébreux,
Ma flamme sort de son creux funébreux,
Où est l'abyme à mon clair jour nuisant,
Et derechef reluit le soir ombreux
Accompagnant le Vermisseau luisant.

Délie, 1544.

1. cache. 2. la nuit.

Schehadé Georges
(né à Beyrouth, 1910).

Poète et auteur dramatique libanais d'expression française. Le poète est l'auteur de deux volumes de *Poésies* (1938 et 1949) où la tradition de la poésie orientale, arabe en particulier, tradition de légèreté et de raffinement, s'allie à l'originalité des images que Schehadé doit à l'influence des surréalistes.

Si tu es belle comme les mages de mon pays
Ô mon amour tu n'iras pas pleurer
Les soldats tués et leur ombre qui fuit la mort
Pour nous la mort est une fleur de la pensée

Il faut rêver aux oiseaux qui voyagent
Entre le jour et la nuit comme une trace
Lorsque le soleil s'éloigne dans les arbres
Et fait de leurs feuillages une autre prairie

Ô mon amour

Nous avons les yeux bleus des prisonniers
Mais notre corps est adoré par les songes
allongés nous sommes deux ciels dans l'eau

Et la parole est notre seule absence.

Les Poésies, Gallimard, 1952.

Segalen Victor Ambroise Désiré
(Brest 1878 – Huelgoat 1919).

Ce médecin fut un grand voyageur. Après un séjour en Océanie sur les traces du peintre Gauguin qui lui fit écrire *Les Immémoriaux* (1907), il apprit le chinois et effectua plusieurs voyages en Chine ; et c'est surtout la Chine qui inspira les poèmes de *Stèles* (1919) et son roman *René Leys* (1922). Les poèmes de Victor Segalen veulent rejoindre la densité elliptique de la poésie chinoise. Il y parviennent et expriment en outre la mélancolique nostalgie d'un voyageur de l'impossible.

PERDRE LE MIDI QUOTIDIEN

Perdre le midi quotidien ; traverser des cours, des arches, des ponts ; tenter les chemins bifurqués ; m'essouffler aux marches, aux rampes, aux escalades ;

Éviter la stèle précise ; contourner les murs usuels ; trébucher ingénument parmi ces rochers factices ; sauter ce ravin ; m'attarder en ce jardin ; revenir parfois en arrière.

Et par un lacis réversible égarer enfin le quadruple sens des Points du Ciel.

Tout cela, – amis, parents, familiers et femmes, – tout cela, pour tromper aussi vos chères poursuites ; pour oublier quel coin de l'horizon carré vous recèle.

...

Stèles. Plon, 1929.

Seghers Pierre
(Paris 1906).

Le fondateur, pendant la guerre, de la revue *Poètes casqués* puis de *Poésie 40, 41* et la suite, l'éditeur des poètes, créateur de la célèbre collection *Poètes d'aujourd'hui*, l'ami de tous les poètes d'ici et du monde est lui-même un poète original. Tendre et mélancolique sachant très bien allier la verve populaire (dans ses chansons comme *Merde à Vauban* par exemple) à l'exaltation de la vie, de

S

l'amitié fraternelle, de la résistance à toute entrave à la liberté. Son œuvre poétique a pour l'essentiel été rassemblée dans *Le Temps des merveilles* (1978). N'oublions ni ses anthologies (*Le Livre d'or de la poésie française*, *La Résistance et ses poètes*) ni son activité actuelle dans les établissements scolaires, les Maisons des jeunes, pour faire de la poésie “une rose publique”.

LE CARRELEUR

Un jour le carreleur croira terminé son ouvrage
qui occupait toute sa vie. Il sera différent
non plus agenouillé, renivelant sans cesse
mais debout. Il prendra le sol de ses mains
et l'immense tapis de grès et de faïence
flammes, fleurs et oiseaux, tessons et les carreaux,
Il les dressera d'un seul coup. Le mur ne sera que lumière
multicolore et verticale où il disparaîtra.

Le Temps des merveilles. Seghers, 1978.

Segrais Jean Regnault de
(Caen 1624 – 1701).

Au service de Mlle de Montpensier et ami de Mme de La Fayette (on raconte qu'il aida cette dernière pour *La Princesse de Clèves*), Segrais mérite d'être retenu dans la mesure où il a chanté la nature sans excès d'artifices et composé de ravissantes chansons.

CHANSON

Depuis qu'à Philiste
Mon cœur j'engageai
Tantôt je suis triste,
Tantôt je suis gai
Ainsi s'en vont mes amours,
Avecque mes plus beaux jours.

Souvent en souffrance
Quelquefois content,
C'est la récompense
D'un amour constant
Ainsi s'en vont mes amours, ...

S

Sénac Jean
(Beni-Saf Algérie 1925 – Alger 1973).

Poète français d'Algérie. Très influencé par René Char et Albert Camus, Jean Sénac aurait pu se contenter d'une poésie intime et lyrique. Or, il s'engagea auprès des Algériens dans le combat qu'ils menaient pour l'indépendance de leur pays. Il prit même la nationalité algérienne. Pour des raisons peu claires, il fut assassiné dans la nuit du 29 au 30 septembre 1973. Son œuvre est vaste et on retiendra les *Poèmes* édités en 1954 avec un avant-propos de René Char ; et *Avant-Corps*, en 1968. Il est en même temps poète de la liberté révolutionnaire et de l'amour humain. Il a rêvé d'un homme nouveau et l'a chanté avec force.

Si l'homme nouveau n'invente pas un vocabulaire à la mesure de sa conscience
Que s'écroule l'homme nouveau
Si la conscience de l'homme nouveau reste une salle de jeux où S'affrontent les crapuleries
Que périsse l'homme nouveau.
Si le socialisme est une pommade lénifiante sous laquelle demeurent les plaies
Qu'éclate le socialisme
...

Citoyens de beauté. Subervie, 1967.

Senghor Léopold Sédar
(né à Joal, Sénégal, 1906).

Cet Africain, agrégé de grammaire, fut président de la République du Sénégal. Il avait en 1934 avec Aimé Césaire fondé la revue *L'Étudiant noir* dans laquelle ils tentèrent de retrouver le chemin de la négritude, c'est-à-dire d'une authentique culture africaine. Et dans sa poésie, Senghor réussit la gageure de faire passer en français la « *charge d'images* » et les rythmes multiples des chants noirs. Le résultat est une poésie envoûtante, sensuelle, toujours musicale. Parmi ses nombreux recueils : *Hosties noires* (1948), *Éthiopiques* (1956), etc.

... J'ai choisi le verset des fleuves des vents et des forêts
l'assonance des plaines et des rivières, choisi le rythme
de sang de mon corps dépouillé

Choisi la trémulsion des balafangs et l'accord des cordes
et des cuivres qui semblent faux, choisi le
swing le swing oui le swing !
et la lointaine trompette bouchée, comme une plainte de
nébuleuse en dérive dans la nuit
comme l'appel du Jugement trompette éclatante sur le
chemin neigeux d'Europe.

J'ai choisi mon peuple noir peinant, mon peuple paysan
toute la race paysanne par le monde
Et tes frères se sont irrités contre toi, ils t'ont mis
à bêcher la terre
Pour être ta trompette !

Chants d'ombre. Le Seuil, 1945.

Signoret Emmanuel
(Lonçon 1873 - Cannes 1900).

André Gide le portait aux nues et a même édité ses poésies complètes. Il exagérait. Mais ce poète méridional mérite d'être sauvé de l'oubli, ne serait-ce que pour l'éclat sonore et solaire de certains poèmes. Et la préciosité suave de quelques autres.

Monseigneur le Printemps en robe épiscopale
D'un violet vivant comme une fleur d'iris
Ouvrant à deux battants les grands portails fleuris
Au son des clairons d'aube entre en sa cathédrale.

Une tulipe fait sa crosse ; en frais camail
Monseigneur le Printemps sous le dôme bleu marche ;
Au loin plongeant les nefs et sous la dernière arche
Le soleil arrondit son aveuglant vitrail.

Vers dorés. Le Mercure de France, 1896.

Silva Christian Da
(né à Decazeville, 1932).

Animateur de la revue *Verticale 12*, qui est une très dynamique revue de jeune poésie, Christian Da Silva exprime dans sa poésie, une manière de vivre au cœur métaphorique et métamorphosé du quotidien. Parmi ses recueils *Cendres sera mon aube* (1968), *Sang et Racines* (1973), *Langage à deux mains sur la glaise*, *D'un autre exil* (1976), *L'Octobre seul* (1978), etc.

Que savoir du puits
sinon la rouille
sinon la peur de son image
et le ciel en dessous
sans autre terre que la voix
massacrée

éprouver l'air ou le silence
la nuit au bout répond du treuil
qui toujours un peu plus
grince avec les os.

Langage à deux mains sur la glaise. L'Arbre, 1975.

Sodenkamp Andrée
(née à Bruxelles, 1906).

Poète belge d'expression française qui, avec une merveilleuse santé, chante, dans une forme classique toujours assurée charnellement, l'amour et la vie au quotidien. Son recueil le plus achevé semble être : *Femmes des longs matins* (1965)

Ulysse est revenu que pleurait Pénélope
— Où sont restés les feux, les îles, les yeux clos ? —
Voilà donc la maison et la paix d'une robe,
Cette épouse sans fard qui brodait des oiseaux

Ulysse est revenu qui ramène avec lui
L'odeur de chaque femme et celle des maris,
Il vient enfin chercher sur de si calmes lits
Le lent balancement d'une barque amarrée.

La Fête debout. A. de Rache, 1973.

S

Soupault Philippe
(né à Chaville, 1897).

Un des derniers survivants du mouvement surréaliste. Ce poète fut avec André Breton auteur d'un des premiers recueils d'écriture dite « automatique » : *Les Champs magnétiques* (1921). Depuis, Soupault, qui a rompu avec le mouvement en 1927, s'est orienté vers une poésie dans laquelle les audaces du surréalisme s'allient à une inspiration plus intimement lyrique et très souvent tendre et aigre-douce.

DIMANCHE

L'avion tisse les fils télégraphiques
et la source chante la même chanson
Au rendez-vous des cochers

l'apéritif est orangé
mais les mécaniciens
des locomotives ont les yeux blancs
La dame a perdu son sourire
dans les bois.

Rose des vents, 1920. Extrait de Poèmes et Poésies. Grasset.

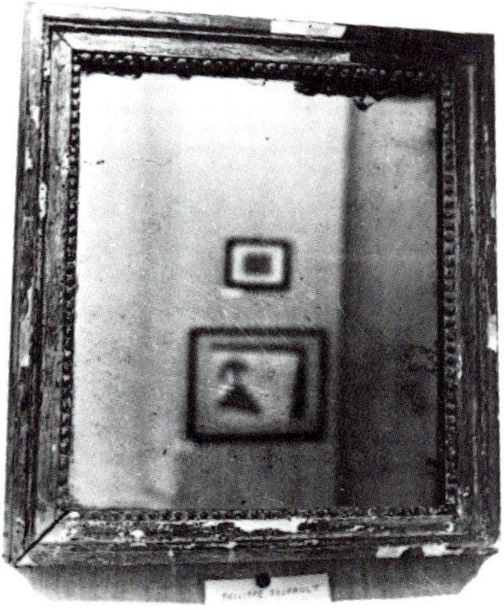

Portrait d'un imbécile, *par Soupault*

S

Spire André
(Nancy 1868 — Paris 1966).

André Spire mérite d'être sauvé de l'oubli à plus d'un titre : il fut l'un des premiers poètes juifs à chanter le peuple juif et la poésie hébraïque (*Les Poèmes juifs* datent de 1901). Il est l'auteur d'un ouvrage très en avance sur son temps *Plaisir poétique, plaisir musculaire* (1949) dans lequel il analyse avec une grande rigueur scientifique l'aspect « charnel » de la poésie et de ses rythmes. Enfin, en dehors de l'inspiration religieuse, il a laissé dans ses nombreux recueils et en particulier dans ses *Poèmes de Loire* (1929), quelques poèmes directs allègres, d'une grande finesse rythmique.

TENNIS

De la raquette à la balle,
De la balle à la raquette
Choc, entrechocs

Des yeux aux yeux
Eclairs, sourires
Des cils aux cils

Des mots, des chiffres
Des lèvres aux lèvres
Et des dents aux dents
Du soleil.

Poèmes de Loire. Grasset, 1929.

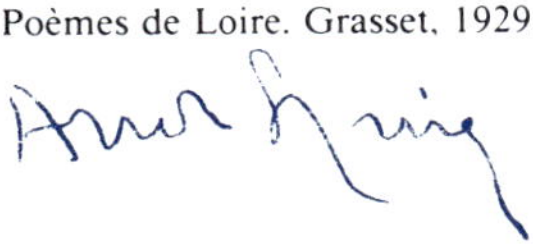

Joueurs de tennis, *par Willi Baumeister*

Sponde Jean de
(Mauléon 1557 - Bordeaux 1595).

Ce protestant, converti au catholicisme en même temps qu'Henri IV dont il fut un serviteur dévoué, est sans doute un des plus grands poètes religieux et philosophiques de toute la poésie fran-

S

çaise. Il a été après des siècles d'oubli redécouvert, et sa poésie d'une incomparable densité brille d'un éclat sombre et fascinant, et ceci jusque dans ses poèmes d'amour.

Quand je vois les efforts de ce grand Alexandre,
D'un César dont le sein comblé de passions
Embrase tout du feu de ses ambitions,
Et ne laisse après soi mémoire qu'en la cendre :

Quand je vois que leur gloire est seulement de rendre
Après l'orage enflé de tant d'afflictions,
Càlmes dessous leurs voix toutes les nations
Qui voyent le soleil et monter et descendre :

Encor que j'ai de quoi m'enorgueillir comme eux,
Que mes lauriers ne soient de leurs lauriers honteux,
Je les condamne tous et ne les puis défendre :

Ma belle c'est vers toi que tournent mes esprits,
Ces tyrans-là faisaient leur triomphe de prendre,
Et je triompherai de ce que tu m'as pris.

DECLARA-
TION DES PRINCIPAVX
MOTIFS QVI INDVISENT LE SIEVR
de SPONDE, Conseiller & Maistre des
Requestes du Roy, à s'vnir à l'Eglise Catho-
lique, Apostolique, & Romaine:

Adressée à ceux qui en sont separez, & distinguée
en deux Parties.

A MELVN.
AVEC PRIVILEGE DV ROY.
1593.

Sully-Prudhomme (René François Armand Prudhomme, dit)
Paris 1839 — 1907.

Ingénieur au Creusot, il se consacra très tôt à la poésie. Garde mobile en 1871 pendant le siège de Paris, il vit la souffrance humaine de près, et chercha dans son œuvre à exprimer une méditation philosophique et morale. Malheureusement sa poésie de forme précieuse, naïve et désuète, ne nous touche plus guère à l'exception peut-être de quelques poèmes des *Vaines tendresses* (1875) qui méritent d'être sauvés de l'oubli ne serait-ce que parce qu'ils figuraient souvent sur les « tableaux de récitations » de nos parents et grands-parents ; et également parce que Gabriel Fauré en a fait de très belles mélodies.

Il fut le premier lauréat du prix Nobel de littérature en 1901.

S

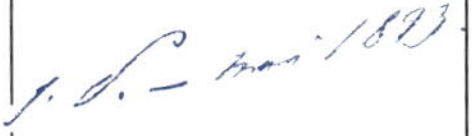

LE LONG DU QUAI

Le long du quai les grands vaisseaux
Que la houle incline en silence,
Ne prennent pas garde aux berceaux
Que la main des femmes balance.

Mais viendra le jour des adieux ;
Car il faut que les femmes pleurent
Et que les hommes curieux
Tentent les horizons qui leurrent.

Et ce jour-là, les grands vaisseaux
Fuyant le port qui diminue,
Sentent leur masse retenue
Par l'âme des lointains berceaux.

Stances et Poèmes. Lemerre, 1865.

S

Supervielle Jules
(Montevideo 1884 — Paris 1960).

Né en Uruguay de parents français fort riches, Jules Supervielle fit des études à Paris et sa vie fut partagée entre les pampas de l'Amérique du Sud, Oloron où il passe ses vacances, et Paris où il habitait le plus souvent, se liant d'amitié avec le groupe des écrivains de la *Nouvelle Revue Française*, Jean Paulhan et Henri Michaux en particulier. Il poursuivit, sans trop se soucier de gagner sa vie, une œuvre abondante ; après la guerre, ayant des difficultés d'argent, il fut nommé attaché culturel honoraire d'Uruguay en France.

Son œuvre s'inscrit dans trois directions : les récits en prose, comme les très belles nouvelles de *L'Enfant de la haute mer* (1931), le théâtre, et on se souvient de la création de *Shéhérazade* en 1948, au festival d'Avignon, dans une mise en scène de Jean Vilar. Enfin la poésie l'occupa surtout et on retiendra parmi ses nombreux recueils : *Débarcadères* (1922), *Gravitations* (1925), *Le Forçat innocent* (1930), *La Fable du monde* (1938).

La poésie de Supervielle est d'abord amicale, fraternelle ; avec une grande simplicité, elle touche à la matière même de la vie de chacun ; et si le grand voyageur que fut Supervielle, ouvre parfois les très vastes horizons de sa pampa natale et de l'Océan, il le fait sans goût exagéré pour le pittoresque et l'exotisme. Pour lui, le poète voit les liens invisibles qui s'enchevêtrent dans notre corps, entre nous et tous les hommes et les animaux ; de ces visions calmes, surgit une sorte de poésie fantastique où nous nous retrouvons toujours. Et le langage tisse de subtiles images entre les mots, émettant une mélodie feutrée, proche et poignante. Comme l'écrit Etiemble : « Oui, tel a des chants plus purs ; tel autre la voix plus forte ; celui-là un accent plus hautain ; tel enfin courtise de plus près la folie. De plus humain chez les poètes d'aujourd'hui, de plus complet, de plus tempéré, qui voyez-vous ? »

Buste de J. Supervielle

TIGES

Un peuplier sous les étoiles
Que peut-il ?
Et l'oiseau dans le peuplier
Rêvant, la tête sous l'exil
Tout proche et lointain de ses ailes,
Que peuvent-ils tous les deux
Dans leur alliance confuse
De feuillages et de plumes
Pour gauchir la destinée ?
Le silence les protège
Et le cercle de l'oubli
Jusqu'au moment où se lèvent
Le soleil, les souvenirs.
Alors l'oiseau de son bec
Coupe en lui le fil du songe
Et l'arbre déroule l'ombre
Qui va le garder tout le jour.

Gravitations. Gallimard, 1925.

Surréalisme (le)

Précédé par le mouvement « dada » et le « dadaïsme » définis à Zurich en 1917 par Tristan Tzara, le surréalisme naît à Paris en 1919 au lendemain de la Première Guerre mondiale, au moment où trois jeunes poètes, Louis Aragon, André Breton, Philippe Soupault créent une revue intitulée par dérision *Littérature*, et qui est encore très proche de « dada ». Mais alors que le « dadaïsme » refusait tout, niait tout, sauf l'absurdité de tout, les surréalistes veulent, eux, créer une nouvelle manière de vivre. Et le mieux pour définir la doctrine dans ses aspects essentiels est de laisser la parole à André Breton qui définit ainsi son mouvement dans le *Premier manifeste du surréalisme* (1924) :

Surréalisme : automatisme psychique pur, par lequel on se propose d'exprimer, soit verbalement, soit par écrit, soit de tout autre manière, le fonctionnement de la pensée. Dictée de la pensée en l'absence de tout contrôle exercé par la raison en dehors de toute préoccupation esthétique ou morale. Le surréalisme repose sur la croyance à la réalité supérieure de certaines formes d'associations négligées jusqu'à lui, à la puissance du rêve, au jeu désintéressé de la pensée. Il tend à ruiner définitivement tous les autres mécanismes psychiques et se substituer à eux dans la résolution des principaux problèmes de la vie.

Comme on le voit, il s'agit au départ, beaucoup plus que d'une certaine conception de la poésie ou de l'art d'une certaine philosophie de la vie. Ces poètes et des peintres, révoltés par l'absurdité de la guerre qui se terminait, découvrant Freud et la psychanalyse, influencés par la révolution russe de 1917, prenaient le mot de Rimbaud à la lettre et voulaient « changer la vie ». En dehors d'Aragon, Breton et Soupault, on trouve dans le groupe Benjamin Péret, Roger Vitrac, Robert Desnos, Paul Eluard auxquels se joignirent épisodiquement, Antonin Artaud, Michel Leiris, Jacques Prévert, Raymond Queneau et des peintres, Max Ernst, Tanguy, Magritte, entre autres.

On organise des séances de jeux (« les cadavres exquis »), des séances « d'écriture automatique », des spectacles qui font scandale, on édite des revues comme *La Révolution surréaliste*. Et de nombreuses œuvres s'en réclament, que l'on trouvera mentionnées à propos de chaque poète.

Mais rapidement, l'histoire du mouvement surréaliste est celle des crises qui le traversent. André Breton exclut ceux qu'il estime trahir l'orthodoxie. Certains s'en vont d'eux-mêmes refusant l'engagement marxiste du mouvement. D'autres, comme Aragon et beaucoup plus tard, Eluard, rejoignent les rangs du Parti communiste.

Il reste que le surréalisme a marqué d'une manière indélébile toute la poésie et l'art contemporain en France et dans le monde. Il faut dire que ces poètes, qui voulaient rejoindre « l'automatisme » de l'écriture se servaient en général admirablement de la langue française et de la rhétorique !

Et puis, leur influence, restreinte en leur temps, allait resurgir plus tard, en Mai 1968, sur les murs de Paris où l'on pouvait lire l'un des principaux cris du surréalisme « L'Imagination au pouvoir ! »

N° 5 — Première année **15 Octobre 1925**

LA RÉVOLUTION SURRÉALISTE

LE PASSÉ

SOMMAIRE

Une lettre : E. Gengenbach.
TEXTES SURRÉALISTES :
Pierre Brasseur, Raymond Queneau, Paul Éluard, Dédé Sunbeam, Monny de Boully.
POÈMES :
Giorgio de Chirico, Michel Leiris, Paul Éluard, Robert Desnos, Marco Ristitch, Pierre Brasseur.
RÊVES :
Michel Leiris, Max Morise.
Décadence de la Vie : Jacques Baron.
Le Vampire : F. N.
Lettre aux voyantes : André Breton.

Nouvelle lettre sur moi-même : Antonin Artaud.
Ces animaux de la famille : Benjamin Péret.
CHRONIQUES :
Au bout du quai les arts décoratifs : Louis Aragon.
Le Paradis perdu : Robert Desnos.
Léon Trotsky : Lénine : André Breton.
Pierre de Massot : Saint-Just : Paul Éluard.
Revue de la Presse : P. Éluard et B. Péret.
Correspondance, etc.
ILLUSTRATIONS :
Giorgio de Chirico, Max Ernst, André Masson, Joan Miró, Picasso, etc.

LE SYMBOLISTE

JOURNAL HEBDOMADAIRE PARAISSANT LE JEUDI

GUSTAVE KAHN Directeur	JEAN MORÉAS Rédacteur en chef	PAUL ADAM Secrétaire de la Rédaction

Symbolisme (le)

On peut dire que le mouvement symboliste groupe les poètes français et d'expression française dont les œuvres furent publiées approximativement entre 1890 et 1910. Il est par ailleurs très difficile de définir ou de caractériser rapidement la poésie symboliste. Retenons la définition du poète théoricien du « vers libre », Gustave Kahn : « Mettons que le symbolisme ait surtout voulu dire à un certain moment antinaturalisme, antiprosaïsme de la poésie, recherche de la liberté dans les efforts d'art, contre l'enrégimentation parnassienne ou naturaliste. » Paul Valéry écrit de son côté : « Ce qui fut baptisé "symbolisme" se résume très simplement dans l'intention, commune à plusieurs familles de poètes (d'ailleurs ennemies entre elles), de reprendre à la Musique leur bien ! »

Et dans le *Manifeste du symbolisme* publié par Jean Moréas, le 18 septembre 1886, on pouvait lire : « Ennemie de l'enseignement, de la déclamation, de la fausse sensibilité, de la description objective, la poésie symboliste cherche à vêtir l'idée d'une forme sensible. »

Bref, le poète choisit « de la musique avant toute chose » ; il procède par allusion, par *symbole*, d'où le terme de symbolisme.

En fait les symbolistes se réclament de Baudelaire pour sa théorie des « correspondances », de Verlaine pour sa recherche « du vague », de Rimbaud pour ce qu'il dit du poète « voyant », de Mallarmé qu'on ne comprend pas alors très bien, pour son goût pour l'ineffable et « l'intraduisible ». Très vite d'ailleurs les symbolistes, Jules Laforgue, Saint-Pol Roux, Henri de Régnier. se soucièrent plus de leur œuvre personnelle que de théories communes. Certains d'entre eux comme Jean Moréas fondèrent des écoles « rivales » : école « romane », « école naturiste »... D'autres revendiquent un art « décadent ». En réalité le symbolisme est un prolongement de certains aspects du romantisme, et il annonce (par l'emploi du vers libre par exemple) un langage propre à exprimer l'inexprimable, les tentatives ultérieures, et en particulier celle des surréalistes.

T

Tabourot des Accords (Étienne Tabourot, dit).
Dijon 1547 — 1590.

Il se faisait appeler « des accords », ce qui est tout un programme pour un poète ! En réalité il s'amusait à composer des poèmes drôles et très savants de forme. Puis sur la fin de sa vie des *Stances* très graves.

Deux coqs dedans un village,
Deux mâtins en un ménage,
Deux nids sur un arbrisseau,
Deux seigneurs en un château,
Deux coquins à une aumône,
Deux rois à une couronne
Sont aussi prodigieux
Que deux soleils dans les cieux.

Tailhade Laurent
(Tarbes 1854 — Combs-la-Ville 1919).

Poète qui affichait un anticléricalisme et un anarchisme virulents. Ses poèmes, pour le plupart d'une violence toute gratuite, ont bien vieilli. Restent quelques textes mélancoliques et d'une forme originale, annonçant Paul Fort.

MENUET D'AUTOMNE

Les asters et les véroniques, — de leurs corolles sans parfums, — laissent tomber sur les parterres — où d'autres fleurs ne s'ouvrent plus — la tristesse mystique et lente des adieux.

Mauve tendre et vert alangui — leurs teintes vagues s'harmonisent — aux cieux lavés du prime automne, — à la souriante langueur — des beaux jours près de s'en aller.

...

Poèmes élégiaques. Le Mercure de France, 1907.

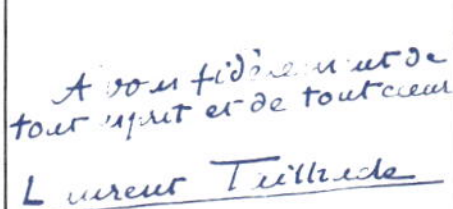

T

Tardieu Jean
(né à Saint-Germain-de-Joux, 1903).

Homme de radio, il fut directeur des programmes de France-Musique, directeur du club d'Essai. Jean Tardieu est, en même temps que poète, un des auteurs dramatiques les plus originaux de notre temps. Dans ses pièces comme dans sa poésie (*Le Fleuve caché*, 1933 ; *Accents*, 1939 ; *Jours pétrifiés*, 1947 ; *Monsieur Monsieur*, 1951 ; etc.) apparaît un goût très vif pour les jeux « logiques » et fous du langage. Mais ces « jeux de mots » ne sont jamais vides ou gratuits ; car la poésie de Jean Tardieu est de celle qui en dit long sur l'homme. Avec beaucoup d'humour et de tendre cocasserie.

LES INCONNUS

De ce passé que je vois
me parler et me sourire
une vitre me sépare,
un visage me fait signe,
je n'entends aucune voix.
Allégés par nos regards
ensemble nous remontons
ensemble nous affleurons
à cette noire surface ;
déjà tout est confondu
déjà tout est inutile.
Ô mémoire tu nous trompes,
nous ne sommes plus personne.

Jours pétrifiés. Gallimard, 1947.

Sceau du Sire de Joinville

Thibaud de Champagne (né en 1201, en Champagne — mort à Pampelune 1253).

Il était comte de Champagne. Son père avait commandé la quatrième croisade et mourut à Constantinople. Il participa lui-même à la septième croisade, avec Saint Louis et Joinville. Il mourut, roi de Navarre, à Pampelune. Il fut, se-

T

lon Marcel Arland : « le prince de nos trouvères. C'est le plus habile, le plus élégant, le plus nuancé, peut-être aussi le plus personnel ».

AINSI QUE LA LICORNE

Je suis comme la licorne
qui s'ébahit en regardant
quand elle contemple la pucelle.
Elle est si contente de ce qui lui arrive
qu'elle tombe pamée en son giron.
Alors on l'occit traîtreusement.
Et moi, j'ai été tué de telle manière
par l'Amour de ma dame vraiement.
Ils ont mon cœur, je ne puis le ravoir
...

Adapté par André Mary.

Thibaut de Champagne

Theuriet André
(Marly-le-Roi 1833 — Bourg-la-Reine 1907).

Ses poèmes valent souvent mieux que la réputation d'auteur conventionnel, désuet et « scolaire » que lui ont fait ses romans et la trop fameuse *Chanson du vannier*... Car il savait respirer l'odeur de la campagne...

Viens voir sur la colline, à l'heure où le jour fuit,
Les constellations éclore dans la nuit.
La campagne s'endort silencieuse. Ecoute !
Les rumeurs des pesants chariots sur la route
Vont s'éloignant toujours ; à peine, par moment,
Du fond de quelque ferme un sonore aboiement
Réveille les grands bois absorbés dans leur rêve.
Les vagues des épis qu'un vent tiède soulève
Frissonnent, et l'on sent monter dans l'air obscur
La savoureuse odeur que répand le blé mûr.

Le Livre de la payse, 1887.

Thiry Marcel
(Charleroi 1897 — Fraiture 1977).

Poète belge d'expression française. Il a fait le tour du monde. Ses poèmes ont été rassemblés en 1975, sous le titre *Toi qui pâlis au nom de Vancouver.* Sa poésie exprime en même temps qu'une vision cosmique du monde qu'il a parcouru, l'intimité d'un homme attaché à sa Wallonie natale. Et il reste toujours mesuré dans ses élans les plus fantasques.

Je souffre de la première lampe allumée
Avant le soir, au loin, comme un signal.

Doux jaune dans ce doux bleu couleur de fumée,
Tu es douceur comment fais-tu si mal ?

Doux phare d'un port triste, inévitable et tendre,
Etoile au ciel d'un dimanche allumé,

Tu es la sœur de l'aster de Septembre.

Usine à penser des choses tristes, 1957. Les Écrivains réunis.

Thomas Henri
(né à Rambervillers, 1912).

Il a vécu à Londres ; a enseigné aux Etats-Unis. Romancier, il a publié en tant que poète plusieurs recueils réunis dans le volume *Poésies*, édité en 1970. De sa poésie voici ce qu'écrit Jacques Brenner : « On y voit la grande image lyrique voisiner avec le détail familier, la fantaisie avec le drame, la tendresse avec la colère, l'humour avec la mélancolie, la tentation de la déraison est souvent proche, mais toujours des "paroles dorées », viennent donner aux aventures du poète « quelque ombre de sens". »

T

LA FIN DU MONDE

Le ciel en feu bondit sur les talus
Derrière nous, ne nous retournons plus
Sur le fourneau qui s'ouvre éblouissant
Dans le minium de ce dernier couchant,
Voici la fin du damier des cultures,
L'écriteau brûle et la maison s'effondre,
Toujours plus loin, nous nous reposerons
Dans les prés noirs après la fin du monde.

Nul désordre. Gallimard, 1950.

Tortel Jean
(né à Saint-Saturnin-les-Avignon, 1904).

Ce fonctionnaire aux finances fut l'un des infatigables animateurs des *Cahiers du Sud.* Sa poésie, « tentatives pour aboutir au bonheur », a été renouvelée dans *Villes ouvertes* (1965) où le poète fait revivre des villes légendaires : Thèbes, Memphis, etc.

On te parle. Tu passes.
Tu crois que c'est plus loin.
Homme, c'est toi qui parles
Au milieu de toi-même.

Ta voix ton inconnue,
Tu l'as souvent nommée.
Tu l'appelles remords
Vent du Sud ou sirène.

Du jour et de la nuit. Vigneau, 1944.

Toulet Paul-Jean
(Pau 1867 — 1920).

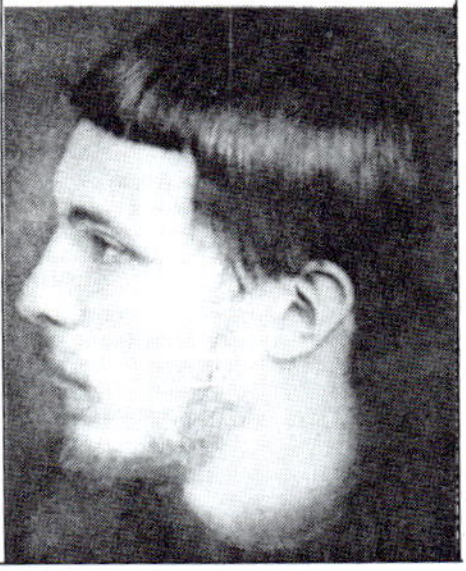

Ses parents étaient établis à l'île Maurice. L'enfant y séjourna de 1885 à 1888. Il est en Béarn de 1889 à 1898, avec des voyages en Espagne, à Paris où il s'établit en 1898. Ses proches sont le gastronome Curnonsky et le musicien Claude Debussy. Il publie en 1899 un roman, *Monsieur du Paur, homme public.* Il voyage en Indochine en 1902, 1903.

T

P.-J. Toulet est journaliste chroniqueur et publie régulièrement des romans. Vers 1912-1913, Carco, Derême, Jean Pellerin reconnaissent en Toulet, le chef de file du groupe « fantaisiste ». Il publie des poèmes dans diverses revues. Il se marie en 1916. « Ma famille, écrit-il, fatiguée de me soigner m'a marié. » Au début de 1920, publication de son meilleur récit : *La Jeune Fille verte.* Il meurt, en septembre 1920, usé par l'abus de la drogue. Ses poèmes, *Les Contrerimes*, sont publiés en 1921.

La poésie de Toulet ne constitue pas une œuvre considérable en volume. Cependant elle est une des plus chargées d'influx poétique. Chaque poème de Toulet dans son impalpable légèreté engendre chez le lecteur une série de sensations, d'émotions, comme les cercles concentriques que fait une pierre sur la surface de l'eau tranquille. Ici, peu de mots, mis en place avec un « doigté » infaillible, entraînent le corps lisant et l'esprit dans des profondeurs de nostalgie et de ravissement. Ce ne sont pourtant que des croquis, des instants, mais qui vibrent à l'infini. Sans parler de la très complexe organisation rythmique de ces « contrerimes ».

Douce plage où naquit mon âme ;
Et toi, savane en fleurs
Que l'Océan trempe de pleurs
Et le soleil de flamme ;

Douce aux ramiers, douce aux amants,
Toi de qui la ramure
Nous charmait d'ombre, et de murmure
Et de roucoulements ;

Où j'écoute frémir encore
Un aveu tendre et fier
Tandis qu'au loin riait la mer
Sur le corail sonore.

Contrerimes, Émile-Paul, 1921.

Pointe-à-Pitre

Toursky Alexandre
(Cannes 1917 – 1970).

Journaliste de radio, animateur des *Cahiers du Sud*, un poète cultivant avec beaucoup de bonheur le vers bref qui prolonge plus loin sa musique. Par exemple dans *La Mort naturelle* (1948), *Un drôle d'air* (1963), etc.

Je ne réclame rien
que vivre encore assez
pour un soir être digne
de simplement finir

D'avouer sans paroles
que je méritais bien
cette amoureuse écume
dont je mordais le sel.

J'ai tant bu que j'ai soif
j'ai tant ri que je pleure
tant dit que m'interroge
le désir d'écouter.

Christine ou la Connaissance
des temps. Seghers, 1951.

Tristan l'Hermite (François, Sieur du Solier dit).
Château du Solier, Creuse 1601 – Paris 1655.

Tristan l'Hermite, par Desrochers

Il eut à treize ans un duel au cours duquel il tua son adversaire. Il fuit en Angleterre, en Écosse, en Norvège, en Espagne. Puis on le trouve à Paris, gentilhomme de Gaston d'Orléans, frère du roi Louis XIII. De son temps, il fut surtout connu par sa tragédie *Marianne* (1636) qui eut presque autant de succès que *Le Cid.* Mais pour nous, Tristan

T

Frontispice pour
La Folie du sage

l'Hermite, « Tristan », est un très grand poète « baroque », dont l'art est d'exprimer avec une très « moderne et romantique » mélancolie, les impressions très difficiles à cerner que la nature et le temps qui passe laissent en nous.

LE PROMENOIR DES DEUX AMANTS

Auprès de cette grotte sombre
Où l'on respire un air si doux,
L'onde lutte avec les cailloux
Et la lumière avecque l'ombre.

Ces flots lassés de l'exercice
Qu'ils ont fait dessus ce gravier,
Se reposent dans ce vivier
Où mourut autrefois Narcisse.

...

L'ombre de cette fleur vermeille,
Et celle de ces joncs pendants
Paraissent être là-dedans
Les songes de l'eau qui sommeille.

...

Les Amours.

Tron Dominique
(né en 1950).

L'un des premiers jeunes poètes à exprimer sans détour une révolte adolescente brute, et brutale, contre l'absurdité de certains aspects du monde contemporain. Dans *Stéréophonie* (1965) et *La souffrance est inutile* (1968).

SYMPHONIE CONCRÈTE

Prisunic ô pays prairies des somnambules
les boîtes de lessive et les blocs de savon
entre les cubes peints en sifflant déambulent
Mes doigts de pied mon crâne ensemble nous rêvons

Les viandes exposées en l'air se cristallisent
Affiches suspendues soulevez-moi encore
Près de l'homme sans cou vêtu d'une chemise
Qui n'a que fil de fer pour tout âme et tout corps ...

Stéréophonie. Seghers, 1965.

T

Troubadours et Trouvères

Au XIe siècle, dans la France du Sud, la France de « langue d'oc », la société féodale devient sur le plan des mœurs (manière de vivre, occupations, loisirs, costumes, etc.) plus raffinée. La femme et l'amour, « l'amour courtois » y tiennent une place de plus en plus grande. C'est alors que l'on voit naître une extraordinaire floraison de poètes, ceux qui « trouvent », les *troubadours*. Ce sont eux qui ont inventé les complications de l'amour en même temps que la poésie de langue commune (et non latine) et également, on l'oublie trop souvent, « la première grande musique savante profane moderne » (J. Roubaud). Les troubadours étaient soit de grands seigneurs comme sans doute le premier en date, Guillaume IX, duc d'Aquitaine et comte de Poitiers, soit des gens du peuple cultivés et qui se mettent au service des seigneurs et de leurs dames. Ils les divertissent en compagnie des jongleurs (ils sont souvent jongleurs en même temps que poètes). Les uns comme Bernard de Ventadour, ou Guirault de Borneil pratiquent le *trobar clar*, c'est-à-dire une poésie claire, facile et accessible ; d'autres le *trobar clus*, poésie close hermétique, savante, comme Arnaud Daniel, etc.

La variété de leur inspiration, la science avec laquelle paroles et musiques s'entrelacent et se répondent, font de l'art des troubadours, encore trop mal connu, un extraordinaire ensemble et l'on comprend que le renouveau actuel des langues et cultures occitanes s'y ressource.

Au milieu du XIIe siècle, l'élan poétique du Midi gagna les provinces septentrionales. Ces provinces avaient déjà leur poésie propre en « langue d'oïl ». Et c'est sans doute à la cour d'Aliénor d'Aquitaine (reine de France, en 1137, elle avait épousé le roi Louis VII) que la poésie courtoise fit son apparition « amenant avec elle quelque chose de la douceur et de la lumière méridionales ».

Les poètes du Nord sont les *trouvères*. Dans l'ensemble, ils paraissent moins raffinés, plus proches des réalités quotidiennes. Leur verve, leur esprit est assez souvent cru et déjà rabelaisien. Ainsi Conon de Béthune, Colin Muset et ce grand seigneur féodal que fut le Châtelain de Coucy.

Troubadours et trouvères chantaient d'abord l'amour, et également « trouvaient » des chansons pour toutes les circonstances de la vie : *chansons de Mai* pour saluer le printemps, *chansons de toile* dans lesquelles une belle occupée à tisser ou à filer chante ses amours, *pastourelles* mettant en scène des bergers, *reverdies* qui évoquent les rêveries d'un poète dans une forêt ou un verger ; enfin *les chansons de croisades*, les croisades étant pour les uns et les autres d'inépuisables prétextes.

La richesse de cette poésie n'est malheureusement pas toujours accessible dans la pureté de la langue originale. Mais de nos jours, et de plus en plus, d'excellentes adaptations en français moderne sont à la disposition de tous.

La Châtelaine de Coucy, *chanson du* XIIe *siècle*

T

Turold

Nom de l'auteur présumé de la *Chanson de Roland.* Il aurait été moine et aurait composé cette admirable chanson de geste à la fin du Xe siècle. Nous donnons ici une adaptation en français moderne d'une des « laisses » les plus célèbres et les plus belles de ce chef-d'œuvre.

Le comte Roland est couché sous un pin.
Face à l'Espagne a tourné son visage.
De maintes choses le souvenir le saisit.
De tant de terres qu'il conquit vaillamment,
De douce France, des hommes de son lignage,
De Charlemagne son Seigneur qui le nourrit,
Et il ne peut s'empêcher de pleurer et de soupirer.
Mais il ne veut se mettre lui-même en oubli :
Clame sa coulpe, demande pardon à Dieu :
« Père véritable qui jamais ne mentit
Toi qui de mort rappela saint Lazare,
Et qui sauva Daniel des Lions
Sauve mon âme parmi tous ces périls
Pour les pêchés que je fis en ma vie. »
Son dextre gant, il a offert à Dieu
Saint Gabriel le lui prit de sa main.
Il tenait sa tête inclinée sur sa main ;
A joint ses mains et est allé à sa fin.
...

Adapt. G.J.

Tyard Pontus de

Voir Pontus de Tyard.

Tzara (Samuel Rosenstock, dit Tristan).

Moinesti, Roumanie 1896 — Paris 1963.

Venu de Roumanie, il lance à Zurich le mouvement « dada ». Il a pris le pseudonyme de « Tzara » qui signifie « terre ». Pendant quelque temps, il se mêle au groupe des surréalistes avec lequel il rompt à plusieurs reprises. Puis il milite à l'extrême gauche, pratiquant une poésie politique vigoureuse. Mais il n'aban-

T

donna jamais complètement la liberté, la désinvolture, le refus de toute convention qui lui faisait s'écrier en 1917 : « Je détruis les tiroirs du cerveau et ceux de l'organisation sociale. » En dehors des *Sept manifestes dada,* le meilleur de son œuvre se trouve réuni dans *L'Homme approximatif* (1931), *Midi gagnés* (1935 1938), etc.

Manifeste Dada, par Marcel Duchamp

ÉLÉGIE

La vieille âme, bien aimée, fleur d'été tu la voudrais
Les oiseaux sont dans leur cage enfermés pendant l'hiver

Comme la colline appelle le corps de la vallée accueillante
Ainsi je t'aime ou comme la terre la pluie épaisse et féconde

Je t'attends à la fenêtre chaque soir désenfilant des perles
Rangeant les livres récitant mes vers

Et je ris quand dans la cour tous les chiens aboient aboient aboient
Quand tu viens rester jusqu'à moi jusqu'à l'aube jusqu'à l'aube

Et mon cœur est plus heureux que n'est chaude votre chambre
Quand dehors je sais qu'il neige et que blanches sont les rues.

Premiers poèmes. Œuvres complètes, Flammarion, 1975.

Unanimisme (l')

En 1906, quelques jeunes poètes et artistes, parmi lesquels Charles Vildrac, Georges Duhamel, René Arcos, etc. tentent de vivre une vie communautaire à l'Abbaye de Créteil (voir le mot *Abbaye*). Ils essaient de vivre de travaux d'imprimerie. C'est à eux qu'un de leurs amis, Jules Romains, confie l'impression de son recueil de poèmes : *La Vie unanime*. Proche de l'idée de vie communautaire des poètes de l'Abbaye, « l'unanimisme » a été défini ainsi par Jules Romains :

« Par unanimisme, entendez simplement l'expression de la vie (...) unanime, collective. Nous éprouvons un sentiment religieux devant le monde qui nous entoure et qui nous dépasse. Nous voulons traduire ce sentiment par une *poésie immédiate*, c'est-à-dire par l'expression directe, sans parure ni maquillage de ce que notre âme perçoit de la réalité (...) Les symbolistes ont été trop limités par leur technique d'orfèvrerie (...) Mais nous repoussons principalement les romantiques et les parnassiens (...) Ce sont des décadents, ils ne songent qu'à distraire (...) »

Il fallait donc chanter l'homme collectif, les foules, les villes, les fêtes, etc. Avec Jules Romains, le meilleur poète « unanimiste » a été Georges Chennevière. Romains et Chennevière écrivirent ensemble un *Petit Traité de versification* (1923) qui constitue l'art poétique de l'unanimisme.

L'unanimisme a marqué certains poètes comme Pierre-Jean Jouve à ses débuts, et on en retrouve plus que des traces dans une certaine poésie américaine contemporaine par exemple.

Le Groupe de l'Abbaye, à l'Abbaye

U

Honoré d'Urfé,
par Van Dyck

Urfé Honoré d'
(Marseille 1557 — Villefranche 1625).

Honoré d'Urfé a été élevé au château de La Bastie, dans la plaine du Forez. Dès 1584, il commence à écrire son roman *L'Astrée*, dont la première partie paraît en 1607. On peut considérer ce roman comme de la poésie. Mais nous retenons ici d'Urfé pour quelques poèmes écrits dans une langue plus élégante que précieuse et qui évoquent (comme *L'Astrée*), ses amours malheureuses avec Diane de Chevillac, qu'il attendit vingt-deux ans (elle était mariée à son frère), qu'il épousa et qui rompit...

AU VENT

Doux zéphir que j'entends errer folâtrement
Entre les crins aigus de ces plantes hautaines,
Puis, éveillant aux prés les fleurs par tes haleines
D'un larcin glorieux tu te vas parfumant.

Si jamais la pitié te donne mouvement,
Oublie en ma faveur ici tes douces peines,
Et t'en vas dans le sein de ces fertiles plaines,
Plaines où j'ai laissé tout mon contentement.

Va, mais porte avec toi mes amoureuses plaintes,
Qui bien souvent, aux pleurs, ont ces roches contraintes,
Seul et dernier plaisir à tant de déplaisirs.

Là tu pourras cueillir sur ses lèvres jumelles
Des odeurs et des fleurs plus douces et plus belles,
Mais rapporte-les-moi pour nourrir mes désirs.

1606.

Illustration pour L'Astrée

Valéry Paul
(Sète 1871 — Paris 1945).

Il passe son enfance à Sète, à quelques pas du « cimetière marin ». Fait ses études au lycée de Montpellier. Lit beaucoup. En 1891, lors d'un séjour à Paris, il fait connaissance avec Stéphane Mallarmé qui devait avoir une très grande influence sur lui. Il a déjà publié quelques poèmes dans des revues. En 1892, à Gênes, il déclare renoncer à la littérature. Il s'installe à Paris et étudie les mathématiques. En 1896, il publie un ouvrage qui explique toute sa pensée. Il s'agit de *L'Introduction à la méthode de Léonard de Vinci*, un plaidoyer pour l'extrême lucidité de l'intelligence. Pressé par ses amis, il réunit enfin ses premiers poèmes dans *L'Album des vers anciens* (1913). D'autres essais en prose sont parus ; il s'est marié ; il travaille à l'Agence Havas. Après la guerre, c'est le poème de *La Jeune Parque* et, en dehors de plusieurs essais en prose, *Charmes* où figure *Le Cimetière marin* est publié en 1922. Plus tard Paul Valéry devient professeur de « poétique » au Collège de France ; il publie encore de nombreux essais, peu de poèmes ; et on édite après sa mort les *Carnets* dans lesquels chaque jour au petit matin, il notait ses réflexions.

La poésie de Paul Valéry a la réputation d'être difficile. Il convient de la lire en se souvenant de ce que le poète disait du *Cimetière marin* : « J'y ai mis ce que je suis. Ses obscurités sont les miennes. La lumière qu'il peut contenir est celle même que j'ai vue en naissant. » En fait cette poésie est effectivement toute *lumière* ! Lumière du monde méditerranéen et lumière pourrait-on dire « sen-

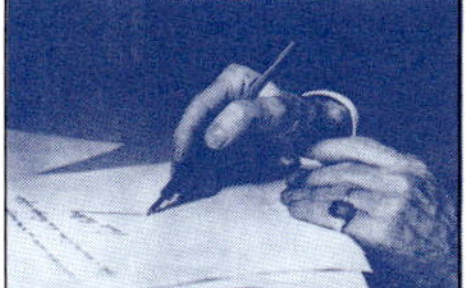

V

suelle » de l'intelligence se contemplant dans son activité. Et puis, dans un poème Valéry proclama : *« Honneur des hommes, Saint langage. »* Il est bon que l'on s'en souvienne !

LE CIMETIÈRE MARIN

Ce toit tranquille où marchent des colombes,
Entre les pins palpite, entre les tombes ;
Midi le juste y compose de feux
La mer, la mer toujours recommencée !
Ô récompense après une pensée
Qu'un long regard sur le calme des dieux !

Quel pur travail de fins éclairs consume
Maint diamant d'imperceptible écume
Et quelle paix semble se concevoir !
Quand sur l'abîme un soleil se repose,
Ouvrages purs d'une éternelle cause
Le Temps scintille et le Songe est savoir.
...

Charmes. Gallimard, 1922.

Le Cimetière marin de Sète, *par Valéry (détail)*

Valet Paul
(né à Paris, 1905).

A participé à la Résistance. Il était médecin dans la banlieue parisienne. Un poète méconnu découvert par Maurice Nadeau. Qui semble avoir inventé le « poème coup de poing ». A lire entre autres : *Les Poings sur les i* (1955).

TROIS GÉNÉRATIONS

Le vieux mourut dans la boue de Champagne
Le fils mourut dans la crasse d'Espagne
Le petit s'obstinait à rester propre
Les Allemands en firent du savon[1].

Sans muselière. Julliard, 1949.

1. Dans les camps de concentration nazis il est arrivé que l'on fasse du savon avec la graisse humaine.

V

Vandercammen Edmond
(Ohain Belgique 1901 — Bruxelles 1980).

Poète et peintre belge d'expression française. A connu une enfance paysanne avant de devenir un des plus éminents spécialistes et traducteurs de la littérature espagnole et sud-américaine. Son œuvre poétique comprend une vingtaine de volumes et révèle une attention secrète et apaisée pour l'impalpable présence des choses proches, et du temps.

L'ÉTÉ DÉSERTE

L'été déserte les terrasses de la mer ;
On reprendra la route
Des automnes des hivers
Sans remarquer
Que le flux et le reflux
N'ont d'autre destinée
Que leur insouciance des saisons.
Mais sur le sable
Les coquillages se souviennent
Des flots évanouis
Et des voyages sans retour
Achevés pour mourir.
Les derniers enfants les recueillent
Afin d'entendre encore
Leurs confidences marinières,
Et ce sera pour eux,
Le soir après l'école,
L'été des nostalgies.

Le Chant vulnérable André de Rache, 1972.

V

Van Lerberghe Charles
(Gand 1861 – Bruxelles 1907).

Poète belge d'expression française. Auteur entre autres de *Solyane* (1898), *La Chanson d'Ève* (1904), dans lesquels cet ami des symbolistes français Saint-Pol Roux, Mallarmé, etc., exprime selon un de ses amis « l'ineffable ». En fait un des plus fluides musiciens de cette génération de poètes.

... Souvent à l'heure où l'ombre te couvre,
O source je me penche sur toi,
Et j'y laisse flotter mes cheveux et mes doigts,
Que tu entraînes et entrouvres,
Mais tu te caches, tu fuis en eux,
Et c'est moi-même que je trouve
En te cherchant, Nymphe aux yeux bleus.

La Chanson d'Ève. Grés, 1904.

Vauquelin de la Fresnaye Jean
(Falaise 1535 – Caen 1606)

Admirateur, continuateur de Ronsard et des poètes de la Pléiade, il fixa la doctrine poétique du temps dans son *Art poétique français* publié en 1605. Sa poésie n'a pas l'originalité de ses prédécesseurs mais conserve parfois de la fraîcheur et un authentique « ton rustique ».

Ô Galatée (ainsi toujours la grâce
Te fasse avoir jeunesse et belle face)
Avec ta mère, après souper chez nous
Viens-t'en passer cette longue soirée
Près d'un beau feu de nos gens préparée
Ma mère et moi veillerons comme vous.

Plus que le jour la nuit vous sera belle,
Et nos bergers à la claire chandelle,
Des contes vieux en taillant conteront
Lise tandis nous cuira des châtaignes
Et si l'ébat des jeux tu ne dédaignes,
Avant dormir les jeux nous garderont.

Idillies.

V

Vérane Léon
(Toulon 1885 – 1954).

Ce poète, qui fut secrétaire de Stuart Merril, fit partie avec Francis Carco, Paul-Jean Toulet, etc. du groupe des « fantaisistes » ; il chanta avec un humour léger et un art parfois baroque aussi bien le monde des champs que celui des sports, des marins et des bars. Sa principale œuvre constitue *Le Livre des passe-temps* (1930)

Léon Verane,
par René Cottet

CERF EN AUTOMNE

Ce matin où nul cor ne corne
Aux forêts d'or mort décorées
L'automne somptueux et morne
A toutes feuilles essorées.

Et la perspective dorée
Toute en la courbe de ses cornes
Le cerf apparaît à l'orée
De la solitude qu'il orne.

Le Livre des passe-temps. Émile-Paul, 1930.

Verhaeren Émile
(Saint-Amand, près Anvers 1855 – Rouen 1916).

Emile Verhaeren,
par Van den Berg

Poète belge d'expression française, il passa son enfance dans les Flandres et les paysages flamands sont présents dans toute son œuvre (*Les Campagnes hallucinées*, 1891). Il semble avoir frôlé la folie dans sa jeunesse comme l'attestent ses recueils « noirs » : (*Les Soirs*, 1887 ; *Les Débâcles*, 1888, *Les Flambeaux noirs*, 1890). Après son mariage en 1891, il retrouve un équilibre et il chante (il est l'un des premiers à le faire) le monde urbain et industriel, le monde du travail (*Les Villes tentaculaires*, 1895). Il mourut, victime d'un accident, en gare de Rouen. Avec parfois quelque grandiloquence, Verhaeren a chanté l'exaspération des éléments et des machines. Mais également « l'effort humain », le calme du foyer ; en définitive la force et la santé de son lyrisme l'emportent. Il est le poète d'un monde en mutation entre le passé et l'avenir.

LES USINES

Se regardant avec les yeux cassés de leurs fenêtres
Et se mirant dans l'eau de poix et de salpêtre
D'un canal droit, tirant sa bave à l'infini,
Face à face, le long des quais d'ombre et de nuit
Par à travers les faubourgs lourds
Et la misère en guenille de ces faubourgs,
Ronflent terriblement les fours et les fabriques.

Rectangles de granit, cubes de briques,
Et leurs murs noirs durant des lieues,
Immensément par les banlieues ;
Et sur leurs toits, dans les brouillards, aiguillonnées
De fers et de paratonnerres
Les cheminées,
Et les hangars uniformes qui fument.
...

Les Villes tentaculaires. Le Mercure de France, 1895.

Verlaine, par Péaron, 1869

Verlaine Paul Marie
(Metz 1844 — Paris 1896).

Son père est un ancien officier. La jeunesse de Verlaine se passe à Paris où il fait ses études. Il y rencontre des poètes et publie ses premiers recueils : *Les Poèmes saturniens* en 1866, les *Fêtes galantes* en 1869. Il se marie en 1870 avec Mathilde Mauté de Fleurville. Pour elle est composée *La Bonne chanson* (1870).

Quelques jours après ce mariage, Verlaine reçoit l'appel d'un jeune homme qui venait de lire *Les Poèmes saturniens.* Il s'agit de Jean Arthur Rimbaud, qui fait irruption dans la vie de Verlaine. Et en janvier 1872, Verlaine qui commence à avoir un goût immodéré pour l'alcool rejoint Rimbaud qu'il suivra après plusieurs brouilles et séparations à Bruxelles, puis à Londres, où ils vivent misérablement de leçons de français. A nouveau à Bruxelles, Verlaine, à la suite d'une dispute, tire deux coups de pistolet sur Rimbaud qu'il blesse légèrement au poignet. Verlaine est condamné et emprisonné à Mons. Il y demeure jusqu'en 1875. Il y retrouve la foi chrétienne et compose l'essentiel de *Sagesse* qu'il fait éditer en 1881.

Ayant tenté de rejoindre Rimbaud en Allemagne, on raconte qu'il fut proprement « passé à tabac » par son ami. Il est ensuite professeur dans des collèges anglais et se lie à un de ses élèves, Lucien Létinois.

Puis s'ouvre une période au cours de laquelle sa gloire grandit ; un comité d'admirateurs l'aide matériellement à vivre et lui, va d'hôpital en hôpital, de crise mystique en crise d'alcoolisme, de poésie « religieuse » en poésie « pornographique », et ceci entre deux « compagnes » Eugénie Krantz et Philomène Boudin. On le retrouve mort le 8 janvier 1896 dans sa chambre, rue Descartes, à Paris.

Le « pauvre Lélian » comme on l'appelle parfois est un des poètes français le plus intégralement poète. C'est-à-dire que rarement la langue française a autant que dans certains poèmes de Verlaine, rejoint l'expression de l'ineffable et de ce que les mots ordinairement « ne disent pas ». Cet impalpable tremblement, ce frémissement à peine percepti-

Dessins de Verlaine, par Cazals

V

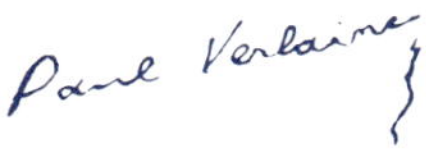

ble du vers, cette bruissante mélodie murmurée autour des thèmes communs du lyrisme, l'amour incertain, le temps, les regrets, les moments doux-amers de la vie, nul mieux que Verlaine ne les chante. Comme il a pu exalter les incertitudes du croyant, la fragilité du bonheur, l'ambiguïté de la chair, les reflets, « la nuance » ainsi qu'il disait.

L'Espoir luit comme un brin de paille dans l'étable.
Que crains-tu de la guêpe ivre de son vol fou ?
Vois, le soleil toujours poudroie à quelque trou.
Que ne t'endormais-tu le coude sur la table ?

Pauvre âme pâle, au moins cette eau du puits glacé,
Bois la. Puis dors après. Allons tu vois je reste,
Et je dorloterai les rêves de ta sieste,
Et tu chantonneras comme un enfant bercé.

Midi sonne. De grâce, éloignez-vous madame.
Il dort. C'est étonnant comme les pas de femme
Résonnent au cerveau des pauvres malheureux.

Midi sonne. J'ai fait arroser dans la chambre.
Va, dors ! L'espoir luit comme un caillou dans un creux.
Ah ! Quand refleuriront les roses de Septembre !

Sagesse, 1881.

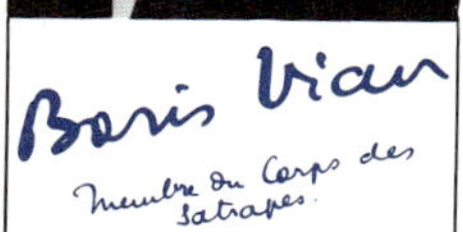

Vian Boris
(Ville-d'Avray 1920 — Paris 1959).

Après des études de philosophie, il obtient un diplôme d'ingénieur. Au lendemain de la Seconde Guerre mondiale, Boris Vian devient une « figure » de Saint-Germain-des-Prés. Il écrit des poèmes, des récits, des chansons. *J'irai cracher sur vos tombes* paraît en 1946 sous le pseudonyme de Vernon Sullivan et le chef-d'œuvre romanesque de Vian, *L'Écume des jours*, est également publié la même année. Boris Vian fait du jazz, joue de la « trompinette », s'occupe d'une maison de disques, est « Satrape transcendant » du Collège de Pataphysique où officie Raymond Queneau. Cardiaque, il meurt subitement à trente-neuf ans lors de la projection d'un film tiré d'un de ses romans.

On ne le connaissait de son vivant que dans un petit cercle. Depuis sa mort, Boris Vian est devenu une sorte de mythe, un personnage légendaire, habile à tous les arts, anticonformiste notoire. On a beaucoup lu ses romans ; on a beaucoup chanté ses chansons (*Le Déserteur*). On connaît moins ses poèmes groupés pour l'essentiel dans le recueil : *« Je voudrais pas crever »*. Pourtant l'humour noir, la désespérance masquée de ricanements, la gouaille, l'affrontement lucide avec la mort, une déchirante tendresse emplissent ces poèmes, qui parlent en nous amicalement, fraternellement... c'était hier.

Je veux une vie en forme d'arête
Sur une assiette bleue
Je veux une vie en forme de chose
Au fond d'un machin tout seul
Je veux une vie en forme de sable des mains
En forme de pain vert ou de cruche
En forme de savate molle
En forme de faridondaine
De ramoneur ou de lilas
De terre pleine de cailloux
De coiffeur sauvage ou d'édredon fou
Je veux une vie en forme de toi
Et je l'ai, mais ça ne me suffit pas encore
Je ne suis jamais content.

Je voudrais pas crever. J.-J. Pauvert, 1962.

Viau Théophile de
(Clairac-en-Agenais 1590 — Paris 1626).

Après une enfance campagnarde, il commence une vie errante et aventureuse. Né protestant, il abjure en 1622. La publication en 1623 du premier recueil de ses œuvres lui vaut d'être brûlé en

V

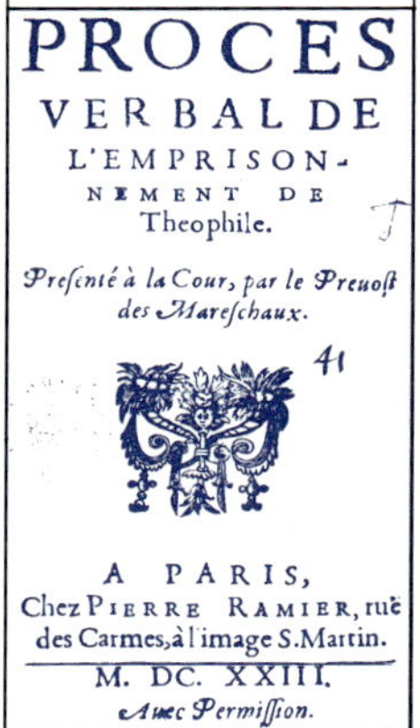
PROCES
VERBAL DE
L'EMPRISON-
NEMENT DE
Theophile.

Presenté à la Cour, par le Preuost des Mareschaux.

A PARIS,
Chez PIERRE RAMIER, ruë des Carmes, à l'image S. Martin.
M. DC. XXIII.
Auec Permission.

effigie car il s'y moque et de la religion et de la morale.

Il est en prison au Châtelet entre 1623 et 1625. Il échappe au bûcher et meurt à trente-six ans usé par sa captivité. Ce n'est sans doute pas le côté « contestataire » de cette œuvre qui la fait survivre si intensément. C'est que Théophile, comme on l'appelait, a écrit quelques poèmes comme *La Solitude, Le Matin*, etc., où règne un incomparable équilibre entre la fantaisie « baroque », l'inspiration fantastique, l'invention d'une langue échappant aux conventions de l'époque.

ODE

Un corbeau devant moi croasse ;
Un ombre offusque mes regards ;
Deux belettes et deux renards
Traversent l'endroit où je passe ;
Les pieds faillent à mon cheval,
Mon laquais tombe du haut mal ;
Un esprit se présente à moi ;
J'ois Charon qui m'appelle à soi ;
Je vois le centre de la terre.
Ce ruisseau remonte en sa source ;
Un bœuf gravit sur un clocher ;
Le sang coule de ce rocher ;
Un aspic s'accouple d'une ourse ;
Sur le haut d'une vieille tour
Un serpent déchire un vautour ;
Le feu brûle dedans la glace,
Le soleil est devenu noir ;
Je vois la lune qui va choir
Cet arbre est sorti de sa place.

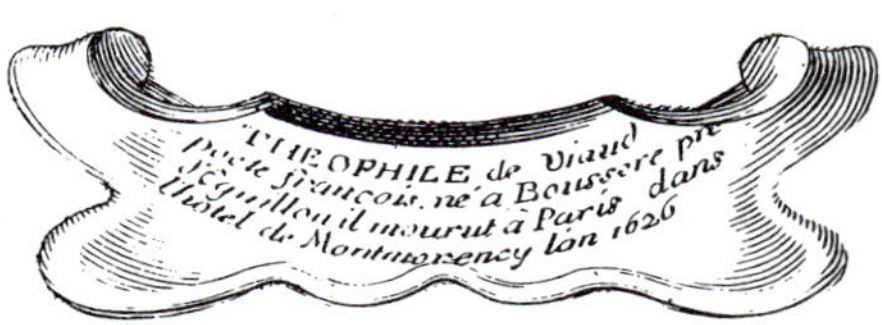

V

Vicaire Gabriel
(Belfort 1848 — Bourg-en-Bresse 1900).

Poète « régionaliste » qui a eu son heure de gloire parisienne, étant l'auteur (l'un des auteurs) des *Déliquescences d'Amédée Flouquette,* satire plaisante des symbolistes. Quand à l'œuvre poétique de Vicaire elle tient dans le recueil *Les Émaux bressans* (1884). Nous aurions pu citer de nombreux poètes de cette veine dans ce dictionnaire. Il faut dire que Vicaire n'est pas vulgaire dans sa gaieté facile.

Statue de Gabriel Vicaire (détail), par A. Ingalbert, Jardin du Luxembourg

La Marinette
A de grands yeux
Et l'air joyeux
D'une bergeronette

Jeune galant
Frappe à la porte
Fier il apporte
Un bouquet rose et blanc
...

Gabriel Vicaire, par Cazals (détail)

Viélé-Griffin Francis
(Norfolk, Etats-Unis 1864 — Bergerac 1937).

Américain venu tout jeune en France où il passa sa vie, dans ses propriétés de Touraine principalement. Il se consacra à la poésie, publia de nombreux recueils où s'exprime, dans une forme équilibrée

V

et élégante, la mélancolie d'un poète que la nature et l'amour étonnent et charment aux moments crépusculaires et incertains.

PLUIE D'ÉTÉ

...
Entends-tu le tonnerre au loin ?
Alerte, la brise : voici le vent !
Une feuille court à l'avant
Comme un lévrier détalé ;
Mais la poussière la rejoint
— Toute la route en est voilée —
Elle tourne et monte dans le chant
Des hauts peupliers déferlant
Comme une mer sur des galets ;
La pluie, la pluie à grosses gouttes
Comme elle marche à pas pressés ;
Ta main tendue s'y trempe toute,
Elle est si tiède que tu y goûtes
Ta joue en est toute rosée ;
Elle met de la jeunesse aux feuilles,
Fait nette l'herbe, lisse la sente.
...

La Clarté de vie. Le Mercure de France, 1897.

Vigée Claude
(né à Bischwiller, 1921).

Fixé en Israël où il enseigne, Claude Vigée est un des grands noms de la poésie hébraïque et juive contemporaine. Et rarement on avait mieux parlé du poète « dans la gorge d'autrui ».

DESTIN DU POÈTE

C'est toujours quelqu'un d'autre, le Toi silencieux qui se parle en moi-même
Parfois je m'arrache en son nom dans la langue empruntée
à la bouche des morts. Pour lui en moi, pour lui,
qui déjà me
traduit dans la gorge d'autrui.

L'Été indien. Gallimard, 1958.

V

Vigny Alfred Comte de
(Loches 1797 – Paris 1863).

Né d'un père de soixante ans, ancien militaire, d'une mère de trente ans, descendante d'un « condottiere » italien (piémontais). Il fut le souffre-douleur de ses camarades à la pension. Il obtint en 1814, après la chute de l'Empire, son admission dans le corps des mousquetaires rouges. Il se souviendra de son passage dans l'armée et de l'amertume du soldat qui ne se bat pas dans *Servitude et grandeur militaire* (publié en 1835). Il épousa en 1825 une Anglaise dont les contemporains disaient qu'elle n'était ni « avenante ni sympathique ». En 1826 parurent *Les Poèmes antiques et modernes.* Vigny était devenu un familier des poètes et des peintres de l'époque : Hugo, Sainte-Beuve, Delacroix. Fin 1826, il remporte un important succès littéraire avec la publication de son roman *Cinq Mars.* En 1827 il quitte définitivement l'armée ; sa femme était malade et obèse, sa mère paralysée et autoritaire. Il connut alors une orageuse passion pour la comédienne Marie Dorval qui avait interprété *Chatterton*, sa pièce la mieux venue. Puis, après plusieurs échecs électoraux, il se retira dans sa propriété de Maine-Giraud en Angoumois, au chevet de sa femme, revendiquant « l'honneur de souffrir en silence » ; c'est là qu'il écrivit quelques-uns des plus beaux poèmes des *Destinées* (publiées en 1864). Il disait alors : « La vérité sur la vie, c'est le désespoir. Il est bon, salutaire de n'avoir aucune espérance. » Il mourut douloureusement et stoïquement.

Vigny est un des rares poètes du romantisme français à avoir introduit dans des poèmes d'une exceptionnelle

Alfred de Vigny,
par David d'Angers, 1829

Alfred de Vigny, caricature de A. Lorentz, 1842

densité une réflexion philosophique et morale, sur la nécessité d'affronter la souffrance en sachant que rien n'existe au-delà de la mort qui pourrait nous consoler d'exister. Mais l'austérité de la démarche de Vigny ne saurait masquer son immense capacité d'affection pour la faiblesse humaine. On a raconté (Henri Guillemin) que Vigny avait joué un rôle assez louche auprès de la police du Second Empire. C'est peut-être vrai, et les faiblesses des grands hommes ne sont pas pardonnables. Mais de la part de quelqu'un qui proclama, s'adressant à la nature :

Plus que tout votre règne et que ses splendeurs vaines,
J'aime la majesté des souffrances humaines,

on peut peut-être oublier que la vie ne fut pas toujours à la hauteur des idées.

...
Vivez froide Nature et revivez sans cesse
Sous nos pieds, sur nos fronts, puisque c'est votre loi ;
Vivez et dédaignez si vous êtes déesse,
L'Homme humble passager qui dût vous être un roi ;
Plus que tout votre règne et que ses splendeurs vaines,
J'aime la majesté des souffrances humaines :
Vous ne recevrez pas un cri d'amour de moi.

Mais toi, ne veux-tu pas, voyageuse indolente,
Rêver sur mon épaule en y posant ton front ?
Viens du paisible seuil de la maison roulante
Voir ceux qui sont passés et ceux qui passeront.
Tous les tableaux humains qu'un esprit pur m'apporte
S'animeront pour toi quand devant notre porte
Les grands pays muets longuement s'étendront.
...

La Maison du Berger. Les Destinées, 1864.

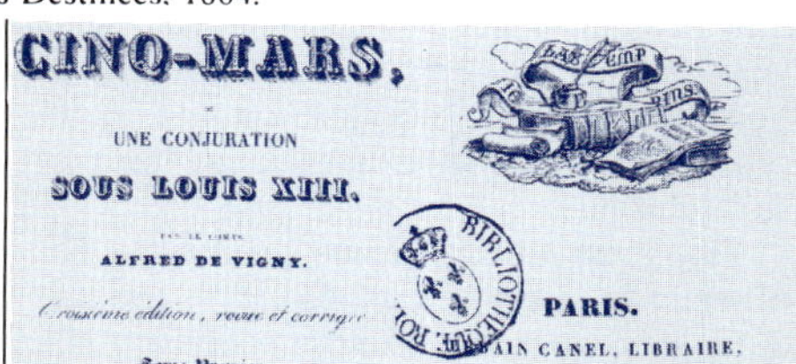

CINQ-MARS,

UNE CONJURATION

SOUS LOUIS XIII,

ALFRED DE VIGNY.

Troisième édition, revue et corrigée

Tome Premier.

PARIS.

AIN CANEL, LIBRAIRE,

V

Vildrac (Charles Messager, dit Charles)
Paris 1882 — Saint-Tropez 1971.

Il fonda avec Georges Duhamel et Roger Arcos le groupe de l'Abbaye qui proclamait la doctrine de l'universelle fraternité. Ce que Vildrac exprime si bien dans ses poèmes, *Livre d'amour* (1910) puis dans son théâtre (*Le Paquebot Tenacity*, par exemple, en 1920).

CEPENDANT

Une même eau ne reste pas longtemps
Dans un faible creux de la terre
Qui est face à face avec le ciel :
Vienne midi, vienne le vent,
Il faut que s'évade un peu d'elle,
Flocon de nuage ou perle dans l'herbe.

Vienne du soleil plein le mur d'en face,
A ton plus haut carreau vienne du bleu,
Et tes pieds seront nus et chauds parmi les sables
Et les oiseaux voyageront avec tes yeux
...

Livre d'Amour, 1910, Figuière.

Mais adonc il y a grant dehait
Quant sans argent s'en va coucher margot
Veoir ne la puis mon cueur mort la hait
Sa robe prent. chapperon et surcot
Si lui iure quil tiendra pour lescot
par les coustez, si se prent lantechrist
Crie et iure par la mort iesuchrist
Que non fera. lors iempongne ung esclat
Dessus son nez luy en fais ung escript
En ce bourdeau ou tenons nostre estat

Épitaphe de Villon

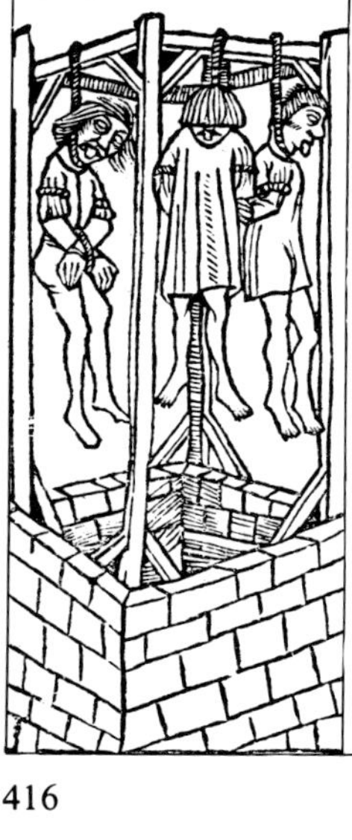

Villon (François de Montcorbier des Loges, dit François).
Paris 1431 — Mort à une date inconnue.

François de Montcorbier des Loges prit le nom de son protecteur et « plus que père », Guillaume de Villon, chanoine de Saint-Benoît-le-Bétourné paroisse de Paris. On sait que François Villon fit des études à l'université de Paris et fut reçu « bachelier » en 1449. Il participa à cette époque à plusieurs bagarres sur la Montagne-Sainte-Geneviève. Dans une de ces rixes, il tua un prêtre, Philippe de Sermoise, et tout en continuant ses études, il participe à une « mise à sac » au collège de Navarre, à Paris. Nous sommes aux environs de 1456 et Villon compose les *Lais.* Puis on le trouve à Bourges, à Blois où il participe à un concours de poésie à la cour de Charles d'Orléans. En 1461 il est en prison à Meung-sur-Loire et Louis XI le délivre en passant. En 1462 nouvel emprisonnement, au Châtelet à Paris cette fois. Entre-temps, il semble avoir commencé la rédaction de son *Testament.* Il sera encore emprisonné et condamné à « être pendu et étranglé ». Il aurait à cette occasion composé *L'Épitaphe Villon* plus connu sous le nom de *Ballade des pendus.* Puis il disparaît. Certains disent, comme Rabelais, qu'il finit ses jours en Angleterre, d'autres qu'il devint entrepreneur de spectacles... Qu'importe !

Qu'importe, car Villon est avec Rutebeuf le premier poète de langue française atteignant l'universel. Car il réussit à exprimer avec une science sans faille de la langue « vulgaire » de son temps et de sa métrique, les sentiments humains élémentaires (au sens le plus fort de ce terme), c'est-à-dire les moins « fabriqués », devant la souffrance, la mort, l'amour, le temps qui passe, le temps perdu. Contrairement à ce que l'on pense parfois, Villon n'est pas un poète populaire. Il est en son temps, un savant, un clerc. Mais ses idées, sa sensibilité, ses sarcasmes, sa gaieté sont « du peuple » et chacun s'y trouve questionné, essentiellement.

BALLADE DES DAMES DU TEMPS JADIS

Dites-moi où, n'en quel pays,
Est Flora la belle Romaine
Archipiadés, ni Thaïs
Qui fut sa cousine germaine,
Écho parlant quand bruit on mène
Dessus rivière ou sur étang,
Qui beauté eut trop plus qu'humaine
Mais où sont les neiges d'antan ?

Où est la très sage Héloïs,
Pour qui fut châtré et puis moine
Pierre Abélard à Saint Denis ?
Pour son amour eut cette essoine[1]
Semblablement où est la reine
Qui commanda que Buridan
Fût jeté en un sac en Seine
Mais où sont les neiges d'antan ?

La reine Blanche comme un lys
Qui chantait à voix de Sirène,
Berthe au grand pied, Bietris, Alis
Haremburgis qui tint le Maine
Et Jehane la bonne Lorraine
Qu'Anglais brûlèrent à Rouen ;
Où sont-ils Vierge Souveraine ?
Mais où sont les neiges d'antan ?

Prince n'enquerrez de semaine
Où elles sont ni de cet an
Qu'à ce refrain ne vous remaine[2]
Mais où sont les neiges d'antan ?

Epitaphe dudit Villon
Freres humais q apres nous vivez
Nayez les cueurs cõtre no⁹ endurcis

1. Cette peine.
2. Ne cherchez ni cette semaine ni cette année et revenez à ce refrain.

V

La grosse margot

Villon

Se iayme et sers la belle de bon hait
Men deuez vous tenir a vil ne sot
Elle a en soy des biens a son souhait
Pour elle seings le boucler et passot
Quãt viennẽt gẽs ie co's et happe vn pot
Au vin men fuis sans demener grãt bruit
Je leur tendz eaue pain frõmage et fruit
Silz rouẽnt bien : ie leurs diz que bien stat
Retournez cy quãt vous serez en ruit
En ce bourdeau ou tenons nostre estat

Vilmorin Louise de
(Verrières-le-Buisson 1902 — 1969).

Descendante d'une grande famille, amie de Saint-Exupéry, intimement liée à la fin de sa vie à André Malraux, elle écrivit des récits élégants et délicats (*Madame D*, etc.). Son œuvre poétique (*Fiançailles pour rire*, 1939, *Le Sable du sablier*, 1945, *L'Alphabet des aveux*, 1954) a la légèreté fragile, la grâce amère, la musicalité d'un sourire qui s'efface.

LES MARCHES

Monterai-je encore souvent ces marches vertes ?
Monterai-je souvent pensant toujours à toi
Ces marches conduisant à ma chambre déserte ?
Referai-je toujours la route d'autrefois ?

Poèmes, Gallimard, 1945.

Vincensini Paul
(né à Bessans, Savoie, 1930).

Infatigable animateur d'activités poétiques, il fut éditeur du *Club du poème*. S'occupe avec un zèle et une passion dévorants de faire entrer la poésie à l'école et partout. Mais cette activité ne saurait faire oublier le poète dont l'humour masque à peine une déchirante amertume.

Il prend une boule de neige
La serre très fort sur son cœur
Et fond tout entier avec elle
Ne laissant ici-bas
Qu'une paire de bretelles
Dans une flaque d'eau.

Le Point mort. Chambelland, 1972.

Rien
ne vous soutient mieux
dans la vie
Qu'une bonne paire
de bretelles.
Vincensini

Vitrac Roger
(Pinsac, Lot 1899 — Paris 1952).

L'un des rares poètes dramatiques pouvant être qualifié de surréaliste. L'auteur de *Victor ou les Enfants au pouvoir* (1928) a été un poète, créateur de fulgurantes images (*Cruautés de la Nuit, Connaissance de la mort,* 1927, *Humoristiques, Dès-Lyre* (1964).

V

LA BARRIÈRE EN FEU

Fibre d'ébène Ô chevelure du fil à plomb
dure du grand ciel
de la lèpre et du salpêtre rouge
C'est la grande nuit de ta chair
Rayons au travers de ta mort Soleil
et tout tourne au fond d'un verre
D'éclatants débris déchirent tes ongles
et toute apparition au milieu de la terre...

Humoristiques. Gallimard, 1964.

Vivien (Pauline Tarn, dite Renée).
Londres, 1877 — Paris, 1909.

Née à Londres de père anglais et de mère américaine, après des voyages en Grèce et aux Indes, elle vécut presque toute sa vie en France. Elle était l'amie de Colette, aimait les femmes, et semble s'être laissée mourir de faim par désespoir sentimental.

Elle publia de nombreux recueils de vers (*Dans un coin de violettes*, 1907 ; *Le Vent des vaisseaux ; Haillons*, 1910) où s'exprime une sensualité dévorante et désespérée.

ROSES DU SOIR

Des roses sur la mer, des roses dans le soir,

Et toi qui viens de loin, les mains lourdes de roses !
J'aspire ta beauté ! Le couchant fait pleuvoir
Ses fines cendres d'or et ses poussières roses...

Des roses sur la mer des roses dans le soir...

V

Vincent Voiture,
par Desrochers

Voiture Vincent
(Amiens 1598 — Paris 1648).

Fils d'un marchand de vin fournisseur de la Cour, il reçut à Amiens une excellente éducation. Il entra au service de Gaston d'Orléans et fut introduit à l'hôtel de Rambouillet, temple de la préciosité. Lorsque Gaston d'Orléans fut en disgrâce, Voiture le suivit en Espagne, en Afrique, en Angleterre. Puis il rentra en France avec son maître et mourut de la goutte. Il était l'auteur du fameux sonnet d'*Uranie* que l'on opposa au *Sonnet sur Job* de Benserade. Mais on ferait une erreur en ne considérant Voiture que comme un poète précieux. Et un bel esprit. Car sa poésie, dans ses limites, atteint à une perfection formelle à laquelle nous sommes très sensibles aujourd'hui.

LA BELLE MATINEUSE

Des portes du matin l'amante de Céphale
Ses roses épandait dans le milieu des airs :
Et jetait sur les cieux nouvellement ouverts,
Ses traits d'or et d'azur qu'en naissant elle étale,

Quand la Nymphe divine à mon repos fatale,
Apparut, et brilla de tant d'attraits divers,
Qu'il semblait qu'elle seule éclairait l'univers,
Et remplissait de feux la rive orientale.

Le soleil se hâtant pour la gloire des cieux,
Vint opposer sa flamme à l'éclat de ses yeux
Et prit tous les rayons dont l'Olympe se dore.

L'onde, la terre et l'air s'allumaient à l'entour ;
Mais auprès de Philis on le prit pour l'Aurore,
Et l'on crut que Philis était l'Astre du jour !

Voltaire (François, Marie, Arouet, dit)
1694 Paris — 1778.

On peut difficilement ranger Voltaire, qui a d'autres titres de gloire, parmi les grands poètes. Il s'est cependant essayé dans plusieurs formes de poésie : ode, élégie, épître, épopée, satire, madrigal,... Il semble que ce soit dans la poésie « légère » qu'il ait le mieux réussi et il est souvent inimitable :

...
On meurt deux fois, je le vois bien ;
Cesser d'aimer et d'être aimable
C'est une mort insupportable
Cesser de vivre ce n'est rien

Ainsi je déplorais la perte
Des erreurs de mes premiers ans,
Et mon âme aux désirs ouverte
Regrettait ses égarements.

Du ciel alors, daignant descendre
L'amitié vint à mon secours ;
Elle était peut-être aussi tendre
Mais moins vive que les amours.

Touché de sa beauté nouvelle
Et de sa lumière éclairé
Je la suivis ; mais je pleurai
De ne pouvoir plus suivre qu'elle.

Stances à Madame du Châtelet.

V

Voltaire, par Hubert, 1790

Mme du Châtelet

Voltaire, d'après un tableau de Huber

Les auteurs

Charpentreau Jacques
(né aux Les Sables-d'Olonne, Vendée, 1928).

D'abord instituteur, puis professeur, il a publié en 1955 un recueil au titre explicite : *Poèmes pour les ouvriers et les autres*, suivi par *Les Feux de l'espoir* (1957). Voulant faciliter l'insertion de l'art et de la poésie dans la vie quotidienne, il est alors cofondateur du Groupe personnaliste d'art. Il crée la revue *Affrontement* (1956-1966) consacrée à la culture populaire.

À l'intention des enfants, il rassemble une anthologie qui a contribué à changer considérablement le paysage poétique de l'école francophone : *Poèmes d'aujourd'hui pour les enfants de maintenant* (1958). Par la suite, il a réalisé de très nombreuses anthologies poétiques dont certaines, réunissant des poèmes inédits, ont constitué une incitation à la création ; *La poésie comme elle s'écrit*, 1979, dans la collection « Enfance heureuse » qu'il dirige aux Éd. ouvrières. Il est également l'un des anthologistes de la série « En Poésie ».

Sa propre poésie s'est développée en dehors de toute chapelle, privilégiant l'image, le rythme, le plaisir du lecteur, sans jamais confondre mystère et obscurité : *Poèmes pour les amis* (1963) ; *Allégories* (1964) ; *Le Romancero populaire* (1974) ; *La Ville enchantée* (1976) ; *Paris des enfants* (1978) ; *Poésie en jeu* (1981) ; *Mots et Merveilles* (1981). Beaucoup de ses poèmes ont été mis en chanson. Il a également écrit des pamphlets, des chroniques, des essais sur la poésie, la chanson.

Main d'herbe couleur d'eau
Crispée au gré des grands courants
Sur le ventre nu de la vie
L'ombre cassée de cet oiseau
D'un coup d'aile s'est évanouie
Comme un voile au fond de l'étang

Mais c'est vers le ciel que l'oiseau
S'envola d'un coup d'aile quand
L'ombre cassée s'est engloutie
Comme une pierre au fond de l'eau
Où le monde se multiplie
Ombre main d'herbe de l'étang

Poèmes pour les amis. Éd. Ouvrières, 1963.

Les auteurs

Jean Georges
(né à Besançon, 1920).

Ancien élève de l'École normale supérieure de Saint-Cloud. Maître-assistant à l'université du Maine (linguistique générale). Professeur à l'École nationale supérieure des bibliothèques. Animateur national à « Peuple et Culture ». Membre de la commission « Animation » au Centre national des Lettres. Président du Centre international Poésie Enfance. Etc.

A publié des essais littéraires (*La Poésie, Le Roman, Le Théâtre*), des essais pédagogiques (*Pour une pédagogie de l'imaginaire, Le Pouvoir des Contes,* etc.), un ouvrage sur *Lectures de la poésie.* Un *Livre des mots,* dictionnaire insolite, etc. Auteur de diverses anthologies : *Livres d'or des Poètes. Il était une fois la Poésie, Le Petit enfant et la poésie* et de plusieurs volumes de la collection « En poésie ». Poète, il a publié huit recueils : *Les Mots entre eux* (1969) *Parole au piège* (1971), prix François Villon, *Les Mots de passe* (1972) *Des mots à la source* (1973), *Les Mots du ressac* (1975) *Pour nommer ou les mots perdus* (1976), *Cette chose sans nom* (1978) *Les Mots du dessous* (1980) et pour ses petits-enfants *Les Mots d'Apijo* (1980).

Sa poésie est essentiellement recherche d'un silence peuplé d'interrogations murmurées, questionnement du temps, méditation simple et dense sur la profondeur du quotidien que piègent parfois les paroles écrites comme le ressassement de la mer.

Il a neigé sur la mer

Le soleil enfonce un doigt blanc
De l'autre côté de tes yeux

Derrière les paupières brûlées
Les habitudes remontent

Le cœur écoute les sources
Le rouge-gorge des songes

Signes Miroirs
La glace flambe
Une pierre éclate
Le temps parle

Cette chose sans nom.
Saint-Germain-des-Prés.

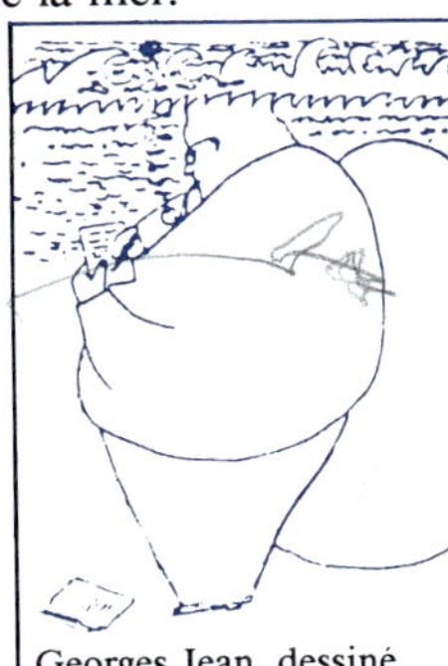

Georges Jean, dessiné par son fils Michel

Sources iconographiques

P. 14a, 16b, 26b, 28a, 29b, 30a, 37b, 41b, 43a, 44b, 46b, 47a, 48a, 49b, 52b, 53a, 53b, 53c, 56a, 63a, 66, 75a, 76a, 76b, 78, 80a, 80b, 83a, 84, 85, 86b, 94a, 100, 104a, 108, 109, 110, 111a, 112a, 113a, 117, 118b, 121a, 124, 126, 130, 136a, 136b, 139a, 139b, 141b, 144a, 151b, 154a, 156b, 161, 165, 166a, 168a, 171c, 175a, 178a, 179, 180, 181a, 181b, 182, 184a, 185b, 186c, 190b, 192, 194a, 195a, 195b, 196a, 196b, 196c, 198, 199a, 201b, 202a, 203a, 204a, 205a, 208a, 209a, 211, 216b, 223, 229b, 233, 234b, 236b, 237a, 243a, 244a, 246a, 247b, 247c, 248a, 248b, 249a, 251b, 252, 253a, 253b, 254, 255a, 256b, 256c, 257, 258, 260, 263, 264a, 266a, 268a, 270b, 274b, 275a, 275c, 276, 278a, 279, 281, 282b, 284b, 290a, 293, 296, 298a, 301b, 307b, 311a, 316, 317, 331a, 331b, 333a, 333b, 339b, 342b, 342c, 348a, 349b, 354a, 358a, 360b, 362b, 364a, 365a, 367, 368a, 368b, 373b, 374, 375b, 378b, 380a, 380b, 381b, 387b, 389, 392, 394, 395, 401b, 402, 403b, 404a, 405b, 406a, 413a, 413b, 415a, 415b : photo Roger-Viollet.

P. 27b, 28b, 31b, 32, 38b, 39, 43, 44a, 51a, 56b, 57a, 60a, 68b, 91, 92a, 97a, 98b, 101, 102a, 111b, 118a, 125b, 143b, 149c, 150a, 191a, 273b, 288b, 315b, 353b, 371a, 386, 396, 397a, 397b, 400b, 410a, 414b, 416b, 420b, 421a, 421b, 421c : photo, Roger-Viollet, coll. Bibl. Nationale. P. 299a : photo Roger-Viollet, coll. Martini. P. 362a : photo Roger-Viollet, Musée d'Amsterdam. P. 363a : photo Roger-Viollet, Musée Victor Hugo. P. 11, 40, 58b, 250b : photo Roger-Viollet, Musée du Louvre. P. 82 : photo Roger-Viollet, National Gallery, Londres. P. 95a : photo Roger-Viollet, coll. Musée des Arts décoratifs. P. 112b : photo Roger-Viollet, Bibl. de l'Opéra. P. 148a : photo Roger-Viollet, Musée Carnavalet.

P. 116, 132a, 286a, 343b : photo Roger-Viollet, © SPADEM, 1983. P. 168c : photo Roger-Viollet, Musée Léger-Biot, © SPADEM, 1983. P. 283 : photo Giraudon, Galerie du Bateau-Lavoir, © SPADEM, 1983. P. 245b : photo x, coll. José Corti, © SPADEM, 1983. P. 18a, 19a, 157, 178b, 221b, 222a, 246b, 285b, 289b, 338, 358b, 323 : photo x, © SPADEM, 1983. P. 68a : photo x, Musée d'Art Moderne, New York, © SPADEM, 1983. P. 159 : photo x, Musée de Saint-Denis, © SPADEM, 1983. P. 140a : photo Giraudon, Musée Carnavalet, © SPADEM, 1983. P. 55a : photo Giraudon, coll. particulière, © SPADEM, 1983. P. 313b : photo x, coll. Bonomi, © SPADEM, 1983. P. 193a : photo B.N., © SPADEM, 1983. P. 19b, 20, 21b, 24b, 67b : photo Roger-Viollet, © ADAGP, 1983. P. 161 : photo Man Ray, © ADAGP, 1983. P. 340b, 348b : photo Roger-Viollet, Fondation Peggy-Guggenheim, © ADAGP, 1983. P. 81b, 321, 325a, 326c, 398 : photo x, © ADAGP, 1983.

P. 215a, 240a, 241b, 352, 387a, 394 : photo Giraudon. P. 103b, 123b : photo Giraudon, Bibl. de l'Arsenal. P. 295a : photo Giraudon, Musée du Louvre. P. 12a, 12b : photo Giraudon, coll. Bibl. Nationale. P. 12c, 52a, 57b, 96, 155b, 166a, 173a, 207b, 214, 255b, 306b, 307a, 318a, 334b, 370a, 399, 411b : photo Bibl. Nationale. P. 13a : photo Bibl. Nationale, coll. Bibl. d'Arras.

P. 48b, 49a, 92b, 319b : photo Larousse, coll. Bibl. Nationale. P. 242a : photo

P. Petit, coll. Larousse. P. 255b : photo Dupré, coll. Larousse. P. 36b : photo Dormac, coll. Larousse. P. 34a, 45b, 47c, 51b, 53d, 64b, 71b, 152b, 187a, 232b, 286b, 332a : photo Larousse, tous droits réservés. P. 21a, 62b, 70, 93, 154b, 184c, 205b, 209b, 219a, 305, 309a, 315a, 365b, 378a : photo Jacques Robert, NRF/Gallimard. P. 23, 418b : photo x, © Gallimard. P. 267, 306a, 307c, 344b, 345, 406b, 407a, 407b, photo Gallimard, Bibl. Jacques Doucet. P. 107, 188, 220a, 244b, 275b, 314c, 334c, 388a : photo Jacques Sassier, NRF/Gallimard. P. 173b, 318b : photo André Bonin, NRF/Gallimard. P. 324 : photo Gallimard, coll. Janine Prévert. P. 145b, 147a, 147b, 167a : photo Delebecque/Gallimard.

P. 318a : © Ed. Fasquelle, 1947. P. 264b : © Ed. Fasquelle, 1924. P. 99a : © Ed. Seghers. P. 418b : ; © Ed. St Germain des Près, 1976. P. 99b : © Ed. St Germain des Près. P. 13c : photo P. Duchenne, coll. Larousse, tous droits réservés. P. 15a : photo Man Ray, 1967, coll. Arlette Albert-Birot. P. 17a, 231b, 259b, 280a, 292, 320b, 335b, 422 : photo x, coll. Ed. Ouvrières. P. 17b : photo L. Borremans-Cachan. P. 26a : cliché E.H.A. P. 29a : photo Archives photographiques, Bibl. de Besançon. P. 61a : © Ed. Charpentier. P. 65a, 282a : © Pierre Boujut, La Tour du feu. P. 65b, 218a : © La Tour du feu. P. 69 : photo Joël Brunerie, © Le Cherche Midi Editeur. P. 73 : © Roger Toulouse/Seghers (montage réalisé par Seghers à partir des portraits exécutés par R. Toulouse, coll. particulières. Pour R.G. Cadou : Musée de Périgueux). P. 75b : photo Jeannine Burny, © Fondation Maurice Carême. P. 79 : photo Chito, © Le Seuil. P. 127b : photo M. Imsand, Ed. B. Galland. P. 128 : cliché Bordas-Guiley-Lagache. P. 138 : photo Christophe Laurentin. P. 144b : photo Studio Ethel. P. 162a : photo R. Cahen, © Le Seuil. P. 186b : photo Ed. Minerva. P. 212b : photo Gisèle Freund, © Le Seuil. P. 217b : photo Pierre Chaleix. P. 256a : photo Daniel Gallon. P. 288a : photo Christine Poutout. P. 290b : photo Ed. Copernic, 1979. P. 298b, 363b : photo Bulloz. P. 300a : photo Flammarion. P. 71a, 74a : coll. Hélène Cadou. P. 303a : photo Carjat, coll. Pierre Petitfils. P. 304a : photo Duriez, doc. Bernard Grasset. P. 330a : photo Jean Roubier. P. 342a, 357b, 390b : doc. Seghers. P. 199b, 231a, 239b : doc. Le Seuil. P. 361a : doc. Albin-Michel. P. 407a : doc. Pierre Petitfils, coll. particulière, tous droits réservés. P. 409a : © Ed. du Scorpion. P. 312 : Mayotte Magnus « stanyards » chobham, Christian Bourgeois Ed. P. 327b : G. Karcher, Coutances. P. 285a : photo F. Jacoby. P. 277a : photo Bermenouar. P. 42a : photo Jean Burdy. P. 127a : photo Blanchard, tous droits réservés. P. 197 : photo Hubert Josse, Bibl. Nationale, doc. Pierre Petitfils. P. 55a : photo Lockay, tous droits réservés.
Pour les documents sans © : tous droits réservés.

P. 152a : photo x, coll. Galerie Petit. P. 187b : photo x, coll. Mercure de France. P. 155a, 190a, 262b, 354b, 368c : photo x, coll. Sirot. P. 222a : photo x, coll. André Lefèvre, © SPADEM, 1983. P. 185a, 226b, 272a : photo x, coll. Bibl. de l'Arsenal. P. 320a : photo x, coll. Claude Bourdet, © SPADEM, 1983. P. 295b : photo x, coll. particulière. P. 303b : photo x, Bibl. Jacques Doucet. P. 310b : photo x, Cath. Saint-Bavon, Gand. P. 313b : photo x, Musée d'Amsterdam. P. 328a : photo x, Hull, Ferens Art Gallery. P. 407b : photo x, coll. Pierre Petitfils. P. 207a : photo x, Bibl. de l'Université d'Oxford. P. 301a : photo x, revue Points et Contrepoints, juin 1954. 273a : photo x, coll. des Cahiers J. Maritain.

P. 13b, 14b, 15b, 18b, 22a, 22b, 24a, 25, 26c, 31a, 33a, 34b, 36a, 37a, 38a, 41a, 42b, 45a, 46a, 47b, 50, 54a, 58a, 59a, 59b, 60b, 62a, 64a, 65c, 67a, 74b, 77, 81a, 81b, 83b, 94b, 95b, 97b, 98a, 99a, 99b, 102b, 103a, 104b, 105a, 106, 112c, 113b, 114, 115, 118c, 119, 120, 121b, 122b, 123a, 125a, 127c, 132b, 133a, 133b, 134, 135a, 137b, 141a, 142a, 143a, 145a, 146, 147c, 148b, 150b, 151a,

Nous remercions les éditeurs, les auteurs et les ayants droit qui ont eu la gentillesse de nous aider à réaliser cet ouvrage.

Recherche iconographique SPIRAL-ATELIER-EDITIONS

Table
des principales rubriques

Nous remercions Messieurs les Auteurs et Éditeurs qui nous ont autorisés à reproduire textes ou fragments de texte dont ils gardent l'entier copyright (texte original ou traduction). Nous avons par ailleurs, en vain, recherché les héritiers ou éditeurs de certains auteurs. Leurs œuvres ne sont pas tombées dans le domaine public. Un compte leur est ouvert à nos éditions.

*Achevé d'imprimer
le 3 octobre 1983
sur les presses de
l'Imprimerie Hérissey
à Évreux (Eure)*

*N° d'imprimeur : 32615
Dépôt légal : octobre 1983
ISBN 2-07-051019-0
Imprimé en France*

32463